우리의 만남, 그 앤솔로지

인연타령 *91*

만남과 헤어짐의 섭리가 인연(因緣)이라 했던가.
붓다에 의하자면 인연이란 존재론(存在論), 그 본체이다.
인간의 삶도 다섯 가지의 결합체(五蘊)에 불과한 것.

공자(孔子)는 아름다운 만남과 헤어짐을 논하며
예(禮)를 중시하려 들었다.
사람은 관혼상제(冠婚喪祭)라는 사례(四禮)를
반드시 지켜야 한다는 말을 하지 않았던가.

노. 장자(老. 莊子) 는 붓다의 인연론(因緣論)이나
공자의 예론(禮論) 따위를 조소꺼리로 여기면서
「자연의 도리(道理)나 즐겨라!」 고 했다.

▒ 머리글 ▒

어차피 인간이란 흥미로운 존재이기에

변명이거나 자기 합리화를 위한 궤변이래도 하는 수 없겠다. 나의 모습은 외줄타기 광대였거나 달리고 있는 자전거 위의 사람과도 같았다. 붓 한 자루 검잡고서 먹고살자니 그런 꼴이 될 수밖에 없었다.

한 사람의 극작가로 크고 작은 40여 편의 작품을 무대공연으로 발표하기가 어디 쉬운 일이며, 20여 종의 책을 펴낸 저자의 얼굴을 나타내기가 어디 예삿일이겠는가.

그래, 그저 미련한 곰처럼 나는 글만 써댔다. KBS, MBC, SBS, CBS, BTN, BBS. EBS 등의 방송을 통해서도 실로 엄청난 분량의 원고를 써야만 했었다.

한편 1970년도 중반부터 4~5년 동안 나는 영세한 출판사의 대표 노릇도 해보았고, 1993년부터 4~5년 동안에는 친 아우와 함께 고향 땅에서 고령토 광업사도 운영해 보았다.

이윽고 70세를 바라보던 2011년 가을, 서울대학 병원에서 내가 간암환자라는 판정을 받았고, 「미안해서 어쩌지?」하는 군소리만 곱씹으며 찔끔 눈물도 흘렸다. 그제서야 홀로 여느 일상과는 너무나 동떨어진 거리에서 한갓 바람처럼 떠돌고 있었음을 자각하려 들었다. 허망하기 짝이 없는 작가적 자존심에만 기대어 일상인들 누구나가 그토록 소중하게 여기는 「돈」이나 「권력」 그리고 「명예」는 물론 「자식, 남편, 애비, 친구」 등과 같은 온갖 인간관계들도 등한시 한 채 살아오지 않았겠는가.

그러나 원망의 대상조차 찾을 수 없는 나만 여기 남아 있었다. 남들처럼 나에게도 안정적인 삶을 영위할 수 있는 기회들이 주어졌음에도 불구하고, 그 기회들을 외면하고 스스로 작가적인 삶이라는 가시밭길을 선택했기 때문이었다.

2015년 10월 현재까지 허벅지 동맥을 절단하고 거기에 항암제를 투여하는 색전(塞栓)시술을 내가 무려 다섯 번이나 받아야 했는데, 또 무슨 놈의 업보에 의해선지 모르겠지만, 지난 3년 동안에도 청탁에 의해 희곡, 오페라, 뮤지컬 대본 등 총 12편이나 되는 작품들을 탈고하지 않을 수가 없었다.

뿐만도 아니었다. 담당의사 유수종 박사의 권고를 수용, 실로 줄기차게 반세기 동안이나 퍼마시던 소주와 결별을 선언했는가 하면, 글을 쓸 땐 줄담배를 피우는 습벽을 지녔던 내가 그 담배마저 끊어야 했다.

아하 -, 소주랑 작별을 고하고 보니 만나고픈 친구들도 연기처럼 사라져 버린 것만 같았고, 땅거미 지는 시각이 되면 모든 걸 잃어버린 모양으로 그저 허하기 짝이 없는 빈손만 남은 듯 했다. 딱히 해야 할 무슨 일을 못 한 것처럼 안절부절하지 않을 수가 없었다.

혹은 내가 별안간 무슨 수행자(修行者) 흉내를 내거나 돌부처 꼴이 되기도 했다.

허나 돌부처 되기가 어디 쉬운 일이라던가. 한 마디로 외로워 미칠 지경이 되다 못해, 무료함과 권태로움은 우울증과 이웃사촌임이 분명하단 사실까지 재인식하기에 이르렀다.

속된 말로 「하던 지랄을 그치면 죽고 만다」더니 정말 그럴 것만 같았다. 멍한 꼴로 혼자 우두커니 앉아 있어 보니, 흡사 독방 속에 수감된 사형수와 별반 다를 바가 없어 보였다.

그리하여 「무슨 일이라도 붙들고 늘어지지 않으면 안 되겠다」는 사실을 터득하기에 이르렀고, 단지 생존의 방편이려니 하면서 글을 쓰지 않으면 안 될 입장에 처해버렸던 것이다.

세상을 살아오는 동안 내가 만나야 했던 사람들 중에서 나에게 영향을 끼쳤거나 깊은 인상 등을 남겨 준 인물들과의 일화 내지 비화들을 회고조로 서술해 보려는 게 어쭙잖은 이 책의 집필의도가 되리라. 옛날의 산수화가들이 나이가 들고 보면 벽면에 자기가 그린 그림들을 걸어 놓고, 편히 누워 그 그림들을 즐기면서(臥遊) 여생을 보냈다고 했는데, 나는 내 기억 속의 인물들과 교유(交遊)를 시도해 보려는 것이다.

자고로 세상에서 가장 흥미로운 존재가 바로 사람이라 하지 않았던가.

붓다는 인간이 겪어야 하는 고통을 여덟 가지로 헤아려 보면서 생로병사(生老病死) 라는 네 가지 고통(四苦)에 이어, 다섯 번째의 고통(五苦)으로 애별이고(愛別離苦), 즉 사랑하는 사람과 헤어지는 고통과 여섯 번째의 고통으로 원증회고(怨憎會苦), 즉 미운 사람과 만나는 고통을 제시했는데, 나 역시 숱한 애별이고나 원증회고를 겪지 않을 수도 없었다.

때로는 나도 뱀처럼 징그러운 사람도 만나야 했고, 생명까지 위협하는 사람도 만나야만 했었다. 뿐만 아니라 나에게 눈물겹고 애틋한 그리움 한 조각만 남긴 채 안개처럼 영영 사라진 이들도 없지 않았다.

방송 또는 잡지 등을 위한 인터뷰 관계로 가볍게 한두 번 만났지만, 그 짧은 순간에도 인간적인 온기를 물씬 전해 준 인물들도 있었고, 내가 볼 땐 하찮은 인간임에도 불구하고 오만의 극치를 보여준 인간들도 많았다.

그나저나 어쩌랴. 되돌아보면 나라는 인간 또한 내가 경멸했거나 기피하고픈 인간들과 하등 다를 바 없는 존재였을지 모른다는 생각 또한 뿌리칠 수 없으니.

세상에는 나로 인해 씻을 수 없는 상처를 받았거나 치유가 불가능한 아픔을 느껴야 했던 사람들도 결코 없지 않았으리라. 내가 부지불식간에 걷어찬 돌멩이에 애꿎은 개구리들이 맞아 죽었을지도 모를 일이 아니겠는가.

이 책에는 지금 생존해 있는 분들과 관련된 이야기가 대부분인데, 일단은 그분들에게 양해부터 구해야겠다는 생각에서 다음과 같은 한 마디를 덧붙여야겠다.

「어언 누구의 눈치를 살펴야할 나이가 지나버렸으니... 나는 그저 내 기억이란 카메라에 붓을 맡겼을 뿐이라오. 굳이 시시비비를 따지거나 각색 내지 윤색을 하려 들지 않았다는 거요.

굳이 부연하자면 지금은 일개 극작가의 회고록에 불과할 테지만 훗날에는 우리 시대상의 기록이 되어 문화예술사적 자료가 되질 않겠소?」

2015. 11. 미아리에서

◈ 목 차 ◈

머리글

어차피 인간이란 흥미로운 존재이기에 · 2

제 1 장 가 족

1. 김찬이 님과 「반공 포로 수용소」 · 12
2. 정강아 님과 시아버지 · 20
3. 김영화와 고령토 광산 · 30

제 2 장 극작가

1. 유치진 선생과 「드라마센터」 · 42
2. 차범석 선생과 살풀이 춤 · 49

제 3 장 평론가

1. 여석기 선생의 재능기부 · 54
2. 한상철 선생과 연극사랑 · 58
3. 김성희 씨와 「연극 100년사」 · 62

제 4 장 연출가

1. 권오일 선생과 대학로 · 68
2. 강영걸 씨와 이신전심 · 76
3. 김삼일 씨와 포항시립 극단 · 82
4. 김완수 형과 티격태격 · 89
5. 김태유 씨와 「두보의 고향」 · 96
6. 문고헌 형의 캐스팅 · 99
7. 박원경 형과 북한산 · 105
8. 임수택 씨와 「알과 핵」 · 112
9. 주요철 씨와 만리장성 · 118

제 5 장 배 우

1. 백성희 선생과 「소나무집의 여인」 · 124
2. 장민호 선생의 주량 · 132
3. 권병길 씨와 시위 · 138
4. 권성덕 형과 순대국 · 143
5. 김성찬 씨와 모노드라마 · 147
6. 김용란 씨와 인천시립 극단 · 153
7. 김혜옥 씨와 연극무대 · 158
8. 박승태 씨와 대적 심리전 · 163
9. 박정미 씨의 확인인사 · 168
10. 박팔영 씨와 연기상 · 173
11. 박해미 씨와 「맘마미아」 · 177
12. 오정해 씨와 「서편제」 · 181
13. 유민석 씨와 「퇴계 선생」 · 185
14. 윤여성 씨의 자존심 · 191
15. 이대로 형과 대륜 고교 · 195
16. 이동희 씨의 행방 · 198
17. 이용이 씨의 열연 · 203
18. 이원승 씨와 「하늘 천 따지」 · 208
19. 이인철 씨의 명 연기 · 213
20. 이진수 형과 「박정희」 · 218
21. 정 진 형과 니나노 타령 · 223
22. 허현호 씨와 배우협회 · 229

제 6 장 방송인

1. 구 민 선생의 이름 값 · 236
2. 김성민 씨의 시(詩) · 241
3. 김영곤 선생의 충고 · 246
4. 박동주 PD의 직업의식 · 250
5. 박용기 선생과 장충족발 · 255

6. 배한성 씨의 순발력 · 259
7. 서정호 씨와의 문답 · 264
8. 석성우 스님과 반 세기 · 269
9. 석 송 씨와 아프리카 · 277
10. 이광천 씨와 「CBS 무대」 · 283
11. 조원석 씨의 진실성 · 287

제 7 장 문 우

1. 김길형 씨와 「극작에서 공연까지」 · 294
2. 김병총 씨와 「역사의 연구」 · 299
3. 김태원 씨의 고마운 배려 · 304
4. 박 영 씨의 「예스 아이 두」 · 308
5. 신세훈 씨와 「스타 열전」 · 312
6. 엄한얼 씨의 수다 · 316
7. 오양호 씨와 문협 선거 · 321
8. 이민영 선생과 합기도 · 325
9. 이언호 형과 극작 워크숍 · 330
10. 이재철 선생과 「보물 찾기」 · 334
11. 이정기 선생과 「남의 아내」 · 339
12. 전영호 씨와 「익살 파티」 · 344
13. 정순영 씨와 진주 남강 · 349
14. 최광렬 선생의 위상 · 353

제 8 장 벗

1. 강희승 씨의 직업 · 360
2. 김갑선 씨와 「초의 선사」 · 364
3. 김문조 씨와 여행 · 368
4. 남기영 씨의 원대 복귀 · 371
5. 엄정수 씨의 파란만장 · 377
6. 이용원 씨와 대구 교대 · 381

7. 이재운 씨의 미술사랑 · *386*
8. 이종성 씨의 삶의 방식 · *392*
9. 정현재 씨와 순심중학교 · *396*
10. 허병기 씨의 당적 · *401*

제 9 장 동 지

1. 박단비 양의 단편영화 · *406*
2. 손정아 씨와 「황진이」 · *413*
3. 이정욱 씨와 미스 코리아 · *419*
4. 전재곤 소장의 신뢰 · *423*
5. 채향순 씨와 무용극 · *428*
6. 최석환 씨와 작품료 · *433*
7. 홍쌍리 씨와 매화 · *437*
8. 홍지원 단장의 오페라 · *442*
9. 황사장과 이동통신 · *453*

제 10 장 악 연

1. 강 목사의 계산 · *460*
2. 김창래 씨의 연출 · *464*
3. 심 씨와 벌금 100만원 · *470*
4. 안치운 씨의 발톱 · *477*
5. 이병주 선생의 오해 · *482*
6. 이지연 씨와 「원효 스님」 · *486*
7. 호 대령과 별 · *490*

제 1 장

가족

가령 출신 성분을 따진다면, 나는 농촌사회에 깊숙이 뿌리박힌 아주 평범한 서민층의 자식이리라. 아울러 부모형제는 물론 일가친척 또한 고루 갖춘 집안의 차남이 되기도 했다. 단지 극작가가 되고 그 바람에 그만 별스런 존재가 되고 말았지만.

김찬이 님과
「반공 포로 수용소」

공자가 사내 나이 40이면 「사물의 이치를 터득하고 세상일에 줏대 없이 함부로 흔들리지 않게 된다.」며 불혹(不惑) 이란 단계로 규정했다. 이어서 50세는 지천명(知天命)의 나이라며 「비로소 하늘의 뜻이 어디에 있는지 알게 된다.」는 말도 덧붙였다.

그런데 백일몽(白日夢) 환자처럼 글 쓰는 일에 미쳐 불혹의 나이를 넘기면서도 세상의 흐름을 파악하지 못했고, 지천명의 나이를 먹고서도 땅위의 일들조차 가늠치 못한 사내가 있었으니 그가 바로 나였다.

김찬이(金燦伊). 참 오랜만에 기억해 보는 나의 아버지 성명이다.

그 동안 나는 아버지의 존재, 그 의미조차 제대로 갈파하지 못했고, 그러한 노력조차 해본 적이 없었으며, 생물학적 인연 이상의 그 어떤 의미부여는 상상도 못해 보았다.

어쩌다 아버지의 모습이 떠오르게 되면 막연히 나는 「불효(不孝)」라는 개념의 범주 속에 갇혀 버린 스스로를 발견하고, 그저 죄스러운 마음에 가슴만 조였다. 앞으로도 그럴 수밖에 없을 것이다.

시쳇말로 「철이 들면 죽는다.」고 했던가.

최근에야 비로소 「아버지의 존재가 나에게 어떤 의미였는지」 어렴풋이 가늠할 수가 있으니, 이윽고 나도 갈 때가 된 모양이어라.

아버지는 1983년에 76세를 일기로 험난했던 이 세상을 하직했는데, 신분이래야 고작 산골짝의 농부, 그 이상도 그 이하도 아니었다.

그러나 한국 현대사란 이름의 광풍(狂風)은 평범한 나무 한 그루에 불과했던 아버지마저 그냥 그대로 내버려 두지 않았다. 안소니 퀸만이 영화 『25시』의 주인공이 아닌 셈이었다. 일제 시절에는 아버지가 일본으로 건너가 막노동꾼으로 전전하며 돈을 벌어야 했고, 6. 25 전쟁 중에는 미처 피난을 하지 못해 인민군 치하에서 부역도 좀 해야 했었다. 다발총구 앞에서 생명을 부지(扶持)하려니 별 도리가 없었다.

그랬는데 단지 「피난을 못 갔다」는 그 한 가지 사유로 말미암아 아버지는 유엔군에 의해 마치 짐승처럼 또 거제도 포로수용소로 끌려가 생지옥 같은 그곳에 수감 되어야 했었다.

1953년 6월에 이승만 대통령이 일방적으로 시행한 「반공포로 석방 조치」가 없었더라면 아버지는 십중팔구 거기서 객사(客舍)할 수밖에 없었으리라.

아, 그야말로 피골이 상접하여 3년 만에 귀향을 하게 된 아버지였는데, 우리 집안에는 미음 한 그릇 끓여 줄 쌀이 없었으니, 나는 부엌에서 그야말로 하염없는 눈물만 흘리는 어머니 모습을 지켜 보기만 했었다.

그때 나는 불과 일곱 살짜리 소년이었는데, 어린 내가 겪은 6.25 전쟁과 가난이 그토록 참혹했던 것이다.

나는 둘째 아들이었다. 위로 열 살 터울의 가형과 여섯 살 터울의 누님이 있고, 아래로는 세 살 터울의 남동생 하나가 있었다. 그야말로 어쩌다 보니 내 아우가 또 우리 동기간들 중에서는 가장 먼저 유명(幽明)을 달리해 버렸다. 1995년 겨울에 엽총을 들고 토끼사냥을 나갔던 아우가 뒷산에서 눈길에 미끄러져 실족사를 한 모양이었다.

아버지에겐 자식들 중에서 가장 사랑스런 아들이 바로 나였다. 사실 여부 여하 간에 나는 그런 확신에 차 있었다. 우리 마을에서 트랜지스터라디오를 가장 먼저 구입했을 만큼 나의 아버지는 이야기를 듣거나 이야기하기를 즐겼는데, 아버지의 이야기를 가장 많이 경청해 준 아들이 바로 나였기 때문이었다.

신통하게도 나는 반복이 되거나 말거나 아버지의 이야기를 끝까지 들어주는 인내심을 발휘했기에 아버지의 눈에 쏙 들게 된 모양 같았다. 지금까지 내가 할 수 있었던 효행(孝行)의 전부가 그 정도에 불과한 셈이었다.

아, 지금도 눈에 선해지는데, 아버지와 내가 연출했던 그때의 그 모습들이야말로 환상이거나 환각적인 순간들이 아닐 수 없었다.

세상이 고이 잠든 산골 마을의 이슥한 밤. 바람결에 춤을 추는 호롱불 곁에서 아버지가 들려주는 진시황제나 역발산기개세의 항우 장군에 관한 옛이야기들을 듣다 말고 오줌이 마려워서 큰 방문을 열고 밖으로 걸어 나온 내가 금방 수묵화 그림 속의 그림자로 화하기도 했었다. 그때 우리 집 앞마당에는 파란 달빛만이 비단결처럼 깔려 있었고 사위는 적막감에 휩싸여 있는데, 소리 없는 바람결에 사랑채 뒤쪽에서는 마치 폭설처럼 살구꽃잎들이 마구 쏟아져 내리기만 했으니...

나의 고향 마을은 덕지봉 끝자락에 해당되는 산비탈에 옹기종기 모여 앉은 20여 가옥들에 불과했는데, 좌우에도 산이 에워싸고 있었으며, 저 멀리로는 금오산의 모습과 아울러 낙동강의 하얀 물줄기가 바라보이기도 했었다.

그리하여 아지랑이 피어오르는 봄날이 되어 멀리서 우리 마을을 바라다보노라면 흐드러진 살구꽃과 복숭아 꽃가지에 어울린 그 풍경이야말로 한갓 선경(仙境)과도 다를 바 없었으니.

또는 사랑방에서 아버지가 들려주는 양귀비에 관한 길고 긴 이야기에 넋이 빠져 있었는데, 문득 「영무야! 인제 저 눈 쫌 구경 해 봐라!」하고 아버지가 방문을 열어젖히기도 했었다.

아! 하늘에서 쏟아져 내리는 그 함박눈들이 세상을 포근히 감싸 안고 있는 그 신비함과 장엄한 그 모습들이라니. 금오산이 삽시에 소복을 하려 들었고, 세상의 모든 산야가 솜이불 속에 숨어드는 것만 같았다.

우리 부자(父子)는 한동안 말을 잃고 환상적인 그 정물화 속의 주인공이 될 수밖에 없었다.

아버지는 학문의 과정을 제대로 밟은 적이 없었지만, 어딘가에서 한글을 대충 깨쳤고 다소간의 한자(漢字)도 읽고 쓸 능력을 지니고 있었다.

뿐만 아니라 아버지의 기억력이야 말로 너무나 뛰어나서 가히 국보급에 속했다.

일제 시절 낯선 일본의 밑바닥 일터에서 몸소 겪었던 수많은 일화들은 물론 실로 끔찍하기 이를 데 없었던 거제도 반공 포로수용소 등에서 직접 보며 겪어야 했던 일들 또한 극히 리얼하게 되새겨 기묘한 이야기로 들려주곤 했었다.

다른 한편 아버지는 사랑스런 셋째에게 생사의 기로에서 당신이 몸소 체득한 삶의 지혜를 은연중에 일러주기도 했다.

「군중심리란 게 무섭기도 하지만 절대로 믿을 바가 못 된다.」며 다음과 같은 체험기도 들려주었으니, 그놈의 군중심리만 믿고 함부로 앞장서서 날뛰지 말라는 뜻이었다.

1952년 5월 7일. 거제도 포로수용소에서는 소장인 프렌시스 D. 돗드 장군마저 제 76 포로수용소의 골수 공산당원들에게 납치를 당했는데, 그 험악한 현장에 아버지가 있었다.

캠프 내에서의 좌우익 갈등은 종종 피까지 부르기도 할 만큼 첨예하게 대치되어 있었는데, 어느 날에는 참다못한 아버지가 「그만 좀 합시다. 내가 당장 죽을 판인데, 그까짓 사상이 무슨 대수란 말이오?」 하는 한 마디를 내뱉었다가 실제로 죽을 뻔한 곤욕을 치루기도 했었단다.

포로수용소에서 맞이하는 한겨울의 추위는 상상을 초월했으니 한 마디로 영양실조에다 굶주린 상태이기 때문이었다. 따라서 살인적인 그 추위를 견뎌 낼 방법을 찾다 못한 포로들은 저마다 곡식의 포장용기로 사용했던 마대를 주워 손수 내의로 기워 입기도 했단다.

그랬는데 포로 감시원들로부터 「위생상 마대의 착용금지령」이 내려졌다. 그러자 포로들은 망연자실할 수밖에 없었으니, 마대를 벗어 버리면 그날 밤 안으로 모두 얼어 죽고 말 것 같은 추위가 맹위를 떨쳤기 때문이었다.

일이 그 지경에 다다르자 포로들은 궁여지책을 찾기에 바빠, 그나마 그 캠프 내에서는 최고령자 격인 아버지 얼굴만 쳐다보았더란다.

하다못해 아버지가 나섰다.

『방법이 아주 없지는 않을 것 같소. 우리가 똘똘 뭉치면 분명 살아날 수가 있을 거요. 우리가 포로라곤 하지만... 저들이 설마 수백 명을 한꺼번에 죽일 수야 있겠소? 다시 말해서 우리가 이 마대 내의를 벗어 버리면 어차피 모두가 얼어 죽을 테니까... 우리는 죽음을 각오하고 똘똘 뭉쳐 보자는 거요.』

『어떻게요?』

모든 포로들의 시선이 아버지를 향했다.

『아마 저들은 우리의 마대 내의를 벗기려 들 거요. 그때 우리 모두가 죽어도 벗을 수가 없다며 버티자는 것이오. 우리들 고집이 저들을 이겨내야 우리가 살아날 수 있단 말이오. 마대를 벗기려면 그에 상응하는 내의라도 지급하라. 이렇게 버텨 보잔 말이오. 내가 듣기로 전시(戰時) 포로에 대한 제네바 협정이란 게 있어, 저들도 한 두 사람도 아닌 우리 모두를 함부로 어쩌지는 못할 거란 말이오.』

『옳소, 옳소!』

그때 막사 안에서는 만장일치의 박수소리가 터져 나왔다.

이윽고 그날 밤의 점호시각. 어김없이 포로감시 책임자인 헌병 장교가 막사 안으로 들어섰고, 그는 중무장한 헌병 두 명의 호위를 받기도 했다.

예상했던 대로 그 헌병 장교가 입을 열었다.

『들어라! 나는 여러분이 하나같이 불결하기 짝이 없는 마대로 여러분의 몸을 둘둘 감싸고 있다는 사실을 잘 알고 있다. 지금 즉시 그 마대들을 벗도록 한다.』

그 순간 막사 안은 쥐 죽은 듯 조용해졌다.

『다시 한 번 말한다. 지금 즉시 마대들을 벗는다. 실시!』

그때 아버지가 벌떡 일어섰다. 그리고 막사 안의 전체 포로들과 함께 만장일치로 약속한 결의를 행동으로 옮기려 들었다.

『우리는 절대로 이 마대를 벗을 수가 없소. 이 마대를 벗으면 얼어 죽을 텐데... 어차피 죽을 바에야 마대라도 입고 죽을 각오를 한 거요!』

『어르신은 마대를 못 벗는다? 좋소! 마대를 못 벗겠다는 사람들은 일어나 보시오!』

아버지는 마른 침을 삼키면서 모든 포로들이 동시에 일어나 주기를 기다렸다. 그러나 사위는 잠잠하기만 했다. 아버지를 뒤따르는 동지는 단 한 사람도 나타나질 않았다. 심지어 같은 캠프 속에 갇혀 있던 친 아우마저 감히 일어서질 않았단다.

『어르신은 날 따라 오고... 다른 사람들은 모두 마대를 벗는다. 실시!』

그날 밤에 아버지는 천당과 지옥을 오가게 되었다. 아버지의 모습에서 자기 아버지의 모습을 떠올리게 되었다는 그 헌병 장교의 은밀한 배려로 인해, 아버지는 제대로 된 내의를 지급 받음과 동시에 다른 막사로 옮겨지게 되었단다.

돌이켜 곱씹어 보면 아버지는 이른바 「큰 인물 콤플렉스」에 걸려 있었다. 수차례나 생사의 고비를 넘나들었기에 자잘한 일은 시시하게 느껴져서 그러 했는지, 아니면 저간에 쌓여온 피해의식의 보상심리에서 그리 되었는지도 모를 일이지만 아버지는 분명 나한테 크나큰 기대를 걸고 있었다. 아니 어떤 확신까지 품고 산 게 틀림없었다.

따지고 보면 나는 애물단지 같은 존재에 불과 했는데, 아버지는 단 한 번도 나를 향해 원망이나 섭섭한 마음을 나타낸 적이 없었다.

가형이 일찍부터 국민학교 교사여서 그러했는지 몰라도 내가 국민학교 교사 노릇을 않겠다고 했을 때도 아버지는 네 뜻대로 하라는 식이었고, 내가 입산에 이어 삭발까지 했다가 귀가를 했는데도 아무 말도 하려 들지 않았다. 심지어 상경이후 5여 년 동안 일자 소식을 전하지 않았음에도 아무런 말이 없었고, 돈벌이 못하는 무능력이 환히 눈에 띄었음에도 오히려 못 본 척 아무 말을 하려 들지 않았었다.

「영무 저놈이 언젠가는...」 하는 믿음이 있어, 아버지는 그렇게 한평생 할 말을 잃게 되었는지도 모를 일이었다.

정강아 님과
시아버지

술 바람에 친구들과 어울려 노래방에 몰려갔을 때, 가끔 나는 구성진 가요 『불효자는 웁니다』를 열창 한다. 어머니를 향한 그리움을 표현할 길이 그밖에 없기 때문이었다.

또는 가수 태진아가 이따금 TV에서 노래하는 『사모곡』을 시청하면서, 애틋하고 진솔한 그 가사를 곱씹어 보며, 눈물 속에 어리는 어머니의 모습을 지켜 보기도 했다.

> 앞 산 노을 질 때까지 호미 자루 벗을 삼아 화전 밭 일구시고 흙에 살던 어머니 땀에 찌든 삼베적삼 기워 입고 살으시다 소쩍새 울음 따라 하늘 가신 어머니 그 모습 그리워서 이 한 밤을 지샙니다.

객관적인 묘사를 하고 보면, 나의 어머니는 「무식한 시골 아낙네」에 불과했고, 작은 키에 까무잡잡한 얼굴을 가진 촌부에 해당될 수밖에 없었다.

본명이 정강아(鄭江牙)였던 어머니를 굳이 꽃에 비유하자면, 한 떨기 민들레꽃이 되었으리라.

어쨌거나 가난한 집안에서 태어난 처녀로 고집불통인 아버지를 만난 어머니는 비록 1녀를 여의기는 했지만, 3남 1녀를 온전한 모습으로 다 길러냈고, 3명의 며느리와 1명의 사위를 보았을 뿐만 아니라, 친손자, 친손녀에 외손자, 외손녀까지 고루 다 안아 본 다음, 1982년에 74세를 1기로 유명(幽明)을 달리했다.

어머니가 떠난 그 무렵에는 내가 육군본부 심리전처에 근무했는데, 다른 한편으론 나의 단막극인 『길』이 혜화동에 있는 「아카데미 소극장」에서 공연 되고 있었다. 10여 년만의 내 작품 공연이었다. 인간의 내면심리에 초점을 맞춰 본 작품이었고, 동국대학의 김흥우 교수 추천에 의해 명지대학의 김정규 교수가 연출을 맡아 막이 올라갔었다. 2인극으로 남편 역은 이학재 씨, 아내 역은 연인숙 씨가 열연했는데, 집요하리만큼 처절하게 부부간의 내면 심리를 다룬 그 작품은 흥행 면에서나 작품성에서 무난하다는 평가를 얻기는 했다. 원로 극작가 하유상 선생이 관람을 한 다음 「애욕의 지옥도 한편」을 보았다며 긍정적인 평점까지 내려 주었다.

30일 간 공연되었던 그 작품이 끝나갈 무렵 시골에서 전화가 걸려 왔는데, 어머니가 마지막 숨까지 거두었다는 귀띔이었다.

나는 중학생이 되어서도 물레를 잣고 앉은 어머니에게 달려가 젖가슴을 만지작거리던 아이였다. 3살 아래 아우를 젖히고, 내가 늘 어머니의 젖무덤을 독차지 하곤 했었다.

어릴 적부터 허약한 몸이어서 그러했겠지만, 어머니는 유독 나를 감싸주기에만 바빴다. 내가 4살이었을 때 장티푸스라는 전염병에 걸려 가족들 모두가 「영무는 죽었다」는 결론을 내렸더란다. 그래서 어머니가 삽을 찾아

들고 시신이 다된 나를 품에 안고 뒷산 기슭에 올라가 무덤을 파기 시작했었단다. 그러다 무슨 기척을 느끼고 돌아다보니 포대기 속의 내가 까만 눈을 뜨고 있었더란다.

내가 왜관읍내에 있는 순심 중학교에 입학한 이후부터 바로 이 아들놈 때문에 어머니는 꼬박 몇 년 동안이나 새벽밥을 지어야 했었다. 고향인 북삼면에서 왜관읍까지 가려면 김천에서 대구 방향을 향해 약목 면을 지나야 했고, 우리 집에서 약목 역까지는 4킬로미터 거리였으며, 김천에서 출발, 대구로 향하는 통근 열차를 타려면 내가 새벽 6시경에는 불가불 집을 나서야 했기 때문이었다.

아! 자식에게 쏟는 어머니 애정이야 본능에 불과하다 하겠지만, 이 세상의 모든 어머니가 어찌 울 어머니 같을 수가 있었으랴.

아직까지 나의 뇌리 속에는 어머니의 군소리나 잔소리 한마디가 남아 있지 않으니, 나로서도 믿기 어려운 진실이 아닐 수 없었다.

어머니는 모든 감정 모든 말들을 속으로만 삭일 줄 아는 분이었다. 내가 꼴 난 작가랍시고 방황만 일삼으며, 용돈 한번 제대로 건네 준 적이 없었건만, 어머니는 아무런 내색도 하려 들지 않은 채 오히려 나를 향해 마치 병든 자식을 바라보듯 안타까운 눈길만 보내주곤 했었다. 어머니는 가히 침묵과 인종의 전형이었고, 못난 자식들에게도 절대적인 믿음 또한 결코 거두지 못한 여인이었다.

1975년에 발간된 「한국 극작 워크숍 작품집」에는 내가 쓴 단막극 『명절』이 실려 있는데, 그 작품에서 나는 명절을 맞아 강변에서 애타게 아들만을 기다리는 노부부의 모습을 그려 보았다. 타향살이 하던 이웃집의 아들, 딸들이 끊임없이 귀향하고, 그리하여 온 동네 개들만 짖어 대는데, 그들 노부부가 기다리는 아들놈은 영영 돌아 올 줄 모른다는 상황이 그 작품의 테마였다. 나는 「오늘 밤에도 나를 기다리고 계실 어머니의 애절한 모습」을 그려 보았던 것이다.

나의 어머니는 관세음보살처럼 착하기만 했는데, 또 다른 한편으론 실로 강인하기 짝이 없었다. 마을 아이들이나 어른들이 음식을 잘 못 먹어 체하게 되면 늘 우리 집으로 달려오곤 했는데, 그때마다 어머니는 바늘을 들고 그들의 손가락을 따 주었다. 어떤 이의 눈에 티가 들어갔을 경우에도 어머니는 당신의 혀로 그의 눈에 스며 든 티들을 감쪽같이 걷어내 주곤 했었다.

남이 들어 싫어할 소리나 남에게 피해가 될 일은 절대로 삼가 했던 나의 어머니였다.

급기야 내 어머니가 일종의 신화까지 창조한 여인이 되기도 했다.

지금의 나로서는 1952년인지 53년인지 잘 모르겠지만 6. 25 전쟁 통의 그 당시에 어머니는 온 마을 사람들이 혀를 내 두르면서 그야말로 감동을 하고도 남을 일 한 가지를 해낸 바가 있었다. 요즘 세상 같다면야 아마 메이저 신문에 대서특필이 되고, 각 방송의 뉴스거리가 되다 못해 국무총리 상이라도 타야 할 효부(孝婦)로 자리매김 되었으리라.

6. 25 전쟁이 터졌을 때,우리 가족은 낙동강 부근에 살았음에도 불구하고 미처 그 강을 건너 피난을 가지 못 했다. 우리 가족이 대구를 향해 낙동강을 가로 지른 왜관 철교에 막 들어서는 순간, 저편의 국군들이 공포탄을 쏘아대며 피난민 대열을 가로 막았는가 하면, 그날 밤이 되자 하늘로 날아

온 전폭기가 철교를 절단하는 네이팜탄도 투하했다.

어린 나는 그때 낙동강 철교가 불길에 휩싸여 무너져 내리는 광경을 똑똑히 지켜볼 수가 있었다. 그 당시에 우리 가족은 삼촌네 가족과 시종일관 동행이었다.

하는 수 없이 우리 가족은 낙동강 기슭에서 그날 밤을 지새우고, 또 다른 피난민 대열을 따라 성주 쪽으로 향했다. 낙동강의 수심이 얕은 곳을 선택, 도강(渡江) 하기 위해서였다.

하루 밤인가 이틀 밤의 야숙(野宿)을 마친 다음, 우리 가족이 드디어 성주의 어느 낙동강 기슭에 도착했다. 그 강변 또한 피난민들로 하얗게 뒤덮여 있었다.

아버지는 할아버지부터 도강(渡江) 시키고자 앞에서 소를 몰아 강물로 들어섰고, 소꼬리를 움켜잡은 할아버지가 아버지 뒤를 따랐다.

아버지는 할아버지를 무사히 강 저편에 모셔 놓고, 남은 가족을 데리러 다시 강 이편으로 건너 왔다.

우리 가족이 서둘러 소에 의지해서 다시 도강을 시작했다. 나는 어머니 등에 업혔고, 아버지는 아우를 업었고 누나는 피난 등짐을 실은 소꼬리를 움켜잡았던 것으로 추측이 되고 있다.

그 당시의 나는 심한 야맹증(夜盲症)을 앓고 있어, 어머니가 한 시도 내 손을 놓을 수가 없었다.

우리 가족이 막 낙동강 한가운데까지 진입 했을 무렵. 저편에 있는 국군들이 또 우리 피난민 대열을 향해 총질을 하며 도강을 완강히 저지하고 나섰다. 피난민 대열 속에 이미 인민군이 섞여 있어 어쩔 수가 없다는 말이 전파되고 있었다.

피난민의 도강을 저지하려는 국군들의 기총소사는 결코 엄포사격이 아니었다. 총상을 입고 피를 뿌리며 강물에 떠내려가는 피난민들의 모습이 내 눈에 띄기도 했었다.

결과적으로 우리 가족은 도강할 수가 없었고, 할아버지와 생이별만 하고 말았다. 개인의 운명이 어느 일순간의 판단에 따라 좌우되는 것처럼, 일 가족의 운명도 어떤 순간적 선택에 의해 반전(反轉) 되기도 했다.

그때 우리 가족이 피난을 못간 이유도 기실은 그놈의 정(情) 때문이었다.

우리 마을에는 삼촌네 외에도 동성동본의 일가(一家)가 두어 집 더 있었기에 환난을 당한 그 시기에서는 함께 피난을 떠나지 않을 수가 없었다. 그랬는데 피난길에서 어느 일가가 무엇을 빠트리고 왔다며, 우리 가족을 향해 「잠시 잠깐만 여기서 기다려 달라」고 한 다음 허겁지겁 되돌아갔다. 그리하여 우리 가족은 눈이 빠지도록 그 일가를 기다리고만 있었는데, 훗날 알고 보니 그 일가는 딴 길을 택해 저희들만 살짝 피난을 가버린 꼴이 되고 말았다.

피난길에서 방황을 일삼다 굶어 죽을 수만도 없는 일이어서 우리 가족은 죽기를 각오하고 고향 마을로 되돌아 왔다. 돌아오고 보니 고향마을은 이미 인민군의 주둔지가 되어 있었다.

한 동안 우리 가족은 뒷산 바위굴에 숨어 살아 보기도 했으나, 끝까지 그렇게 버틸 수도 없는 노릇이라 결국 인민군들과 더불어 살게 되었다. 14세 나이였던 누나는 좀 더 오랜 동안 바위굴에 숨어 산 것으로 기억되기도 한다.

물론 할아버지 소식은 알 길이 없었다. 분명한 건 70대 노인 혼자 낙동강을 건너 피난을 가게 되었다는 그 사실 한 가지 뿐이었다.

그야말로 할아버지의 운명은 하늘만이 알 수 있는 일이었다. 운이 좋으면 할아버지가 우리 마을 사람들을 피난길 어디에서나 대구에서 우연히 만나 연명(延命)할 수도 있을 법한 일이 되기도 했다. 혹은 우리 이모네가 대구에 살고 있으니, 할아버지가 어떻게 수소문해서라도 찾아 가게 되면 살 수 있지 않을까 하는 막연한 희망 또한 품어 봄직도 했다. 또는 대구공전 학생이었지만 장손인 손자가 하숙생으로 대구에 살고 있었으니, 어쩌면 할아버지와 장손자가 극적으로 만날 수도 있겠거니 하는 추측도 해 볼 수는 있었다.

그러나 그 어느 하나의 예상에도 확신이 갈 리는 만무했다.

1950년 가을. UN군 사령관인 맥아더 장군에 의해 인천 상륙작전이 성공을 거두었고, UN군과 함께 국군이 38선을 넘어가는 총진격을 개시했다.

인민군 치하에서 단지 생존을 위해 밤이 되면 아버지는 총검을 앞세운 그들의 위협 앞에서 저들의 보급품을 짊어지고 낙동강 건너편으로 옮겨 주는 일들을 하기도 했고, 어머니는 저들의 밥을 지어 주기도 했을 뿐만 아니라, 그들의 빨래도 해 줄 수밖에 없었다. 그 당시 북한군 총 사령관인 김일성은 남한을 기습 공격하는 10만 명의 인민군들에게 특별 명령으로 「인민들을 괴롭히는 일은 절대로 하지 말라」는 지시를 내린 모양이었다. 그래서 국군에게 쫓겨 북으로 가야할 절박한 그 시점이 도래하기 이전까지의 인민군들은 점령지 국민들에게 별난 행패를 부리지는 않은 것 같았다.

다만 주, 부식 조달을 위해 가끔 어디에서인가 강제로 소를 뺏어 오며 무슨 영수증인가 인수증을 써 주기는 했었다. 아버지도 암소 한 마리를 빼앗기고 그런 인수증 한 장을 받기도 했는데, 남조선이 해방될 때, 현금으로 되갚아준다는 증표라 했었다.

우리가 국군이 수호하는 마을에서 다시 살게 되긴 했으나, 한동안 우리 마을의 모습은 그야말로 아수라장과도 같았다.

우리 마을로 진격한 유엔군은 당장 우리 집을 불태워 버렸다. 우리 집 뒤뜰에 짚단 더미인지 땔나무 더미인지가 수북이 쌓여있자, 그 속에 인민군들이 숨어 있을 지도 모른다며 불을 질렀던 것이다. 그리하여 우리 집과 이웃집 종탁이네 집이 홀랑 전소되고 말았다. 그리고 아버지와 삼촌은 아무런 영문도 모른 채 전쟁포로로 끌려가게 되었다. 「인민군들에게 부역을 했으니 빨갱이가 아니겠느냐」는 뜻이었다.

수난은 그 뿐만도 아니었다. 피난처에서 되돌아 온 마을사람들은 하나같이 환장을 한듯, 피난 못간 우리 가족들을 적대시 하려 들었다. 우리 마을에서 피난을 못간 가족이 다섯 집이 되었는데, 피난처에서 돌아 온 사람들은 우리들을 원수지간이나 다를 바 없는 빨갱이로 몰아치면서 「우리 양식 내 놔라!」며 입에 거품들을 물고 갖은 핍박에 욕지거리를 해대기 시작했다. 피난을 떠날 때 혹은 구들장 밑에 양식을 숨겨 놓거나 뒤뜰 어느 곳에 무엇들을 숨겨 놓는 등 했는데, 피난을 안간 사람들이 그런 걸 다 훔쳐 먹었다는 식이었다.

유구무언이라 했던가. 피난 못간 죄로 우리 가족은 당할 만큼 당하면서도 침묵을 지킬 수밖에 없었다.

이윽고 귀향할 사람들이 웬만큼 다 돌아 왔지만, 우리 할아버지는 끝내 돌아오질 못했다. 생사여부조차 알 길이 막막했다.

할아버지에 대한 나의 유일한 기억은 6.25 전쟁 이전에 대구에서 이른바 「10. 1 폭동 사건」이 일어났을 때, 나를 안고 뒷산 개구리바위 틈에 숨어 있던 사실 밖엔 없었다.

이슥고 어머니가 팔소매를 걷어붙였다.

우리 마을에서 대구까지는 통상 80여 리 길로 치는데, 어머니는 도보로 대구를 오가며 할아버지 행방을 수소문하기 시작했다.

마을 사람들이 이구동성으로 무모한 짓이라 했고, 「말하기는 뭣하지만 죽었을 테니 단념하는 게 나을 것 같다」고도 했지만, 어머니는 「하다못해 시신이라도 찾아 모실 일이라」며 당신의 고집을 꺾지 않았다.

말이 쉽지 80리 길을 걸어 다니며 넓디넓은 대구 땅에서 노인 한 사람을 찾는 일이 어찌 쉬운 일이었을까?

그럼에도 불구하고 어머니는 누가 뭐라든 당신이 해야 할 일을 묵묵히 다 하려고만 했다.

지금의 나는 어머니가 과연 몇 번이나 대구를 오르내렸고, 어떤 경로로 어디서 누구를 만나 어떻게 수소문 했는지 자세히 알지 못한다.

연못 속에 빠뜨린 바늘을 찾는 격이나 다를 바가 없었지만, 어머니는 할아버지의 행방추적을 단념할 줄 몰랐다.

아. 지성이면 감천이라 했던가.

어느 날에 어머니는 기어코 할아버지를 찾아냈던 것이다. 대구 어느 곳에 있는 행려병자들의 가매장 공동묘지에서였다. 이를 테면 그 당시 피난길에서 거리를 헤매다가 죽어간 사람들을 임시로 묻어 둔 공동묘지 비슷한 곳이라 했다.

모르긴 해도 어머니는 수십 혹은 수백 기의 시신들을 일일이 확인해 가다 드디어 할아버지 시신을 발견했으리라. 참혹한 모습의 시신 앞에서 어머니가 그것이 할아버지임을 확신하게 된 증거물은 그때까지 못 다 썩은 비단 주머니를 발견했기 때문이었단다. 그 비단 주머니는 어머니가 손수 만들어 준 것이기에 일백 프로 확신할 수가 있었다던가. 아울러 할아버지의 금니빨이 증거가 되기도 했단다.

그 시절 우리 가족들은 굶어 죽을 지경이 되어 있었음에도 불구하고, 어머니는 또 할아버지 시신을 선산에 모실 작업에 돌입했다. 할아버지 시신을 소달구지에 실어 대구에서 고향 마을로 모시는 일이었다.

지금 돌이켜 추측해 보건데 「어머니가 할아버지 시신을 찾아냈다」는 기적 같은 그 사실은 세 명의 고모 내외들을 실컷 울리고도 남음이 있었다. 구미에 살고 있던 큰 고모부는 한학자여서 도리에 두루 밝았는데, 그때 그 사건 이후 어머니를 사뭇 숭배하다시피 했던 모습을 내가 아직도 또렷이 기억하고 있다. 따라서 할아버지 시신을 선산에 모시는 일에는 그 고모부가 적극 나서서 도와주었다.

그리하여 가까스로 한글을 해독할 정도 밖에 안 되는 여인이었지만, 나의 어머니는 기적을 행한 모습으로 우리 마을의 신화적 존재가 되기도 했었다.

아! 나에게 어머니는 언제나 그리움의 바다였다.

김영화와
고령토 광산

나보다 10세 연상의 가형이 되는 영복(永福)은 미남형으로 일제시절에 대구공업전문학교를 다녔고, 그 이후 한평생 국민학교 교사로 근무 했기에 별다른 드라마가 있을 수 없었다.

또 달리기에 있어서는 항상 일등이었던 6세 연상의 누님인 영란(永蘭)은 내가 고등학생일 때 추풍령으로 시집을 갔다가 서울로 옮겨 살면서 4남 1녀를 낳고 살게 되었는데, 현재 장남 이동원이 경찰관으로 총경을 바라보는 중이고 둘째 아들 이인원도 경찰관으로 경사가 되어 있어 별 걱정은 없단다.

우리 형제 중에서 문제는 나에게 아우가 되는 영화(永和)에게 있었다. 그는 어릴 적부터 공부에는 관심도 흥미도 두질 않았고, 그저 야생마처럼 뛰어 놀기만 좋아했었다. 부모님도 「두 아들을 어렵게 공부시켜 놓았으니」 하고 막내는 그만 그냥 내버려 둔 듯 했다.

내가 철이 들면서 「아차!」하는 마음이 들어 아우를 향해 「얘, 통신교육 제도란 게 있다. 그쪽을 통해서라도 중 · 고등학교 과정을 밟도록 해보자.

내가 도와 줄 테니」하고 말한 적이 있었다.

내 말에 좇아 아우가 부모를 모시고 농사를 지으면서 얼마간 독학을 계속하긴 했지만, 종내는 흐지부지 되고 말았다.

나는 아우를 향한 미안한 마음을 뿌리칠 수가 없었다. 왜냐하면 막내인 아우가 부모를 모시는 꼴이 되었기 때문이었다.

내가 「집안일은 나 몰라라」하고 작가 생활에만 매달릴 배짱을 부릴 수 있었던 까닭도 가형이란 울이 있고, 아우가 그렇게 부모를 봉양해 주었기 때문이었다.

따라서 아우의 부탁이라면 나로서는 발 벗고 나서 줄 수밖에 없었다.

1982년 아우가 나를 찾아오면서 더덕 한 보따리를 내놓았다. 야생이 아니라 손수 재배한 것이라 했고, 자기가 드디어 어렵사리 더덕 재배법을 개발했다는 말도 덧붙였다.

『그래서?』

나는 눈치껏 아우가 나한테 무슨 부탁이 있음을 알아 차렸다.

『신문에 기사로 좀 실어 줘!』

『기사로 실어 주면?』

『더덕 씨앗도 팔아먹고… 더덕 재배법을 전해 주면서 재미나 좀 보지, 뭐!』

『알았다. 너한테 도움이 된다면 그렇게 하지!』

그리하여 내가 손을 써서 서울 신문에다 「국내 최초로 아우의 더덕 재배 성공 기사」를 큼지막하게 실어 주었다.

그랬는데 그 기사의 반응이 얼마나 대단했던지 아우는 금방 지역사회의 유명인사가 되다시피 했고, 한동안은 더덕 재배법을 전수한답시고 전국을 떠돌아다니며 특수작물 재배 기술 전수자가 되기도 했다.

우리 부모가 유명을 달리하고 나자 농사일에 진력이 났는지, 아우가 금오산 기슭에 있는 통꼴이란 유원지에 식당을 차렸다.

나는 「그런가 보다」했다. 형제지간이었지만 각자의 살림살이가 따로 있으니 함부로 가타부타 할 입장도 못되는 일이기 때문이었다.

이윽고 1993년에 별일이 불거졌다.

저간의 이력서에서 나는 「북삼 고령토 광업사 대표 김영무」라는 표기를 좀체 한 적이 없었는데, 왠지 그런 이력이 나에겐 어울릴 것 같지 않았기 때문이었다. 그래서 가까운 지인들은 물론 심지어 가족들도 자초지종을 자세히는 모를 일이었지만, 분명 나는 4, 5년 간 그놈의 광산개발사업에 전력투구를 한 경력의 소유자가 되기도 했다.

그 당시에도 내가 쓴 희곡 『탈속(脫俗)』이 극단 '민예극장' 에 의해 연이어 세 차례나 공연되었고, CBS의 PD들과 함께 20일간 아프리카의 소말리아, 케냐, 이디오피아 내지 중앙아시아 남부의 방글라데시 등으로 취재여행을 다녀오는 등으로 해서 나는 몹시 바쁜 일정을 보내고 있었는데, 동생이 어느 날 백토(白土) 꾸러미를 들고 불쑥 우리 집을 방문 했었다. 그리고 「이 흙이 돈이 될지 모른다는데 형이 좀 알아 봐 달라」고 했다. 아우는 하얗고 보드라운 그 흙이 고향산하에 천지 볏가리로 묻혀 있다는 말도 덧붙였다.

나는 「그러 마」하고 대답한 다음 동갑내기 친구인 이종성 화백에게 그 흙을 보여 주었다. 이화백은 「이천에 살고 있는 오남 선생이 도자기를 빚는 친구이니, 함께 한번 가 보는 게 좋겠다.」고 했다.

그리하여 동생과 함께 이천의 오남 선생 댁을 방문하게 되었고, 견본으로 들고 간 그 흙을 내보였다. 오남 선생은 이게 바로 카올린, 즉 고령토라면서 「만약 질만 좋으면 도자기 만드는 원료가 될 터인즉, 사업적으로 충분한 승산이 있다」는 말을 해주었다.

우리 형제는 다시 오남 선생과 이종성 화백을 모시고 고향에 있는 고령토 산지를 답사하기에 이르렀고, 함께 현장을 오가면서 고령토와 관련된 사업적인 얘기들도 많이 나누게 되었다. 그리고 아우가 샘플로 채취한 그 고령토 산지는 일제시절에 이미 일본인들이 채굴했던 곳이란 사실까지도 알게 되었다.

그런데 그 고령토 채굴을 본격적인 사업으로 지속하기 위해서는 광업권을 획득해야 한다는 사실과 아울러, 나는 고령토 채굴이 광산업에 속한다는 사실 또한 그때서야 처음으로 인지하게 되었다.

남몰래 나는 한동안 고민하지 않을 수가 없었다. 어차피 한두 푼으로 광산을 개발할 수도 없는 노릇이고, 본격적인 사업을 하자면 전주(錢主)가 필요하기 때문이었다.

그때 아우와 허물없는 관계를 유지하며 고향에서 주유소를 운영하는 한 친구가 스폰서로 나서겠다고 했다. 그는 남도 아니고 나한테 외육촌 조카가 되는 사람이라 했다.

그 당시에 계산을 대충 해 보니, 최소한 3억 원 정도의 자금은 있어야 일단 일을 저지를 수가 있겠다는 판단을 하게 되었는데, 외조카란 그 친구가 그 정도의 자금은 문제없다는 말도 해 주었다.

『그래. 그렇다면 한번 시작해 보자!』

그렇게 되어 「그까짓 광업이야 일차 산업에 불과한데... 무슨 큰 어려움이 있을까보냐?」 하면서 내가 또 모험심을 발휘하게 되었다.

광업권을 등록하는 데는 광무사의 현지 탐사작업이 반드시 뒤따라야만 했고, 측량도 필요했을 뿐만 아니라, 채광권은 또 도청을 거친 다음 군청에서 취득해야만 했다. 말은 쉬운데 그런 저런 행정적인 절차나 과정을 거치기가 여간 까다롭고 어려운 일이 아니었다. 하여간 무슨 사업을 하겠다며 상대를 하고보면 빌어먹을 증오심만 생기도록 애를 먹이는 게 우리 국가 공무원들 같았다.

드디어 「북삼고령토 광업사」 라는 간판을 내걸고, 광업권을 설정하게 되었는데, 광업권에는 내 이름과 나란히 아우의 이름이 명기되었다. 이른바 공동명의였다. 내가 서울에 살고 있으니, 행정적인 대표자가 되어야 여러모로 편리할 것 같은 생각이 들어 그렇게 처리했다.

그랬는데 광업권을 아우와 외조카 공동명의로 못해 준 게 내 실수였는지도 모를 일이었다. 외조카란 그 친구는 광업권에 자기 이름이 들어가면 절대 안 될 일이라고 펄쩍 뛰기까지 했었지만, 그의 속내는 끝까지 알 수가 없는 노릇이었다,

운명의 장난이라 했던가. 아우는 고령토 광산을 개발하고 3년째가 되자 빚만 잔뜩 남긴 상황에서 별안간 유명을 달리하고 말았다. 구미시에 있는 「계림요업사」 내지 여주, 이천에 있는 도자기회사 등으로 납품을 하며, 광산이 가까스로 막 돌아 가려는데, 아우가 공기총을 들고 산토끼를 잡으러 뒷산을 타다가 그만 실족사를 한 모양이었다.

초상(初喪)을 치른 다음 곰곰이 생각을 가다듬어 보니, 아우는 죽음을 앞두고 마음이 좀 변해 있은 모양 같았다. 막상 큰일을 당한 이후에 되짚어 보니, 아우는 엄청난 무리수를 둔 셈이었다.

우선 외조카와 무슨 일로 토라졌는지는 모를 일이되, 사업적인 면에서는 애 저녁에 남남이 되어 있었고, 그렇게 되었다면 광산개발을 서두르지 말았어야 했는데, 오기로 그랬는지 나도 몰래 혼자 무리수를 두면서 일부터 저지른 꼴이 되어 있었다.

형제지간이긴 했지만 수십 년 동안이나 떨어져 살아 왔기에 나로서도 동생의 재력이 과연 어느 정도인지 그의 대내외 인간관계가 어느 정도인지 도통 알 수가 없었을 뿐만 아니라, 외조카라는 그 친구의 과거행적 또한 자세히 모를 일이었기에, 함부로 무슨 말도 건넬 수 없는 관계에 놓여 있었다.

사실 나는 동생을 믿었기에 극히 순진한 생각에서 적당히 광산일의 행정적인 일만 봐줄 요량을 했었다. 그러다 광산이 제대로 운영되면 용돈이나 좀 얻어 쓰면서 편안하게 작가생활에나 전념하겠다는 계산 정도만 했을 뿐이었다.

그랬는데 세상일이 그렇게 쉽게만 돌아가지 않았다.

광산 일에 있어서도 직접 내 손이 가지 않으면 되는 일이 단 한 가지도 없었다. 고령토의 성분분석을 '자원연구소' 인가 어디에다 의뢰해야 하는 데도 내가 나서야만 했고, 고령토 광산을 개발했다는 홍보를 「월간 세라믹」이란 잡지에 싣는 데도 내가 나서야만 했었다.

아니 채광권을 설정 하느라 도청이며 군청에 뛰어 다니는 일도 내가 해야만 했고, 심지어 여주, 이천 등지로 쫓아다니며 판매처를 개설하는 데도 내가 직접 미친놈처럼 뛰어 다녀야만 성사가 되곤 했다. 심지어 수금도 내가 나설 수밖에 없었다.

일이 커질 대로 커진 다음에야 알게 되었지만, 광산업은 원래 적중률이 100분지 1도 못될 만큼 성공률이 낮고, 광산업에 손을 댔다가 쪽박 차지 않은 놈이 없다는 게 공론이기도 했다.

그런데 이전에 다들 「그건 투기사업이며 성공하기가 실로 어렵다」는 출판 사업에서도 기발한 솜씨를 발휘해 보았듯이, 나는 그 광산업에 있어서도 100분지 1에 불과 하다는 성공의 확률을 적중시킬 수는 있었다.

이른바 불에 견딜 수 있는 힘을 내화도(耐火度)라 하는데, 우리가 개발한 광산에서 나온 고령토의 내화도가 국내에서는 최상위에 속했고, 백색도(百色度) 또한 최상위라는 공인을 받았으며 매장량도 엄청나다고 했다. 내화도라는 말이 나왔으니 하는 말인데, 이 지상에 존재하는 물질 중에서는 또 그놈의 고령토가 불에 견디는 힘이 가장 높다고도 했다. 그래서 우주선의 표면에도 고령토로 만든 세라믹이 필요하고, 각종 용광로의 벽들도 고령토로 만들어야 한다고 했다.

그나저나 「사업은 자본력이 튼튼해야 성공할 수 있다」는 사실을 나는 다시 한 번 뼈저리게 느끼지 않을 수 없었다.

당장 내가 소유한 땅에서 생산되는 광산물이라면 별문제가 없겠는데, 남의 땅에서 채광을 시작하고 보니 분명 됨직한 일도 잘 되지 않았다.

무엇 보다 내가 놀란 일은 「고향 사람들의 인심이 이전 같지 않다」는 사실이었고, 각박하기 또한 나의 상상을 초월하고 있었다.

예를 들면 거기에서 벼농사를 지었을 때, 백만 원의 수입을 올릴 수가 있다고 가정하고, 광산 측에서 그 배가 되는 2백 만 원 정도만 보상해 주면, 그 지하의 채굴을 흔쾌히 허락해 줄 법도 한데, 그러한 순리가 전혀 통하지 않았다.

당연히 채굴이 끝난 다음에는 원상복구를 해 주겠다는 데도 막무가내로 터무니없는 보상을 요구하려 들었으니, 돈 앞에서는 누구나 환장을 하는 모양 같았다.

심지어 진입로로 사용하는 단 두 서너 평의 토지 사용료로 수백 만 원씩이나 요구하는 데는 인간에 대한 환멸까지 느끼지 않을 수가 없었다.

생면부지의 사람들이면 또 그럴 수 있는 일이라 치부할 수도 있겠는데, 고향의 동생과는 밤낮으로 함께 술을 마시던 사람들임에도 불구하고, 흡사 도박판에서의 안면몰수처럼 그 모양 그 꼴들로 나오기가 일쑤였다.

내가 광산을 개발했던 고향 땅이 경북 칠곡군 북삼읍인데, 구미시와 성주군과 인접해 있고, 김천시과 대구시의 중간 지점이어서 농촌은 농촌이되 농촌다운 농촌도 아니었고, 그렇다고 도시다운 도시도 아닌 어정쩡한 곳이었다. 그런 탓에 그런지는 몰라도 사람들의 정서가 도통 안정되어 있질 못했다.

별안간에 동생을 잃은 나는 또 심한 고민에 휩싸이지 않을 수가 없었다. 이유 여하 간에 광산을 보고 돈을 빌려 준 채권자들이 한 두 사람이 아니었고, 우리 광산에서 갚아야 할 채무액도 무려 3억여 원이나 되었으니 한 마디로 기가 막힐 지경이었다. 다만 광산 운영과정에서 내가 직접 돈거래를 한 적이 없었기에, 그들이 직접적으로 나를 채무자로 몰 수가 없어 불행 중에도 다행이라면 다행이었다.

그러나 보다 큰 문제는 「내가 과연 어떤 결단을 내리느냐」하는데 있었다. 사업을 하다 보면 응당 부채는 있기 마련이고, 내가 버티기만 하면 광산은 충분히 살릴 수 있는 일로 예상 되었다. 그런데 「광산업을 경영하면서 글을 쓴다는 일은 아예 불가능에 가깝다.」는 사실만은 명약관화한 결론으로 대두 되어 있었다.

결국 「광산업자로 살아가느냐, 아니면 작가로 살아 남느냐」하는 두 갈래 길에서 내가 결단을 내리지 않을 수가 없었다.

나는 작가의 길을 택하기로 했다.

그리하여 동생이 살아 생전에 허물없는 친구관계로 여겼던 이규영 씨란 분에게 깨끗이 광산을 넘겨주면서 나는 손을 씻어 버렸다. 그날 이후 광산을 물려받은 그 친구는「사람이 어쩌면 저토록 매정할 수가 있느냐」하는 생각이 들 정도로, 나는 광산 쪽을 향해 시선 한번 던지질 않았다.

그때 만약 내가 광산업을 계속한다면 아무래도 명대로 살 수가 없을 것 같다는 생각 또한 떨칠 수도 없었다. 왜냐하면 광산 일을 하는 사람들은 노가다, 즉 막노동꾼들이어서, 내가 그들과 함께 할 수 있는 일이란 단지 함께 술 마시는 일밖에 없었다. 유유상종이어서 그놈의 광산에 들락거리는 사람들 또한 대개가 그 모양 그 꼴들이어서 처음부터 생리적으로 나완 맞지 않았다. 술에 취한 시골사람들은 또 밤새도록 같은 말을 반복하려 들었기에 기가 질릴 일이었다.

그렇다면 광산을 합네 하면서 3, 4년간 고향을 오르내리면서 내가 얻은 것은 무엇이었을까.

곰곰이 따져 보니 잃은 것은 부모님이 물려 준 논 서너 마지기였고, 얻은 것은 가까스로 작품 한두 편뿐이었다.

그때 시골을 들락거리지 않았다면 절대로 내가 집필하지 못했을 작품이 바로『당나무가 우는 밤에』라는 희곡이었다. 혼처를 찾지 못한 시골 총각들의 애환을 그린 그 사회문제극은 1996년에 극단 '천안' 이 공연 작품으로 채택, 충청남도 대표 팀이 되어 전국 연극제에서 공연했다.

『소나무집의 여인』이란 희곡도 그 당시에 구상되고 집필되었다. 왜관 역전에 자리 잡고 있었던「고궁」이란 순대국 집의 맛에 반해 순대국집 아줌마를 작품의 주인공으로 채택하게 되었던 것이다.

지금도 아우에게 생각이 미치면 내 가슴 속이 먹먹해 지는 까닭은 아직도 많은 미련(未練)이 남은 탓이리라.

어느 날에는 내가 지인들 중에서 이미 작고한 사람들만 기억해 보았는데, 웬 일로 나랑 가까이서 뜨거운 애정을 주고받은 사람들의 이름만 소복이 집합되는 것 같았다.

제 2 장

극작가

●●● 내가 연극전문 계간지 「극작에서 공연까지」의 편집 주간이 되어 2004년 가을부터 창간호를 발행했다. 그때 국내 극작가들의 현황을 파악해 보니 현역이 250여 명이었다. 그런데 그들 중 연극현장에서 활동하는 작가는 고작 30여 명 내외에 불과했다. 극작가로 살아남기가 그처럼 어렵다는 사실의 반증이었으리라.

유치진 선생과 「드라마센터」

1968년. 나는 여름 방학을 맞아 고향마을에 있었고 일 년 전에 육군병장으로 만기 전역을 한 다음, 대구 교육대학에 복학, 2학년생이 되어 있었다.

그날 밤에도 아버지는 6.25 전쟁 중에 거제도 포로수용소에서 귀동냥 한 바 있는 이야기 한 자락을 들려주었다.

> 강원도 어느 화전민 부락이 6. 25 전쟁을 맞이했는데, 국군이 그 마을을 점령할 때는 태극기를 사립문에 내다 걸어 생존을 영위하려 들었고, 인민군이 그 마을을 점령하면 인공기를 내다 걸어 목숨을 부지하려 했다.
> 그랬는데 어느 날에는 그릇된 정보가 전해져서 인민군이 그 마을을 점령하는데 태극기를 내다 걸게 되어, 그만 마을의 전체 주민이 학살을 당했다.

그와 같은 에피소드를 듣는 순간에 나는 아찔한 전율을 느꼈고, 번개처럼 어떤 영감이 내 머리 속을 스쳐 지나갔다. 그 일화야 말로 6.25 전쟁이란 민족적 비극을 극명하게 묘사해준 실례(實例)가 아닐 수 없고, 「인간의 삶의 의지는 이데올로기를 초월한다.」는 강렬한 테마의 표출과도 같았다.

건넌방으로 들어간 나는 그날 밤을 꼬박 새우며 아버지가 들려 준 그 비극적 이야기에 약간의 허구를 가미하여 한편의 희곡을 완성 했는데, 200자 원고지로 80여 매 분량의 단막극이었다. 교육대학 학보에 게재한 적이 있는 「정원에는 아직도 촛불이」란 단막희곡에 이어 나로서는 두 번째로 쓰게 된 작품이었다.

나는 그 작품을 별다른 목적의식도 없이 대구에서 활동하는 문학평론가 최광렬 선생에게 보여 드렸다. 그랬더니 선생께서는 「좋은 물건이 되겠다」며 「신춘문예에 한번 응모해 보라」는 말을 했다.

그래서 그 작품이 얼떨결에 1969년도 중앙일보 신춘문예에 응모 되었다.

그때 내 나이가 27세였고, 1969년 3월이 되면 경북 영일군에 있는 어느 국민학교 교사가 될 입장에 처해 있었다. 가족들과 주위 친지들은 '이젠 안심' 이란 분위기에 젖어 있었다.

1968년의 마지막 날까지 아무런 연락도 받지 못한 나는 친구들과 대구에서 망년회를 겸해 고주망태가 되도록 술에 취한 상태로 1969년 1월 1일을 맞이했다. 그리고 고향으로 가는 시외버스를 타려고 대구 북부터미널로 나갔다. 그러다 중앙일보 신문을 한 장 샀는데 놀랍게도 제1면에 실린 신춘문예 희곡부문 당선자 명단에서 내 이름 석자와 함께 내가 쓴 작품인 『쫓겨난 사람들』이란 타이틀을 발견하기에 이르렀다.

그해의 중앙일보는 희곡 부문에서 당선작을 내지 못했고, 가작을 두 편 뽑았는데 내 작품이 이른바 수석이었다.

며칠 후에 알게 되었지만 그 당시 중앙일보 손기상 문화부장이 연말 훨씬 이전에 육필로 내게 편지를 띄웠는데, 배달이 늦어 제때 그 편지를 내가 받아 보질 못한 꼴이 되어 있었다.

그해 희곡부문의 심사 위원이 동랑 유치진 선생과 고려대학의 여석기 교수였다. 최종심사회의 때 내 작품을 당선작으로 밀자는 의견이 지배적이었지만, 내 이름이 워낙 생소한데다, 작년에 입선한 사람이 다시 작품을 응모하여 두 작품을 함께 가작으로 뽑았다고 했다. 비록 가작이었지만 『쫓겨난 사람들』은 중앙일보에 게재되기도 했고, 공연도 되어 당선작 대우를 받은 셈이 되기는 했다.

어쨌거나 손기상 부장이 서신을 통해 「한 번 상경할 수 없겠느냐」는 의향을 비쳤기에 생전 처음으로 내가 상경을 하게 되었다. 내 기억 속에는 군용 열차를 타고 밤새도록 달려 새벽녘이 되어서야 용산 역에 도착한 것으로 되어 있다.

어쨌거나 시골 촌놈이 서소문에 있는 고층 빌딩 속의 중앙일보를 방문했고, 손기상 문화부장도 만나 보았다. 그때는 중앙일보 건물이 마치 안테나 꼴로 홀로 높이 솟아 있었다.

손기상 부장의 전화 연락에 의해 내가 남산 드라마 센터에 있는 유치진 선생도 찾아뵙게 되었다.

솔직히 그때까지 나는 문단데뷔의 의미를 제대로 인식하지도 못한 상태였고, 유치진 선생과 여석기 선생이 아직도 생존해 있을 뿐만 아니라, 그분들이 무슨 일을 하고 있는지조차 까맣게 모르고 있었다. 다만 교과서를 통해 가까스로 유치진이란 이름 석자는 외우고 있었기에, 흡사 전설 속의 주인공을 찾아 가는 듯한 심정으로 나는 남산 「드라마 센터」 후미진 곳에 위치했던 유치진 선생의 거처를 방문하기에 이르렀다.

『소』, 『토막』, 『조국』과 같은 희곡을 쓴 극작가 유치진 선생은 마치 할아버지처럼 반갑게 나를 맞아 주었고, 내 손을 잡아끌며 일삼아 「드라마 센터」 극장 안을 두루 안내해 주었다. 극장구조가 반원형인 까닭은 고대 그리스의 극장구조를 본으로 삼은 탓이라고도 했다.

선생은 또 「원래 전쟁 상황을 드라마로 다뤄서 성공하기는 참 어려운 법인데, 김 군은 참 묘하게 작품성을 살렸다.」는 말도 들려주었다. 전쟁이란 워낙 특수 상황이어서 별의별 사건들을 끄집어 낼 수가 있긴 하지만, 그에 반해 공감이 가는 보편성을 찾기가 그리 쉽지 않다는 뜻이 되기도 했다.

그 당시 서울에는 강희승이란 국민학교 동기생이 있었고, 대구에서 친하게 지냈던 한세훈 형이 KBS에서 성우 겸 탤런트로 일하고 있었는데, 강희승이란 친구는 나를 보기 바쁘게 「서울에서 함께 살자」는 말을 했고, 한세훈 형도 「이왕 극작가로 데뷔 했으니, 서울에서 활동해야 되지 않겠느냐」는 말을 했다.

어쩔 수 없이 나는 엄숙한 판단의 기로에 서게 되었다.

그 당시 나의 숙소는 왜관읍내에 있는 형님 댁이었고, 거기서 만난 국민학교 교사 한 분과 낙동강변을 거닐면서 실로 많은 대화를 주고받기도 했다. 아마 2시간 가량이 걸렸으리라.

나는 「이참에 상경을 하고 본격적으로 극작 공부를 하며 작가로 성장하고 싶다」는 뜻을 전개 했고, 그 교사는 「우회의 길을 택하는 게 나을 것 같다」는 말로 나의 모험심을 잠재우려 들었다.

완벽한 등신이 아닌 이상 나도 안정된 직장생활을 하면서 착실히 내가 원하는 공부를 더한 다음 대학교수가 되든가 검, 판사가 되어서도 좋은 작가라는 소기의 목표를 달성할 수 있다는 건 모를 리가 없었다. 그리고 그간 내가 읽어 본 책들을 통해서도 작가, 혹은 예술가의 길이 얼마나 어렵고 고통스럽다는 사실까지 익히 잘 알고 있었다. 가까스로 이미지만 남아 있지만 그 당시 내가 파악하고 있는 작가의 길이란 구도자의 길이요, 형극의 길이었다. 「문학을 지망하는 청년에게」라는 책을 쓰면서 라이너 마리아 릴케가 그런 말을 했었다.

그런데 나의 모험심(?) 내지 나의 무모함 혹은 나의 젊은 혈기가 눈앞에 펼쳐진 평탄한 길을 자꾸만 외면하려 들었다. 너무 시시하고 싱겁게만 느껴졌던 것이다.

「그래, 어차피 인생이란 한 번 뿐인데... 부닥쳐 보는 거지 뭐!」

결국 나는 상경을 결심하기에 이르렀다.

상경 이후에 한세훈 형의 소개로 무슨 영화 잡지사에 입사 했다가 그만두기도 했고, 생전 처음으로 『쫓겨난 사람들』이란 연극 연습장에 나가 보기도 했다.

젊은 연출가 김문호 씨가 내 작품의 연출을 담당했었고, 배우들은 대개 드라마 센터 졸업생으로 캐스팅되어 있었다.

내 작품의 대사는 경상도 사투리여서 김문호 씨는 일일이 나에게 발성법을 물어 보기도 했고, 작품 분석에 있어 아무래도 풀리지 않는 부문이 있다며 조심스레 물어 보기도 했었다. 이를 테면 『쫓겨난 사람들』은 프롤로그와 에필로그를 곁들인 3장의 작품인데, 에필로그 부문에서 「할아버지가 국군 대위가 되어 돌아 온 큰 아들을 만나면서 왜 산속으로 몸을 숨기는 지 그 까닭을 모르겠다」는 내용 등이었다.

나는 그 작품에서 대담한 생략법을 사용 했는데, 이를 테면 전쟁에 쫓겨 며느리와 시아버지가 깊은 산속의 초막에서 함께 살게 되어, 윤리적 질서

마저 무너질 수밖에 없었다는 비극성을 숨겨 둔 장면이었다.

그해 3월 초에 「드라마 센터」 무대에서 극작가 캐내기 5년차로 『쫓겨난 사람들』이 김종달 작, 유덕형 연출의 『갈색 머리카락』과 이하륜 작, 이원경 연출의 『청혼 합니다』란 작품과 함께 공연되었다. 때마침 유치진 선생의 장남 유덕형 씨가 미국유학을 마치고 귀국을 해서 첫 번째 작업으로 『갈색 머리카락』을 연출하며 태권도적 액션을 도입해서 장안의 화제가 되기도 했다.

그때만 해도 극작가가 귀해서 유치진, 여석기 교수 등은 한국연극을 살릴 길은 유능한 극작가를 길러 내는 일이라며 많은 정성을 쏟고 있었다. 희곡은 활자화가 문제가 아니라 공연이 되어야만 작가도 창작의욕을 가질 수 있다는 취지에서 신춘문예 당선 작품을 연이어 5년째 무대 작업화를 해 왔던 것이다.

총연습을 참관한 유치진 선생은 「전쟁에 의해 윤리적 질서마저 무너지고 말았다」는 그 숨겨진 비극성을 무대 위에서 구체적으로 표출하게 했는데, 인민군에게 학살당한 화전민이 죽어 가는 장면에서, 남자가 여자 사돈의 히프 위에 다리를 걸치고 죽어 가는 형상을 보여 주라고 했다. 공연 중에 남자의 다리가 여 사돈의 히프 위에 잘못 걸려 애를 쓰는 모습도 눈여겨 볼 수 있었다. 그리고 손자가 오줌을 싸는 장면이 있었는데, 아역 배우가 실제로 관객을 향해 고추를 내놓고 오줌을 갈기기도 했었다.

훗날 알게 되었지만 그 작품 『쫓겨난 사람들』은 하마터면 공연이 취소될 위기에 처하기도 했었다. 이유인즉 인민군들이 등장하여 양민을 학살 했는데, 작품에서는 인민군들을 무사히 퇴장시켜 버렸으니, 반공이란 국시에 어긋나지 않느냐면서 관계기관의 강력한 항의가 있은 모양이었다. 그때는 인민군이 등장하면 무조건 시체로 퇴장해야 하는 문법이 불문율로 되어 있었다.

중앙일보에서는 짤막한 공연 평까지 실어 주었는데, 「신인만의 대담한 무대였다」는 평과 아울러 신인의 한계도 느껴지는 작품이었다는 내용이었다.

그런데 그 작품의 연출을 맡았던 김문호 씨는 안타깝게도 몇 년 후에 생활고에 쫓기다 못해 한강에서 투신자살로 생을 마감하기도 했다.

이후에도 나는 물론 우리 젊은 극작가들은 유치진 선생을 만날 기회가 빈번했는데, 선생은 언제나 어미닭이 병아리를 보듬는 듯한 태도로 우리를 감싸 주려 들었다.

「희곡 쓰고 있겠지?」하는 물음 또한 빠트리지 않았다.

차범석 선생과 살풀이 춤

한국의 대표적인 극작가에 연극인이며 「대한민국 예술원」회장을 역임하기도 했던 차범석 선생이 피력했던 나의 인상이 다음과 같았다.

「영락없는 경상도 사나이에 무뚝뚝하고 고집스럽다. 다른 한편 극작가 김영무는 깊은 여울 같은 사람이요, 흔들리지 않은 바위 같은 작가일지 모른다. 오랜만에 만났지만 호들갑을 떨거나 잘난 척하지 않는 김영무에게는 외로움이 그림자처럼 따라 다닌다.」

1999년 5월에 발간된 나의 첫 번째 장막희곡집 『달은 달』의 머리글로 차범석 선생이 「자기 목소리로 부르는 노래가 좋다」라는 제목 하에서 위와 같은 서술을 남긴 바가 있었다.

그 원고를 받아 읽어 보다가 족집게 같은 선생의 관찰력에 나는 모골이 송연함을 느꼈다. 「김영무에게는 외로움이 그림자처럼 따라 다닌다.」는 말이 나의 정곡을 찌르지 않았겠는가.

극작이 나의 숙명이었는지 그건 모르겠지만, 나는 숱한 기억들을 상실하며 살아 왔는데, 유독 중학교 2학년 때 왜관읍내에 있는 무슨 영화관에서 생애 처음으로 관람했던 연극이 『밀주』였다는 사실만은 잊질 못했는데, 훗날 알고 보니 그 작품의 작가가 바로 차범석 선생이었다.

호 · 불호 간에 희곡 『산불』의 작가 차범석 선생을 논외로 치고 한국의 현대연극 내지 희곡을 논할 수가 없는 일이며, 나 또한 알게 모르게 차범석 선생의 영향권에서 결코 벗어날 수가 없었다.

연극인들의 모임에서는 으레 차범석 선생에 관한 이야기가 떠오르곤 했는데, 혹자는 「차 선생이야 말로 목포의 명문대가에서 태어나 한평생 누릴 수 있는 호사는 다 누리다 가신 분이라.」고도 했다.

선생의 이력을 보면 그런 단정도 과언이 아니라는 생각이 들기는 했다.

1924년에 목포에서 태어난 선생은 한 세상을 살면서 누가 뭐라든 「쓰고 싶은 글, 혹은 써야 할 글들」은 다 쓴 모양이었다. 1995년에 「연극과 함께 살아 온 극작가 차범석의 예술인생 총 정리」라며 완간한 『차범석 전집』을 보면 희곡 9권, 수필 2권, 평론 1권 등 전체가 무려 12권이나 되는 저서를 남겼다.

선생은 1963년에 27명의 동인과 함께 「연극의 전문화와 연극의 대중화」를 목표로 내걸고 극단 '산하'를 창단하여 1964년 『청기와 집(4막)』을 시작으로 창작극 13편과 5편의 번역극과 각색극 등을 두루 발표하면서 20여 년을 버텼다.

방송인으로서는 MBC의 편성 부국장을 역임하기도 했고, 행정가로서는 「문예 진흥원장」을 역임하기도 했을 뿐만 아니라, 학자로서는 또 청주대학교 교수로 재직하기도 했었다.

그 뿐만 아니라 이렇다 할 각종 문화상도 거의 다 수상한 바가 있었다.

그렇다면 내 눈에 비친 차범석 선생은 과연 어떤 분이었을까?

한 마디로 치열한 작가의식을 지녔고, 생리적이듯 타의 추종을 불허하는 부지런함이 몸에 배어 있었을 뿐만 아니라, 너무나 솔직 담백한 인품의 소유자 같았다.

나는 차범석 선생을 특히 공연장 안팎에서 무수히 만나곤 했다. 그리고 공식적이거나 비공식 모임에서도 여러 차례 만나긴 했지만, 인사말 이외에 특별히 주고받은 말들은 기억에 남아 있지도 않다. 그래서 선생에게 내 인상이 그만 무뚝뚝함으로 심어졌으리라.

그랬는데 1990년 겨울에 10여 명의 방송 요원들과 함께 내가 선생 댁을 쳐들어 간 적이 있었다. MBC - TV에서 방송된 차인태 아나운서의 대담프로그램이었던 『인생의 오솔길』 녹화를 하기 위해서였다. 내가 매주 한 차례 30분간 방송 되었던 그 프로그램의 섭외 담당 및 구성작가이기 때문이었다.

저명인사들의 삶의 역정과 지혜 등을 들어 보는 그 프로그램은 출연자를 스튜디오로 모시지 않고 카메라가 출연자를 찾아 간 포맷이었다.

그날 선생의 거실을 임시 세트장화 하느라 부산을 떨다가 전기 코드에서 작은 화재 사건이 발생하기도 했었다.

그로부터 13년 후가 2003년 4월.

이번에는 내가 차범석 선생을 불교 텔레비전인 BTN 스튜디오에 모셨다. 내가 직접 출연자를 섭외하고 원고를 작성하고 MC 역할까지 맡아 진행했던 대담프로그램 「김영무가 만나는 문화 문화인」의 첫 녹화를 위해서였다. 매주 1회 30분씩 방송된 그 프로그램의 기획 의도는 우리 국민들의 문화의식 제고였다. 그날 나는 『동승』이란 영화를 제작, 감독한 바 있는 주영중 씨와도 녹화를 진행했었다.

차범석 선생과 녹화를 하면서 느낌 점은 역시 「프로가 낫다」는 것이었다. 이를 테면 방송의 생리를 잘 아는 분과 방송을 해야 방송이 살아난다는 뜻이었다. 다시 말하면 「항상 그 인물보다는 참신한 인물이 낫지 않겠느냐」는 말이 설득력은 있지만, 그만큼 위험요소가 많다는 뜻이 되기도 했다.

그렇게 차범석 선생과 나와의 공식적인 만남들도 있었지만, 일은 일이어서 흡사 바람처럼 그저 스쳐 지나가 버리면 그만이 되어버릴 시간들에 불과 했었다.

정작 나의 뇌리에 강렬한 인상으로 남아 있는 차범석 선생에 대한 이미지는 어쩌면 생뚱맞게도 길고 하얀 스카프를 쥐고 살풀이춤에 도취한 듯한 선생의 모습이었다.

그것도 공식적인 무대 위에서가 아니라 이를 테면 충무시의 어느 지하 술집 같은 곳에서 연극제 뒤풀이로 거나하게 술에 취한 모습이 되어 추는 선생의 춤사위야 말로 가히 일품이 아닐 수 없었다.

기회가 없지도 않았는데, 나는 왜 차범석 선생과 좀 더 살가운 대화를 나누지 못했는지 그 까닭을 아직도 모르고 있다.

제 3 장

평론가

계간지 「공연과 이론」에 의하면 한국의 현역 연극 평론가의 숫자가 200여 명이나 된다. 그런데 배우, 연출가 등과 같은 현역 연극인들의 중론(衆論)에 의하자면, 연극평론가가 도무지 보이지 않는다고도 한다. 제대로 된 연극평론가를 만나기가 어렵다는 뜻이리라. 어차피 연극이란 「당대 문화의 총체적인 꽃」이기에 탐구하지 않으면 안될 분야가 너무 광범위한 탓은 아닐는지?

여석기 선생의 재능기부

나의 처녀작『쫓겨난 사람들』이 빛을 본 1969년도 중앙일보 신춘문예 희곡부문의 심사위원이 유치진, 여석기 두 분이었다. 교과서에 당신의 희곡『조국』이 실려 있어, 유치진 선생의 존함이야 익히 알 수가 있었지만, 나에게 여석기 교수는 낯설기가 이를 데 없었다.

5년 후가 되는 1974년에 극작가 이언호 형의 주선에 의해 이른바「한국극작 워크숍 2기」가 결성되었고, 그 모임에 나도 참여하게 되었는데, 그때 나는 비로소 여석기 선생을 직접 만나 뵐 수가 있었다. 여석기 교수가「극작 워크숍」이란 그 그룹을 주도 했고, 한상철 교수와 희곡작가 박조열 선생이 지도 교수로 참여하기도 했다.

그제서야 나는 여석기 교수의 저서『희곡론』,『20세기 문학론』,『현대연극의 조류』등을 사서 읽어 보기도 했다.

강추자, 김영무, 엄한얼, 오태영, 유종원, 윤한수, 이강백, 이병원, 이언호, 이하륜 등 10여 명으로 결성된 우리 동인들의 만남은 일주일에 한 번씩 거의 3년 동안 이어졌고, 동인 각자가 써낸 희곡들에 대한 불꽃 튀는 토론 또한 계속 되었다.

서울에서 좋은 연극이 공연될 경우에는 우리 그룹이 초청받은 형식이 되어 단체 관람을 하기도 했고, 서오능 등으로 우리 그룹 자체의 야외 나들이가 추진되기도 했었다.

「하루 속히 한국에서도 영국의 셰익스피어와 같은 위대한 극작가가 나타나길 염원하는 마음」에서 여석기 교수가 그렇게 재능기부 형식을 취해, 극작 워크숍을 이끈 셈이었다.

줄곧 고려대학에서 영문학 교수로 재직했던 여석기 선생은 전형적인 학자타입의 인품을 견지해서, 3년 동안이나 가까이서 지켜보았지만 단 한 번도 평상심을 잃은 모습을 우리에게 보여 준 적이 없었다.

막말로 형편없는 습작 원고가 논의의 대상이 되었을 때도 선생은 묘한 의미가 응축된 특유의 그 미소를 잃지 않으면서 「읽기가 좀 힘이 들었다」는 식의 평을 내렸는가 하면, 읽기조차 민망할 만큼 야한 요설로 점철된 대사의 작품일지라도 극히 냉정하고 진지한 표정으로 그 작품을 대해주곤 했다. 어차피 연극의 세계는 넓고 넓어 신(神)의 경지에서부터 악마의 속성까지 아우르고 있음을 알기 때문이었다.

뿐만 아니라 선생은 늘 태산과 같은 모습으로 중앙에 버티고 앉아 중도를 잃지 않았다. 특정의 동인에게 편애의 감정을 나타내지도 않았고, 작품을 잘 내놓지 못하는 동인에게도 고까운 시선을 던지는 대신에 「기다려 보겠다.」는 눈길만 던져주곤 했었다.

어쩌다 좋은 작품이 눈에 띄면, 선생의 얼굴에는 미처 숨기지 못한 화색이 남아돌기도 했는데, 우리는 귀신 같이 그 의미를 눈치 채기도 했다.

그런 형식의 극작 워크숍 3년 동안 우리 동인들은 문예 진흥원의 지원을 받아 단막극집 3권을 발간했는데, 나는 1, 2 집에 『술래잡기』,『명절』이란 작품을 수록할 수 있었다.

한 편 여석기 선생을 생각할 때 마다 나는 항상 미안하고 죄스러운 마음을 숨길 수가 없었다. 솔직히 「나도 만족하고 선생도 만족할 만한 작품』을 그 당시에는 써 보이지 못한 탓이었다.

굳이 변명 내지 자기 합리화를 해 보자면 나는 단막극 체질이 아니라 장막극에 알맞은 생리로 태어났는지도 모를 일이었다.

극작워크숍 2기의 마지막 날을 나는 아직도 생생하게 기억하고 있는데, 그날따라 동인 중에서는 나와 이강백 씨 두 사람만 참석 했고, 지도 교수도 여석기 교수와 한상철 교수 두 분뿐이었다.

썰렁하기 짝이 없었던 그날의 그 공식적인 과정을 마치자, 여석기 교수는 몹시 씁쓸한 어조로 「워크숍 2기는 이쯤에서 막을 내리는 게 좋겠구먼!」 하는 단안을 내렸다.

그 워크숍이 끝날 무렵에 나의 첫 번째 장막극인 『도당제(都堂祭)』가 탈고 되었다. 우리 동인 중에 심성이 어린아이와도 같았던 유종원 씨가 있었는데, 그 친구는 워크숍이 끝난 이후에 입산을 했고, 아예 스님이 되어버렸다.

그 친구가 입산하기 직전. 어떤 과정에 의해서 그렇게 된 건지는 기억할 수조차 없는데, 그 친구가 내 작품 『도당제』를 읽어 보았고, 그 친구의 제의에 의해 그 작품을 여석기 선생에게 한 번 보여 주기로 했다.

우리는 그 원고를 들고 여석기 교수 연구실을 방문하기도 했었다.

선생은 그 작품을 받아 들며 「일주일 후에 다시 한 번 와보라」는 말을 해 주었다.

다시 여선생을 뵈러 갈 때도 유종원 씨와 동행을 했는지, 나 혼자 갔는지는 기억할 수 없는데, 그날 여선생이 들려준 몇 마디의 지적만은 아직도 내 뇌리에 여실히 각인이 되어 있다.

선생은 내 작품에 대해 일단은 긍정적인 반응을 내보이면서, 프랑스의 실존주의 작가였던 까뮈의 희곡 『칼리큘라』를 찾아 읽어 보라는 말과 함께 내 작품 속의 마을 사람들의 코러스가 좀 더 광기어린 분위기로 확대 되었으면 좋겠다는 말도 해 주었다.

그 이후 그 작품 『도당제』는 '민예극장' 의 허규 선생이 읽어 보게 되었고 「한번 제작해 보겠다.」는 뜻을 비치기도 했었는데, 중앙정보부의 압력에 의해 무산이 되고 말았다.

1983년에 연출가 방헌 선생의 추천을 받아 수원의 연출가 이재인 씨가 그 작품을 『할미의 씨앗』이란 제명 하에서 연극으로 만들어 제1회 전국연극제에 나간 바가 있었으나, 그 연극이 내 맘에 차진 않았다.

먼 훗날이 되는 1989년 무렵에 여석기 선생이 문예 진흥원장으로 재직중일 때였다. 그때 극단 '민예극장' 의 정 현 대표가 내 작품 『우리들의 김무용』을 문예회관 소극장에서 공연하고 있었다. 마로니에 광장에서 내가 여석기 선생과 마주치게 되었는데, 선생은 무척 반가워하며 「오, 여전히 작품을 쓰고 계시는가? 내 방으로 한 번 놀러 와요!」하고 말해 주었다.

여석기 선생은 2012년 『나의 삶, 나의 학문, 나의 연극』이란 회고록을 펴냈고 이듬해 유명을 달리 했는데, 회고록 출판 기념회에서 나는 마지막으로 선생의 모습을 뵈었다.

한상철 선생과
연극사랑

정치권에는 「계파」 또는 「코드」란 말이 횡행하고, 문화예술계에는 이른바 「문화권력」이란 말이 자릴 잡은 것 같다. 혹은 「서울대 파워」를 마피아 조직에 비유하기도 했다.

그런 말들은 한 마디로 객관성이나 공정성 보다는 「줄을 잘 서야 정부의 지원금도 잘 따먹고 갖가지 수상들도 할 수 있으며, 남달리 매스컴의 각광도 받을 수 있어, 그것이 곧 출세의 지름길이라」는 뜻이었다.

나는 그것이 긍정적인 의미가 되거나 부정적인 의미가 되거나 상관없이 동서고금을 막론하고 그러한 파워, 즉 「보이지 않는 손의 존재」를 인정해온 사람이었다.

사람이 사는 세상에서 어찌 인맥, 학맥, 혈맥, 지맥 등의 인연을 무시하거나 부정할 수 있겠는가.

문제는 자신의 깜냥도 모르고 어떤 연줄에 매달려 잽싸게 이해타산만을 따지려 드는 소인배 내지 사이비 예술인들에게 있을 것이다.

그런 면에서 헤아려 보자면, 나는 여전히 손바닥에 온전한 손금이 고스란히 남아돌 만큼 좌고우면(左顧右眄) 한 적이 결코 없었다.

연극 평론가 한 상철 선생을 기억하며 너무 거창한 화두(話頭)가 떠오른 모양새가 되었는데, 그만큼 내 감정이 복잡하다는 표현이 될 것도 같다.

연세대학교에 이어 그 대학원의 영문학과 출신 한 상철 선생은 여석기 선생이 주도했던 「한국 극작 워크숍 2기」 지도 교수로 3년 동안이나 참여했었고, 여석기 선생이 평론 일선에서 은퇴한 이후에도 연극 현장에 남아 평론작업을 계속 했을 뿐만 아니라, 나와 단둘이서 수차례나 술을 마시며 연극 얘기를 나누기도 했었다.

그러나 선생은 내 작품에 대한 본격적인 논평을 유보하다시피 했다. 그 이유를 내 나름대로 짚다 보니 위와 같은 화두가 떠오르게 된 것이다.

1960년대부터 한국의 연극 평론계를 주도한 세력은 이른바 영문학자 계열이었다. 그 정점에 여석기 교수가 있고 한상철 선생은 그분의 애제자 격이었다.

그러니까 그들은 자연 서양의 현대 연극적 문법에 따른 작품들에게 후한 점수를 줄 수밖에 없었다.

다시 말하면 나의 작풍(作風)은 그쪽 방향이 결코 아니었다. 나는 주로 한국적 연극 미학의 탐구에 열정을 쏟아 온 셈이 되었다.

1985년에 내 희곡 『구름가고 푸른 하늘』이 공연될 때, 한상철 선생도 관람을 했고 그 뒤풀이로 함께 차를 마신 적이 있었다.

그때 한 상철 선생은 나더러 「주인공 한영일의 아이덴티티를 어떻게 설정했느냐?」고 물었다.

작품 속에서 주인공 한영일이 「개미허리가 왜 짤룩짤룩 하냐? 지금 왜

까치가 울고 있느냐?」와 같이 이 세상 그 어떤 이도 선뜻 대답할 수가 없는 의문을 제기하는 대사를 계속 했기 때문이었다. 나는 그러한 질문을 통해 일상의 고정관념을 파괴하려는 선적(禪的) 경지로의 진입을 노렸을 뿐이었다.

그래서 한 상철 선생의 질문 앞에서 나는 당혹스러워만 했다. 왜냐하면 그런 문제에 대해서는 일순간도 생각해 보지 않았기 때문이었다.

그런데 한 상철 선생은 합리적인 사고의 잣대로「한영일은 바보인가 천재인가」하며 그 작품을 재단하려 들었던 것이다.

동양의 미학은 종합적이고 서양의 미학은 분석적이란 사실이 거기서도 확연히 드러나기도 했다.

물론 간접적으로 들을 수 있었고, 나는 미처 읽어 보질 못했지만 한 상철 선생도『구름 가고 푸른 하늘』에 대한 긍정적인 평가를 어느 지면에 실은 모양이었다.

그렇다고 나에게 한상철 선생의 역량을 평가절하 하거나 폄하할 까닭은 추호도 없다. 연출가 권오일 선생이「그래도 연극을 제대로 볼 줄 알고 평론을 쓰는 사람은 한상철 씨 뿐이라」는 말을 나에게 몇 번이나 들려 준 적도 있었고, 나도 그렇게 믿고 있었다.

다만 영미 문학 내지 유럽의 철학에 심취한 연극학자들은 다른 한편으로 동양철학이나 미학에 문외한인 듯해서, 나하고는 소통이 어려웠음을 절감했다는 뜻이 될 것도 같다.

이를 테면 한반도에 불교가 전래된 지 천 6백 여 년이나 되니, 우리 민족의 무의식 속에는 불교적인 요소가 엄청나게 많이 습합되어 있고, 우리 민족의 이야기를 하려면 불교적인 논리를 이해하지 않을 수 없는 일인데, 불교의 기본도 모르고서 어찌 우리 민족의 작품을 감히 논할 수 있으랴.

노 · 장자에 의한 도가(道家) 철학이나 공 · 맹자에 의한 유가(儒家) 철학도 마찬 가지가 아닐 수 없었다. 풍광이 빼어난 산간 계곡에 세워져 있는 정자(亭子)의 미학적 의미를 모르고서 우리 민족의 심성을 어찌 논할 수가 있으랴.

아는 만큼 보이고 아는 만큼 말할 수 있는 법이라 했던가.

백화가 만발한 꽃밭에 가 보면 아름답고 예쁘지 않은 꽃들이 없건만, 내가 알고 내가 좋아하는 꽃만 즐겨 찾아 노래한다면, 그가 진정 꽃을 사랑한다 말할 수 있을 것인가.

나는 한상철 선생이 생전에 특정 연극인에게만 지나친 찬사를 올렸다며 비난하는 목소리들도 여러 차례 들은 적이 있었고, 내가 볼 때도 그런 면을 부정할 수 없을 것만 같았다.

게다가 한 선생이 너무 일찍 뇌출혈이란 변을 당했기에 안타까움만 더해주기도 했다.

언젠가는 나와 단둘이서 소주잔을 기울이며 서너 시간 동안이나 실로 진지하기 짝이 없는 한국 연극계의 현안 문제들을 논의하기도 했었는데, 다음번에 만나고 보니, 저번에 나와 주고받았던 대화를 단 한 마디도 기억해내질 못했다.

그런 일이 있고 난 이후부터 나는 한상철 선생과 대화하기를 기피하려 들었다.

어차피 21세기의 작가들은 동 · 서양의 미학을 동시에 섭렵하지 않을 수 없는 운명에 처한 것이다.

김성희 씨와 「연극 100년사」

인간관계에서 가장 무서운 형벌 중의 한 가지가 무관심이라 했다. 그 말에 빗대 보자면 관객이 외면하는 연극이란 아예 존재 자체가 불가능하다. 편의상 평론가의 임무가 불특정 다수인 관객을 어떤 연극으로 안내함이라고 했을 때, 평론가가 무시하거나 외면하는 연극은 설자리가 없어지고 만다는 결론에 도달하기도 한다.

그렇다면 저간에 공연 되었던 내 희곡의 연극에 대한 평론가들의 반응은 과연 어떠했을까? 물론 희곡의 완성도와 그 희곡의 연극적 완성도는 또 다른 문제가 되기도 하니, 「좋은 희곡의 연극은 반드시 좋은 결과를 얻는다」는 공식은 성립 될 수도 없었다.

불행 중 다행으로 내 작품의 공연이 결코 평론가들의 관심권 밖으로 밀려 나진 않은 모양이었다. 호 · 악평을 상관하지 않고 내가 입수할 수 있었던 자료들이 대략 다음과 같았다.

『구름가고 푸른 하늘』의 경우에는 김방옥 씨가 「말더듬이 소년이 겪는 삶의 허구성」이란 제하에서 6쪽에 이르는 평을 1985년 10월호「객석」'이달의 하이라이트' 란에 게재했다.

『신랑나이 65세』의 경우에는 이상일 씨가 1988년 5월「주간 조선」에「전형적 통속성을 보였다」는 제하에서 장문의 논평을 게재 했는가 하면, 심정순 씨가 월간「한국연극」1988년 6월호에「서사극적 소외효과는 가능한가.」라는 제하에서의 논평도 게재했었다.

『우리들의 김무용』의 경우에는 김승옥 씨가 1989년 3월호 월간「공간」에「한국적 음악극 정립을 위한 모색」이란 제하에서 논평을 게재했다.

『스타 열전』의 경우에는 백현미 씨가 1992년 9월호 월간「객석」에「진실은 광활한 현실의 지평에 묻힌 지 오래」라는 제하에서 6쪽의 평을 게재했고, 김성희 씨가「은폐된 진실을 추적하는 정치극」이라는 제하에서 1992년 9월호「영 레이디」잡지에 논평을 게재했다.

『탈속』의 경우에는 김성희 씨가 1993년 3월 31일자 '불교신문' 문화면에「자유 · 번뇌의 길 함께 조명」이란 제하에서 연극 평을 게재했다.

『별에서 들리는 소리』의 경우에는 안치운 씨가 2000년 5월호 월간「한국연극」에「소리의 연극이 아니라 소음의 연극」이란 제하에서 평을 실었고, 동년 6월호에 연출가 임수택 씨가「안치운 씨의 평론을 읽고」라는 제하에서 반론을 전개하기도 했다.

오페라『아, 고구려- 광개토 호태왕』의 경우에는 이용숙 객원기자가 2005년 3월 31일 자 연합뉴스지에 '극이 실종된 스포츠 축전 오페라로 전락' 이란 제하에서 공연리뷰를 게재했다.

다른 한편 나로서는 실로 오랜 세월 동안 나의 작품을 가장 가까이서 지켜 본 평론가 중의 한 사람으로 김성희 씨를 손꼽을 수 있을 것 같았다.

예쁘장한 얼굴에 항상 미소를 머금은 그녀는 조용히 내 작품의 공연장을 틀림없이 찾아오곤 했었다. 관람 후의 뒤풀이 장소에서 함께 소주를 마실 때도 그녀는 그저 조용하기만 했다.

이른바 연극평론가들 대부분이 자칭(自稱)인 우리 연극계 내에서, 그래도 김성희 씨야말로 착실히 공인(公認)이란 과정을 거친 인물이 되기도 했다. 언젠가 차범석 선생이 평론가들을 지탄(指彈)하는 의미에서 자칭(自稱)이란 용어를 사용했는데, 작가들은 공식적인 데뷔과정을 거치기 위해 수년간 뼈저린 문학 수업기간을 거치기 마련임에 반해 평론가들은 어느 날 불쑥 얼굴을 내밀며 서투른 평설을 전개하며 자칭 대단한 평론가로 행세하더라는 의미였다.

제주도에서 태어난 김성희 씨는 이화여자대학교 영문과 및 동 대학원 국문과를 졸업하고, 다시 단국대학교 국문과에서 박사과정을 이수했다. 1977년도 서울 신문 신춘문예 희곡부문의 당선 작가이기도 했던 그녀는 다시 1985년에 한국 예총에서 발행하는 월간 「예술계」가 공모한 연극문화비평 쪽의 「연극평론」부문의 당선자로 나타나기도 했다.

편의상의 표현이 되겠지만 한국의 연극 평론가들은 국내파와 해외파로 나눠 볼 수도 있을 것이다. 내가 그렇게 편 가르기를 하자는 것이 아니라, 그 결과를 두고 보니 그렇게 양분되어 있는 것 같았다.

나의 작품 경향이 리얼리즘에 뿌리를 둔 한국적 연극미학의 추구여서 국내파 평론가들에게는 대체로 환영을 받은 것 같았는데, 해외파들에겐 「별로?」가 되었던 모양 같기도 했다.

이를 테면 국내파는 1966년에 『한국 신극사 연구』를 펴낸 서울대학교의 이두현 교수를 원조로 해서 단국대학교의 유민영 교수, 고려대학의 서연호 교수 그리고 동국대학의 김방옥 교수, 한양여전의 김성희 교수식으로 그 맥이 이어진 것 같았다.

해외파는 1970년부터 10여 년간 계간잡지 『연극평론』를 발행한 고려대학의 여석기 교수를 원조로 하여 한림대학의 한상철 교수, 단국대학의 이태주 교수, 이화여대 양혜숙 교수, 성균관 대학의 정진수 교수, 서울대학의 김문환 교수식으로 그 맥이 이어진 모양이었다.

해외파 연극평론가들은 아무래도 영미문학 계열이 주류가 되어 있었고, 그 뒤를 독문학, 불문학 등이 잇는 모양새였다.

2004년에 내가 「극작에서 공연까지」라는 연극전문 계간지를 창간할 때, 김성희 씨를 편집위원으로 위촉하여 잡지 편집에 많은 실제적 도움을 얻기도 했고, 김성희 씨가 발행하다시피 하는 계간잡지 「공연과 이론」의 편집과 제작을 내가 '지성의 샘' 이란 출판사로 연결 시켜 주기도 했었다. 출판사 '지성의 샘' 이 곧 「극작에서 공연까지」의 발행처였다.

2009년에 한국현대연극 100주년을 맞이하면서 김성희 씨는 한국연극협회 박계배 이사장이 추진했던 실로 거대한 프로젝트를 떠 맡아 마무리 지우기도 했는데, 이를 테면 편집 위원장이 되어 『한국연극 공연사』 1. 2권과 『한국 지역 연극사』 1권 내지 『한국의 인물 연극사』 1권 등 4.6 배판 3,000 여 쪽에 달하는 자료집의 발간을 별 무리 없이 마무리 지웠던 것이다.

66 인연타령 91

저간에 나를 줄곧 지켜 본 바가 있어, 김성희 씨는 나에게 『인물 연극사』에 수록할 「배우 이진수론」과 「연출가 이진순론」의 집필을 의뢰하기도 했었다.

김성희 씨를 만나 보려면 또 내 작품이 공연될 때를 기다릴 수밖에 없을 것 같다.

제 4 장 연출가

불과 1세기 전쯤에 연극사에 연출가가 등장했지만, 현대연극의 총체적 책임은 연출가에게 있다고 할 만큼 그들의 역할이 막강해졌다. 예술계에서 머릿수란 별 의미가 없겠지만 지금 한국의 현역 연출가가 200여 명이란 사실만은 곱씹어 봐야할 것 같다. 소위 동인 극단체제가 막을 내리며 도제식의 전통도 사라진 결과, 자칭 연출가 시대가 도래 했다고나 할까?

권오일 선생과 대학로

1980년대 이후부터 대학로가 한국연극의 메카로 서서히 부상했다. 그 대학로에서 「진정으로 나를 아끼고 사랑해 준 연극인이 과연 누구일까」하고 생각해 보았을 때, 내 머릿속에 가장 먼저 떠오르는 분이 권오일 선생이었다.

「대학로의 지킴이」란 별호까지 얻은 권 선생은 1969년에 극단 '성좌' 를 창단 했고, 저간에 100여 편에 이르는 작품을 제작, 연출 했을 뿐만 아니라 1989년에는 임기 3년의 제16대 한국연극협회 이사장직을 맡아 '연극의 해(1991년)' 행사까지 성황리에 끝맺음을 짓기도 했다.

그런데 선생의 원래 전공은 연극이 아니었다.

1932년에 경상북도 영양군 일월면에서 태어난 선생은 1953년에 부산고등학교를 졸업하고, 1957년에 서울대학교 사범대학 교육심리학과를 졸업했으며, 서울시립대학 교수로 정년퇴임을 맞았다.

다른 한 편 권문세도가로 행세한 바 있었던 안동 권씨의 후손이 되기도 해서, 선생은 집안 어른들에게 「연극쟁이 노릇을 한다.」는 말을 차마 입에

담지 못했다는 고백을 한 적도 있었다. 그토록 연극을 사랑했다는 뜻이 되기도 하고, 직장이 대학교수여서 편안한 삶을 영위할 수도 있는데, 「어쩌다 보니 그만 연극에 미쳐 딴따라의 후예가 되었다」는 자조의 의미가 될 수도 있었다.

하지만 선생은 당신의 연극인생을 결코 후회한 적이 없다고 했다. 사랑하고픈 상대를 실컷 사랑했을 뿐인데, 무슨 후회가 있겠느냔 논리와도 같았다.

1970년대 말기부터 대학로를 오가며 만나거나 스쳐 지나가기는 했지만, 본격적인 우리의 만남은 아무래도 1990년대 후반부터 시작 된 것 같았다. 그 당시에 선생은 최악의 궁지에 몰려 있었다. 대학에선 정년퇴직을 했음에도 불구하고 당신 지갑은 텅 비었기 때문이었다.

선생은 1989년부터 종로구 동숭동의 백암빌딩 지하에서 150석 짜리 '성좌 소극장' 을 만들어 운영하다가 결국은 남에게 넘겨주게 되었는데, 그러한 과정에서 2억 원이 넘은 빚을 떠안고 말았다. 선생은 그런 저런 속사정을 일체 비밀에 붙여 두었지만, 사실은 그 빚을 갚기 위해 한평생 어느 고교 교장으로 재직했던 부인의 퇴직금까지 한 방에 날려야 했었다. 그리고 당신의 퇴직금은 이전에 막을 내린 연극의 제작비로 사용되었다는 사실은 재론의 여지조차 없는 일이 되었다.

가족으로 여긴 후배들이 두 손을 싹싹 부비며 외상으로 '성좌 소극장' 을 임대하여 연극을 공연한 것까진 좋았는데, 막상 적자를 본 그들이 울상이 되어 목이 쭉 빠져있을 때, 차마 그들에게 빚쟁이처럼 「임대료! 임대료!」 하고 손을 내밀 수가 없었던 탓에 당신이 그만 고스란히 누적 된 그 빚들을 부담케 되었던 것이다.

「당분간은 영무 네가 우리 소주 값 좀 부담해라. 내 형편이 이리 되고 말았다.」

그때 선생은 이처럼 노골적으로 당신의 궁한 형편을 내게 일러 주었다. 나라는 인간에 대한 신뢰감으로 당신의 자존심을 지키려 든 셈이었다. 물론 나는 「알겠습니다.」하는 대답을 드렸고.

선생의 식습관은 소식(小食)이었으며, 그저 「자! 쥐어 박자!」 하고 소주잔만 부딪치려 들었기에 당신과 함께 하는 술자리의 안주 값이래야 기껏 일이만 원 내외여서, 내가 큰 부담감을 느껴야 할 정도가 되지도 않았다.

선생은 당신의 어릴 적 꿈이 시인이었단 고백을 했었는데, 그래서 그러했을까. 선생은 작가들을 끔찍이도 아끼려 들었다.

이를 테면 나랑 그토록 가깝게 지내면서도, 나한테 작품을 요구를 할 때는 너무나 깍듯한 예까지 갖추려 들었다. 하기야 나 또한 친한 관계라며 함부로 나의 작품에 대한 설을 푸는 쪽도 결코 아니었다.

『영무 네가... 순대국 집 아줌마 얘기를 작품으로 쓴 게 있다는데... 그 작품 내가 한 번 읽어 볼 수 없을까?』

2000년 6월 29일부터 7월 9일까지 서울문화재단으로부터 「무대공연 작품 지원금 혜택」을 받아 '동숭 아트센터 동숭홀' 에서 공연된 『소나무집의 여인』이란 연극의 시발도 이런 식으로 비롯되었다. 그 작품은 원래 소극장용이어서 등장인물이 6명에 불과 했는데, 공연이 될 때는 9명으로 늘어나기도 했었다.

동숭 홀이 대극장이라며 선생이 나에게 등장인물을 좀 늘려 달라고 할 때도 극히 조심스러워 했을 뿐만 아니라, 불과 몇 행의 대사를 수정하고 싶을 때도 늘 나의 동의를 얻고자 했었다.

그해 여름에 그 작품『소나무집의 여인』이 거창 국제연극제의 개막공연으로 초청을 받았을 때도 선생은 나와 함께 가길 원했다. 또 어느 때는「함께 바람이나 좀 쏘이자」며 은밀히 나를 이끌고 속초까지 올라가 며칠간 푹 쉰 적도 있었다. 속초에는 속초연극의 대부로 자리매김 되어 있는 장규호 연출가가 권오일 선생을 최상급 귀빈으로 여겨 영랑호 곁에 있는 영랑콘도 일실을 숙소로 잡아 주기도 했고, 속초 명물인 생선구이 집을 거쳐 푸짐한 문어 회 등을 거듭 공급하면서 그야말로 깍듯이 모시려 들었다.

권오일 선생과 나와의 끈끈한 관계는 연이어졌다.

정확히 2002년 12월 29일. 송년회를 위해 문예회관 소극장 앞에 있는 모차르트 다방으로 권오일 선생을 비롯해서 연극배우 김길호 선생과 박웅 씨, 권성덕 씨가 모여 들었다. 이어서 극단 '춘추' 의 대표이자 연출가인 문고헌 씨, 극단 '대하' 의 대표이자 연출가인 김완수 씨, 그리고 연출가인 박원경 씨도 거기에 나타났다. 물론 나도 거기 있었다.

우리 여덟 명은 '소도둑' 이란 술집으로 자리를 옮겼고, 거기서 김길호 선생의 발의로「어차피 여기 모인 인간들은 연극이나 하다 죽을 사람들이니 이름이나 하나 지어놓고 정기적으로 만나서 친목이나 도모하자」는 의견을 개진했는데, 그 즉석에서 만장일치의 동의를 얻게 되었다.

그리하여 실제로는 원로회가 되어야 했지만, 역설적으로 '대학로의 청년들 모임' 이란 뜻을 세우고, 대청회(大青會)로 작명을 한 다음, 회장은 좌장격인 권오일 선생이 맡게 되고 예순 살이나 되었지만 내가 가장 영계라며 연락 및 재정 담당 서기로 정해져 버렸다. 신규 회원 가입은 만장일치제로 정해졌고, 모임의 목적은 공연히 구설수에 오르기를 경계한다는 의미에서 철저하게「친목에만 둔다.」는 것과 회비는 월1회씩 모일 때 마다 만 원씩만

갹출한다는 것으로 결정되었다.

그 모임은 이른바 서기 역을 맡은 내가 매월 정기적으로 연락을 취했기에 꼬박 6년간 별 탈 없이 계속 되었다. 회원은 처음 8명 외에 극작가 노경식 선생이 참여 하여 9명으로 이어지다가, 2007년 무렵에 잡지 「극작에서 공연까지」의 김길형 발행인, 배우 이대로 씨, 극작가 윤조병 씨, 무대의상 이규태 씨, 배우 권병길 씨 등의 가입이 가결되기도 했었다. 우리가 만날 때마다 개런티를 받은 어느 분이 몽땅 음식 값을 부담하는 경우도 생겨났고, 가끔은 업저브로 참가한 외부인사가 한 턱씩 쏜 적도 있었다.

내가 여러 가지 요인에 의해 우울증 증세에 빠져 「더 이상은 서기 노릇 못 하겠다」며 두 손을 들어 버린 탓에, 그 대청회는 그만 흐지부지 되고 말았다.

그 대청회가 깨어진 이후에도 권오일 선생은 대학로에 나오기 바쁘게 나만 불러 내곤 했다. 강북구 미아 9동에 있는 우리 집에서 대학로까지는 불과 30분이면 도착할 수가 있으니, 대작(對酌)의 상대가 아쉬울 때는 별 도리가 없이 나만 찾았던 것이다.

전화로 「니 뭐하노? 얼릉 나온나. 소주나 마시자!」하는 선생의 목소리가 지금도 내 귀에 쟁쟁 들려오는 것 같다.

2007년이었으리라. 극심한 통증을 수반한다는 통풍으로 인해 퇴계로 3가에 있는 중앙대학 병원에 입원한 상태에서 선생은 은밀히 나를 불러 대학로의 안부를 묻고 말벗이 되길 원하는 한편, 외부에는 당신의 입원 사실을 일체 알리지 말라고도 했으니, 지인들에게 괜스레 부담감을 주기가 싫었기 때문이었다.

뿐만 아니라 선생은 나에게만 우리 연극인들 중에서 「누구누구는 경계해야 할 인물이고, 누군 의리가 눈곱만치도 없는 놈이고, 누군 철저한 이기주의자에 불과하고, 어느 누군 치사하기 짝이 없는 인간이라」는 등의 인품을 자상하게 전해 준 적도 있었다.

옛날과 달리 연극인의 숫자가 급팽창을 하고, 위계질서가 문란해 진 결과로 인해 연극계에도 해괴망측한 친구들이나 파렴치한들이 스며들어 마구 설쳐대기 때문이었다.

물론 선생은 공식적으론 일체 그런 저런 내색을 드러내지도 않았으며, 항상 온화한 미소로 사람들을 대하곤 해서 내심 내가 놀란 적이 한 두 번이 아니었다.

회고해 볼 때 권오일 선생은 극단 '성좌'를 이끌면서 주로 미국의 현대극을 주도한 유진 오닐, 아서 밀러, 테네시 윌리엄즈 등과 같은 작가의 주요 사실주의 극을 연출했고, 아일랜드 극작가였던 숀 오케이시의 『쟁기와 별』을 초연하는 공로도 세웠다. 또 한국의 현역 극작가들의 창작희곡을 초연하는 데도 많은 노력을 기울였다.

선생의 연출세계는 철저하게 리얼리즘에 바탕을 둔 것이었다. 특히 『세일즈맨의 죽음』, 『욕망이라는 이름의 전차』, 『느릅나무 그늘의 욕망』과 같은 현대 리얼리즘극의 고전을 극단 '성좌'의 상설 레퍼토리로 여겨 자주 연출함으로써, 대중에게 리얼리즘 무대와 연기술에 친숙하게 만든 점을 공적으로 꼽을 수도 있을 것이다.

1985년에는 '서울시 문화상'을, 2002년에는 '문화훈장 보관장'을, 2005년에는 '한국 예술 발전상' 등을 수상했다.

권오일 선생은 2008년 9월 8일에 유명을 달리했고 9월 10일에 대학로에 있는 마로니에 광장에서 연극인장으로 영결식이 거행 되었는데, 초상 3일 동안에 전국 각지에서 문상(問喪)을 다녀간 연극인이 대략 600여명이나 되기도 했다. 혹자는 600이란 그 수치가 가히 역사적이란 말도 서슴치 않았다.

가령 어떤 분이 나에게 「권오일 선생이 어떤 분이었느냐?」하고 묻는다면, 위의 사실을 들려주면서 스스로 판단해 보라고 할 것이다. 차마 실명을 거론할 수는 없겠는데, 연극 연출가며 어느 방송사의 드라마 PD여서 한때는 참 잘 나갔던 어떤 분은 말년에 객사(客死) 하기도 했으니, 그와 비교해 보면 그 의미가 보다 확실해 질 것도 같았다.

자고로 어느 인물에 대한 평가는 사후에나 이뤄지는 법이 아니라든가?

그래서 권오일 선생이 그립고, 그분이 없는 대학로가 쓸쓸하게만 느껴지는 지도 모를 일이었다.

「군자는 화합은 하되 부화뇌동은 할 줄 모르는데, 소인은 부화뇌동은 잘하는데 화합할 줄은 모른다.」는 공자의 말에 비춰 보자면, 권오일 선생은 분명 군자 형에 속했다.

왜냐하면 이해득실에 따라 한 패거리가 되는 것은 부화뇌동이고, 화합이란 비록 나와 가치관이 다를 지라도 대의명분 앞에서는 상대방을 인정하고 한 덩어리가 된다는 의미이기 때문이다. 따라서 소인의 빈소에 문상객이 많을 리는 없었다.

물론 나는 선생의 말년을 지근거리에서 지켜본 사람 중의 하나였다. 따라서 미소를 잃지 않고 언제나 온화한 표정으로 상대방에게 부담감을 주려들지 않았던 그분의 일상, 그 이면에 숨겨졌던 외로움이나 인간적인 고뇌 등도 웬만큼은 어림짐작할 수가 있었다. 한 마디로 그런 것들은 연극인의 숙명이랄 수밖에 없는 일이었다. 그러고 보면 그분은 참으로 철저히 공(公)과 사(私)를 가릴 줄 아는 분이었다.

이를 테면 내가 쓴 졸작 『퇴계 선생 상소문』이 극단 '성좌' 에 의해 「이황 선생 탄신 500주년 기념」으로 안동에서 공연될 때, 그 작품의 연출을 권은아 씨에게 맡기면서도, 나에게 은아가 당신의 사랑하는 딸이라는 사실조차 제대로 일러 준 적이 없었다.

마로니에 광장에서 권오일 선생의 영결식이 거행될 때, 배우 강선숙이 조창(弔唱)을 불렀는데, 그 가사를 내가 써주었다,

> 어허! 어허! 이 무슨 소식이요, 대학로의 터줏대감이 가시다니!
> 어허! 어허! 어떻게 이 소식을 믿으란 말씀이오?
> 무덥던 여름이 물러나고 풍성한 가을의 문턱인데, 바야흐로 연극 만들기 좋은 계절인데
> 대감, 권오일 대감은 어이 이 모양으로 가시렵니까?
> 이제 어느 극장에 가면 대감을 뵈올 수가 있고, 이제 어느 소주 집에 가야 대감의 미소를 만날 수가 있답니까?
> 저 세상 어느 극단이 대감을 초청했단 말씀이오.
> 저 세상에 가서는 무슨 연극을 만들 생각이시오.
> 선생님. 권오일 선생님.
> 그래도 우리는 님의 옷자락을 붙잡고 늘어지진 않으렵니다.
> 님은 너무 많은 일을 하시느라 고단하셨을 테니...
> 네에. 네에 부디 부디 잘 가시옵소서. 훌훌 털고 가시옵소서.
> 이제 여기 남은 우리가 대감님이 일러 주신 길을 찾아 좋은 연극 많이, 많이 만들어 보렵니다. 어허! 어허!
>
> (2008. 9. 10일)

강영걸 씨와
이심전심

2005년에 식도암이란 판정을 받은 연출가 강영걸 씨는 두 번째의 수술을 받은 이후, 하루에 막걸리 1병씩은 마실 수 있는 건강상태를 유지하게 되었다.

그 친구가 「수술합네, 재발이네, 어쩌고」하며 술도 못 마시는 꼴이 되었을 때, 내가 술좌석에서 그를 만나면 소주잔을 그의 코앞에 들이밀며 골려주곤 했었다.

『야! 술도 못 마시는 놈이 무슨 재미로 세상을 사냐?』

2011년이 되어 이번에는 내가 간암이란 판정을 받고 색전술이란 시술을 받은 다음 술을 멀리하게 되었다. 그러자 강영걸 씨가 막걸리 잔을 높이 들며 내 약을 올렸다.

『야! 술도 못 마시는 놈이 무슨 재미로 세상을 사냐?』

되짚어 보면 우리는 함께 참말로 많은 술을 마셨다.

언젠가는 우연히 깊은 밤에 종로통에서 만났는데, 강영걸 씨가 「야, 나 오늘 술값 좀 벌었다. 30만원이야. 어디 가서 한 잔 마시자」고 해서 밤새워

술을 마신 적도 있었고, 어느 때는 내가 분위기 좋은 술집을 발견 했다며, 그곳으로 그를 데리고 가 밤새 마신 적도 있었다.

개그맨 이원승 씨와 함께 『하늘 천 따지』를 공연할 때였다. 이원승 씨의 아버지가 서천에서 앉은뱅이 술이라는 민속주를 빚는 분이어서 한 되 병술을 가져 온 적이 있었는데, 강영걸 씨와 내가 그 즉석에서 그 한 되 병술을 다 마셔 버렸다. 그랬더니 이원승 씨가 「이번 연극의 오픈이 어려울 것 같다」는 걱정을 하기까지 했었다.

하. 이젠 두 번 다시 함께 허리끈 풀어 놓고, 그놈의 술을 실컷 마실 처지가 못 될 것 같아 서글픈 마음을 달래느라 잠시 설을 좀 풀어 본 것도 같다.

우리 두 사람은 1943년 생으로 양띠에 동갑내기였다. 흔히들 양띠는 오기(傲氣)로 사는 동물이라 했는데 그런 건 잘 모르겠고, 내 생일이 6개월 정도 앞서 있어, 강영걸 씨에게 「아우임을 잊지 말라」고 하면, 그 친구는 「형 노릇 제대로 하라」는 응수를 하곤 했었다.

어쨌거나 2015년 11월 현재까지 나의 극작품을 가장 많이 연출한 친구가 바로 강영걸 씨였다. 낭독 공연에 그친 희곡 『정글의 법칙』까지 포함하면 다음과 같이 무려 7편이나 되었다.

연극 『역풍(逆風)』은 '우상이 되어 있는 한 인물의 추악한 실체가 밝혀지지만, 민중들이 기존질서의 유지를 위해 살인까지 저지르며 우상이란 허상을 지킨다.' 는 주제를 다룬 작품으로 1989년 4월 21일부터 27일까지 문예회관 대극장에서 공연 되었다. 극단 '민예극장' 의 제99회 정기공연이었고, 출연배우는 공호석. 우상민. 김은희. 박영헌. 강상규. 최승일. 황수경. 김덕미. 최재영. 홍옥희. 정남철. 심지미. 강선숙. 김종칠. 문흥식. 손종학. 이희

정. 정상희. 이미경. 정경선. 황동순. 정낙경. 안병균. 정영민. 조영선 등 제씨였다.

연극 『스타열전』은 '군부독재체제 하에서 순응의 길을 택한 형과 저항의 길을 택한 아우라는 두 형제간의 비극적인 삶을 조명해 본 정치 우화극'으로 1992년 8월 15일부터 8월 28일까지 문예회관 소극장에서 공연되었다.

극단 '민예극장' 의 제110회 정기공연으로 출연배우는 이미경. 강상규. 최승일. 조영선. 최루시아. 강선숙. 최재영. 승의열. 김남희. 정장화. 이미영 등 제씨였다.

모노드라마 『하늘 천 따지』는 '걸식행각에 나선 땡초 스님이 점차 깨달음의 세계로 진입하는 과정' 을 그린 작품으로 1992년 7월 1일부터 8월 16일까지 대학로에 있는 '바탕골' 소극장에서 공연 되었다. 극단 '하늘땅' 의 첫 번째 공연으로 출연배우는 이원승, 오정해 제씨였다.

연극 『탈속(脫俗)』은 '어느 선승(禪僧)의 초상화를 그린 작품' 으로 1993년 3월 18일부터 31일까지 문예회관 소극장에서 공연 되었다.

극단 '민예극장' 의 제111회 정기공연으로 출연배우는 공호석. 최승일. 최재영. 유영환. 이용이. 강상규. 이미경. 승의열. 오민애. 이경렬. 윤순옥. 이미영. 박영미. 김남진. 최경희. 유금. 김혜옥 등 제씨였다.

무용극 『황진이』는 '기녀(妓女)였던 황진이의 생애를 그린 작품' 으로 2002년 4월 12일부터 14일까지 국립극장 해오름 극장에서 공연되었다. 안무에 손정아 씨, 음악감독에 사물놀이 리더 김덕수 씨였고. 출연한 무희는 손정아. 노정애. 김장우. 이경수. 유연희.이태상. 조미나 등 제씨 외 70여 명이었다. 객원으로 출연한 배우들은 조영선. 손종학. 승의열. 차순배. 김상복 등 제씨였다.

오페라 『광개토 호태왕』은 '중국의 「동북공정(東北工程)」에 맞서 광개토 대왕의 생애를 통한 고구려의 기상을 그려 본 작품' 으로 2005년 3월 30일부터 4월 2일까지 세종문화회관 대극장에서 공연 되었다.

'뉴서울 오페라단' 이 주최하고 작곡에 나인용. 지휘에 양전모. 안무에 정재만 제씨였으며, 출연 성악가들은 우주호. 노운병. 김향란. 김은정. 이현. 이칠성. 김명지. 임승종. 한민호. 손도영. 김순미. 이아경 등 제씨였다.

희곡 낭독으로 선을 보인 작품 『정글의 법칙』은 '월남전에 참전한 한국군 장거리 수색대원들과 밀림속의 원주민들과의 갈등 속에서 전개되는 휴머니즘' 을 그려본 작품으로 2010년 11월 29일 대학로에 있는 '열린 극장' 에서 진행되었다.

사단 법인 한국 희곡작가협회가 주최했고, 출연배우는 노승진. 홍성인. 김진용. 최원일. 이양호. 이교엽. 홍진욱. 한동완. 임세환. 김효선. 여지환 등 제씨였다.

비유하자면 티켓을 끊은 관객 앞에서 연극을 공연함이란 전쟁과 하등 다를 바 없는 행위였다. 어느 한 순간의 전쟁을 위해 수백만의 병사들이 한데 모여, 먹고, 입고, 잠자면서 실전(實戰) 같은 훈련을 거듭해야 하는 것처럼, 길어야 세 시간에 불과한 연극 공연을 위해서도 실로 많은 사람들이 마치 전쟁을 앞 둔 병사처럼 살 수밖에 없기 때문이었다.

따라서 밖으로 잘 드러나진 않지만 군대생활 속에는 무궁무진한 일화들이 잠재되어 있듯이, 한편의 연극이 만들어지기까지의 비하인드 스토리 또한 부지기수가 아닐 수 없었다.

다시 말하면 위에 열거한 일곱 편의 작품들이 공연되기까지의 일화는 그야말로 부지기수여서 섣불리 끄집어내고 싶은 마음이 없어졌다는 뜻이 되기도 한다.

단지 아주 가볍게 연출가 강영걸 씨를 다음과 같이 스케치 해본다.

내가 볼 때 강영걸 씨는 배우들의 화술지도에 일가견을 지닌 친구였다. 그는 우리말의 고저장단까지 표기된 사전을 항상 갖고 다닐 정도였다.

그래서 그는 정확한 대사전달력에 대사의 묘미까지 충분히 살릴 줄 아는 연출가로 정평이 나있었다.

다른 작가들과의 작업이 어떠했는지는 잘 모르겠는데, 그는 연출작업 중에 내가 참여 하는 일을 전혀 불편해 하지 않았다. 언젠가는 일삼아 「와서 좀 봐 달라」는 부탁까지 할 정도였다. 연습에 너무 몰두하다 보면 연출가인 자기가 작품을 객관적으로 볼 수 있는 관점을 잃을 수도 있다면서, 그럴 때는 좀 바로 잡아 달라는 뜻이 되기도 했다.

그의 연출작업을 지켜보면서 「역시 치밀하고 치열하구나.」하고 피부로 느꼈을 때가 『탈속』이 공연될 때였다. 주인공인 무봉 스님이 면벽 수행 중에 깨달음을 얻는 순간에 스파크 조명을 터트려 주었는데, 어느 날의 공연에서는 정해진 찰나(刹那)를 초과하는 스파크 조명이 터진 적이 있었다. 공연이 끝나자 모니터를 했던 그가 조연출이며 무대감독을 맡았던 정장화 씨를 향해 「그 정도 감각으로 무슨 연극을 만들겠느냐」며 혼을 내는데, 옆에서 보는 내가 민망하고 딱할 정도였다.

나로서는 제 아무리 신경을 곤두세우고 모니터 해봐도 그놈의 스파크 조명이 몇 분의 1초 사이에 몇 개가 터지는 지 가늠할 수가 없었는데, 연출가 강영걸 씨는 헤아릴 수 있었던 모양 같았다.

역시 『탈속』이란 그 작품과 관련된 일화인데, 연습이 막바지에 치달았을 때, 그가 약 일주일간 행방불명 된 적이 있었다.

밤새도록 술을 퍼마셔도 연습시간에 늦을 줄 모르던 연출가가 행방불명이 되었으니 예삿일이 아니었다. 그의 행방을 알 만한 사람 또한 없었다.

일주일 쯤 지나자 그가 나타나 한다는 말이 또 기가 막혔다. 「절에 가서 공부 좀 하고 돌아왔다」는 고백을 하지 않았겠는가.

『탈속』이란 그 작품은 선문답(禪問答)과도 같은 대사와 행동의 묘사 등이 작품의 기조를 이루고 있었다. 처음 독회할 때는 대충 넘어 갔는데, 블라킹에 임하고 보니 연출가인 그의 눈앞이 캄캄해진 모양이었다. 선(禪)의 세계는 합리적인 관념 밖에 존재하기 때문이었다.

그리하여 비상이 걸린 그는 수십 만원 어치의 책을 사서 아예 입산하다시피 한 다음 선(禪) 공부를 한 모양이었다.

강영걸 씨는 대극장 연출 보담은 아기자기한 소극장 연출에 알맞은 체질을 타고난 것 같았다. 본인도 그렇게 알고 있었다.

한 사람의 극작가와 연출가가 무려 일곱 차례나 함께 작업을 하게 되는 경우는 흔치 않는 일이라 했다.

이를 테면 강영걸 씨와 나는 이심전심(以心傳心)의 사이가 되었다고 볼 수도 있겠는데, 죽기 전에 또 한 번 작업을 더 하게 될 수 있을는지 그건 아무도 모를 일이었다.

강영걸 씨는 아마 내가 모를 줄 알겠지만, 나는 그가 자기 주위에 있는 연극인들에게 나를 어떻게 평하고 있었는지 환히 알고 있었다.

『김영무 그 새끼 작품이… 때로는 좀 거칠기도 하지만… 작품마다 반드시 죽여주는 데가 있단 말이야!』

김삼일 씨와
포항시립 극단

연극계 내부 이야기에 불과하지만, 1944년생이었던 연출가 이필동(아성) 씨가 2008년에 폐암으로 유명을 달리하고 보니, 1941년생인 연출가 김삼일 씨와 1943년생인 희곡작가 김영무가 경북에선 최고참 연극인이 되어 버렸다.

인연이란 실로 묘해서 김삼일 씨와 이필동 씨는 내가 미처 문단에 데뷔하기 이전부터 대구에서 서로 알게 되었고, 그 이후 지금까지 한결같은 친구관계를 유지해 왔다.

이젠 전설 같은 얘기가 되고 말았지만 1968년 가을에 김삼일 씨는 나의 처녀작인 단막희곡『쫓겨난 사람들』의 원고를 읽어 보았고, 연극으로 한번 만들어 보고 싶단 말을 했었는데, 그 작품이 나의 문단 데뷔작이 될 줄이야 누가 알았으랴.

친구이기도 하지만 나는 김삼일 씨의 연극정신에 늘 존경심을 품어 왔고, 향토 연극을 향한 그의 열정에 박수를 보내주곤 했었다.

그는 자타가 공인하듯 포항 연극의 산 증인이었다.

1965년에 포항문화원의 초대 사무국장이 되면서부터 그는 신상률, 손춘익, 박이득 선생들과 함께 본격적인 향토 문화부흥운동에 투신을 했다.

1966년 제1회 포항 개항제를 성공적으로 이끌었으며, 신상률과 최동주 선생을 비롯하여 정영치, 공설자, 정정화 씨 등과 같은 KBS 포항 방송국 전속성우 들과 똘똘 뭉쳐 극단 '은하' 를 창단한 다음, 그는 본격적으로 연출과 배우로 활약하기 시작했다.

그의 표현을 빌리자면 백사장에다 꽃을 심는 심정으로 포항에서 연극운동을 펼치려 든 꼴이었다.

그는 또 1983년에 극단 '은하' 를 모체로 하여 전국에서 최초로 '포항시립극단' 을 창단 했으며, KBS 기자로서도 맹활약을 하기 시작했다. 현재까지 그는 생활극, 현대극, 셰익스피어 4대 비극은 물론 포항의 정체성을 찾기 위한 작품 등 총 160여 편이나 되는 연극연출이란 기록을 수립했고, 전국 연극제에서 대통령상을 수상했는가 하면 지방연극인으로서는 유일한 케이스로 「이해랑 연극상」을 수상하기도 했다.

그나저나 뭉뚱그려 말하자면 젊은 시절의 우리는 피차가 너무 바쁘게 사는 바람에 자주 만날 수가 없었다. 연극제 심사위원 자격으로 내가 경북에 내려가거나 포항시립극단 단원들의 정기평정 실기전형 등을 의뢰 받았을 경우 또는 그가 연극 관람을 위해 상경을 하고 일삼아 연락을 할 경우 등에만 만날 수밖에 없었다.

실제로 그는 2000년에 내 작품 『소나무집의 여인』이 공연될 때는 제자들을 이끌고 일부러 상경하기도 했었다.

다른 한 편으로 김삼일 씨는 술을 전혀 못하는 체질이어서 실없이 만나 허튼소리를 주고받을 관계가 성립될 수도 없었다.

이윽고 작가 김영무와 연출가 김삼일 씨의 만남은 40여년 만인 2012년에 이뤄졌다. 단초는 2010년부터 생겨나 있었고 포항 출신의 의병장인 김현룡 선생의 일대기를 연극화 해보자는 프로젝트에서 비롯 되었다.

김삼일 씨가 의병장인 김현룡을 연극의 주인공으로 내세워보겠다는 의도를 세운 까닭은 사적인 무슨 필연성에 의해서가 아니라, 이를 테면 향토애의 발로로서 '포항정신문화 발전연구 위원회' 가 선정한 '포항을 빛낸 인물들' 의 작품화, 그 연작 시리즈 작업 중의 하나가 되기도 했다.

그러니까 2009년의 제1차 인물은 '연오랑 세오녀' 였고, 2010년의 제2차 인물은 '포은 정몽주' 선생이었고, 2011년의 제 3차 인물은 '배천회 진각국사' 였다. 따라서 김현룡 장군의 일대기는 포항 시립연극단이 제작하는 제4차 포항 인물이었다.

다른 한편 포항시와 내가 집필계약을 맺은 다음, 전 7장의 희곡 『창의장군 김현룡』을 탈고하기까지의 과정이 나한테는 실로 긴박하기가 이를 데 없던 시기였다.

2011년 12월 27일에 내가 경북 포항시립 연극단의 예술 감독 김삼일 씨의 전화를 받았는데, 그는 2012년 6월 호국의 달에 30일간 공연될 연극 『창의장군 김현룡』의 희곡화 작업을 위한 예산안이 드디어 포항시의회에서 통과 되었다는 내용을 전해 주었다. 그러면서 신년 초에는 포항으로 내려와 포항시측과 집필계약을 해야 한다고 했다.

나는 「알았다」고만 했다. 김삼일 씨는 내가 불과 2개월 전에 간암환자라는 진단을 받고 색전시술까지 받았다는 사실을 모르고 있었고, 「2개월 이내에 내가 거창국제 연극제 집행위원회에 가야금 창안자 우륵의 일대기를 다룬 희곡작품을 넘겨줘야 한다」는 사실 또한 알고 있지 못했다. 나는 굳이 그런 사실을 일러 주고 싶지도 않았다.

벙어리 가슴앓이라 했던가. 2012년 1월 3일에 서울대학 병원의 암센터에서 다시 재검진 결과를 놓고 판정을 받아봐야 하는데, 여차하면 내가 항암제를 투여해야 할 판이었기에 가슴 속에 서려있는 의문부호들을 외면할 수가 없는 상황이 지속되기만 했다. 가령 항암제를 투여 받고 통증에 시달리게 되면 내가 더 이상은 작품을 집필할 수 없다는 걱정을 떨쳐 버릴 수도 없었다.

다행히 1월 3일의 검진결과가 양호한 것으로 나타나 내가 포항시측과 작품 집필계약을 하게 되었다. 원고마감은 2012년 3월 25일까지였고, 만약 그때까지 원고를 넘겨주지 못할 때는 작가가 집필료로 책정된 일천만원의 갑절을 물어내야 한다는 내용까지 계약서에 명기되어 있었다.

그리고 포항시 연극단이 작가에게 제시한 작품형태상의 요구조건 사항은 대략 다음과 같았다.

첫째, 초연의 경우 300석 규모의 소극장 공간에서 공연될 것이다.

둘째, 호국의 달인 6월에 초연의 막이 오르게 된다.

셋째, 작품의 주인공인 김현룡 장군의 후손들도 관객이 될 것이며, 그분들의 비상한 관심 하에서 막이 오를 수밖에 없다.

넷째, 캐스팅할 수 있는 배우는 약 20 명 정도이다.

또 다른 측면에서 볼 때, 작가의 입장에서는 의병장의 자료를 섭렵하는 동안에는 극도로 신경을 곧추 세울 수밖에 없었으니, '감동의 요소를 찾지 못하면 어쩌지?' 하는 불안감을 떨쳐 버릴 수가 없기 때문이었다.

의병장 김현룡의 자료를 섭렵하는 도중에도 답답한 나의 가슴이 열릴 줄을 몰랐다. 작가의 입장에서 볼 때는 의병들을 양성하거나 무기 등을 장만하기 위해 가산을 내놓는 창의정신이나 왜군에 맞서는 용감함이나 승전 혹은 패전 등이야 말로 이미 식상한 내용이 아니겠는가.

다행히도 김현룡 관련 자료들을 섭렵하다가 내가 무릎을 치면서 눈시울을 적실 수 있는 장면을 발견해 내기에 이르렀다. 이를테면 드라마의 후반부에서 김현룡 장군이 전장에서 초토화가 되어 버린 고향으로 돌아 온 직후였다.

선조 왕은 그에게 종4품 무관직인 '노량진 만호' 라는 벼슬을 제수하는데, 그는 「신민(臣民)의 한 사람으로 할 일을 했을 뿐이라」면서 그 교지 받들기를 사양하려 들지 않았겠는가.

동서고금의 역사들을 살펴 볼 때, 전공(戰功)에 대한 보상을 마다한 위인들을 찾아보기란 결코 쉬운 일이 아니었다.

오늘날의 우리 사회를 바라 볼 때도, 자기 인격도야는 도외시하고 이른바 출세만을 바라는 작태가 너무나 심각한 사회병리현상으로 나타나 있질 않겠는가?

나는 약속을 지켜 원고를 탈고 했고, 전송해 줄 수 있었다.

희곡 『창의장군 김현룡(전 7장)』은 2012년 6월 1일부터 한 달 동안 포항시립 중앙 아트홀에서 초연되었다. 연출은 김삼일 씨였고, 출연진은 최희만. 김철문. 이정길. 이용희. 김용운. 이규용 제씨 등으로 포항시극단원들이었다.

김삼일 씨와 나는 6월 13일에 공연을 관람하기로 사전에 약속이 되기도 했다.

이윽고 2012년 6월 13일 오전. 강남고속 버스 터미널에서 나는 문학평론가이자 전 인천대학 학장이었던 오양호 박사와 무대 의상 디자이너 이규태 씨를 만나 함께 포항행 버스에 몸을 실었다.

오양호 박사는 나와 함께 경북 칠곡군 출신 문인이었다. 그리고 2011년 한국문인협회 임원 선거 때 오양호 박사가 이사장으로 출마 했고, 나는 러닝메이트로 부이사장에 입후보하기도 했었다.

그 선거에서 패배한 오양호 박사는 중국 베이징에 교환교수로 가 있다가 최근에 귀국했기에 모처럼 함께 은밀한 시간을 갖자며 내가 초청한 케이스가 되기도 했다.

무대 의상 디자이너 이규태 씨는 근년에 절친한 관계를 유지하고 있었기에 모처럼 함께 여행이나 하자며 내가 꼬였다.

오후 6시에 포항에 있는 일미 회집에서 저녁 식사를 했는데, 오양호, 이규태 씨는 물론 김삼일 연출가와 경북일보 여기자와 아울러 경주에 있는 '김동리 · 박목월 문학관' 의 관장 장윤익 박사도 합석을 하게 되었다. 경주대학 총장을 역임하기도 했던 장윤익 박사는 나 보담은 오양호 박사의 얼굴을 보기 위해 일부러 포항에 온 모양새였다.

그날 밤 7시 30분부터 포항시립 아트홀에서 공연 되는 『창의장군 김현룡』을 관람했다.

관람이 끝나자 장윤익 박사는 나더러 「소감이 어떠냐?」고 물었다. 나는 미소로 대답을 대신했다. 연극 만들기의 어려움을 누구보다 잘 아는 나로서는 딱히 뭐라 할 말을 찾을 수가 없었다.

공연이 끝나고 이규태 씨는 상경하고 나와 오양호 박사는 함께 모텔에 투숙했다.

88 인연타령 91

다음날 나와 오양호 박사는 함께 전주로 가서 문고헌 형이 연출하는 극단 '춘추' 의 성극(聖劇) 『영문 밖의 길』을 관람하기로 약속이 되어 있었다.

포항시극단의 예술 감독에서 물러 난 김삼일 씨는 대구 대경대학의 석좌교수로 출강하면서 포항시 중심가에 '김삼일 소극장' 을 만들어 또 다른 열정을 불태우기 시작했다.

물론 나는 두어 차례 그의 소극장 공연을 관람하러 포항으로 내려가기도 했다.

김완수 형과 티격태격

역사에는 절대로 가정(假定)이 용납될 수 없다고 했다. 사실(事實) 그 자체만 인정하고, 사실 그 자체를 기록하란 뜻이었다.

극작가 김영무가 한편의 희곡을 매개로 본격적인 만남을 하게 된 연출가는 바로 극단 '대하'의 대표 김완수 형이었다. 이윽고 김완수 씨와 김영무의 티격태격이 시작되었단 뜻도 되리라.

이전에도 『쫓겨난 사람들』, 『진짜 죽어 갑니다』, 『길』과 같은 나의 단막극과 『할미의 씨앗』, 『탄원서』등과 같은 장막극이 공연되긴 했지만, 내가 볼 땐 막말로 함량미달의 연극이란 범주를 못 뛰어 넘은 것 같았다.

김완수 형과 만난 그때가 암울했던 전두환 군사독재정권 시대였으니 1980년대 초반이었다. 연극인들끼리만 통했던 '명동의 희랍다방 시절' 후기였고, 대학로에 문화회관이 막 들어서던 시기였다.

오후가 되면 많은 연극인들이 무슨 약속이라도 한 모양으로 명동에 있는 희랍다방으로 조용히 모여 들었다. 이를 테면 거기가 연극인들의 사랑방과도 같았다.

그 당시에 나는 육군본부 심리전처 전문위원으로 근무하면서 2년여 동안 낑낑 그린 끝에 『구름가고 푸른 하늘』이란 장막극 한편을 막 탈고 시켜둔 참이었다.

그 작품을 구상하는 동안 실로 고통스런 애를 태웠을 뿐만 아니라, 그로 인해 오랜 시간 숨을 죽여야 했던 부문은 「한 사람의 배우로 설정한 한영일의 소년과 어른의 모습을 과연 어떻게 무리 없이 묘사해 내느냐」하는 문제에 대한 해답을 찾아내는 일이었다.

탈고된 작품에서 볼 수 있듯이 나는 결국 가면의 활용으로 그 해답을 찾았다. 「가면을 이용해야겠다.」는 그 해답을 그토록 어렵게 찾았다는 뜻이 되리라.

김완수 형이 '대한민국 연극제'에 내보낼 작품을 찾고 있다기에 내가 『구름가고 푸른 하늘』이란 그 작품을 넘겨주면서 「한 번 읽어 보시오」 했다. 원래의 제명은 그와 같지 않았는데, 훗날 공연이 될 무렵에 권오일 선생이 지금의 제명으로 지어 주었다.

그 작품이 '대한민국 연극제' 사전심사에서 탈락되어 버리자, 김완수 형은 벙어리 냉가슴 앓듯 깊은 한숨만 내쉬었다. 아무리 냉정히 생각해 봐도 탈락될 작품수준이 아니라는 뜻이었다.

그랬는데 그 연극제 심사위원장을 맡았던 이해랑 선생이 사석에서 「이번 연극제 심사에서 탈락 되긴 했지만 『구름가고』라는 작품이 틀림없는 명작 같으니... 누군가가 제작해 보라」는 말씀을 던졌단다.

따라서 차마 거명까진 할 수 없겠는데, 그때 나에게 『구름가고』라는 작품 좀 보여 달라는 전화연락이 이렇다 할 단체 두 곳에서 오기도 했었다. 하지만 김완수 형과의 의리 때문에 나는 차마 그 작품을 내돌리지 못했다.

그 무렵에 심리전처에서 함께 전문위원으로 근무했던 엄정수 씨가 내 작품에 비상한 관심을 내보였고, 작품을 읽어 본 뒤엔 「좋다」라는 평가를 내리기도 했다.

아울러 「그 작품을 공연 하려면 제작비가 얼마 정도 들겠느냐?」하고 물어서, 내가 그를 김완수 형과 연결 시켜 주었다. 말하자면 그가 제작자가 되었던 것이다.

그렇게 되어 『구름 가고 푸른 하늘』이 그해 9월에 문예회관 소극장에서 초연되었고, 성공작으로 높이 평가 받았다.

그해 '동아 연극상' 의 대상에 노미네이트되었다가, 「심사 신청을 한 적이 없어 탈락되었다」는 후문을 듣기도 했다.

1988년에 김완수 형과 내가 다시 만났는데, 그때의 작품은 『신랑나이 65세』였다. 질곡의 연속이었던 한국의 현대사란 수레바퀴에 의해 개인의 의지가 마구 찢긴다는 사실주의적 비극이었는데, 그 작품의 막을 여는 데는 나의 친구 심만기 씨, 최봉식 씨가 스폰서 역할을 해주었다. 타이틀 롤은 TV 탤런트로 활약했던 김진해 씨가 맡았는데, 알고 보니 그는 한양대 성악과를 졸업한 음악인이었다.

이미 고인이 되고 말았으니 흘러간 가요 꼴이 되고 말았는데, 작품 연습 도중에 장흥 유원지에 있는 불고기 집에서 그 김진해 형이 내 손을 잡으며 자기가 주인공으로 노래할 수 있는 뮤지컬 한 편을 꼭 좀 써달란 부탁을 몇 번이나 하기도 했었다.

『신랑나이 65세』에서 김진해 씨의 상대역으로 출연했던 박승태 씨는 훗날 악극배우로 이름을 날리기도 했다.

「수사반장」이란 TV드라마에 출연해서 인기 탤런트가 된 최불암 씨가 압구정동에 있는 현대백화점 지하에 '현대 문화극장' 이란 소극장을 오픈한 적이 있었다.

『구름가고 푸른 하늘』의 초연과 그 결과에 대한 아쉬움 때문이었는지 김완수 형은 그 작품을 1991년 10월 1일부터 31일까지 재공연 하면서 공연장을 그 '현대 문화극장' 으로 잡았다.

극장 조건이 좋지 않았음에도 불구하고 초연을 못 보고, 처음으로 그 작품을 대했던 평론가 몇 사람들 또한 호평을 아끼지 않았다. 선배 극작가 김용락 씨는 아예 그 작품에 반했다는 고백을 하기도 했다. 단 나의 불만은 공연 제명을 왜 『불꽃 춤』으로 했는지 납득이 가질 않았다.

이윽고 1992년이 되어 김완수 형은 『선녀는 땅위에 산다.』라는 내 작품으로 서울연극제 공식 참가작이란 기회를 얻게 되었다. 1980년대 초에 탈고했던 작품으로 '나무꾼과 선녀' 라는 이야기를 설화극 형식으로 구성한 내용인데, 나는 비단결처럼 곱고 동화처럼 환상적인 분위기 극을 염두에 두고 집필한 작품이었다.

그해 여름에 김완수 형과 내가 구미에 있는 금오산 기슭의 호수 근처로 피서여행을 갔었고, 거기서 그 작품에 관해 실로 많은 견해들을 주고받기도 했었다.

아, 어느 누가 예술가의 고집을 미덕이라 했던가.

『선녀』라는 작품에 대한 전체적인 색깔 문제에 있어 김완수 형과 나의 고집은 타협점을 전혀 찾을 수가 없었다. 김완수 형은 이른바 「사회적인 폭력성을 크로즈업 시켜야만 작품이 살 것 같다」는 주장을 전개하려 들었고, 나는 「분위기극이 좋겠다.」는 애초의 고집을 꺾을 수가 없었다.

기어코 곪은 상처가 터지듯 그 작품 『선녀』의 연습장에서 내 감정이 그만 폭발을 하고 말았다. 배우들이 김완수 형이 수정한 작품을 독회 하는 중인데, 가만히 듣다 보니 나로서는 도저히 참을 수가 없었다.

『이건 내 작품이 아니네요!』

하는 한 마디를 내뱉고 내가 그 연습장을 빠져 나와 버렸다.

문예회관 대극장에서 그 작품 『선녀』가 공연될 때, 때마침 작가 이강백 씨와 나란히 앉아 관람을 하게 되었는데, 김완수 형이 수정한 부문이 전개되기 시작하자 이강백 씨는 마치 귀신처럼 「이제부터 김형 작품이 아닌 것 같네요」하는 속삭임을 들려주기도 했다. 이른바 작품의 톤이 깨어진 꼴이었다.

결국 『선녀』라는 그 작품의 개작 시비로 말미암아 2002년에 김영무 작, 김완수 연출의 2인극 『강변 블루스』가 바탕골 소극장에서 한 달간 공연되기까지 김완수형과 나 사이에는 꼬박 10여 년간 침묵의 강이 흘러가기만 했다. 피차간에 작품 얘기는 철저히 기피하려 들었기 때문이었다.

2003년 연말경에는 내가 「한국 문학 대상」을 수상하자, 김완수 형이 대청회 회원들로부터 모금을 해서 「이제 대학로에 셀 폰이 없는 사람 없을 거다」하며 선물로 내 목에다 셀 폰을 걸어 주기도 했었다.

『한국 동인 극단 50년사』집필 관계로 김완수 형과 인터뷰를 할 때, 그 형은 「내년에는 기필코 대극장에서 대작을 한 번 연출할 것이라」는 다짐까지 했었는데, 아무도 그 까닭이야 알 수가 없겠지만, 김완수 형이 그만 2013년에 훌쩍 저 세상으로 떠나 버리고 말았다.

돌이켜 보면 우리의 티격태격은 형제간의 다툼이나 기(氣) 싸움과도 같은 것이었다. 우리의 허물 또한 가난함에도 불구하고 연극예술에 매달리며 살아야만 했던 운명 탓이었으리라.

대학로 문예회관 앞에서 거행된 김완수 형의 영결식에서 배우 박팔영 씨가 읽은 추도사가 다음과 같았는데, 그 원고를 쓴 사람이 바로 나였다.

> 완수형! 2013년 2월 3일에 형이 영영 눈을 감았다는 소식을 전해 들었소. 그 순간 달력을 쳐다보았는데... 아, 내일이 바로 입춘이었소.
> 김형은 꽃이 피고 새가 우는 봄이 싫어... 이렇게 서둘러 떠나버린 것이오? 그간 형이 병원신세를 지고 있다 했지만, 차마 이렇게 속절없이 떠나리란 생각만은 미처 하질 못했소. 왜냐하면 우리는 대학로의 불가사의한 신화들을 너무나 잘 알기 때문이었소. 「그래도 막은 오른다」, 「그래도 우린 술을 마신다」는 우리 연극인들의 신화들.
> 나는 형이 또 툴툴 털고 일어나 틀림없이 우리 술좌석에 나타나리란 기대를 차마 저버리지 못했다는 말이오.
> 그래요. 어차피 김형 또한 신화적인 인물로 살아 왔잖소? 극단 '대하' 가 저 무거운 무대 막을 열 때 마다, 그건 틀림없는 한편의 신화와도 같았다는 말이오. 형이 무슨 돈으로 그런 연극을 제작하고, 어떻게 저런 배우들을 섭외하고. 그 뒤처리는 또 어떻게 해왔는지 그건 아무도 모를 일이었으니 우리가 할 수 있는 말이 되잖겠소?
> 재작년 어느 잡지와의 인터뷰에서도 형은 요즘 연극이 너무 왜소해진 것 같다면서, 기어코 내가 대극장의 무대를 화려하게 한 번 장식할 대작을 기획하고 싶단 말을 하지 않았소?
> 그랬는데... 완수형! 올해부턴 도저히 연극을 제작하고 연출할 자신이 없어, 그만 숨을 거둬버린 것이오? 이제 다신 저 대학로에서 언제나 무거운 가방을 어깨에 맨 형의 그 아담한 모습을 지켜볼 수가 없다는 말이오?
> 그렇다면... 그렇다면... 우리 보내 드리리다.
> 장장 35년의 역사를 지닌 극단 '대하' 의 대표로서... 도저히 연극을 제작 못할 형편이고, 한 사람의 연출가로서 연극연출의 플랜을 도저히 세울 수

가 없다면... 당신의 삶의 의미가 무의미하고 무가치하다는 사실을 잘 알기 때문이지요.
형 또한 젊은 날엔 어쩌다 연극계에 입문했고, 순수한 열정을 불태웠는데... 나이가 들고 보니 이젠 할 일이 고작 연극을 만드는 일, 그뿐이었는데... 이유 여하 간에 연극을 만들 수가 없다면 떠날 수밖에 없다는 이 단순한 논리로 우리가 위안을 삼아야겠지요.
완수형! 반세기 동안 연극외길만을 걸어온 당신이기에... 우리 연극계를 향해 하고픈 말이 많다는 사실 또한 잘 알고 있소만... 이제 모든 근심, 걱정을 다 내려놓고 그만 훌훌 떠나십시오. 모든 미련을 다 떨쳐 버리시고 하늘나라로 가시구료.
그간 형은 최선을 다해 형이 할 일을 다 했던 거요. 자타가 공인하듯 극단 '대하' 는 연극을 빙자하여 돈이나 벌겠다는 단체도 아니었으며, 순수연극을 바탕으로 꾸준히 정통성을 지향해 온 단체였지요. 우리 모두 그렇게 알고 있단 말이오.
그간 격랑의 우리 현대사 속에서... 변화무쌍한 우리의 연극 환경임에도 불구하고 극단 '대하' 가 만들었던 연극이 60여 편이나 되고, 『사생활』,『왕교수의 직업』, 『구름가고 푸른 하늘』, 『해마』, 『어떤 사람도 사라지지 않는다』, 『단 한 번 거짓말 속의 영원한 사랑』 등등... 형이 연출했던 그 크고 작은 작품들이 무려 80여 편이나 되니 그만하면 된 거요. 덧붙이자면 형의 뜻을 이어 받은 후배들 또한 실로 많지요.
제대로 된 화단에는 여러 가지 꽃이 피어야 하듯이 우리 한국의 연극계에 극단 '대하' 의 연극이 있어 그 풍성함을 더해 주었다는 말이오.
김형! 먼저 가 계십시오. 삶이 하나의 과정에 불과 하다면, 유명을 달리하는 일 또한 일개 과정에 불과하겠지요.

(2013. 2. 4일)

김태유 씨와 『두보의 고향』

내가 누구 못잖게 기록을 소중히 여기는 탓에, 우리 집에는 아직도 라면 박스 너 댓개 분량의 연극 프로그램들이 보관되어 있다. 그것들을 보관하기가 너무 짐스러워 애를 태우기도 하지만 나로선 차마 버릴 수 없었다.

그렇게 많은 유인물 속에 『두보의 고향을 아십니까 (전 3막 5장)』하는 초라한 연극 프로그램이 들어 있는데, 흑과 금적색 2도로 인쇄 된 그 표지에는 다음과 같은 내용이 쓰여 있었다.

「대구방송국 방송극회 창립 10주년 연극 대공연. 이재우 작, 김태유 연출. 1970년 10월 30일 - 31일 밤 7시 30분. KG 공개홀」

그리고 조돈준 대구 방송국 국장의 '인사 말씀' 도 들어 있었다.

한편 그 작품의 캐스트를 보면 최덕수, 장복자, 조세희, 장혜숙, 김종만, 정연수, 박순식, 박영수, 안영희, 김유정, 김일권, 오영식, 정수진, 이 강, 김성민, 정연수 제씨 등이고, 강서방역으로 김영무란 이름도 명기 되어 있었다.아울러 조연출도 김영무였다.

그 당시에 나는 대구 방송국에서 매주 1회씩 방송되는 단막극 「KG 극장」

이란 드라마 원고를 몇 편 집필하고 있었기에 그들과 한 팀이 될 수 있었다.

김태유 씨는 겁도 없이 연출에 임하고 있는 나에게 연극 연출의 ABC를 일러 주기에 바빴고, 타이틀 롤을 맡은 최덕수 씨도 나에게 많은 도움을 준 것으로 기억 되고 있다. 방송극 담당PD 서정호 씨도 우리 연극 공연에 많은 관심을 기울여 주었다.

야무진 인상에 언제나 깔끔한 옷차림을 한 김태유 씨는 나에게 연출을 맡겨 두고 바깥일에만 열중하려 들었고, 결정적인 순간에만 나타나 도움말과 더불어 수정작업을 해주었다. 훗날 알게 되었는데, 김태유 씨는 나의 대륜고등학교 선배가 되기도 했다.

내가 강서방역을 맡게 된 까닭도 우연이 아니라 필연적이었다. 책읽기 연습을 하는데, 강서방 역을 맡을 만한 금속성 보이스칼라를 가진 이는 나뿐이란 결론이 드러났기 때문이었다.

지금 생각해 보면 나는 참으로 무모하기 짝이 없는 인간이었다. 어떻게 생판 초자가 처음부터 대사가 20개 가량이나 있는 배역도 선뜻 맡을 수가 있었으며, 연출까지 맡아 보겠다고 승낙할 수가 있었을까.

하기야 워낙 사람이 귀했으니 차마 발설하진 않았지만 김태유 씨는 신춘문예를 통해 극작가로 데뷔한 나를 곁에 붙들어 두고 싶었으리라.

아, 문득 기억할 수가 있는데, 그 연극 공연을 위해 김태유 씨와 내가 포스터와 풀통을 들고 다니며 전 대구 시의 벽보판에 도배를 하기도 했었다.

어쨌거나 공연은 무사히 끝이 나고 막이 내려졌지만, 무대 뒤에서는 무사하지도 못했다.

이를테면 주인공 역의 최덕수 씨가 개막 공연을 마친 다음 나에게 「김형! 대사를 그렇게 많이 까먹으면 어떡해요?」하고 불만을 토로했다.

내가 「무슨 소리요?」하고 딴전을 피우다시피 했으니, 나로선 주어진 대사 모두를 발설한 것으로 믿었기 때문이었다.

최덕수 씨의 지적에 의하자니 내가 20개의 대사 중에서 2분지 1의 대사를 뛰어 넘은 꼴이었다.

다른 한편 무대 뒤쪽에서 모니터를 하면서 내가 무대 감독도 되어 있었는데, 가만히 보니 김일권 씨가 제대로 대사를 치지 못했다. 몇 번이나 타임도 놓치고 감정을 잃고 있어, 나는 「저 새끼 저거」하고 퇴장을 하면 당장 쥐어박기라도 해야 할 만큼 부글부글 속을 끓이기만 했다.

이윽고 그가 퇴장을 했다.

내가 그에게 달려갔는데 바로 그 순간이었다. 그가 「윽!」 하고 음식물을 토하기 시작했다. 그는 무대상에서 토하지 않으려고 사색이 되어 버티고 있었던 것이다. 쥐어박긴 고사하고, 나는 그 친구 앞에 바케스를 들이 밀고 마른 수건을 찾아 내미느라 바쁘게 설쳐대야만 했었다.

10여 년이 흐른 후에 모처럼 서울로 올라온 김태유 씨가 나에게 전화를 걸었다. 그래서 명동에서 만났더니 「아무래도 상경을 해야겠다」는 뜻을 비췄다. 모 방송사에 다리를 놓고 있는 중인데, 서울에서 자리가 잡히면 함께 또 연극을 만들어 보잔 말도 했다.

저간에 나는 김태유 씨가 부인과 이혼을 해버리고 『두보의 고향』에 출연한 적이 있는 여배우와 재혼 했다는 풍문을 접한 적도 있었지만, 그런 사생활에 대해서는 함구할 수밖에 없었다.

그뿐이었다.이후에 내가 들을 수 있었던 소식은 김태유 씨의 부음(訃音)이었다.

문고헌 형의 캐스팅

어쩌다 한 번쯤 연극을 관람하는 사람이 아니라, 거의 직업적으로 연극을 관람하던 사람이 「와! 좋다」하는 느낌을 가질 수 있는 작품을 만나기란 결코 쉬운 일이 아니었다.

왜냐하면 그런 사람들은 연기자들의 단 한 번의 어긋난 호흡이나 시선처리마저 놓치지 않을 뿐만 아니라, 리듬의 예술이라 말 할 수도 있는 코미디의 경우에는 결정적인 순간에 어긋나는 한 박자마저 지적해 내는 안목을 지녔기 때문이었다. 공연예술의 성공이 결코 손쉬울 수 없는 까닭이 그런 면에 있기도 했다.

1983년 2월에 대학로의 문예회관 대극장에서 공연된 연극 『아마데우스』는 자타의 공인 하에 볼만한 연극으로 손꼽혔다. 영국의 걸출한 현대 극작가 피터 쉐퍼 작품으로 스토리는 모차르트의 천재적인 음악성을 질투했던 궁정악장 살리에리의 참회록을 텍스트로 잡은 것인데, 재미있는 사실은 살리에리의 시기와 질투심에 비례하여 모차르트의 천재성이 더더욱 빛이 나더라는 사실이었다. 극단 '춘추' 가 제작한 연극으로 문고헌 씨 연출 작품이었다.

1984년 6월 하순 경. 역시 문예회관 대극장에서 공연된 작품『드레스』또한 수작의 연극에 속한다고들 했다. 역시 극단 '춘추'의 연극이었으며 연출이 문고헌 씨였다. 연극 공연장의 분장실에서 일어난 이야기를 다룬 작품이었는데, 그 작품으로 문고헌 씨는 동아연극상 연출대상을 수상했고, 오현경 씨는 연기상을 수상하기도 했다.

1987년 11월. 문예회관 소극장에서 공연된 작품『선사인 보이』역시 한마디로 참 재미있는 작품이었다. 최고의 흥행 작가로 알려진 미국의 현대극작가 닐 사이먼의 작품을 이창기 씨가 연출한 작품으로 극단 '춘추'의 48회 정기공연물이었다. 그 작품에서 전개된 김길호 씨와 최종원 씨의 연기대결은 오래도록 연극인들의 화제거리가 되기도 했다.

나는 극단 '춘추'가 만든 연극을 좋아했던 한 사람의 관객에 불과 했었다. 문고헌 형에게 나라는 사람은 희곡을 쓰고 있는 한 사람의 극작가에 불과 했고.

언젠가 권오일 선생이 나를 향해「문고헌 저 노마는 안 있나. 우리 연극계에서 몇 놈 되지 않지만... 그래도 믿을 수 있는 사람 중의 한 놈인 기라」하는 귀띔을 해준 적이 있었다.

하지만 문고헌 형과 내가 한 편의 작품을 앞에 두고 씨름을 하게 될 줄은 아무도 모를 일이었다.

2003년 년말 경. 한국연극협회에서 '금년의 연극 베스트 7'을 선정하는데 나도 선정위원으로 위촉 되었고, 한상철 교수가 심사위원장이었다. 심사장에서 30여 편의 후보작 명단을 살펴보았으나, 그해 11월 12일부터 17일까지 연강홀에서 공연된 극단 '춘추'의 작품『아마데우스』가 누락 되어 있었다. 내가 나서서 기어이 그 작품을 2003년도 연극 베스트 7에 포함시켰다. 상금이 일천만원이었다.

나로서는 송승환, 권성덕, 김길호, 이미연 씨 등이 출연했던 그 연극이 누가 뭐래도 무척 좋았다는 느낌을 갖고 있었기 때문이었다.

다른 한편 문고헌 형은 미국 시민권자가 되기도 했다. 어쩌다 한 눈을 팔았다가 그 꼴이 되고 말았는데, 어느 여배우와의 스캔들로 인해 치명적인 상처를 입어 한국을 멀리하지 않을 수가 없었던 것이다.

따라서 문고헌 형의 얼굴이 한 동안 보이지 않을 때는 그가 미국에 가 있기 때문이었다.

2004년 2월 어느 날. 문고헌 형이 나에게 전화를 걸어 내가 쓴 희곡『오토바이 옆에서』가 '서울시 문화재단' 으로부터 공연지원비 일천만원을 받게 되었는데,「어떡하면 좋겠느냐」고 물었다. 언젠가 그 형에게 그 작품을 넘긴 일이 있었던 모양인데, 나는 그런 사실조차 까맣게 잊고 있었다.「그건 형이 알아서 판단할 문제」라고 내가 대답해 주었다. 지원금 1천만원이란 참으로 어중간하기 짝이 없는 금액이었다. 제작을 하려 들면 100% 적자를 보게 되어있고, 제작을 포기하면 향후 3년간 서울 문화재단으로부터 지원 혜택을 받을 수 없다는 규정에 묶여 버릴 수밖에 없었다,

거듭 고심을 하다못해 문고헌 형이 그 작품을 7월 7일부터 18일까지 마로니에 소극장에서 공연하기로 했고, 연출을 젊은 여류 김소애 씨에게 맡겼다. 김소애 씨는 호주 유학에서 막 돌아온 연출 지망생이었다.

2006년이 되었을 때 이번에는 한국배우협회 이사장인 허현호 씨가 나와 문고헌 형을 한데 묶어 주었다. 허현호 씨는 김길호 선생과 함께 원래 극단 '춘추' 의 멤버로서 문고헌 형이 미국에 가 있을 때는 극단 대표 역할을 수

행하기도 했었다.

어쨌거나 허현호 씨는 한국배우협회 이사장이 되어 악극을 제작, 전국을 순회공연 하는 프로젝트를 진행하고 있었는데, 나에게 악극을 집필 의뢰하여 『누가 이 사람을 모르시나요』를 레퍼토리로 확보해 둔 상태였고, 그 연출을 문고헌 형에게 위촉했던 것이다.

악극 『누가』는 차질 없이 제작 되어 종로구민회관에서 초연의 막을 열고 지방 도시를 순회공연 하기도 했는데, 타이틀 롤을 맡았던 민경옥 씨는 나의 『오토바이 옆에서』란 작품에도 출연한 바 있는 여배우이자 가수이기도 했다.

2009년 가을에 문고헌 형과 나는 강원도 청소년 연극제 심사를 위촉 받아 속초 영랑호 곁에 우뚝 서 있는 영랑콘도에 투숙하게 되었다.

문고헌 형이 어느 날 불쑥 「얼마 전에 우연히 읽어 보게 되었다」며 내 작품 이야기를 꺼냈다 . 『포옹 그리고 50년』이었고 한 번 연출해 보고 싶다는 말도 덧붙였다.

반가운 마음에서 나는 그 작품을 쓰게 된 계기를 설명했다.

현재 국립극장 기획실에 근무하고 있는 권혜미 씨가 영국 유학을 마치고 귀국하여 대학로에서 함께 어울리곤 했었는데, 나를 향해 「이렇게 좋은 배우들과 늘 함께 생활 하시면서 왜 이분들이 주인공으로 나올 만한 작품을 못 쓰십니까. 소품으로 써 주시면 제가 기획해 보고 싶습니다.」 하고 말한 적이 있어 구상이 시작 되었다가 3년이 흘러간 뒤에야 그 작품이 마무리 되었다는 얘기였다.

할아버지 2인과 할머니 1인이 등장하는 그 3인극의 탄생 배경이 그러했었다.

우리는 그날 그 즉시 캐스팅 작업에 임했다. 결국 정진, 서권순, 최종원 씨 3인으로 선정되었다.

그 이듬해 「서울 문화재단」으로부터 '공연예술 활성화 지원 작품' 으로 선정 된 『포옹 그리고 50년』은 극단 '춘추' 제100회 정기공연 작품이 되기도 해서 2010년 4월 3일부터 5월 2일까지 대학로 예술극장 3관 (구 상상 나눔 씨어터)에서 공연하게 되었는데, 빌어먹을 북한에 의한 천안함 폭침 사건 등으로 인해 흥행에는 또 실패를 하고 말았다.

문고헌, 정진, 최종원, 김영무 네 사람이 또 하나같은 골초여서 공연 내내 서권순 여사가 분장실을 따로 사용할 만큼 애를 먹기도 했다.

막이 내릴 날짜는 다가오는데 입장료 수입은 불어나지 않자, 문고헌 형은 배우들의 출연 사례비 문제로 안절부절 못했다. 딱하기는 하지만 나로서도 할 말이 없었다.

「에라 모르겠다.」하고 분장실로 뛰어 올라간 문고헌 형이 드디어 정진, 서권순, 최종원 세 사람의 배우 앞에서 아주 큰 소리로 「이번 연극의 출연료는 한 사람 당 일백만원이요, 이상!」하는 선언을 해 버렸다. 그러자 세 사람의 배우들은 약속이나 했다는 듯이 허허허 하는 웃음만 토해냈다.

비로소 문고헌 형과 내가 이따금 두 사람만의 오붓한 시간을 갖기 시작했다. 지하전철 창동역 부근에 있는 순대국 집에서 두루 작품 얘기를 나누면서 고작 소주 2병을 마시고선 땡을 치곤했다.

문고헌 형이 이진순 선생 휘하에 있을 때, 오페라 『토스카』의 조연출을 맡아 본 적이 있다면서 그 오페라를 연극화 하면 좋을 것 같다는 노래를 부르기 시작했다. 그리하여 내가 『토스타 인 서울』을 쓰게 되었고, '서울 국제 공연예술제' 참가작으로 선정 되어, 2011년 10월 20일부터 23일까지 아르코예술극장 대극장에서 공연하게 되었다.

오페라를 연극화 하되『토스카』하면 '오묘한 조화', '노래에 살고 사랑에 살고', '별은 빛나건만' 등과 같이 너무나 유명한 아리아 몇 곡이 있어「그건 살려야 되지 않겠느냐」는 논리가 불거져 나왔다. 그렇게 되자 문제는 캐스팅에 있었다. 그리하여 뮤지컬『명성황후』,『맘마미아』등에 출연한 바 있는 이태원 씨를 섭외하기로 했다. 문고헌 형이 미국에서 그녀와 무슨 작품을 함께 해본 적이 있은 모양이었다.

문고헌 형이 그녀를 만나러 갈 때 나도 동행을 했다. 문고헌 형이 차마 개런티 얘기를 끄집어 내지 못해 고심하는 것 같아, 내가 나서자 눈치를 챈 이태원 씨가 앞질러「개런티를 염두에 두었다면 이 자리에 나오지도 않았을 걸요. 공연예술제에서 받은 지원금을 몽땅 다 준다 해도 모자랄 걸요?」했다.

그리고 박철호 씨는 훗날「얼떨결에 캐스팅이 되었다」는 고백을 했다.

이를 테면 모처럼 출연 섭외를 받고 전화로「NO」하기가 미안해서 정중히 사양이나 하려고 대학로에 나와 문고헌 형을 만났더니, 당장 대본을 안기면서 출연자로 인정하는 양 설쳐대는 바람에 그만「NO」할 기회를 놓치고 말았다는 뜻이었다.

TV 출연으로 늘 바쁜 박인환 씨는 어쩌다 짬이 나서 연극에 출연하게 되었다니 극단의 입장에서는 행운이었다.

그런데『토스카 인 서울』의 연습이 시작될 무렵에 내가 그만 간암판정을 받았고, 1차 색전시술까지 받게 되어 술을 못 마실 입장이 되고 말았다.

별다른 의미는 없지만 어느 새 나도 극단 '춘추' 단원이 되고 말았다.

박원경 형과 북한산

스님을 향해 「당신은 어쩌다 스님이 되셨소?」하는 질문을 던짐은 무례한 행위에 속한다. 연극인을 향해서도 「당신이 어쩌다 연극인이 되셨소?」하는 질문을 던진다면 역시 실례가 되리라.

그럼에도 불구하고 연출가 박원경 형을 향해서는 「어쩌다 형이 연극 연출가가 되셨소?」하고 꼭 한 번쯤은 물어 보고 싶었다. 실로 오랜 동안 부대끼며 함께 살아왔지만, 가끔은 형이 연극인답지 않은 언행을 일삼았기 때문이었다.

이를 테면 고려대학 국문학과를 졸업하고 다시 남산에 있는 드라마센터에서 연극배우 수업을 받게 되었다는 형은 고등학교 시절까지 유도 선수생활을 했다는 자랑을 한 적도 많았다. 뿐만 아니라 또래 연극인들과 함께 북한산을 오르내린 적도 많았는데, 산을 타는 능력 또한 프로급 등반가 축에 들 정도였다. 그 뿐만 아니라 10여 년간 아예 연극계를 떠나 사업에 전념한 적도 있었을 뿐만 아니라, 때로는 연극 제작자들을 사기꾼이란 말로 매도하려 들기에도 바빴었다.

언젠가 그 형은 어릴 적에 당신 집이 지금 서대문 부근에 있었던 옛날 동양극장 앞이어서, 동양극장에서 공연되는 연극들을 거의 다 보았다는 얘기를 한 적도 있었는데, 미루어 짐작해 보면 그 형은 어릴 적에 무대 위에서 열연하는 배우들을 선망의 대상으로 지켜보면서 장차 배우의 꿈을 키웠는지도 모를 일이었다.

작은 축에 속하는 신장이었지만 다부진 체구의 소유자였던 박원경 형은 「드라마 센터」 소장이던 유치진 선생에 의해 배우의 꿈을 접고 연출가로 방향을 전환하게 되었다고 했다.

어쨌거나 나는 1972년에 「드라마 센터」에서 공연된 신춘문예 당선 희곡 축하 공연 기간에 그 형이 연출했던 『소쩍새 울음소리』를 관람했고, 유종원 씨의 그 작품이 내 가슴을 울렸던 기억을 간직하고 있었다.

연극인들조차 잘 모를 비하인드 스토리가 될 것도 같은데, 1993년도 년말 경에 박원경 형과 내가 좀은 별난 연극작업까지 해본 적도 있었다.

그때는 박원경 형과 내가 속된 말로 죽이 참 잘 맞아들었다.

그해 초가을 무렵이었는데 박원경 형이 전화로 느닷없이 좀 만나자고 했다. 만났더니 「소인극(素人劇) 한 편 써줘야겠다」는 말을 했다. 소인극이란 전문 연극인이 아닌 아마추어들이 꾸미는 연극이었다.

내가 「웬 소인극?」하고 물었다.

그랬더니 박원경 형이 하는 말이 대한민국 공보처에서 홍보국장으로 근무하는 이진배 씨가 고려대학교 동문이며 내 친구인데, 공무원들의 의식개혁을 주제로 하는 연극 한 편을 직원들과 함께 만들어 보고 싶어 하더라는 것이었다. 의식개혁이란 그 당시의 김영삼 대통령이 노래하던 테마였다.

『까짓 거! 한 번 써 보지, 뭐』

박원경 형의 제의를 나는 일단 받아 들였다. 소위 작품성을 따지는 작품이라든가 대형기획 작품을 쓰기란 피차간에 골머리를 썩여야 할 테지만, 「그까짓 목적극에 소인극 정도야 뭐 어렵겠냐?」하는 판단 때문이었다.

약속한 날에 내가 광화문에 있는 정부종합청사 내의 공보처 사무실로 찾아가 박원경 형의 소개로 이진배 씨를 만났다. 그는 극히 간단한 한 마디로 「공무원 누구나가 공감할 수 있는 이야기 한 편을 써 달라」는 주문만 했다.

그래서 나는 「공무원들의 실생활을 이야기해 줄 수 있는 직원 몇 사람과 술자리나 한번 마련해 달라」는 부탁을 했다.

그 부탁은 어렵지 않았기에 며칠 후 어느 날 밤에 간단한 술자리가 마련되었고, 나는 일본 소니(sony) 사에서 나온 소형 녹음기를 들고 그 식당으로 나아가 공보처 직원들 10여명과 함께 소주를 마시면서 이른 바 공무원들의 애환을 두서없이 2시간 가량 녹음 취재 했다.

그런 다음 본격적으로 작품의 플로트(Plot)을 세워 나갔다.

어차피 소인극이니 배우들이 소화하기 쉬운 대사에 단선 플롯(plot)으로 사건을 전개해야겠다는 계산을 했고, 실생활과 밀착된 스토리를 중심축으로 삼아야겠다는 생각을 굳혔다. 공연히 복잡한 구성을 앞세웠다가 제작하는데 애를 먹을 필요가 어디 있겠느냐는 판단 때문이었다. 공연 시간을 60분 내외로 하는 단막극에 원 세트(Set) 무대여야 좋을 것 같다는 계산도 했다.

작품을 써보니 「이만하면 될 것 같다」는 느낌이 들기도 했다.

소위 프리랜서 작가 생활만도 십 수 년이라 뜻밖의 원고 청탁을 받아 작업을 해 본 경험이 많았던 탓에, 나는 비전문가들을 상대하기가 전문가를 상대하기 보다 더 어렵다는 사실도 익히 알고 있었다. 뿐만 아니라 열 명 앞에 작품을 내놓고 보면, 열 가지 설이 나오고 백 명 앞에 작품을 내놓고 보면, 백가지 설이 나온다는 사실 또한 너무나 잘 알고 있었다.

일단 200자 원고지로 100매 가량의 작품을 만들어 이진배 국장의 책상 위에 올려놓았다.

이 국장은 「며칠 있다 다시 만나자」는 약속을 했다.

약속한 날에 다시 가 보니 내가 쓴 원고 위에 무슨 차관, 무슨 국장 등이 메모한 부전지가 수두룩하게 붙어 있었다. 사공이 많으면 배가 산으로 올라가는 법이어서 나는 단호한 태도를 취하기로 했다. 부전지를 죽 훑어 본 다음 「뭐 별로 참고 될 내용이 없네요. 다소 부족한 게 있으면 연출과정에서 손을 보기로 하죠, 뭐」하고 부전지를 일단 무시해 버렸다.

내가 자만에 빠졌거나 교만해서 그런 것이 아니라 적어도 드라마에 관한한 내가 전문가이니, 드라마를 잘 모르는 사람들의 의견을 적극적으로 수용해 봤자 십중팔구 드라마만 망가진다는 사실을 알고 있기 때문이었다.

다른 한 편 고위 공직자들은 대개 전문가의 역할과 기능을 인정해 주는데 반해, 하위 공무원들은 자신들이 가진 잣대만으로 모든 일을 재단하는 경향들이 있어 그게 탈이라면 탈이었다. 이를 테면 침대가 사람 몸에 맞지 않으면 침대를 고쳐야 할 일인데 침대에 몸을 맞추려 드는 꼴과 같았다.

그런 과정을 거쳐서 나온 작품 『해와 달과 나』의 초연 스케줄이 잡혔는데 대학로에 있는 '마로니에' 소극장에서 1993년 12월 17일부터 19일까지였다.

등장인물은 모두 8명이었는데 배역은 한계장 역에 이칠화 (홍보국 기획과), 강여사 역에 권혜란 (해외공보관 기획과), 장모 역에 김혜정 (공보정책실 협력1과), 강진걸 역에 한성식 (방송행정국 방송2과), 김과장 역에 유재훈 (홍보국 사진담당관실), 이계장 역에 주정만 (비상계획관실), 미스터 오 역에 유동욱 (해외홍보관 해외과), 미스 조역에 서형정 (신문 행정국 신문2과) 제씨들이었다. 연출은 물론 박원경 형이었다.

'마로니에' 소극장은 100여 명의 관객이 연극을 관람할 수 있는 공간이었다. 그런데 공보처 직원들의 숫자가 약 600여 명이라 했다.

따라서 총 5회라는 초연의 공연장은 매회가 초만원을 이루었다. 공연 도중에 공무원 부부들로 이뤄진 관객들 대부분이 눈물을 흘리면서 훌쩍거렸다. 남의 이야기가 아닌 바로 자기들의 이야기여서 공감대가 형성된 모양이었다.

공보처의 오인환 장관은 물론이고 차관이하 거의 모든 직원들이 부부동반으로 관람을 했고, 총무처의 조용직 장관도 관람을 한 다음, 연극 제작팀에게 많은 격려를 아끼지 않았다.

이듬해 정초 무렵.

박원경 형이 나를 찾았다. 드라마 센터에서『해와 달과 나』를 앵콜 공연하기로 했는데,「이회창 국무총리이하 전 국무의원들이 관람하게 되어 있으니, 작가도 거기 있어야 되지 않겠느냐」는 뜻이었다.

1994년 1월 13일부터 15일까지 총 6회의 공연 일정이 잡혔다고 했다.

광산 업무로 인해 시골에 가 있던 나는 개막공연 날짜에 맞춰 부랴부랴 상경을 했다.

그랬는데 앵콜 공연이 시작되는 바로 그날 그 시각에 저 엄청난 낙동강의 페놀 사건이 발생, 전 국무의원들이 비상체제에 돌입되고 말았다.

그때 만난 그 이진배 씨가 훗날 문예진흥원의 사무총장으로 부임하기도 했었다.

대학로에 있는 「샘터사」건물 내의 찻집 '밀다원' 이 서울 연극인들의 아지트 역할을 톡톡히 하던 천 9백 8, 90년대였다.

평소의 나는 백제 말기의 장군 계백에 대해 여느 국민이 인식하고 있는 상식 그 이상의 어떤 특별한 이해나 애정을 품어 본 적이 없었다.

그랬는데 무슨 계기로 그리 되었는지는 알 길이 없었으나, 연극 연출가 박원경 형이 '계백의 일대기' 를 연극화 해보자면서 약 2년간 나를 볶아치거나 끈질긴 권유를 해대기 시작했다. 그 형은 원체 말이 좀 많은 편이라 한동안은 건성으로 대답만 해주다가, 끝내는 내가 그만 설복을 당한 셈이 되고 말았다.

박원경 형은 별의 별 얘기들을 다 들려주었지만, 내 마음이 움직이게 된 결정적인 동기는 단적으로 말해서 「작품만 탈고해 주면 반드시 공연 하겠다.」면서 아주 구체적이고 그럴듯한 방법들까지 나열했기 때문이었다.

말하자면 그 당시 연출가 박원경 형과 극작가인 나는 단짝이 되어 있었기에 그 형의 강요(?)를 뿌리칠 수가 없었던 나는 일단 계백을 주인공으로 잡아 씨름을 하기 시작했고, 희곡 『계백의 선택(전 12장)』을 1999년에 탈고하기에 이르렀다.

물론 그 작품은 아직 잠에서 깨어나질 못했고, 언제쯤 그 작품이 빛을 보게 될는지도 알 수 없는 일이 되고 말았다.

2002년 12월 12일부터 25일까지 문예회관 소극장에서는 극단 '세미(대표: 최성웅)' 가 신라의 설화인 「처용가」를 희곡화 한 내 작품 『달은 달』을 서울시의 지원을 받아 공연하게 되었는데, 그때의 연출자 또한 박원경 형이었다.

그 작품은 1999년에 문예진흥원의 지원을 받아 발행된 나의 첫 번째 장막희곡집에 『할미의 씨앗』, 『탈속』, 『구름가고 푸른 하늘』, 『선녀는 땅위에 산다.』와 함께 수록되어 있었다.

그 연극이 제작 되는 동안 언행의 불일치 내지 연출라인의 변화무쌍함 등을 내보인 박원경 형의 처신이 두루 마뜩찮아, 나는 마음의 상처를 크게 받았다. 그때부터 그 형과 작업하고픈 마음이 사라져 버리면서 거리감이 생겨나 버렸다.

노래처럼 건강을 염려하고 북한산을 당산으로 여기며 오르내렸던 형이 웬 일로 나 보다 먼저 2014년에 눈을 감아 버렸다.

이젠 겨우 형의 목소리만 귀에 쟁쟁 울리는 듯도 하다.

「인명지 재천인 기라.」

임수택 씨와 「알과 핵」

1998년 무렵. 엄청난 고민 끝에 고령토 광산과 결별을 작심하고 본래의 내 길을 찾아 희곡 『별에서 들리는 소리』 집필에 몰두하게 되었다. 내가 라디오 방송 원고를 많이 썼기에 「소리」를 주제로 잡은 작품이었다.

그 무렵 누구와 동행했는지는 기억할 수 없는데, 마로니에 소극장에서 연극 한 편을 관람하게 되었고, 그 연극 연출자에게 관심을 기울이게 되었는데 그가 바로 임수택 씨였다.

당시 젊은 연출가들 대부분이 「연극이야말로 연출가의 작업」이란 사실을 울부짖기라도 하듯이 무대 위의 배우들로 하여금 틈만 나면 악을 쓰고 몸부림 치게 만들어 관객들의 눈살을 찌푸리게 했고, 때로는 제대로 작품의 개념 파악도 못한 듯 한데 모더니즘이니 포스트모더니즘 하는 용어들만 마구 구사하려 들었다. 심지어 「관객들이 절대 이해 불가해한 작품을 만들어야 명연출가 반열에 낄 수 있다」는 식의 비아냥거림까지 들릴 지경이었다.

그러했는데 임수택 씨는 조용히 자기 몸을 숨긴 자세로 소품에 불과한 연극이었음에도 극히 진지한 터치로 작품을 연출했기에 나의 호감을 샀다.

따라서 그날 나는 임수택 씨와 처음 수인사를 나눌 수가 있었다. 그는 한국 외국어 대학에서 독일어과를 전공, 국내에서 연극 활동을 좀 하다가 독일로 유학을 떠나 뷔르쯔부르크 대학 및 쾰른 대학교 등에서 독문학과 철학을 수학, 문학 박사가 되었으며, 독일의 본 시립극장 객원 조연출로 일하다 귀국한 모양이었다.

내가 「지금 주로 하는 일이 무엇이냐」하고 묻자, 그는 「알과 핵」이란 소극장의 극장장이라 했다. 그때까지도 나는 소극장 「알과 핵」에 가본 적이 없다는 실토를 하고, 「불원간 극장 구경 한 번 가겠다」는 약속을 하게 되었다.

며칠 후에 일삼아 168석의 소극장 「알과 핵」엘 가보니, 당장 연극적 분위기가 만들어 질 것 같다는 느낌이 들고 고즈넉해서 좋다는 생각까지 들었다.

그날 임수택 씨에게 「내가 지금 쓰고 있는 작품이 이 극장에 잘 어울릴 것 같은데, 탈고 되면 넘겨 줄 테니 한 번 읽어 보라」는 말을 남기고 헤어졌다.

그리고 얼마 후에 내가 『별에서 들리는 소리』라는 작품을 그에게 넘겼더니, 원고를 읽어 본 임수택 씨가 「작품은 좋은데 자기 입장에서는 제작비 염출이 어렵다」는 말을 했다. 내가 문예 진흥원에 「공연예술 활성화 선정제도」가 있으니 지원 신청을 한 번 해 보라고 했다. 선정이 되면 작품료 1천 만 원과 연극제작비 지원금 2천 만 원을 지원 받을 수 있다는 해설까지 더해 주었다.

다시 얼마 후에 임수택 씨가 「극단 선정이 어렵다」는 말을 했다. 「그렇다면 작가 명의로 지원신청을 해 보겠다.」는 대답을 해준 뒤, 생전 처음으로 내가 문예 진흥원에 지원신청을 하기에 이르렀다.

다행히 진흥원으로부터 「작품 선정이 되었다」는 연락을 받게 되었다. 그러자 두어 군데 극단에서 「그 작품을 우리가 제작해 봤으면」하는 귀띔을 해오기도 했으나, 나는 의리상 임수택 씨를 외면할 수 없었다.

이윽고 임수택 씨는 배우 윤여성 씨의 극단 '로얄 씨어터' 명의로 작품을 제작해 보겠다고 해서 즉석에서 내가 그러자며 승낙해 주었다.

2000년 2월 11일부터 20일까지 소극장 「알과 핵」에서 '로얄 씨어터' 107회 정기공연으로 『별에서 들리는 소리』를 공연하겠다는 기획이 세워졌고, 작품 연습은 은평구 갈현 2동에 있는 극단 사무실에서 시작되었다.

임수택 씨는 「아내의 한숨 소리를 들은 주인공이 이혼 결심을 하게 된다.」는 극적 동기에 「과연 개연성이 있겠느냐」하는 문제로 한동안 고심을 하다가 여러 사람들에게 자문을 들어 보고서야 안심을 했다.

작품의 내용은「귀가 너무 밝아 남들이 들을 수 없는 소리까지 들을 수 있는 능력의 소유자가 결국 그 능력으로 말미암아 파멸을 맞이한다.」는 비극이었다.

별다른 탈 없이 연습이 진행 되는 것 같아 나는 안심을 하고 있었는데, 어느 날 연습장에 나가 보니 이야기가 많이 달라지고 있었다. 나는 주인공이 해설을 해가며 극적 상황 속으로 드나드는 형식을 취했는데, 연출자 임수택 씨는 주인공의 해설을 몽땅 삭제하려 들면서 「그래도 스토리 전달에는 이상이 없다」는 논리를 내세우려 들었다.

나는 불가(不可)의 뜻을 분명히 밝혔다. 그 작품에서의 해설은 이른바 액자구실을 하는데, 액자도 없는 맨 그림을 어떻게 전시할 수 있겠느냐는 주장을 굽힐 수가 없기 때문이었다.

얼마나 화가 치밀었는지 나는 그날 막말까지 해 버리고 말았다.

「해설을 삭제 하려면 작가 이름도 아예 빼버리시오.」

며칠 후에 극단 대표 윤여성 씨와 연출가 임수택 씨가 「원작대로 가겠다」며 타협을 청하기에, 나는 「접때 화를 못 참아 미안했다」는 사과를 했다.

50세 이후가 되면 세월이 번개처럼 느껴진다더니 그때가 엊그제 같은데 벌써 15년 전의 일이 되었다. 그때를 기억해 보니 연습을 끝내고 함께 노래방으로 달려가 신명풀이를 했던 모습들이 눈앞에 자꾸 아른거리기도 한다.

출연 배우들이 윤여성 씨, 곽동철 씨, 조한희 씨, 박해미 씨, 최홍일 씨, 백은아 씨, 정수호 씨, 아주은 씨, 봉배근 씨, 정영기 씨 등이었다.

훗날 전해 들었다. 그래도 임수택 씨는 나를 향해 고마운 마음을 가졌다는 말을 했단다. 유학을 마치고 갓 돌아왔는데, 『별에서 들리는 소리』라는 작품을 만나게 되어 주위에서 인정을 받게 되었다는 뜻이었다.

임수택 씨 하면 떠오르는 또 한편의 연극이 있는데, 다름 아닌『쥐 사냥』이었다.

오스트리아의 작가 페터 투리니(Peter Turini, 1944~)의 희곡(1967)을 그가 번역하여 동유럽의 연출가 모씨와 공동 연출로 소극장 「알과 핵」에서 2003년에 초연한 작품이었다.

원작이 주제로 제시한 반문명적 메시지와 날카로운 공격적 표현 등은 한때 서구를 휩쓴 전후세대의 자각과 열정에서 나온 1960년대 예술사조의 반영이었다. 나는 그 작품을 관람하면서 이른바 로스트 제너레이션 내지 히피족의 이념 등을 연상하기도 했었다.

어둠 속에 소음을 이끌고 함께 오토바이를 탄 남녀가 등장하며 극이 시작되는데, 무대는 거대한 쓰레기 집하장이었다. 정비공인 남자는 사회의 구성원에서 일탈, 그 쓰레기 하치장에서 쥐사냥과 말초적 본능을 일깨우는 짓거리에만 몰두하려 들었다.

남녀는 한동안 티격태격 하다가 각기 상대방에게서 가발과 의치라는 가식 등을 발견하게 되고 자신들의 원형을 포장하고 있는 문명의 산물과 허위의식을 내버리기 시작하면서 세상규범과는 또 다른 방법의 '삶'을 시도한다. 끝내 알몸이 된 남녀는 원형으로 회귀, 원초적인 욕구에 몰입하지만 그 순간 또 다른 쥐 사냥꾼에 의해 사살되는 것으로 극이 끝난다.

그 작품이 서울 연극제의 공식 참가작으로 선정 되었을 때였다. 임수택 씨는 나에게 「출연 배우를 교체 하는 게 좋을 것 같다」는 말들을 주위에서 많이 들었다면서 무척 고민스럽다고 했다.

나는 말막음을 하듯 「그런 일을 해선 절대 안 된다.」고 했다. 남녀 주인공 2인 중에서 남자 역이 『별에서 들리는 소리』에도 출연했던 정수호 씨였기에 내가 그런 말을 한 것만도 아니었다.

이유 여하 간에 반응이 좋아 재공연을 하게 된 마당인데, 초연에서 완전 나체로 5분(?) 동안이나 열연했던 배우들을 외면하게 되면, 평생 동안 그들로 부터 원망의 대상이 될 수밖에 없다는 사실을 일깨워 주려 들었다.

나도 예술의 세계가 때로는 비정할 수밖에 없다는 사실을 모르는 바가 아니지만, 적어도 연극은 공동작업에 의한 예술이므로 인간관계에서 실패하면 예술작업에서도 결국 실패할 수 밖에 없다는 사실도 인정하지 않을 수 없기 때문이었다.

이후 임수택 씨는 과천 마당극 축제 집행위원장으로 일하게 되었는데,호구지책이 마련되어 다행이란 생각이 들기는 했으나, 다른 한편으론 그의 연출 작업을 만날 수 없어 나에게는 안타까움으로 느껴지기만 했다.

주요철 씨와 만리장성

동지애는 목적이나 뜻을 같이 하는 사람끼리의 정(情)이라 했고, 영화나 TV드라마 연기자들과 비교해 볼 때, 연극인들의 동지애가 한결 더 각별하다고도 했다.

너나없이 척박하기 짝이 없는 연극 환경 속에서 고군분투들을 하다 보니 일종의 전우애적 동지애가 싹이 튼 까닭인지도 모를 일이고, 연극은 현장예술이어서 함께 계속 몸으로 부딪치며 미(美)를 창조해야 하기에 그럴 수밖에 없는 지도 모를 일이었다.

그래서 피차간에 「그대 또한 연극인」이란 인정만 하게 되면, 굳이 대면을 하고 통성명을 하지 않았다손 치더라도 쉽게 뜨거운 동지애로 연결되기 마련이었다.

연극 연출가 주요철 씨는 채승훈 씨 등과 함께 극단 '반도' 의 창단 멤버였다. 그 극단의 창단 공연작품이 한국극작 워크숍의 동인이었던 오태영 씨의 희곡이어서 나도 관람하게 되었을 뿐만 아니라, 이후에도 『쌍시』, 『레닌그라드에 피다』, 『투란도트』등과 같은 그 극단의 연극들을 두루 지켜보아 그들의 작업에 대해 익히 알고는 있었다. 따라서 언제 어디서나 그를 만나게 되면 반갑게 서로 인사를 나누고 악수를 교환하는 정도였고, 특기할 만한 일이 생긴 적은 달리 없었다. 단지 주요철 씨의 경우라면 「나의 관극기(觀劇記)」란 메모 철 속에서 다음과 같은 기록을 발견할 수는 있었다. 이를테면 2002년 3월 25일 문예회관 소극장에서 그를 만나 「수고 많았다」는 치사(致辭)를 건넸다는 정도의 흔적이었다.

> 연출가 협회가 주관하는 「2002년 신춘 단막선 4편」 중의 한 편이 『석학』인데, 그 원작은 평소에 내가 몹시 좋아하는 작품이었다. 내가 집필한 『선녀는 땅위에 산다』라는 희곡의 분위기를 그 원작에서 원용하다시피 했었다. 따라서 무척 보고 싶었던 작품임과 동시에 「실망하면 어쩌나」하는 두려움을 갖고 오늘 드디어 관극을 하게 되었다.
> 연출가 권오일 선생과 배우 이동희 씨와 함께 관람하게 되었다.
> 연출이 주요철 씨였는데, 열악한 제작 여건을 감안하면 「잘 만들었다」는 말을 해주고 싶을 만큼 애를 쓴 흔적들이 엿보였다.
> 단지 2막의 원작을 단막으로 어렌지 하다 보니, 보다 더 섬세한 분위기나 정서를 놓칠 수밖에 없는 일이어서 약간의 아쉬움이 느껴지긴 했다. 사실 이 작품의 경우에는 주제의식이 너무나 선명하기에 무대형상화 과정에서는 시적이면서 설화적인 혹은 몽환적인 분위기 구축이 작품 성패의 관건이라 생각되었다.
> 사미생 음악으로 극적 분위기를 이끌어 가는 것도 좋았는데, 「좀 더 나은 사미생 곡이 없었을까」하는 생각이 들기도 했고, 배우들의 대사처리가 좀 더 정확했더라면 하는 아쉬움 등이 남기도 했다.

그랬는데 그야말로 뜻밖에도 2012년에 주요철 씨를 베이징에서 만나게 되었을 뿐만 아니라, 나는 그로부터 과분한 대접까지 받게 되어 일종의 부담감까지 안게 되었다.

내가 집필한 대본의 오페라 『시집가는 날』이 중국 베이징에 있는 「21세기 오페라 극장」에서 초연 되었고, 그 오페라를 제작한 '뉴서울 오페라단'과 동행, 내가 거기 머물렀기 때문이었다.

아, 내가 간암환자여서 그때는 그러했을까. 「죽기 전에 한 번쯤은 꼭 '만리장성'과 '자금성'을 둘러 봐야 한다.」는 중국인들의 말이 자꾸만 내 귓가를 맴도는 것 같았다.

2012년 7월 5일. 36인조 오케스트라와 20여명의 합창단과 20여명의 성악가와 5명의 무용단과 5명의 사물놀이 단원과 10여명의 스텝 등 총인원 105명의 우리 공연단이 KAL기로 베이징 공항에 도착했고, 공연장인 '21세기 오페라 극장'을 경유, 메트로 파크 호텔에 투숙 하기에 이르렀다.

그날 밤에는 공식적인 일이 없어, 전화로 내가 북경 어느 대학에서 교수로 재직 중인 연출가 주요철 씨와 통화할 수가 있었다. 베이징에 있는 '중앙 연극대학교'에서 연수를 받은 바 있는 그는 국내 연극인들 중에서는 최고의 중국 통으로 통하기도 했었다.

주요철 씨가 호텔로 나를 찾아 왔다. 그를 만난 다음 「이왕이면」 하고 공연단의 일원인 국수호 무용가에게도 연락을 취해 합류하게 되어, 우리 세 사람은 양고기 전문요리 점에서 저녁식사를 했다. 그 다음 주요철 씨는 발마사지 전문점으로 우릴 안내 했다. 결국 주요철 씨가 우리를 대접하는 모양새였다.

이튿날에도 주요철 씨는 나를 위해 모든 시간을 할애하려 들었다. 나는 그로부터 진한 동지애를 느낄 수가 있었다. 내가 일반 관광객 신분으로 중국에 온 것이 아니라, 공연단의 일원이었기에 그에게는 반가움이 배가 된 모양 같았다.

우리 두 사람은 메트로 파크 호텔 입구에서 택시를 타고, 한국인들 보다는 주로 외국인들이 선호한다는 모전탑 장성 지점의 만리장성 입구까지 갔는데, 택시비가 한국 돈으로 약 5만 원 정도 나왔다. 주요철 씨가 단골로 이용하는 택시여서 가격도 저렴했을 뿐만 아니라, 운전기사가 친절하기까지 했다.

만리장성에 올라갔다가 내려온 다음 주요철 씨는 「처음 중국에 오셨으니 자금성도 관람해야할 것 같다」면서 거기로 나를 안내했는데, 그 자금성 일대는 관광객들로 인산인해를 이루고 있어 정서적이거나 역사적인 감흥 등을 느낄 틈은 도저히 찾을 수가 없었다.

그날의 저녁식사는 북경의 명동이랄 수 있는 '왕부정' 에서 했다. 주요철 씨가 중국어로 정통중국요리를 주문했는데, 짜장면, 닭고기, 땅콩요리, 오리 간, 가지 요리 등이 연달아 나왔다. 나는 원래 소식가여서 미안하지만 많은 음식을 남길 수밖에 없었다.

저녁 식사가 끝나자 그는 또 중국의 국립극장에 해당되는 북경 「수도극장」으로 나를 안내, 중국 화극으로 만들어 진 『리차드 3세』를 관람하기도 했다. 중국의 현대 연출가로서는 최고로 치는 분이 만든 작품이라 했는데, 배우들이 최선을 다해 열연하는 모습이 무척 인상적이었다.

주요철 씨는 또 중국에서 최고라는 모자 점으로 안내한 후 모자 한 점을 선물로 사주려 들어서 한국 돈으로 3만원 짜리 모자 한 점을 선택했다.

「21세기 오페라 극장」에서 『시집가는 날』의 첫 공연이 2012년 7월 7일 밤에 있었는데, 주요철 씨는 다음날 밤 공연을 관람했다. 정운찬 전 국무총리, 평론가 탁계석 씨, 이규형 주중 대사 및 김진곤 주중 한국문화원 원장 등도 그날 밤 공연을 관람했다.

우리 연극인들에게 『시집가는 날』은 너무나 잘 알려져 있기에 부연설명이 필요 없는 작품이었다.

오페라로 각색된 그 작품을 관람한 주요철 씨의 표정을 가만히 살펴보니 「대체적으로 만족하는 것 같아」 나는 안심하려 들었다.

현재 그는 인천 시립극단의 예술 감독을 역임하고 있다는데, 나는 아직 그에게 중국에서 신세진 빚을 갚지 못했다.

제 5 장 배우

「한국 연극배우 협회」자료에 의하면 회원이 약 2천 명이고, 협회에서 제정한 「배우 선언문」이 다음과 같았다. 1. 우리 배우는 연극문화예술 창조의 주역임을 확인한다. 2. 우리 배우는 연극예술 창조의욕을 저해하는 어떠한 것과도 타협하지 않는다. 3. 우리 배우는 개성과 품위를 잃지 않으며 배우로서 자기 정진과 승화에 그 혼을 무대 위에 불사를 것을 선언한다.

백성희 선생과 『소나무집의 여인』

비록 연극인이 아닐지라도 연극에 다소간의 관심을 가진 사람이라면 여배우 백성희 선생을 모를 리 없을 것이다. 한 평생을 '국립극단' 주연 배우로 살아온 선생은 한 마디로 한국 여배우의 상징이며 얼굴이었다.

암울한 일제 시절인 1925년에 서울에서 태어난 선생은 광복 이전인 1943년에 극단 '현대극단' 에 입단, 연극 『봉선화』에 출연하게 되면서 배우로 인정받았다.

6. 25 전쟁이 발발했던 1950년에 극단 '신협' 에 입단, '국립극단' 과 인연을 맺은 이후, 선생은 줄곧 '국립극단' 배우로 자리매김 되어 왔으며, 그동안에 무려 400여 편의 연극에 출연했을 뿐만 아니라, 1993년에는 '국립극단' 단장이 되기도 했다.

연기 폭이 넓어 「어떤 역이라도 소화가 가능하다」는 평판을 들었던 선생의 대표작으로서는 『욕망이란 이름의 전차』, 『다이얼 M을 돌려라』, 『신앙과 고향』, 『딸들 자유연애를 구가하다』, 『엄마의 모습』, 『마을의 봉팔이』, 『심야의 고백』, 『환상살인』, 『달집 』, 『산불』 등을 거론할 수 있을 것 같다.

백성희 선생은 제1회 '5월 문예상' 을 수상했고, '한국 연극상' 을 제1회 및 제8회 때 수상했고, '3 · 1 연극상' 을 두 차례, '동아연극상' 을 세 차례, '한국 연극인기상' 을 여덟 차례 수상하기도 했으며, 1999년에는 '대한민국 예술원상' , 2010년에는 '은관문화훈장' 을 수상했고, 대한민국 예술원 회원이 되기도 했다.

관객 중의 일인으로 내가 무대 위의 백성희 선생을 만나 뵌 건 1970년대 초반부터였다. 정하연 씨의 창작극을 임영웅 선생이 연출한 『환상살인』이 아마 최초의 연극이었으리라.

그런데 내가 정작 「선생으로부터 받은 강렬한 인상」은 1970년대 초반 어느 때 명동 국립극장에서 개최된 바 있는 연극 강좌에서였다. 유치진 선생을 비롯한 연극계 원료들을 강사로 초빙, 연극에 관심을 가진 사람들에게 연극예술에 관한 기본적인 이해를 돕기 위해 진행된 행사로 기억되고 있다.

그때 선생은 지난 어느 때 당신이 직접 체험한 바 있는 「배역 창조에 얽힌 한 토막의 비화」를 소개했는데, 그것은 진실로 신비하면서도 불가사의한 차원의 논리가 아닐 수 없었다.

이를 테면 선생이 점심 식사를 끝내고 당신 서재에 틀어 박혀 대본을 읽으면서 성격 창조에 몰두하기 시작 했는데, 그날따라 웬일인지 간단하기 짝이 없는 딱 한 마디짜리 대사가 제대로 소화가 되지 않아 애를 태우기 시작했단다.

선생은 당신이 서재에서 대본을 읽을 때는 어떠한 경우에도 노크조차 할 수 없다는 철칙을 가족들에게 일러두곤 했었다. 연습을 끝내고 당신 스스로 서재에서 나올 때까진 절대 방해하지 말라는 뜻이었다.

그랬는데 뜻밖에도 똑똑똑 하는 노크 소리가 들렸다.

『뭐야?』하며 선생이 조건반사적으로 버럭 소리를 지르게 되었다. 그러자 조심스레 도어가 열리면서 가정부가 사뭇 울먹이는 어조로 대꾸 했단다.

『선생님. 꼬박 하루가 지나갔네요. 더 이상 어떻게 그냥 두고만 봐요?』

그러니까 백성희 선생은 시(時). 공(空)을 초월한 경지에서 작품에 몰입해 있었다는 얘기였다.

그렇다면 백성희 선생과 나와의 직접적인 인연은 어떻게 시작 되었을까.

1987년. 내가 영화감독으로 데뷔하겠다는 이정욱이란 친구에게『바람 속의 둥지』라는 시나리오를 팔아먹은 적이 있었다. 그때 그 이정욱 씨가 주연배우를 추천해 달래서 내가 선생을 추천해 주었다.

그 결과로 그 친구가 무려 일 년 동안이나 쫓아다니며 선생을 구슬려 기어코 출연계약을 따내고 'TOP필름' 이란 영화사까지 차린 다음, 크랭크 인 했었다. 그런 일련의 과정 속에서 나는 여러 차례 선생을 만나 뵐 수밖에 없었다. 불행히도 그 영화는 30% 쯤 촬영 되다가 이정욱이란 그 친구가 해당 영화에 출연하는 미스코리아 출신 여배우에게 눈독 들이는 바람에 그만 사상누각처럼 허물어지고 말았다.

MBC- TV에서는 1990년 10월부터 매주 일요일 아침 7시 40분부터 8시 10분까지, 사회 각계의 저명인사를 방문, 그 분의 삶과 인생관, 그리고 후대에 남기고 싶은 이야기들을 차인태 아나운서와 대담 프로그램 형식으로 방영하기 시작했다.

약 1 년 동안 방송된 「인생의 오솔길」이란 그 프로그램에 출연했던 저명인사는 총 48명이었고, '서울 텔레콤' 이란 프로덕션에서 제작했던 그 프로그램에서, 나는 소위 구성작가가 되어 출연자 섭외도 직접 하고, 녹화 이전에 출연자와 인터뷰를 한 다음, 그분에 대한 간단한 약력과 함께 통상 15 문항 정도의 질문 요지를 만들어 제작팀에 넘기는 일을 담당했었다.

그 당시의 제작 부장은 박성호 씨였고, 담당 PD는 박성주 씨였는데, 백성희 선생도 내가 출연자로 섭외하게 되었다. 프로그램이 방송될 때 아나운서가 목소리만으로 출연자의 프로필을 소개하면, 화면에는 출연자의 옛날 사진들로 구성하게 되어 있어, 나는 알뜰살뜰 선생의 스틸 사진들도 살펴보게 되었다. 그래서 6. 25 전쟁 직후에 세계적인 섹스 심볼 여배우로 알려진 마를린 몬로가 주한 미군을 위문하러 한국에 왔을 때, 그녀와 함께 백 선생이 포즈를 취했던 사진도 볼 수 있었다.

『여사님! 이땐 참 예뻤네요. 』

하고 내가 조크를 던지자, 백 선생은「지금은?」하고 되물었다. 함께 웃고 말았지만 나는 속으로「100 살이 돼도 여잔 여자라더니」하는 말을 떠올렸다.

이윽고 1994년. 저간에 나는 선생을 여러 극장 내에서나 대학로 등지에서 가끔 만나기도 했을 뿐만 아니라 함께 소주도 마시곤 했었다. 1993년에는 선생이 내가 쓴 작품『탈속』을 연극제 심사위원 자격으로 관람하기도 했다.

어느 날 선생이 조용히 좀 만나기를 원해 내가 그 약속 장소로 찾아갔다. 선생은「내년이 배우생활 50주년이 되는데... 나를 주인공으로 놓고 작품 한 편 써줄 수 없겠느냐」고 했다.

너무나 뜻밖의 제의여서 나는 「생각해 보겠다.」는 말로 그 순간을 얼버무렸다. 그러나 우리는 꽤나 여러 차례 다시 만났고, 새로 태어날 작품에 관해 실로 많은 얘기들을 교환하게 되었다.

그때 나는 다소 파격적인 발상으로 백성희 선생을 「가장 친근한 우리들의 이웃집 아줌마로」 설정하려 들었다. 관객들의 마음에 「언제나 우리 곁에 존재하는 여인상」으로 선생을 각인시켜 보고자 했기 때문이었다.

그래서 내가 백성희 선생을 순대국집 아줌마로 묘사해 보려고, 몇 개월 동안 낑낑 그리며 집필하게 된 희곡이 바로 『소나무집의 여인』이었다. 애초의 작품명은 이와 같지 않았는데, 지금의 나로서는 도통 기억해 낼 수가 없고, 훗날 공연이 될 때 권오일 선생이 지어낸 제목이 이와 같았다.

작품의 스토리는 대략 다음과 같았다.

> 여수해변에 순대국 전문식당인 '소나무집' 이 있는데, 그 식당은 미모의 50대 진여인과 함께 발랄한 성격의 여 종업원 은지에 의해 운영되고 있었다. 노래도 잘하고 춤도 잘 추는 진여인이었지만, 그녀의 정체는 아무도 모를 뿐만 아니라, 취객들 사이에는 이른바 난공불락의 여인으로 통하기도 했다.
> 어느 날 밤에 한성그룹 이진모 회장의 비서실 직원 구민석이 그 식당에 나타난다. 그리고 그는 손님을 가장, 진여인의 신상을 파악해 보려 들지만 그녀의 무거운 입은 좀체 열리지 않는다. 잠시 후 그 식당으로 30대 여인 박애리가 들어서는데, 그녀는 미국 유학을 마치고 최근에 귀국, 무용발표회까지 마친 바 있는 현대 무용가였다. 박애리는 낯선 이의 전화를 받았기에 거기로 찾아 왔다면서 진여인에게 자기 생모가 아니냐고 묻는다. 식당 안에는 점차 묘한 의혹의 그림자만 짙어 진다.

이윽고 쫓기다 못한 듯 진여인이 그 식당을 벗어나며 눈물을 흘리게 되고 구비서는 여러 가지 정황으로 미루어 이진모 회장과 진여인의 과거가 범상치 않았다는 사실을 유추함과 동시에 어쩌면 박애리에게 전화를 걸었던 이가 한성그룹의 비서실장 일지도 모른다는 추측까지 하게 된다.
일주일 후의 달밤.
구민석과 박애리가 그 식당에서 다시 만나게 된다. 구비서의 집요한 추적에 의해 진여인의 어두운 과거가 어느 정도 밝혀진다. 5.16쿠데타 직후, 춘천에는 늙은 기생 월화가 운영하는 비밀요정이 있었고, 그 요정에는 무소불위의 권력을 지닌 춘천지구 정보사령관 이진모 중령이 단골손님으로 출입하고 있었다. 그 당시 진여인은 여고 3년생으로 강원도를 대표하는 무용수였는데, 월화의 딸인 그녀의 춤추는 모습에 이진모 중령이 넋을 빼앗기곤 했으며, 급기야 그들은 함께 밤을 새우기까지 했다. 물론 진여인에게는 일종의 성폭행이 되기도 했다. 그 결과 박애리가 태어났다.
그 후 진여인은 이진모 중령을 피해 가출을 했고, 지난 30년간 줄곧 쫓기듯 혼자 살아오게 되었다. 박애리를 마산에 있는 어느 식당 주인 내외에게 넘겨주기까지 하면서...
다른 한편 오리무중이란 별명을 입증이나 하듯 이진모 회장이 느닷없이 그 식당에 등장한다. 그리고 그는 맛있다면서 우물우물 손대국을 먹으면서 최근에 자기가 진여인을 찾아 나서기까지의 과정을 실토하기에 이른다. 그는 TV를 통해서 박애리의 무용공연을 지켜보게 되었으며, 그녀의 춤사위 속에서 희미한 진우희의 옛 모습을 발견하기에 이르렀던 것이다.
30년이란 세월의 벽을 넘어 진여인과 이진모의 만남이 이뤄진 셈이었다.
그제서야 진여인이 이진모 회장의 변함없는 열정과 더불어 그의 눈물을 지켜보게 되면서, 사회의 기존 윤리관이나 가치관을 뛰어 넘은 그의 순수한 열망을 곧이곧대로 수용하기에 이른다.
그렇다고 어찌하랴? 세월은 이미 그들의 젊음을 앗아가 버린 것을?

1995년에 작품의 초고를 읽어 본 백성희 선생은 「여급인 은지를 좀 더

귀엽고 발랄한 아가씨로 만들면 좋겠다」는 말과 함께 「주인공인 진여인과 이회장의 관계를 애정으로 마무리 지었으면 좋겠다」고 했다. 초고에서는 이회장을 향한 진여인의 증오심을 그대로 남겨 두었다.

그런데 1995년에 그 작품은 몇 가지 사정에 의해 빛을 보지 못했다. 가장 큰 원인은 백성희 여사가 임영웅 선생에게 연출을 의뢰 했는데, 이를테면 그분들의 스케줄이 꼬인 모양 같았다.

2000년에 권오일 선생의 극단 '성좌' 가 문화관광부의 '무대공연 지원 선정 작 '이란 혜택을 받아 그 작품을 공연할 수 있게 되었다.

그 무렵에 국립극장에서 무슨 연극을 보고 내려오는 길에 마주치게 된 백성희 선생과 나는 장충동 어느 식당에 들어가 새벽 1시까지 소주를 마시며 담소를 나누었다. 아울러 어떤 일이 있어도 『소나무집의 여인』이란 그 작품에는 당신이 출연하겠다는 약속도 했었다.

물론 백성희 선생과 권오일 선생과 내가 함께 소주를 마시면서 그 작품의 연극화에 대한 애기를 나눈 적도 있었다.

2000년 6월, 대학로에 있는 동숭 아트센트 '동숭홀' 에서 그 작품 초연의 막이 올라 갔다. 연출이 권오일 선생이었다. 그리고 그해 가을 거창 국제 연극제 초청작으로 야외극장인 위천 극장에서도 공연되었다.

하지만 정작 백성희 선생은 그 작품의 타이틀 롤을 맡아 주질 못했고, 이용이씨가 진여인 역을 맡아 열연해 주었다.

연극은 모처럼 대하는 한 편의 아름다운 수채화란 평가를 받기도 했다. 훗날 배우 김금지 여사는 그 작품을 관람했기에 나를 극작가로 인정하게 되었다는 말까지 하기도 했다.

작품을 관람한 직후에 연극인들의 단골술집인 '우가' 에서 백성희 선생은 이용이 씨를 극찬하면서 당신 보담 노래도 잘하고 춤도 잘 추었다며 추켜 세우기도 했다.

결국 백성희 선생은 나에게 의문부호 하나를 남긴 셈이 되고 말았다. 선생이 왜 그 작품에 출연하지 못했는지, 그 까닭을 아직까지 나에게 밝혀 주지 않았기 때문이었다.

나 또한 굳이 물어 보려 들지도 않았다. 그 정도의 미스터리는 남겨 두어야 선생에 대한 신비감이 나에게 살아남아 있을 것만 같아서였다.

장민호 선생의 주량

대한민국 최정상의 배우로 군림했던 장민호(張民虎) 선생이 2012년 11월 2일에 폐기흉이란 병환으로 유명(幽明)을 달리 했다.

1924년에 황해도 신천에서 출생한 선생은 명신(明新) 중학교를 졸업했고, 8. 15 광복 이후에 월남, 「조선 배우학교」를 연수하고, 1953년에 '국립극단' 의 전신인 극단 '신협' 에 입단하며 연기활동을 시작했다.

이윽고 '예술무대' 의 첫 공연 작품인 『모세』에 참여했고, 1962년에 「드라마 센터」 개관 공연작품 『햄릿』에서 햄릿 삼촌 역을 맡았으며, 장충동 국립극장의 첫 공연 작품인 『성웅 이순신』에서도 이순신 역을 맡았는가 하면, 「세종문화회관」 개관 공연 작품이었던 『북벌』에서도 효종 역을 연기 했다.

성우(聲優) 장민호 선생의 이력 또한 만만찮은데, 1947년에 KBS 중앙 방송국의 전속 성우로 입문하여, 1958년에 '제1회 방송문화 연기상' 을 수상하기도 했다.

1978년부터 1991년까지 '국립극단' 단장을 역임했고, 1986년부터 대한민국 예술원 회원이 되었으며, 연극에서는 저력 있는 연기를 과시, 한국 연극의 과묵한 무대 연기자로 각광을 받아 왔다. 특히 1997년에 그의 연기생활 50주년을 기념하는 공연『파우스트』에서 뛰어난 연기력을 보여 '파우스트 장' 이란 별명을 얻기도 했다.

2011년 2월에 재단법인으로 독립한 '국립극단' 은 서울역 뒤편에 새로운 극장을 개관하며 걸출했던 두 사람의 명배우를 기리자는 뜻에서 극장명을 '백성희 장민호 극장'으로 명명하기로 했다. 백성희 선생이 장민호 선생 보다 일 년 앞서 태어났기에 극장명이 그렇게 되었다고 볼 수도 있겠다.

사실 장민호 선생을 소개하는 글을 쓰려면 한이 없겠지만, 나의 기억 속에서는 그저「불콰한 표정으로 기분 좋게 맥주를 마시는 선생의 모습 한 컷」이 가장 인상적이었다.

말도 많고 탈도 많았지만 우리 한국 연극의 맥을 이어온 단체는 그래도 '국립극단' 을 손 꼽지 않을 수 없는 일이었다. 요즘 같이 극단들이 우후죽순처럼 천지볏가리로 널려 있는 세상에서야 연극이나 극단들이 아무런 희소가치도 발휘할 수 없지만, 1980년대 초반까지만 해도 연극하면 '국립극단' 을 연상할 정도가 되어 있었다.

바꿔 말하면 나는 '국립극단' 의 연극을 꽤나 열심히 관람했다는 뜻이 되기도 한다. 그러나 장민호 선생과 나와의 사적(私的) 인연이 연결될 수 있는 계기란 좀체 생겨나지 않았다. 가끔 '국립극단' 연극의 뒤풀이 장소에 친한 배우들의 권유에 의해 내가 동참을 했다 하더라도, 장민호 선생과는 고작 반갑게 인사 정도 주고받고 말 사이에 불과 했었다.

그랬는데 2002년이 되어 꼬박 17일 동안이나 선생과 내가 같은 호텔에 묵으면서 먹고 마실 수밖에 없는 경우에 처하게 되었다. 그 당시의 한국 연극협회 최종원 이사장의 위촉에 의해서였다.

정확한 날짜가 그해 9월 27부터 10월 13일까지였고, 우리가 할 일이란 게 전주 「소리의 전당」에서 거행되는 「전국 연극제」심사였다. 한국연극협회가 주관하는 그 연극제는 각 지역별 예선에서 대상을 받은 15개 팀이 한 장소에 모여 불꽃 튀는 경연을 벌리는 년례 행사이고, 최우수 대상은 대통령상으로 2천만원이란 상금까지 받을 수도 있었다.

그때 서울에서 내려간 심사위원이 장민호 선생과 강영걸 씨 그리고 내가 되어 있었는데, 주위에서 들리는 군소리가 「지독한 술꾼 세 사람이 잘도 만났네.」였다. 전주 지방에서 참여한 심사위원은 연출가 박병도 씨와 평론가 이상복 씨였지만, 그들은 우리와 어울리는 술자리를 별로 좋아하지 않았다.

겪어 보지 않고서는 모를 일인데 심사위원으로 지방에 내려가 있다 보면 사나흘 정도는 별 문제가 없는데, 그 이상이 되고 보면 고역 중에 그런 고역이 없을 만큼 지루하고 따분하기 마련이었다. 그리고 심사는 통상 저녁 공연을 위주로 하고, 연극을 관람한 뒤에는 관례처럼 으레 술집으로 직행하다시피 했다. 술을 싫어하는 심사위원들은 홀로 호텔 방에서 수도승 노릇이나 했고.

그때 나는 장민호 선생으로부터 까마득한 옛날이 되어버린 1965년에 당신이 제작하여 빅 히트를 친 『저 하늘에도 슬픔이』란 영화의 흥행에 관한 자초지종을 자세히 들어 볼 기회도 가질 수가 있었다. 일본 전역 상영에 관한 계약이 성사되어 도쿄에 건너간 장민호 선생이 바야흐로 영화계의 새로운 보스의 모습으로 귀국할 참이었는데, 한국의 중앙정보부로부터 '절대 상영불가' 라는 통보를 받게 되었고, 그리하여 두 손을 들 수밖에 없었더란다. 북한에서 그 영화를 남한의 가난한 실태를 반증하는 자료로 활용하려 들었기 때문이었다.

그나저나 강영걸 씨의 술 실력은 익히 알고 무수하리만큼 여러 차례 함께 마신 적이 있어 예사로웠는데, 나로선 장민호 선생과 본격적인 대작을 하기는 그때가 처음이었다. 하지만 「선생은 연세도 높으신데, 뭐」하는 생각으로 나는 처음부터 끝까지 술좌석을 고수하려 들었다. 연하의 사람이 술좌석에서 슬쩍 먼저 빠져 나간다는 행위가 일종의 결례일 뿐만 아니라 주도(酒道)에서도 어긋나는 일이 아니겠는가.

장민호 선생은 주로 맥주를 마셨는데, 맥주는 덤인 것 같았고 소주 또한 우리만큼 마시곤 했다. 나와 강영걸 씨는 어딜 가나 소주파였다.

아마 내가 5일 정도는 그렁저렁 버텼으리라.

그랬는데 나도 웬만한 술꾼들한텐 지지 않을 술 실력의 소유자로 자처해 왔는데, 하, 장민호 선생과 강영걸 씨만은 도저히 당해 낼 재간이 없었다. 더 이상 술을 마시다간 내가 죽을 것 같다는 생각이 들만큼 술병에 곯아떨어지고 말았다.

나는 아예 백기를 들 듯 두 손을 들어 버렸다.

『선생님. 제가 졌습니다. 당분간은 더 못 마시겠습니다.』

『헤헤헤. 김 작가 술 실력이 고작 그 정도야? 형편 없구만 기래?』

불콰한 얼굴로 선생은 나를 골리며 무척이나 재미있어 했다.

약을 먹는 둥 어쩌고 해서 사나흘 만에 술병을 치유하고서 나도 합류를 하긴 했지만, 장민호 선생과의 대작만은 피할 수밖에 없다는 인식이 전제되고 말았다.

오, 술에 관한 한 장민호 선생과 강영걸 씨는 참으로 지독했다. 단 하루도 빠짐없이 술잔을 잡았으니 단언하건데 그분들한텐 주식이 술이고 부식이 밥인 것만 같았다.

이윽고 최종 심사를 하는 날.

흔히 마지막 공연 작품을 관람하기 이전에 심사위원들이 미리 모여 대략적인 시상계획을 숙의하기 마련이었다.

한편 그 연극제에서의 대상감은 일찌감치 부산에서 올라온 극단 '맑게 개인 날' 의 『이(爾)』로 정해져 버렸다. 작품의 완성도가 워낙 뛰어나 심사위원 전원 만장일치로 선택되어 버린 넘버원이었다.

이어서 강영걸 씨와 나는 김상열 씨의 희곡을 거창의 이종일 씨가 연출한 연극 『희미한 옛 사랑의 그림자』를 금상으로 추천하려 들었다.

한 트럭이나 되는 대 · 소도구를 싣고 와서 무대 세트를 만들었을 뿐만 아니라 이종일 씨는 아예 대상을 노린 듯 애를 써서 연극을 만든 흔적이 역력했기 때문이었다. 흠 잡을 구석을 찾을 수 없을 만큼 연극의 완성도 또한 높은 편이었다.

『안 돼!』 하고 뜻밖에도 장민호 선생이 급브레이크를 걸었다. 선생의 목소리가 워낙 단호해서 우리는 잠자코 다음 말을 기다릴 수밖에 없었다.

『다 좋은데 왜 배우를 못 살렸냐 하는 말이냐. 배우를! 클라이맥스 부분에서 두 주인공 놈들을 왜 센터 저 뒤편에 세웠느냔 말이냐. 배우를 거기다 세워서 누가 어떻게 배우들의 연기를 볼 수 있겠느냔 말이냐?』

『그림은 좋았잖아요, 선생님?』

내가 선생의 반응을 떠볼 요량으로 어물쩍 토를 달아 보았다.

『그림은 무슨 말라빠진! 연출자만 예술가연 하는데... 그런 소린 말라고 해! 연출자가 무슨 예술가야? 교통정리나 하면 되는데? 연극에선 배우야, 배우! 배우가 최고의 예술가야! 연출가 없이도 연극이 되지만... 배우 없이 무슨 연극을 만들 수가 있겠어?』

그날 밤에 우리는 할 말을 잃었고, 선생의 지론에 승복할 수밖에 없었다.

권병길 씨와 시위

구획 짓기를 좋아하는 사람들은 연극배우 권병길 씨를 좌익으로 분류하는 것 같았다.

아닌 게 아니라 극단 '자유극장'의 배우 권병길 씨는 기존 정치체제에 저항하는 각종 시위 현장에서 앞장서기를 주저치 않는 것만 같았고, 그러한 그의 모습들이 여러 차례 TV 화면을 통해 나타나기도 했다.

나보다 3년 연하가 되는 그는 1946년생이고, 일제 시절에 동양극장의 주연배우로 활약하다 광복이후에 월북한 명배우 황철 선생과 같은 충남 청양 출신이었다.

1988년. 비원 옆에 있는 소극장 「공간사랑」에서 권병길 씨가 모노드라마 『거꾸로 사는 세상』을 공연했다. 그가 직접 작품을 쓰고 연출에다 출연까지 함으로써 그야말로 혼자 북치고 장구 치는 식의 연극이었다. 초청을 받아 나도 그 연극을 관람하게 되었는데, 뒤풀이 소주집에서 지금은 거물 정치인이 되어 있는 이재호 씨와 대작할 수도 있었다. 극단을 만들고 연극을 제작하기도 했던 그분 역시 그날밤 권병길 씨 연극의 관객이었다. 그 당시의 이재호 씨는 시민운동가였는데, 나는 즉흥적으로 「시민운동가들의 논리 개발이 시급하게 느껴진다.」는 식의 말들을 했던 것 같다. 그때 나로서는 「저희들끼리만 공감하고 저희들끼리만 소리 높이는 사이비 사회운동가들이 많다」는 느낌에 젖어 있었기 때문이었다.

가만히 보면 권병길 씨는 항상 자기 혼자만의 세상 안에서 외롭게 살아가는 사람의 모습이었다. 오만이나 교만으로 인해 그런 삶의 모습이 형성된 것 같지는 않았고, 일종의 독특한 자기 개성 내지 생리적인 정서와도 같은 것으로 보였다.

그는 오랜 동안 홀로 된 어머니를 모시고 단 둘이서 생활해 왔는데, 나는 또 그와 함께 단 둘이서 꽤나 여러 차례 북한산을 오르내리기도 했었다. 배우 유민석 씨와 동행하여 수락산을 자주 탔다면, 배우 권병길 씨와 나는 북한산을 자주 오르내린 셈이 되었다.

서울에 살며 내가 등산용 배낭을 메고 오르내리던 산이 주로 북한산이어서 어느 때는 연극인들과 무리를 지워 오르내리기도 했고, 출판사 대표들과 오르내린 적도 있었고 혼자 하루 해를 거기서 보낸 적도 있었다. 진달래 능선을 따라 걸으면서 국립공원 북한산의 주봉인 백운봉, 인수봉 그리고 만경대를 조망할 수 있는 탐방코스가 내 발에 익어 있었다.

함께 북한산을 오르내린 적이 있는 연극인들로서는 당장 박원경 씨, 박웅 씨, 권성덕 씨, 여무영 씨, 이명희 씨, 이용녀 씨, 조한희 씨, 정재진 씨, 조영선 씨, 이승철 씨, 이 반 씨, 김의경 선생 등의 모습이 떠오르기도 한다. 영원한 국립극단 팬이었고 등반가로 통했던 김태국 씨도 잊을 수가 없겠다.

특히 박원경 형이 등산에 뛰어난 능력을 뽐내느라 위험한 바위 절벽으로 장난삼아 우릴 유도해서 혼을 내주던 모습들이 눈에 선해지기도 한다.

어느 새 박원경 형이 고인이 되어 그러 하리라.

어쨌거나 권병길 씨와 나는 몽환적인 분위기를 연출하는 운무가 흠씬 감싸고 있는 북한산을 함께 거닐며, 철부지 아이들 같이 즐거워하기도 했고, 꽃잎 같은 눈송이들을 맞으며 호젓하고 환각적인 그 산길을 마치 야생 노루가 된 기분으로 넘나들기도 했었다.

권병길 씨는 혼자 북한산을 타다 길을 잃고 어느 계곡에서 밤을 새운 적도 있다는 말을 들려주었고, 지금은 미국에 살고 있지만 진실로 사랑했던 여인에 관한 얘기도 들려주었다.

훗날 알게 되었지만 싱글 맘으로 미국에서 돌아와 권병길 씨와 늦은 결혼을 하게 되었던 그 여인이 바로 그의 첫사랑이었다.

그리고 연극인들 개개인에 대한 견해들도 그가 피력하곤 했는데, 그의 논조는 항상 너무 비판적이었다.

어느 날은 듣고 있기가 거북할 정도여서 내가 아예 정색을 하고 충고를 해주기도 했다.

『권형! 너무 그렇게 비판적인 시각으로만 세상을 바라보게 되면 말이오, 결국 나만 외롭고 고달파지는 법이라오. 웬만한 일은 그럴 수도 있겠지 하고 너그럽게 수용하는 마음으로 살아가는 게 훨씬 나을 게요. 따지고 보면 저놈이나 그놈이나 엇비슷하고 저년이나 그년도 오십 보 백보에 불과하단 말이오. 세상을 원망하는 사람들에게 내가 딱 한 마디하고 싶은 말은 늘 이것이었소. 그렇다면 당신은 그 마뜩찮은 세상을 위해 또는 그 모자라는 사람들을 위해 무슨 일을 했단 말씀이오?』

그날 권병길 씨는 모처럼 정색을 하고 내 말을 경청하려 들었다.

연극인들 사이에는 불문율이 있는데, 그것은 피차간에 사생활에 관한 궁금증을 자제함이었다. 상대가 스스로 밝히지 않는 한 이쪽에서 먼저 저쪽의 사생활에 관한 질문을 던질 수는 없었다.

그런데 권병길 씨의 경우에는 그의 사생활이 아예 노출 되어 있었다. 사생활이래야 노총각이 어머니를 모시고 산다는 게 전부여서 숨기고 말 것도 없었다.

따라서 그가 쉰 살이 넘어 결혼을 하게 되었으니, 그 사실 또한 백일하에 드러난 연극인들의 경사가 될 수밖에 없었다.

나로선 북한산에서 자세히 들은 바가 있었는데, 노총각 권병길의 신부감은 그의 옛 사랑이었다.

2003년 4월 23일부터 27일까지 전라남도 해남에서 '전남연극제'가 개최 되었을 때, 심사위원으로 연출가 문고헌 형과 극작가인 나와 배우인 권병길 씨가 위촉 되어 함께 내려가게 되었다.

그때 권병길 씨의 부인이 동행을 하며 승용차를 몰았고, 그 차속에는 나와 권병길 씨가 나란히 앉아 있었는데, 우리가 지루해 하자 그 부인은 「불과 네 다섯 시간인데?」하며 미국 생활과 비교해 보면 단거리에 지나지 않는다는 뜻을 내비쳤다. 뿐만 아니라 그 부인의 생활양식이나 매너 등은 여전히 미국식인 듯 했다.

이윽고 심사결과를 발표하는 시간이 되었을 때, 나와 권병길 씨의 의견이 첨예하게 대치되고 말았다.

그해 전남연극인들은 박승남 씨가 지부장인 해남 연극을 '전국 연극제'에 한 번 내 보내기로 결의 했다는 전언을 해왔기에, 나는 그들의 결의에 따르자고 했고, 권병길 씨는 작품의 질이 순천연극에 미치지 못하니 안 된다는 논리를 내세웠다.

그러니까 견해에 따라 권병길 씨의 주장이 옳을 수도 있고, 나의 주장이 옳을 수도 있는 일이었다.

사실 박승남 씨는 20년 동안 단 한 번도 '전국 연극제' 에 나가질 못해 한이 맺혀 있었기에, 보다 못한 전남 연극인들이 그런 결의까지 했던 것이다.

중립적 입장에 처해있던 문고헌 형이 심사위원장 입장에서 권병길의 손을 들어 주었다.

심사결과를 발표하자 해남 팀은 탈기를 했고, 수상 팀이 된 순천 팀들 또한 시큰둥 하기만 했었다.

머잖아 권병길 씨는 또 혼자가 되고 만 모양인데, 요즘은 혼자 어느 산을 타는 중인지 나도 모를 일이다. 부인은 미국에 건너 간 다음 귀국하질 않았고, 어머니는 노환으로 유명을 달리 했다니.

권성덕 형과 순대국

그 사람에 대해서는 할 말이 참 많을 것도 같은데, 막상 입을 열 기회가 되고 보면, 머릿속이 하얗게 변해 아무 말도 못하고 마는 인간관계가 있다. 부부관계나 죽마고우 사이처럼 오랜 동안 일상적인 인간관계가 유지되고 보면 그렇게 되기가 십상이리라.

나에게는 '국립극단' 장을 역임한 적도 있는 배우 권성덕 형의 경우가 그러했다.

권성덕 형이 대 배우인 까닭을 나열하려고 해도 장광설(長廣舌)이 될 수 밖에 없겠지만, 나는 한 마디로 「대사 전달력이 최고」라는 찬사로 가늠하곤 해왔다. 형은 대극장에서나 소극장에서나 관객들에게 정확한 대사를 일러주는 능력을 구사할 줄 아는 배우였다.

언젠가는 사석에서 당신 입으로 「공연장의 규모나 구조에 따라 음량조절이 거의 자동적으로 된다」는 말까지 들려준 적도 있었다.

그 형과 나의 인연은 배우 대 극작가라는 공식적인 관계 보다는 함께 술 좋아하고, 함께 연극에 빠져 있고, 함께 허허롭게 웃을 수 있는 관계로 밀착되어 버렸다.

1989년 봄에 극단 '산하'의 제작자였던 김유성 선생과 권성덕 형과 내가 함께 '전남 연극제' 심사를 갔었는데, 그때부터 흔히 말하는 인간적 교유(交遊)가 이루어졌다.

사실 여부는 알 수 없는데, 훗날 권성덕 형은 나를 향해 농담반 진담반으로 「호모성향이 짙은 남자」라는 지적을 하기도 했다.

그때만 해도 형과 내가 40세 초반에 불과해서 밤새도록 술을 마셔도 이튿날 기상에는 이상이 없을 정도였다. 나주에서 푸짐한 쇠고기 안주에 술을 실컷 마신 우리가 같은 여관방에 투숙 했는데, 잠결에 내 손이 자꾸 형의 사타구니 속을 더듬더라는 것이다.

1992년 가을에는 형이 극단 '대하'의 '서울 연극제' 공식 참가작품인 『선녀는 땅위에 산다(연출: 김완수)』에서 산직이 노인 역으로 출연 했는데, 내가 그 작품의 작가였다.

또 육년이 흘러 1998년 여름에는 권성덕 형과 내가 근로자 복지공단에서 주관하는 '제19회 근로자 연극제' 심사위원으로 다시 만났다. 그 당시의 심사위원은 우리 두 사람 외에 민예총 소속 연출가인 박인배 씨와 남기성 씨도 합류되어 있었다. 근로복지공단 측의 연극행사 담당자는 송영자 씨였는데, 그녀의 연극사랑은 너무나 지극했다. 그래서 권성덕 형과 내가 추천, 그해 년말에 한국 연극협회에서 그녀에게 공로패를 수여하기도 했었다.

우리 심사위원들은 거의 한달 간 진땀을 흘리면서도 매일 만나다시피 했고, 서울뿐만 아니라 더러는 지방 나들이까지 하면서 대개는 심사위원들을 고문하는 형태의 연극을 지켜본 다음, 그날 밤에는 또 술잔을 기울여야 했었다.

포스코 직원들의 연극을 심사하러 포항에 내려가서는 장생포로 달려가 밍크 고래고기를 먹었던 기억도 나는데, 내 비위에는 그 고기가 전혀 맞지 않았으나 성덕 형은 무척 좋아하는 것만 같았다.

이미 추억의 장으로 넘어가 있는 또 하나의 일화가 떠오르기도 하는데, 묘하게도 형과 나는 순대국을 좋아하는 식성을 공유하고 있었다.

그런 탓에 용인 시에서 그만 순대국 변을 만났던 것이다. 근로자 연극 심사일로 용인에 도착하고 보니, 막 점심때가 되었기에 내가 형에게 「칼 국수집이나 찾아보자」고 했다. 그러니까 사방을 두리번거리던 형이 「저기 순대국집이 있네」하고 낯선 순대국집 간판을 가리켰다.

내가 「전문집이 아니면 순대국은 위험한데...」하고 블레이크를 걸었으나, 무엇에 씌었는지 형은 「설마」 하면서 순대국밥으로 점심을 때우고자 했다. 나로선 못 이긴 체 할 수밖에 없었다.

우리가 그 순대국집에 들어서자 주인 남자는 텔레비전에 출연한 형을 보았다면서 무척 반갑게 우리를 맞아 주면서 한 접시의 순대를 덤으로 내놓는 친절까지 베풀기도 했다.

그 무렵에 형이 TV 드라마에서 이승만 역을 맡아 열연 했던 모양인데, 확실한 기억일 수는 없을 것 같다.

나는 첫 숟갈의 맛을 보고 「이게 아니야」 하는 판단을 내린 다음, 적당히 먹는 둥 마는 둥 해버렸다. 그러면서 힐끗 형을 보니 「맛은 없지만 체면치레 상 어쩔 수 없다」는 표정을 지우며 음식 그릇을 다 비우는 것 같았다.

아니나 다를까. 그날 오후에 연극을 심사하는 공연장 안에서 복통을 만난 형은 사색이 다 되어 비지땀을 뻘뻘 흘리며 고통스러워 하다가 부랴부랴 택시를 타고 병원으로 직행하는 홍역을 치루기에 바빴다.

2002년 12월 10일부터 25일까지 문예 진흥원 예술극장 소극장에서는 극단 '세미'의 제51회 정기공연 작품으로『달은 달(연출: 박원경)』이란 내 희곡이 공연 되었는데, 권성덕 형은 그 작품에서도 연출가 역으로 출연해 주었다.

그리고 2004년에 한국 연극배우협회가 제작한 악극『누가 이 사람을 모르시나요』란 내 작품에서도 권성덕 형이 황신부 역으로 출연했다.

그 작품 속에서 황신부는『보고 싶은 얼굴』이란 가요 한 곡을 부르게 되어 있었는데, 연습이 끝난 이후 정태영 씨가 주인이었던 식당「우가」에서 술을 마시게 되었을 때, 형이 거기서 그 노래를 열창해 보이기도 했었다.

권성덕 형이라면 특기해야할 만한 사실 한 가지가 더 있는데, 그는 글을 잘 쓰는 재능을 가진 배우가 되기도 했다. 그리하여『하이네캔에 홍어』,『나와 성덕이 형』라는 산문집을 발간하기도 했었다.

아, 2015년 3월 28일부터 29일 이틀 동안 중국 시안(西安) 시에서 내 대본으로 된 오페라『시집가는 날』이 4회 공연되었는데, 공연 팀과 동행 했던 나는 산시 빈관(Shaanxi hotel)에 머물면서 권성덕 형의 '연극배우 50주년 기념 에세이집'『대통령도 되고 거지도 되고』를 통독하기도 했었다.

구체적이고 일상적이며 자잘한 것들에 대한 형의 기억력과 그럴듯한 묘사력 앞에서 나는 다시 한 번 두 손을 들기도 했다.

김성찬 씨와 모노드라마

1984년 어느 여름 날. 그때 나는 용산구 도원 동에서 셋방살일 하고 있었다. 억수같은 비가 놋날처럼 쏟아지는 날이었다.

한 통의 전화가 걸려 왔다.

전화를 받고 보니 뜻밖에도 김성찬이었다. 그는 MBC- TV 에서 탤런트로 활약하면서 영화『바람 불어 좋은 날』에도 출연한 적이 있는 연극계 후배였지만, 거의 10여 년 만이어서 나는 내 귀를 의심하지 않을 수 없었다.

TV 드라마 작가도 아닌데, 현역 탤런트가 나에게 전화를 걸 까닭이란 전무한 일이 아니겠는가.

김성찬 씨는 아주 절실(切實)한 어조로 자기가 지금 원효로 2가에 있는 '태평양' 이라는 다방에 나와 앉아 있으니 꼭 좀 만나 달라고 했다.

묘한 감상에 젖어 들며 내가 우산을 뒤집어쓰고 그 다방 안으로 들어섰다. 10여 년 전에 잠시「함께 연극 하네 어쩌네」하며 한동안 만났다가 헤어진 이후, 단 한 번도 사적(私的)으론 만난 적이 없었던 그였다.

가벼운 악수와 수인사(修人事)를 끝내고 내가 정좌를 하자, 그는 대뜸

「작품 한 편 써 달라」는 부탁을 했고, 그것도 모노드라마를 원한다고 했다.

『도대체 무슨 말을 하는 거야? 밤중에 홍두깨 식으로...』

내가 영문을 몰라 어리둥절할 수밖에 없었다.

이윽고 그가 뒤집어쓰고 있던 모자를 벗어 들며, 삭발이 된 자기 민머리를 보여 주었다.

『... 어떻게 된 거야?』

그 당시 그는 톱 클래스 탤런트는 아니었지만, 개성이 강한 배역들을 소화하여 꽤나 인기를 끌고 있던 연기인이었다.

『지옥에 갔다 왔습니다. 형님』

『지옥이라니?』

드디어 그는 비장(悲壯)하기 짝이 없는 어조로 저간의 사정을 털어 놓기 시작 했다. 자살(自殺)을 시도 했는데 운이 따르지 않아 죽지도 못했다는 내용과 더불어, 「이왕 살아났으니 좀 더 적극적으로 재기(再起)해 보고 싶다」는 이야기를 한 후에, 그러자면 무엇인가 보여 줘야겠는데, 자신의 장기(長技)래야 끼밖에 없으니, 한 편의 모노드라마로 승부수를 띄우고 싶다는 식이었다.

아울러 자신의 끼를 알아 줄만한 작가는 나밖에 없다는 결론을 얻어 무작정 불쑥 나타났다는 식이었다.

『왜 자살을 결심 했는데?』

그로서는 두 번 다시 기억하고 싶지 않을 테지만, 나로서는 또 물어보지 않을 수도 없는 궁금증이었다.

그가 사연을 털어 놓기 시작 했는데 결론은 어느 여인으로부터 너무나 철저하게 배신을 당한 꼴이었다. 이를 테면 사실혼 관계로 함께 살던 여자가 그간 악착같은 탤런트 짓거리로 벌어들인 돈을 계획적으로 몽땅 빼돌린 다음, 그야말로 헌신짝처럼 자기를 걷어 차버리고 연기처럼 사라졌다는 것. 따라서 그는 영락없는 알거지 신세가 되고 말았다는 것이다.

『....모노드라마라? 그래 제작자는?』

일은 일이어서 나는 작품 쓰는 일이야 가능하지만, 당장 제작(製作)이 문제 아니겠느냐는 뜻을 비쳤다.

『그건 걱정 마세요. 선배 한 분이 도와주기로 했으니까요.』

그 말을 들으면서 나는 그 선배라는 사람도 아마 나처럼 「너무나 절실한 그의 사정을 알았기에 마음이 움직였나보다」하는 판단까지 대충할 수가 있었다.

『그래, 어떤 이야기?』

결국 「어떤 이야기가 좋을까?」하는 고민을 함께 하기 시작 했다.

시간 가는 줄도 모른 채 우리는 장장 너 댓 시간 동안이나 바로 그 자리에 앉은 자세로 이야기를 주고받기 시작 했다.

그가 끄집어내는 이야기를 듣고 보면, 내 쪽에서 시시하게 느껴졌고, 내가 어떤 이야기의 실마리를 내 보이면, 그가 금방 재미없다는 표정만 지워 보였다.

어느 순간에 나는 김용집 스님의 산문집에 실려 있는 「인욕의 길」이란 글을 기억해 냈다. 내가 출판사를 운영할 때 만들어 냈던 책 속에 들어있는 에세이였다.

본의 아니게 사미승이 된 한 사나이의 눈빛이 너무나 교만(驕慢) 하게 빛나자, 주지승이 만행(萬行)을 시키듯 절에서 내쫓아 그에게 거지행각을 시킨다는 내용이었다. 물론 그 주인공은 거지행세를 하면서 점차 많은 진실을 깨닫게 된다는 주제가 깔려 있었다.

『바로 그겁니다. 형님.』

김성찬 씨의 눈에서 반짝하는 빛을 발했다.

그렇게 되어 내가 『가리왕의 땅』이란 제명을 걸어 놓고, 20여 일간 그 작품에만 매달렸다. 내가 얼마나 지독하게 그 작품에만 매달렸던지 탈고(脫稿)와 동시에 쓰러지다시피 한 다음 일주일가량 심한 몸살을 앓느라 일어나지도 못할 지경이 되기도 했었다.

내 원고가 김성찬 씨에게 전해졌다.

그런데 작품을 읽어 본 그가 전화로 「재미있게 읽었다」는 말까진 전해 주었는데, 그 이후 30여 일이 지나도록 아무 소식이 들려오지 않았다.

추측컨대 제작자의 사정이 여의치 않았고, 그렇게 되자 김성찬 씨는 미안해서 코배기도 보여주지 못하는 꼴만 같았다.

그렇다손 치더라도 종무소식이란 그의 처신이 마뜩찮아 나로서는 화가 치밀어 견딜 수가 없었다. 일종의 배신감에 몸이 떨렸다.

드디어 내가 인천에 살고 있는 그의 이모네 집으로 전화를 걸어, 잔뜩 화가 난 어조로 「성찬이가 무조건 내게 작품을 우송하지 않으면 가만 두지 않겠다.」고 했다.

그때는 인터넷이 없어 타이프라이트로 찍은 원고를 주고받을 수밖에 없었다.

그에게서 작품을 돌려받은 나는 소극장 「공간사랑」의 극장장인 강영걸 씨에게 한 번 읽어 보라며 그 원고를 넘겨주었다.

강영걸 씨가 읽어 본 다음 재미있겠다면서, 그 원고를 극단 '민예극장'의 기둥배우였던 정현 씨에게 넘겨주었다. 그런데 또 그뿐.

결국 2년이란 시간이 침묵 속에 잠겼을 때, 극단 '민예극장'의 대표가 된 정현 씨가 그 작품을 1인 음악극으로 문예회관 소극장에서 공연 하게 되었다. 공연 제명이 『우리들의 김무용』이었고, 정현 씨와 이태훈 씨가 더블 캐스팅 되어 있었다.

현역 배우 중에서 정현 씨는 드러나게 노래 실력이 뛰어나 뮤지컬인 『레 미제라불』의 주연을 맡은 적도 있었다. 모노드라마란 어차피 배우 일 개인의 역량을 최대한 보여주는 형식이므로, 정현 씨는 뮤지컬 스타일로 그 작품을 연출하고 연기하려 들었다.

정현 씨는 15일간 문예 소극장에서 그 작품의 초연(初演)을 끝내고, 금방 「공간사랑」에서도 1개월 간 앵콜 공연을 했다.

초연을 준비할 때, 나는 김용집 스님에게서 승복 한 벌을 얻어 배우들에게 전해 주기도 했었다.

그리고 「공간사랑」에서 그 공연이 한창일 때, 바쁘기 짝이 없는 석성우 스님과 소설가 이관용 씨를 대동하고 관람을 하러 갔다가, 서울 시내의 데모가 너무 격해서 관객이 한 사람도 오질 않아 공연을 못한다는 사실을 접하고 소주만 마신 적도 있었다.

그 후 또 몇 년이 흘러갔다.

강영걸 씨에게서 전화가 걸려 왔다.

코미디언 이원승이 연극이 하고 싶다며 연출가로 자기를 초빙했는데, 공연 레퍼토리로 내가 쓴 그 모노드라마 『가리왕의 땅』을 추천 했다는 말을 해 주었다.

강영걸 씨는 마당놀이 스타일이 좋겠다면서 공연 제명을 다시 한 번 생각해 보자고 했다. 내가 『하늘 천 따지』로 하자고 했다.

그리고 몇 년 뒤 김성찬 씨가 해외 촬영을 갔다가 불의의 사고로 그만 유명(幽明)을 달리 하고 말았다. 살아생전에 그도 이런 저런 소문을 전해 들어 「바로 그 작품이 떴다」는 사실을 알고, 간접적으로 나에게 사죄의 뜻을 전해 주기도 했다. '미추' 극단의 윤문식 씨를 통해서였다.

그의 부음(訃音)을 듣는 순간, 나는 또 한 번 묘한 감상에 빠져 들기도 했다.

다시 몇 년이 흘러간 뒤.

인천에서 활동하는 극단의 누구라며 나에게 전화를 걸었다. 그가 하는 얘기는 전국 연극제에 내가 쓴 작품 『탈속(脫俗)』을 들고 참가하고 싶은데, 승낙을 좀 해 달라는 것이었다. 물론 인천광역시 예선에서 최우수상으로 선정되어야 전국 대회에 나갈 수가 있었다. 알고 보니 참여하려는 친구들도 내가 익히 아는 배우들이었다. 나는 열심히 해 보라면서 승낙을 했다. 연습할 때 한 두 번 들러 볼까 했는데, 젊은 연출가는 부담감을 느꼈는지 달가워하지 않아 가보질 못했다.

이윽고 5월 6일에 관람 하게 되었는데, 작품이 내 맘에 찰 리가 만무, 당연히 예선에서 탈락 되었다.

그런데 '인연은 역시 묘하다' 는 사실로 인해 내가 또 한 번 아연실색을 했다.

내 작품 『탈속』을 레퍼토리로 선정해서 공연하게 된 인천의 그 '항아리' 란 극단의 대표가 바로 고 김성찬 씨의 부인이자 미망인이 아니었겠는가.

그 부인은 고인의 연극적 열정을 이어 가고 싶다며, 카페와 아울러 그 연극 단체를 운영하고 있었다.

김용란 씨와 인천 시립극단

무대에서 연기할 때, 배우들은 예쁘게 보여야 하고, 매력을 풍겨야 하고 호소력이 있어야 한다. 남 · 여 배우 공히 그러하고, 「예쁘게 보여야 한다.」는 말은 「개성미가 넘쳐야 한다.」는 말로 대치될 수도 있겠다.

따라서 배우들이 무대에서 좋은 연기를 보일 때, 관객들은 그 마력에 이끌려 해당 배우에게 환호와 갈채를 보내기 마련이었다. 특히 여배우의 경우 민낯의 경우에는 미녀로 보일지라도 무대 연기가 신통치 않으면 당장 밉상이 되어 버린다.

그와 반대로 무대 밖에서는 평범하거나 볼품이 없었는데, 무대에서 새로운 인물로 변신되어 멋진 연기를 펼칠 때는 당장 달려가서 뽀뽀라도 해주고 싶을 만큼 예쁘게 여겨지기 마련이었다.

또는 여배우는 섹시해야 한다는 말도 있는데, 그 말에도 일리가 없진 않다. 관음증적 호기심에서가 아니라 관객의 시선을 흡입할 수 있는 여성미를 지녀야 한다는 뜻이 되기 때문이었다.

이를 테면 '실험극장' 이 157회 정기공연으로 2006년 12월 5일부터 14일까지 아르코 예술극장 대극장에서 죤 패트릭 쉘리 작, 이윤정 역, 최용훈 연출로 『다우트』를 공연 했을 때, 여주인공 역을 연기한 사람이 탤런트로 널리 알려진 김혜자 씨였다. 공연장이 바뀌면서 그 작품은 거듭 공연되기도 했다.

어느 날 극단 대표 이한승 씨를 만나게 되어 내가 「공연이 잘 되고 있느냐」고 물었더니, 그는 「김혜자 씨가 타이틀 롤일 때는 히트를 쳤는데, 연기자가 바뀌고 나니 어렵다」는 대답을 해주었다.

나도 직접 그 연극의 초연을 관람했었는데, 확실히 김혜자 씨는 흡인력을 지닌 여배우로 보였다. 언젠가 김혜자 씨는 강남 어느 극장에서 고인이 된 김주성 씨와 함께 강영걸 씨가 연출한 『80& 19』라는 연극에도 출연한 적이 있었는데, 그때도 그 연극을 보면서 나는 「참 좋은 배우」라는 느낌을 받기도 했었다.

무슨 계기로 김용란 씨가 배우가 되겠다며 1975년에 방태수 씨가 대표였던 극단 '에저또' 에 입단하게 되었는지, 나는 그 과정을 전혀 알지 못한다.

대략 1981년경부터 내가 김용란 씨를 알게 된 것 같은데, 그녀가 여배우 박승태 씨와 잘 어울리게 되면서 안면을 튼 것으로 기억이 되고 있다.

솔직히 말해 그녀가 출연하는 연극 두서너 편을 관람했지만, 내 눈에는 영 차질 않아서, 나에겐 그녀가 배우같이 보이지도 않았다.

그랬는데 1989년에 대학로 소극장에서 공연된 연극 『수족관』을 보면서 나는 새로운 한 사람의 여배우를 발견하기에 이르렀다. 『수족관』에 출연한 김용란 씨는 이전에 내가 보아 왔던 그녀가 결코 아니었다.

그렇게 배우도 임자를 만나면 어느 날 물리가 터져서 껍질을 벗게 되어 있었다. 그런 과정은 마치 소리꾼이 어느 순간에 득음(得音)의 경지에 오르는 것과도 같은 꼴이었다.

그날 뒤풀이 장소에서 나는 틀림없이 김용란 씨를 향해 「오늘은 뽀뽀해 주고 싶을 만큼 예쁘게 보인다.」는 말을 해 주었으리라. 맘에 없는 말을 함부로 지껄이지 못하는 성격이어서 깐깐한 인간으로 정평이 나있었던 내가 그런 말을 했던 것이다.

표현이 좀 지나칠지 모르겠으나 이후부터 나는 김용란 씨를 한 사람의 여배우로 깍듯이 대하려 들었다. 내 마음 속에만 그렇게 치부해 둔 셈이었다.

다른 한편 김용란 씨는 참으르 무던한 성격의 소유자였다. 어느 때는 「저런 순둥이가 무슨 배우 노릇을 할 수 있을까」하는 의심이 들 정도였다.

어쨌거나 이런 저런 경우로 우리는 가끔 만나게 되어 사적인 대화도 나눌 정도가 되었는데, 알고 보니 그녀는 또 나와 같은 본향의 광산 김 씨였다.

그리고 어쩌면 그녀 입장에서는 치명적일 수도 있는 비밀 한 가지까지 털어 놓게 되었는데, 알고 보니 그녀는 미스가 아니라 남편과 일찍이 사별을 하고 딸아이 하나를 거느린 청상과부의 몸이었다.

입이 무거운 나는 그녀의 그러한 사생활에 대한 비밀을 끝까지 지켜 주었다.

1990년. 인천 시에서 시립극단을 창단하고 예술 감독이 된 극작가 윤조병 선생이 창단단원을 모집한다는 소식을 내가 듣게 되었다. 그 순간 내 머리 속에는 퍼뜩 김용란 씨가 떠올랐다. 그래서 그녀에게 전화로 「인천 시립극단 단원이나 되어라'」고 했다. 그랬더니 그녀의 마음이 동하는 것도 같았는데, 동시에 한동안 심적 갈등은 겪기도 했다. 조직 생활에 대한 불안감 때문인지 혹은 「오디션을 보았다가 떨어지면 어쩌지 하는 염려」 때문인지 나로서는 알 수 없는 노릇이었다.

이윽고 원서 마감을 코앞에 두었을 때, 밀다원이란 찻집에서 그녀를 만난 내가 재차 묻게 되었다. 「인천시립극단에 지원서 제출 했느냐?」하고.

그랬더니 그녀는 「충무로의 무슨 영화에 출연할 계획도 있고... 어쩌고 어물어물」 꽁무니를 빼려 들었다.

내가 더럭 화를 내다시피 했다.

「잔소리 말고 오디션을 봐요! 그깟 영화의 단역 배우 노릇 암만 잘 해도 피곤하단 말이오.」

하며 나는 그녀의 등을 떠밀다시피 했다.

가령 그녀가 아이를 양육하는 엄마란 사실을 몰랐더라면, 나는 차마 그런 식의 채근까진 못 했으리라.

이윽고 김용란 씨가 인천시립극단의 창단 멤버가 되었다. 그제서야 그녀는 나에게 고맙다는 전화를 했다.

그런 까닭에 김용란 씨가 출연한 연극을 관람하기 위해, 먼 거리임에도 불구하고 나는 몇 차례나 인천을 오르내렸다.

놀랄 일은 그녀가 인천시립극단의 주연급 배우가 되었더라는 사실이었다. 극단의 창단 공연격인 『춘향전』에서 그녀가 춘향 역을 맡아 열연하지 않았겠는가.

이후 나는 풍문으로 얼마간의 잡음들도 들을 수가 있었다. 인천시립극단 단원들이 세 편으로 나뉘어 옥신각신한다는 소문에, 김용란 씨가 어쩌다 인천 시립예술단의 노조위원장이 되었다는 소식하며, 윤조병 예술 감독과의 불화설도 불거졌고, 심지어 「누구랑 가깝게 지낸다더라」하는 염문설까지 접하기도 했다.

그때 마다 나는 속으로 「그럼 어떤가, 사람이 사는 세상은 원래 시끄러운 법인데 !」하는 생각으로 입을 봉해버리곤 했다.

굳이 내가 나설 일도 아니니 세상일은 「그저 그러려니」하고 보는 게 가장 속편한 일이 아닐 수 없었다.

아, 그야말로 세월은 유수와도 같았다.

저간에 김용란 씨 외딸 결혼식에 내가 축하객으로 참석하게도 되었는가 하면, 김용란 씨가 인천시립극단에서 정년퇴직을 하게 되었다는 소식까지 접할 수가 있었다. 뿐만 아니라 풍문에 의하자니 그녀는 퇴직금에서 인천시립극단 발전기금으로 1억원을 내 놓았다던가?

그녀가 인천 시립극단 배우에서 정년퇴임한 날이 2011년 11월 12일이었으니 어느새 20년이 흘러간 모양이었다.

2012년 어느 날에 우리 집으로 두툼한 책 한권이 배달되었다.

무언가 하고 펼쳐 보니 『배우 김용란의 인천 연극 이야기』란 자료집이었다. 김용란 씨가 그간 인천시립극단에서 공연된 작품관련 자료들을 꼼꼼하게 한 데 모아 정리한 일종의 사진첩이었다.

역시 착하고 갸륵하고 알뜰한 김용란 씨가 아닐 수 없었다.

김혜옥 씨와 연극무대

지금이야 이름난 배우 한 사람의 존재가치가 웬만한 중소 기업체와도 같다는 인식이 보편화 되어 있어, 함부로 배우를 하시(下視)할 수 없지만, 내가 어릴 적에는 그렇지 못했다.

배우는 무조건 딴따라로 천시(賤視) 되며 집안의 망신꺼리로 여겨졌고, 연극단체 또한 광대패거리 내지 중뿔난 집단처럼 여겨지면서 홀대(忽待) 당하기가 일수였다.

여느 일반인의 의식 속에 존재하는 배우란 서커스에 잠시 나오는 광대이거나 약장사 무리 속에 섞여서 신파극 흉내나 내며 호객행위 역할을 하는 사람정도에 불과했다.

그래서 그 당시 연극인들의 결속력은 오히려 단단했고, 동지애 또한 돈독하기 짝이 없었다.

나는 문단 데뷔 이전에 대구에서 활동하는 연극인들과 친구로 어울리기 시작했는데, 본명이 이필동 씨였던 아성 또한 그들 중의 한 사람이었다.

그는 대구에서 '인간무대', '공간' 등의 극단을 이끌면서 한국 연극협회 경북지부장을 역임하기도 했었다.

그랬는데 그가 어떤 연고로 그렇게 된 건지는 잘 알 수 없는 일이었으나, 서울에 올라와서 연극 『베니스 상인』를 연출한 적이 있었다.

그때가 1983년이었고 그해 연말경에 그는 『무대예술 입문』이란 저서를 발행하기도 해서, 내가 축하의 의미로 10권을 사주기도 했었다.

나는 그의 초청에 의해 『베니스 상인』 연습장에도 나가 보았고, 그 연극의 공연도 관람하게 되었다.

배우 김혜옥 씨를 나로서는 그때 처음 만났다. 서울예전 연극과를 졸업하고, 1980년에 특채로 MBC에 기용되어 탤런트 생활을 시작 했고, 1982년에는 '백상 예술대상' 신인 연기상까지 수상했었다지만, 내 눈에 띈 그녀는 연극을 갓 시작한 햇병아리 여배우로 『베니스 상인』이란 그 작품에서 포샤역을 맡고 있었다. 타이틀 롤인 고리대금업자 샤일록은 윤주상 씨였다.

나의 첫 인상에 의하자면 김혜옥 씨는 친근감을 안겨 주는 얼굴에 알맞은 키에 보이스 컬러도 좋게 느껴져 한 눈에 연기자로서의 싹수가 보였다.

그 이후 나는 TV 드라마에 출연한 그녀의 모습을 심심찮게 보곤 했다.

다른 한편 연극계 내에서도 「김혜옥 이란 여배우가 쓸 만하다.」는 평판이 나돌기도 했었다.

우리나라 현대극 초창기에는 심지어 기녀(妓女)들 중에서 골라 오기도 했을 만큼 여배우 구하기가 어려웠다는 기록들이 남아 있는데, 따지고 보면 지금도 「여배우가 귀하다」는 사실만은 변함이 없는 사실이었다.

여자의 경우 어렵게 연극계에 투신하여 4. 5년 고생을 하고나면 가까스로 무대 걸음걸이가 가능하다고 볼 수 있는데, 그 시점이 되면 또 그 여배우는 결혼적령기가 되기 마련이었다. 결혼생활을 하면서도 배우로 연극 활동을 계속하리라는 굳은 결심을 한다손 치더라도, 출산 문제 내지 육아문제 등에 의해 무대로의 컴백은 결코 쉽지 않은 일이 될 수밖에 없기 때문이었다.

이윽고 원치는 않았지만 김혜옥 씨에 관한 풍문들이 내 귀에 자꾸만 들려오기도 했다.

TV에서 자꾸 악역만 맡기니까 그녀가 스스로 출연을 당분간 자제하기로 했다는 얘기도 들렸고, 결혼을 했다는 소문도 들렸다.

어느 날에는 김혜옥 씨 남편이란 친구가 연출한 연극도 관람하게 되었는데, 내용은 기억할 수 없지만, 연극의 방식은 너무나 충격적이었다. 외국에서 연출 공부를 했다는 그가 노골적인 포르노 필름까지 투사하며 연극을 진행했기 때문이었다. 따라서 연극계 내에 큰 물의를 일으키기도 했었다.

그리고 나는 김혜옥 씨의 무대 연기도 두어 차례 더 지켜 볼 수가 있었는데, 권오일 선생의 극단 '성좌' 가 공연한 연극에서였다. 김혜옥 씨는 극단 '성좌' 소속 배우가 되어 있었다.

문예회관대극장에서 공연한 윤조병 선생의 작품 『젓섬 시그리블』과 1988년에 문예회관 소극장에서 공연된 이근삼 선생의 작품 『아카시아 흰 꽃은 바람에 날리고』등에서 였다.

연출가 권오일 선생의 손에 이끌려 연극을 관람했기에 내가 김혜옥 씨와 직접 어울릴 기회는 주어지지 않았다.

2000년 봄이었고, 권오일 선생이 6월 29일부터 7월 9일까지 동숭아트홀에서 막을 올릴 내 작품 『소나무집의 여인』을 캐스팅할 때였다.

권오일 선생은 내가 김혜옥이란 배우를 알고 있단 사실을 전혀 몰랐기에 아주 조심스레 물었다.

『영무 니? 김혜옥이란 여배우를 아나?』

『알죠.』

『이번 작품에서 진여인 딸 역으로 캐스팅하고 싶은데... 어떻겠노?』

『좋아요. 적격이 될 것 같은데요?』

『그런데 말다. 요즘 혜옥이 생활이 엉망이어서 연극을 잘할 수 있을지 모르겠다.』

그 당시 그녀의 생활은 정말 최악의 상태에 처해 있었다.

남편이 자살로 생을 마감했는가 하면, 남동생은 또 무슨 암 환자로 회복이 불가능한 상태였는데, 그녀는 홀어머니까지 봉양해야 할 입장에 처해 있었다.

권오일 선생과 무슨 대화를 주고받았는지 나로선 알 수가 없었으나, 그녀는 우리 연극 연습 팀에 합류를 했다.

어느 날 연습장에서 내가 짐짓 옛날 아성 씨 연출의 『베니스 상인』 얘기를 건넸더니, 그녀도 나를 확연히 기억하고 있었다.

연극 『소나무집의 여인』의 초연이 무사히 끝이 났다.

그리고 그 작품이 그해 거창 국제 연극제 개막 초청작이 되어 원정 공연을 가기도 했었다.

그 동안 김혜옥 씨의 심경 변화가 확실히 눈에 띄었다.

처음 연습에 임할 때는 그야 말로 마지못한 듯한 태도였으나, 점차 적극적이며 생기발랄한 표정으로 변해 가면서 동료 연기자들과 잘도 어울리곤 했다.

거창의 공연 스케줄까지 무사히 끝낸 뒤의 어느 날 아침 산책길에서 그녀가 내게 솔직한 어조로 이렇게 일러 주었다.

『권오일 선생님이 참 고마웠어요. 연극에 출연할 기회를 줘서. 물고기가 물을 떠나 살 수 없듯이 배우는 역시 무대를 떠나서는 살맛을 찾을 수가 없는 건가 봐요.』

그러했다.

배우들에게 배역과 무대 공간이 주어지고 관객 앞에 나설 수 있는 기회야 말로 제2의 삶을 부여 받는 기간이나 다를 바 없었다.

따라서 웬만한 일상의 고민이나 병쯤은 차마 제2의 그 삶에 동반할 수가 없는 것만 같았다.

박승태 씨와 대적 심리전

극단 '가교'에 합류한 뒤 악극배우로 널리 그 이름이 알려진 여배우 박승태 씨. 그녀와 나는 실로 오랜 동안 막역한 친구 겸 동지였고, 서로「영감! 할멈!」으로 호칭할 수 있을 정도로 우리 사이에는 이물이 없었다.

우리의 만남은 처음부터 은밀하면서도 특수한 공간에서 이루어졌다.

그때가 1981년. 우리는 삼각지 로터리 부근에 있는 육군본부 정보과에서 서로 공적인 인사를 교환하게 되었다.

거기가 바로 대적심리전을 수행하는 단파방송국이었고, 한그루의 고목으로 서있는 엄나무 곁에 새로이 들어선 3층 독립 건물이었다.

이를 테면 그 방송국이 인민군과 대치한 휴전선 155마일 곳곳에 설치 된 스피커를 통해 북쪽으로 방송되는 프로그램들을 제작, 송출하는 곳이었다. 거기서 제작된 일부 프로그램들은 KBS 사회교육국의 공중파에 실리기도 했고, 풍선을 이용한 대적 심리전 전단 살포 작전 또한 거기서 총괄하기도 했었다.

전두환 장군이 대한민국의 정권을 장악한 다음,「대적 심리전을 활성화 해야겠다」는 판단을 하게 되었고, 공개적으로 방송요원을 모집한 적이 있었는데, 우리는 각기 그 공채 시험에서 합격하고 거기서 마주친 셈이 되어 있었다.

나는 방송 원고를 집필하는 전문위원 10여 명 중의 한 명으로 편입 되었다. 가만히 보니 신규 전문위원 8명의 면면이 비범하기 짝이 없었다. 당장 중앙정보부에서 10년 이상 근무했던 국장 출신도 섞여 있었고, MBC 전 춘천 방송국의 사장을 역임한 분도 합류를 했고, 또 다른 지방 방송국의 논설위원을 역임했던 분도 끼여 있었다. 그런가하면 북한에서 작가활동을 했던 귀순 용사도 있었고, 공식적인 등단 절차를 거친 국내의 중견 소설가 두 분에 저명한 아동문학가 내지 시인들도 함께 자리매김 되어있었다.

박승태 씨는 방송PD들과 제작 스텝들이 공동으로 사용하는 제작실 내의 아나운서 및 성우 10여 명 중의 한 명이었다. 제작부 요원들의 전력들 또한 만만찮아서 저마다 한때는 잘 나가던 공중파 방송국의 현역 방송인들이었다.

철저한 신원조회를 거친 이후에 근무를 인가해서 그러했을 테지만, 우리는 거기에 소장된 비밀스런 북한 관련 자료들이나 노동신문 등도 맘껏 열람할 수가 있었고, 귀순용사들을 통해서는 북한의 실상들을 언제라도 자문받을 수가 있었다.

거기서 나는 4년여 동안 하루도 거르지 않고 두 편의 프로그램을 집필해야만 했었다. 한 편은 북한의 뒤틀린 사회상을 드라마 터치로 풍자하는 「자유 만평」이었고, 나머지 한 편은 달콤한 음악 선율에다 인민군 하 · 전사들의 정서를 자극, 귀순을 유도하는 해설 프로그램이었다.

다시 말하면 우리는 철저한 목적방송을 수행하는 전문요원으로서 인민군 하 · 전사들로 하여금 자유대한의 실상 내지 인간의 존엄성과 자유의 소중함 등을 깨닫고, 악랄한 김일성 부자 체제에 대한 저항감을 불러일으키는데 포커스를 두는 작업에 몰두했던 것이다.

그때 자타가 공인하듯 「자유 만평」이란 프로그램의 인기가 가장 높았고, 그 프로그램을 진행하던 두 사람의 성우가 남녀 한 쌍이었으니, 그들이 바로 박승태 씨와 배창식 씨였다. 내가 담당했던 「자유 만평」이란 그 프로그램의 인기가 높았다는 말은 나의 자찬이 아니라 휴전선에 근무하는 대적, 대면심리전 요원들의 평가 및 측정에 의해 드러난 수치에 의한 것이었다.

그 당시의 대적 심리전은 방송, 전단 그리고 대적, 대면 심리전 등으로 전개 되고 있었다. 휴전선을 지키는 병사들이 스피커를 들고 인민군들을 향해 직접 말로 하는 설전(舌戰)이 이른바 대면 심리전이었다.

세상 어디로 가나 꾼은 꾼끼리 모이기 마련이었다. 그 당시에 삼각지 로터리 부근의 다방이나 술집 등에서 나와 어울리기 시작한 전문위원으로는 소설가 송재홍 씨와 서동익 씨 그리고 귀순용사 엄정수 씨 등이었는데, 성우 박승태 씨와 배창식 씨 또한 우리 멤버나 다를 바 없었다.

차마 내색할 수가 없었지만, 그때 나는 고군분투하듯 4년 여 동안이나 운영했던 출판사 문을 어쩔 수 없어 닫게 되었을 뿐만 아니라, 남몰래 빚에 쫓기는 신세가 되어 있었다. 따라서 폭음에 기대어 일상을 외면하는 생활을 영위하다시피 했기에, 퇴근 이후에 술집행의 깃대를 가장 잘 잡은 이가 바로 내가 되어 있었다.

성우 배창식 씨를 통해 나는 박승태 씨의 전력을 전해 들을 수도 있었다. 그녀는 대전에서 연극 활동을 하며 방송 성우 노릇도 했는데, 일찍이 논산 훈련소를 찾아간 위문공연단의 MC 역할도 해냈을 만큼 당찬 여자라 했다. 그래서 그런지 그녀의 마인드는 오픈 되어 있었고, 언제나 활달했으며 내숭 따위완 거리가 한참 멀었다.

그런 저런 사연으로 얽인 우리는 참으로 많은 술을 마시며 의기투합 되었다.

그러던 어느 날. 자기도 출연하게 되었다면서 박승태 씨가 나에게 연극 티켓을 건네주면서 구경 한번 오기를 원했다. 이윽고 그녀가 출연한 연극을 관람하게 되었는데, 곧이곧대로 표현하자면 그 공연은 변두리에서 저희 나름대로 활동하는 아마추어 연극이란 한계를 뛰어 넘질 못했다.

연극을 하고 싶어 했으나 박승태 씨한테는 서울 연극계에 별다른 연고가 없기 때문이었다.

그래서 내가 극단 '신협' 의 김흥우 교수에게 그녀를 소개 시켜 주었고, '신협' 이 제작하는 연극 『정복되지 않은 여인』에 출연하게 되었다. 이어서 정운 씨가 대표인 '제3무대' 와 연결되어 『작은 사랑의 멜로디』에 이어 수화(手話)까지 익힌 다음 농아문제를 다룬 연극 『작은 신의 아이들』에도 출연하게 되면서 그녀가 한 사람의 여배우로 인정을 받게 되었다.

엄정수 씨와 서동익 씨 그리고 나는 1984년에 일종의 집단사표를 던지면서 그 심리전처를 그만 두게 되었는데, 그 이후에도 박승태 씨와 나의 사적 인연은 연극 동지로서 줄기차게 연결 되었다.

박승태 씨는 1988년에 공연 된 내 작품 『신랑나이 65세』에도 출연하여 연출가 김완수 형과 호흡을 맞추기 시작했다.

그 이후에 박승태 씨는 제 14회, 15회 서울 연극제의 최우수 연기상 수상자가 되기도 했고, '제 31회 동아연극상' 수상자가 되기도 했다.

일찍이 나는 박승태 씨가 가요를 잘 부른다는 사실 또한 잘 알고 있었다. 1980년대 초에는 소위 스탠드바가 대 유행을 했었는데, 우리는 그런데서 함께 노래를 부르기도 했으며, 훗날 노래방들이 생겨났을 때는 뒤풀이로 곧잘 노래방에 들러 신명풀이를 하곤 했었다.

세월이 좀 흘러간 뒤 어느 날에 보니 심리전처는 해산 되다시피 했고, 박승태 씨도 극단 '가교'의 멤버가 되어, 전국을 순회공연 하는 중이었다. 나는 속으로 「잘 됐군!」 하는 생각을 했다.

박정미 씨의 확인인사

2004년. 내가 집필한 희곡 『오토바이 옆에서』가 마로니에 소극장에서 공연되었고, 내가 쓴 악극 『누가 이 사람을 모르시나요』가 종로구민회관에서 초연의 막을 연 다음 전국 순회공연에 돌입 했다.

2005년에는 또 내가 생전 처음으로 쓴 창작 오페라 『광개토 호태왕』이 세종문화 회관 대극장에서 공연되고 평양의 「모란봉 극장」에서도 공연 되었다. 따라서 그 당시 나의 기는 한껏 부풀어 있었으리라. 이유 여하 간에 내 작품이 공연되는 중이면 신이 나기 마련이었다.

설사 나는 의식치 못했다 하더라도, 남들이 내 목에 힘이 들어 간 걸로 느끼게 되었을지도 모르겠단 뜻이다.

게다가 어느 사이 63세라는 나이를 먹었으니 나라는 사람도 싫으나 마나 대학로 연극계의 어른 축에 들어 버렸다. 젊었던 시절부터 머리털에 새치가 많았으니, 나이에 비해 백발이 좀 더 일찍 내 머리를 점령한 탓인지도 모를 일이었다.

그리하여 대학로에 나가게 되면 인사 받기가 바쁠 정도로 나를 향해 머릴 숙이며 예를 차리는 후배들이 많게 되었다. 비교적 많은 수의 작품들을 발표한데다 연극 심사를 다닌 적도 많았을 뿐만 아니라, 대학로의 원로 연극인들의 모임인 대청회(大靑會) 회식 등으로 인해 대학로 출입이 잦은 극작가 축에 들었기에 내 얼굴이 많이 팔린 탓도 있었다.

그날도 내가 대학로 거리를 걸어가고 있었다. 좌우 양쪽에서 연신 「안녕하세요?」하고 머리를 숙이며 인사를 하는 후배들이 많이 나타났다. 나 또한 미소를 머금고 고개를 까닥이거나 오른 손을 들어 보이면서 가볍게 답례를 하려 들었다. 그런 모습들은 우리 연극인들의 일상이었다.

그때는 대학로에 있는 '우가(優家)' 라는 술집이 우리 연극인들의 아지트 노릇을 했다. 몇 차례나 위치가 변경 되었지만, '우가' 라는 그 간판만은 늘 그대로여서 저녁 무렵에 거길 찾아 들리면 낯이 익거나 반가운 연극인 몇 명쯤은 언제라도 만날 수가 있었다. 권오일, 김길호, 권성덕, 강영걸 제씨 등이 그 '우가' 의 최고참 어른으로 자리매김 되어 있었다.

그날 따라 '우가' 가 만원이었다. 배우, 연출가, 작가들이 또래끼리 그룹을 지워 둘러 앉아 담소를 나누며 소주나 생맥주들을 마셔대고 있었다. 오죽 했으면 「술은 언제라도 마실 수 있다」는 사실이 연극인들 사회에서만 볼 수 있는 불가사의 중의 하나라고 했을까.

익히 소주파로 분류 되어 있어, 나도 몇 명의 연극인들과 함께 구석진 자리에 앉아 술을 마시기 시작했다.

그때 예쁘장한 여배우 한 명이 쪼르르 내 곁에 다가서더니 정중한 모습으로 고개를 숙이면서 「안녕하세요, 선생님」하는 인사를 하려 들었다. 나는 「안녕」하고 예사롭게 오른 손을 들어 보이며 답례를 했다.

순간에 「좀 전에 인사를 나눈 아가씨 같은데?」하는 느낌이 들었다.

그녀는 간이의자를 내 곁에 끌어다 놓으면서, 「선생님 저 여기 좀 앉겠습니다.」하는 말을 했다.

『그래요, 같이 한 잔해요』 하고 나는 여전히 예사로운 대답을 하려 들었다.

이윽고 내 곁에 자리를 잡고 앉은 그 아가씨가 정색을 하며 똘망똘망한 눈으로 나를 직시하려 들었다.

『선생님, 제가 누군지 아시겠어요?』

『그럼, 알지!』

나로서는 우물거리면서 자신 없는 대꾸밖에 할 수 없었다.

『제가 누군지 아신다고요? 그럼 제 이름이 뭔지 대답해 보시겠어요?』

아가씨가 작정을 한 듯 내 오금을 들이 박고 나섰다.

『글쎄... 이름은 모르겠는데?』

나는 백기를 드는 심정으로 이실직고를 해버렸다.

『그럴 거예요, 선생님. 선생님은 언제나 건성으로 제 인사를 받으셨어요. 좀 전에도 건성으로 제 인살 받았잖아요? 그게 너무 섭섭했단 말예요.』

졸지에 내가 솜 망치로 뒤통수를 얻어맞은 꼴이 되었지만 알아듣지 못할 얘긴 아니었다. 나는 분명히 그 아가씨의 인사를 건성으로 받아 주었다. 나를 향해 인사 하는 후배 연극인들을 일일이 다 기억할 수가 없기 때문이었다.

『저 박정미예요, 선생님』

『박정미?』

그녀가 자신의 이름을 밝혀 주었지만, 나는 그녀의 정체를 제대로 기억할 수가 없었고, 그녀의 감정 또한 풀어 줄 수 없었다.

『선생님 작품 『달은 달』에 출연했던 배우구요.』

아, 그제서야 내 머리 속 한쪽에 걸려 있던 필름이 막 돌아가기 시작했다.

『아, 미안! 미안해요!』

서둘러서 나는 미안한 마음을 소주잔에 담아 내밀며 사과를 하려 들었다.

그녀는 2002년 12월에 최성웅 씨가 대표인 극단 '세미'가 문예회관 소극장에서 박원경 형의 연출로 초연의 막을 올린 작품 『달은 달』에 출연한 적이 있는 여배우였다. 신라의 향가 『처용가』를 극화했던 그 작품은 문화관광부로부터 '무대공연 지원 선정'이란 혜택을 받아 공연 되었다.

그 연극에서 박정미 양이 맡은 역할은 단역이었지만, 나는 연습장에서 그녀에게 꽤나 호된 주문까지 했었다. 「단역이라 적당히 가면 안 된다」는 뜻에서 그렇게 닦달했던 것이다.

그날 '우가'에서는 차마 발설하지 못했지만, 나는 후배들의 심정을 십분 이해하고도 남음이 있었다. 나 역시 선배들로부터 「나를 알아보지 못함」에 의한 야속함이나 섭섭함을 느낀 적이 한 두 번이 아니였기 때문이었다.

이를 테면 후배들은 선배들이 자기들을 너무 홀대하거나 냉대한다는 불만을 품고 있음이 분명했다. 그건 숨길 수 없는 사실이 되기도 했다.

그런데 선배 연극인의 입장이 되고 보면, 헤픈 마음으로 후배 연극인들을 함부로 인정할 수도 없는 노릇이 일상화 될 수밖에 없었다.

결국 연극을 업(業)으로 삼고 살아가기엔 대학로가 너무나 척박한 풍토이기 때문이었다. 다시 말하면 대학로에는 언제나 연극을 지망하는 무수한 새 얼굴들만 우굴 거리는 형국이었다. 어쩌다 눈에 띄는 새로운 친구가 있어, 기대를 걸고 보면 그 친구는 또 어느 날 소리 소문도 없이 사라져 버리는 일이 비일비재하기만 했다. 또는 시시하기 짝이 없는 연극 몇 편에 출연해 보고선 자칭 일류 배우인 척 하다가 연기처럼 사라지는 친구 또한 부지기수였다.

어떤 이가 「연극인」이란 공인을 받으려면 결국 프로가 되어야 하는데, 아마추어와 프로의 경계조차 분명하지 못한 게 또 하나의 현실이 되어 있기도 했다.

통상적인 말로 하자면 남자의 경우에는 적어도 십 여 년 동안 연극현장에서 뒹군 경험을 쌓아야 배우로 인정을 받을 수가 있고, 여자의 경우에도 최소한 5, 6년 동안은 무대 위에서 버틴 경력을 쌓아야 배우로 인정받을 수가 있다고 했다.

그날 이후 나는 죽을 때까지 박정미 씨라는 여배우를 기억하게끔 되었는데, 어느 날 보니 그녀가 한국배우협회 사무국장이 되어 있었다. 뿐만 아니라 내가 집필한 악극 『누가 이 사람을 모르시나요』에 그녀가 출연하기도 했고, 서울시 중구 구립극단의 정단원이 되어 있기도 했다.

박팔영 씨와 연기상

윤봉구 씨가 이사장인 한국 연극협회는 2014년 12월 23일에 '제 6회 대한민국 연극대상' 시상식을 거행했는데, 그날 이만희 희곡, 강영걸 연출의 작품『그것은 목탁구멍 속의 작은 어둠이었습니다.』에 출연한 배우 박팔영 씨에게 최우수 연기상이 수여 되었다.

나도 그 연극을 관람했고, 박팔영 씨의 수상에 축하 박수를 보낼 수밖에 없었는데, 다른 한편으론 참 묘한 감회에 젖어 들기도 했다.

2011년 이른 봄. 그날 밤에도 종로 5가에 있는 무슨 회집에서 극작가며 한서대학 영상예술학과의 조원석 교수와 성우 겸 배우인 유민석 씨 그리고 박팔영 씨와 내가 함께 어울려 있었다.

사소한 일상사에 대한 투덜거림이나 논평 또는 농담 따먹기 등이 한 차례 끝이 났을 무렵이었다.

불현듯 박팔영 씨가 야속하다며 씨근거리기 시작했다.

문제는 2010년이 저물녘에 출간된 나의 저서『한국 동인극단 50년사』의 내용에 대한 그의 불만에서 야기 되었다. 저서 「한국 동인극단 50년사」는 계간 잡지 「극작에서 공연까지」에 연재 되었던 원고들로 「서울 문화재단」으로부터 500만원의 발간 지원비를 받아 하드 양장본으로 만들어졌다.

박팔영 씨가 하는 말이 「그 책을 처음부터 끝까지 다 읽어 보았는데, 어째서 한평생 연극계에 몸담은 내 이름 석 자가 단 한 번도 언급 되지 않았느냐, 어떻게 그럴 수 있느냐?」하는 것이었다.

저자인 나로서는 잠자코 그냥 앉아 있기가 참으로 난감한 일이 되어 버렸다. 그 책은 저자인 내가 출범한 지 30년 이상이 된 각 동인극단의 대표들과 인터뷰한 내용에 다소간의 해설을 곁들인 체제로 편집 되어 있었다.

박팔영 씨는 극단 '대하' 의 골수단원이었다. 따라서 그는 극단 대표였던 김완수 형을 겨냥해 울분을 발산했지만, 그 겨냥 속에 나도 포함 될 수밖에 없었다. 「김완수 대표가 미처 못 챙긴 일이라 해도 저자인 형이 챙겼어야 마땅하지 않느냐」는 항변이 자꾸 들리는 것 같았기 때문이었다.

내 입장을 구차하게나마 변명하자면 잡지에 싣기 위해 그 원고를 집필할 때는 편집 주간인 나 혼자 북치고 장구쳐야 할 여건이어서 심적 여유가 전혀 없었다는 말을 할 수가 있는 일이었다. 극단원의 명단도 일단은 극단 대표가 일러 주는 이름정도만 가까스로 표기했을 뿐이었다.

이유 여하 간에 박팔영 씨의 불만을 듣고 보니, 나로서는 그럴듯한 대꾸를 도대체 찾을 수가 없었다.

오랜 세월 동안 박팔영 씨와 우리 연극인들은 한 솥밥을 먹다시피 하지 않았겠는가. 그가 배우노릇만 했다면 얼굴을 대하기가 뜸했을 수도 있었을 테지만, 그는 자타가 공인하는 분장사이기도 했다.

그는 문예 진흥원의 지원을 받아 미국에 건너가서 특수 분장 술까지 익히고 돌아 온 사람이어서, 저간에 무수한 연극의 분장을 담당해 왔었다.

생전의 김완수 형은 나에게 박팔영 씨의 뛰어난 분장술을 일러 주면서, 그가 배우 활동을 겸하는 것은 그의 지나친 욕심 탓이 아닌지 모르겠단 말을 한 적도 있었다.

언젠가는 내가 은근히 「분장만 하면 맘 편히 살 텐데... 왜 배우노릇까지 하느냐?」하고 박팔영 씨의 의중을 직접 헤집어 본 적도 있었다.

그러자 그는 단호한 태도로 「나한테는 배우가 주고 분장이 부」라는 답변을 던져 주었다.

다른 한편 그가 분장사 겸 배우라는 사실이 때로는 득(得)이 되고 때로는 실(失)도 될 수 있는 일이었다.

그로서는 배우가 하고 싶은데, 연극현장에서는 분장사인 박팔영 씨만 찾을 경우에 그는 남몰래 곤혹스러워 했다.

실제로 그는 분장사 박팔영이란 이미지를 지우기 위해 한 동안 분장일은 단호한 태도로 거부한 적도 있었다.

박팔영 씨가 배우로서 캐스팅 되었던 내 작품은 2000년에 공연된 『소나무집의 여인』이었다. 소품이었던 작품이 대극장에서 공연하게 되자 연출가 권오일 선생이 「등장인물을 좀 늘이는 게 좋겠다.」고 해서 6명이란 원래의 등장인물에 3명을 더했는데 그는 그 3명 중의 한 사람이었다.

그들 3인은 주 무대인 바닷가의 순대국집 분위기를 조성하는 황선주 역의 이창희 씨와 한여사 역의 이재희 씨와 김사장 역의 박팔영 씨였다.

맡은 역할이 그러해서 그랬는지 몰라도 그 작품이 공연 되는 동안, 나는 박팔영 씨가 그렇게 기분이 업 되어 있는 경우를 이전에는 미처 본 적이 없었다.

그나저나 나에게는 박팔영 씨의 연이은 변신술을 또 어떻게 해석해야 좋을지 모를 일로 여겨지기도 했다.

그가 그림도 잘 그리고 사진도 잘 찍는다는 솜씨는 분장술과 관련이 있어 「그럴 수도 있겠지」 할 수가 있고, TV 탤런트로 드라마에 출연하는 일 또한 그가 배우니까 「그럴 수도 있겠지」 할 수도 있는데, 그가 연출까지 한다니 놀랍지 않을 수가 없었다.

2013년에 김완수 형이 가고 난 이후, 그의 아들인 김현준 씨와 함께 극단 '대하' 의 공동 대표가 된 그는 2014년 5월 20일부터 22일까지 은평 문화예술 회관에서 최인호 작 『어머니가 가르쳐준 노래』를 연출, 막을 올렸다. 배우 마홍식 씨와 함께 은평구립 극단 창단을 위한 작업의 일환이었다.

아니 연출은 또 그렇다 치고, 그가 침술사가 되었다는 사실은 또 어떻게 해석하면 좋을까.

몇 년 전에 그는 중국의 침술사 자격증을 획득하고 마치 보시(布施)하듯 주변인들의 고통을 풀어주려 들었다.

정이 많은 탓에 그는 자청해서 나에게도 한 차례 침을 놓아 주었다.

꽤나 많은 사람들이 그로부터 침 세례를 받아 효험을 본 모양이었다.

아, 몇 년 전에 그가 침술사 자격증을 땄다는 소식을 듣고, 내가 『편작의 손』이란 내 희곡을 읽어 보라며 전송해 주었더니, 작품을 읽은 다음 좋다면서 꼭 제작해 보겠다는 약속까지 한 바도 있었다.

박해미 씨와 『맘마미아』

TV 화면을 통해 뮤지컬 배우이자 TV 탤런트로 맹활약 하고 있는 스타 박해미를 지켜 보면서 나는 혼잣말로 중얼거렸다.

「드디어 꽃이 피었구나.」

2000년 2월 11일부터 20일까지 내 작품 『별에서 들리는 소리』가 극단 '로얄 씨어터' 에 의해 '알과 핵' 이란 소극장에서 공연 될 때, 박해미 씨도 그 작품에 박진애역으로 캐스팅 되었고, 그리하여 우리가 서로 알게 되었다.

연출가 임수택 씨가 욕심을 낸 탓에 그렇게 되었는지 모르겠으나, 무희 역이었던 박진애 역에 대한 캐스팅은 쉽지가 않아 그녀는 다소 늦게 우리 연습 팀에 합류했다.

박해미 씨는 미인형의 얼굴에 서글서글한 눈을 가졌고 늘씬한 몸매에다 이화여대 성악과 출신이어서 배우로서는 갖춰야 할 조건을 죄 갖추다시피 한 여인이었다.

한 편 그녀는 캐다나 시민권을 가졌다느니, 이혼을 한 경력도 있고 연하의 남자와 살고 있다느니 하는 등의 가십성 풍문들도 몰고 다녔다.

연극 연습이 막바지에 다다른 무렵.

나로서는 무슨 일 때문이었는지 구체적인 골자는 알 길이 없었는데, 그녀는 윤여성 극단 대표와 극심한 갈등을 느낀 모양으로 식당에서 마주 앉은 나에게 「지금 당장이라도 연습 팀에서 빠져 버리고 싶다」는 말을 했다. 그런 뜻을 비친 게 어쩌다 한번만도 아니었다.

물론 나의 입장에서는 그녀의 감정을 달랠 수밖에 없었다.

연습 기간 내내 간단없이 위태롭고 불안한 분위기를 풍겨주긴 했으나, 그녀는 『별에서 들리는 소리』라는 연극 초연의 막이 무사히 내릴 수 있게 애써주긴 했었다.

그 이후 2002년 1월 12일에 나는 문예회관 소극장에서 연출가 권오일 선생, 정일성 씨 그리고 배우 황현정 씨와 함께 그녀의 모노 뮤지컬 『SUNNY』를 관람하게 되었다. 정진수 씨가 연출한 작품이었다.

개막 이전에 내 가슴속에는 「모노드라마는 실로 어려운 건데」하는 염려와 함께 「박해미 씨의 경우... 그녀의 노래와 춤은 볼만 하지만... 연극적 대사의 구사 능력은 부족했는데」하는 우려를 떨칠 수가 없었다. 『별에서 들리는 소리』에서 그녀를 눈여겨 보았기 때문이었다.

작, 연출의 정진수 씨는 프로그램에서 처음에 『셜리 발렌타인』이란 모노드라마를 번안, 각색하려다 우리 관객의 취향에 맞지 않을 것 같다는 판단을 해서 아예 새로운 이 작품을 쓰게 되었고, 연극 주인공인 「나」를 뮤지컬 배우로 설정하며, 사이사이에 기존 뮤지컬 넘버를 극적 흐름에 알맞게 삽입하는 형식을 취했다는 고백을 했다.

연극의 내용이 대략 다음과 같았다.

연극 속의 어린 딸인 서니의 죽음을 맞이한 주인공 박해미가 딸이 애지중지하던 인형(서니)을 상대로 여자로서의 자기 삶을 고백하는 형식의 작품이었는데, 미국 유학 생활의 어려움, 뮤지컬 배우로서의 각종 체험, 여자로서의 성적 체험, 결혼생활 등등의 사소한 일상 감정을 무리 없이 표출하는 형식이었다.

연극의 무대 분위기는 정진수의 성격처럼 무척 드라이하고, 서구적인 정서가 주조를 이루었는데, 브로드웨이 뮤지컬 넘버를 삽입하려다 보니 그럴 수밖에 없는 일이 되기도 했으리라.

따라서 만인(특히 한국인 관객)이 공감할 수 있는 어떤 보편성의 구축이 눈에 띄지 않아 자꾸만 지루함이 느껴졌다.

물론 모노드라마는 연기자 개인의 기능이나 장점을 최대한 확대해서 보여 준다는 이점(利點)이 있는데, 박해미 씨가 무대에서 부른 뮤지컬 넘버들 또한 극적 긴장감이나 갈등이 증폭되어 노래와 매칭 되었을 때, 관객들의 탄성을 자아낼 수 있었을 텐데 그렇지 못한 경우들도 눈에 띄었다.

관객의 반응을 살펴보니 몇 번은 웃음이 터져 나왔지만 거의 조용하기만 했다. 때로는 지겹고 지루함이 느껴지기도 했다. 관객의 반응이 냉랭한 탓에 그러했는지 박해미 씨는 몹시 피로하고 지친 상태를 드러내기도 했다.

처음부터 염려했듯이 박해미는 노래가 아닌 극적 대사의 구사 능력에는 여전히 능력의 한계를 보여 주었다.

2004년에 초청을 받아 박명성 씨가 대표인 '신시뮤지컬 컴퍼니'가 제작한 국내 초연의 뮤지컬 『맘마미아』를 관람하게 되었는데, 그 작품에 출연한 박해미 씨를 보고서야 나는 깜짝 놀랐다.

박해미 씨가 비로소 뮤지컬 배우로 다시 태어났다는 선언을 하는 것과도 같았다.

소문에 의하자니 그 작품에 캐스팅 되어서도 어영부영 하려다가 박명성 대표로부터 호된 질책을 당하고 작업에 임하는 태도를 고치지 않으면 계약을 파기하겠다는 통보까지 받기도 했었단다. 말하자면 그녀는 심기일전하여 본격적인 작업에 임하면서 비로소 자기의 잠재력을 발휘하게 된 모양이었다.

박해미 씨를 보면서 누구나 배우가 될 수도 있지만, 아무나 배우가 될 수는 없다는 말이 결코 빈말이 아닌 것 같다는 사실을 재확인했다고나 할까.

오정해 씨와 『서편제』

임권택 감독이 있어 소리꾼을 주인공으로 삼은 영화 『서편제』가 만들어졌느냐, 아니면 오정해라는 배우가 있어 그 영화가 만들어졌느냐 하고 묻는다면 정답은 오정해 씨가 있어 그 영화가 만들어졌다는 대답이 될 것이다.

임권택 감독이 제 아무리 유능해도 당장 어느 여배우를 판소리꾼으로 만들어 카메라 앞에 세울 수 없는 일이 아니겠는가.

드라마 형식의 작품에서 최종적인 주연은 역시 배우가 될 수밖에 없다는 뜻이 되기도 한다.

영화나 연극뿐만 아니라 TV드라마 등과 같은 극적인 작품을 제작할 경우에는 연출이 제 아무리 뛰어나고 작품이 훌륭해도 캐스팅, 즉 배역결정에서 실패를 하고 보면 그 작품은 망하기 마련이었다.

상식에 속하는 말이지만 아직도 일반인들은 잘 모르고 있는지 혹은 믿을 수가 없어 그런지 내가 당혹스런 경우를 종종 당하기도 했다.

이런 저런 일로 내가 방송국 출입이 잦았고, 또 PD들과 접촉이 많다는 사실을 알게 된 몇 사람의 동료나 후배들 중에서는 자기 동생이나 조카 또는 자기 딸이 탤런트를 지망하니 다리역할을 좀 주었으면 하는 바람을 밝힌 적이 한 두 번이 아니었다.

내가 볼 땐 준비가 전혀 되어 있지 않은 그들이었으니, 수영장에 가면 맥주병이 되고 마는 아이를 수영선수로 추천해 달라는 경우와 하등 다를 바 없는 일들이었다.

또 대학로에는 무대 위의 걸음마도 채 못 익힌 배우지망생들이 큰 배우가 배역을 맡아도 소화가 어려울 것 같은 역할을 탐내는 경우도 종종 목격할 수가 있었다.

그들이 하는 말은 하나같이 「연출자가 캐스팅을 해 주지 않아서 자기는 좋은 배우로 못 컸다」는 뜻이었고, 「TV방송국 PD들을 못 만나 유명 탤런트가 못 되었다」는 투였다.

천만의 말씀이 아닐 수 없었다.

실제로는 일반관객들이나 배우 지망생들 이상으로 항상 멋진 신인을 찾고 있는 게 드라마 제작자들이고 연출자들이었다.

내가 쓴 작품들이 공연될 때마다 연출자와 나는 캐스팅 때문에 숱한 고심을 하지 않을 수가 없었는데, 캐스팅을 할 때 마다 배우들이 보이지 않았다.

지금은 스타가 되어있지만 『서편제』란 영화에 출연해서 일약 신데렐라로 부상한 오정해 씨의 영화데뷔 사정을 누구보다 나는 잘 알고 있다.

1992년도였다.

연출가 강영걸 씨가 내가 쓴 희곡 『하늘 천 따지』로 바탕골 소극장에서 공연할 작품을 만들기로 했는데, 원래는 모노드라마로 씌어졌지만 놀이극 형식으로 연출하고 싶다면서 주인공이자 제작자이기도 했던 코미디언 이원승 씨 외에 고수 역으로 오정해라는 신인을 찾아 나에게 소개시켜 주었다.

그때부터 나는 그녀를 눈여겨 보기 시작했다. 몇 번 연습장에 나가 보았더니, 그녀의 끼는 대단했고, 신인답잖게 무대에 대한 불안감이나 긴장감이 전혀 없어 보였다. 한 마디로 그녀는 스타가 될 준비가 되어 있었다. 전문가의 눈썰미는 무섭도록 정확한 법이 아니라던가.

이윽고 그 연극의 막이 올라갔는데, 예상했던 것처럼 무대 위의 그녀는 무척이나 귀엽고 예뻤다.

그 제서야 강영걸 씨와 나는 안심을 했고, 틈틈이 이런 저런 사적 얘기도 나누기 시작했다.

오정해 씨는 나한테도 이왕 무대로 나섰으니, 소리꾼이 아닌 한 사람의 연기자로서도 본격적인 활동해 보고 싶다는 말을 했다. 그 당시에 나는 방송 일로 명창 김소희 여사를 만나기도 했었는데, 오정해 씨의 연극 출연을 외도(外道)라며 극히 못마땅하게 여기기도 했었다.

한편 나는 KBS 편성 부국장이 되어 있는 서정호 씨를 공연장으로 초청, 오정해 씨를 선보이기도 했다. 서정호 씨도 가능성을 발견하고 TV 드라마 출연을 연구해 보겠다는 약속까지 했었다.

그럴 즈음 「스포츠 조선」의 박용재 기자가 태흥 영화사에서 『태백산맥』이란 영화를 기획중인데, 새끼무당 역을 소화할 여배우가 없다는 사실을 알게 되어 오정해 씨를 그 쪽에 추천한 모양이었다.

그러자 태흥 영화사의 제작 스텝들이 무려 세 차례나 극장으로 몰려와 연극무대 위에서 연기하는 오정해 씨를 보고 스카우트를 결정하게 되었다.

그랬는데 『태백산맥』의 연출을 맡기로 했던 임권택 감독은 1978년도에 이청준 씨의 소설 『서편제』를 읽고, 영화화를 꿈꾸고 있었지만, 마땅한 여배우가 떠오르지 않아 미적미적 10여 년이란 세월을 그냥 보냈다. 게다가 『태백산맥』의 기획이 자꾸만 질척거리자 그 틈에 소품에 해당되는 『서편제』부터 찍자고 제작자 이태원씨에게 제의를 한 모양.

그런 우여곡절 끝에 공전의 빅 히트작인 『서편제』가 완성되었는데, 임권택 감독은 공식석상에서도 「오정해가 없었으면 그 영화가 태어 날 수 없었다.」는 사실을 스스럼없이 밝히기도 했다.

아무튼 캐스팅은 신중할 수밖에 없는 일이었다.

제작자나 감독 또는 작가일지라도 함부로 어떤 이를 추천할 수가 없는 일이었다. 왜냐하면 극적인 작품일 경우에는 어느 한 사람이 잘못 하거나 연기가 서툴면 작품 전체가 망가지기 때문이었다.

주연일 경우에는 두 말할 나위가 없지만, 단역의 경우에도 그 결과는 마찬가지였다.

모름지기 예술을 업으로 하겠다는 사람은 자신의 능력을 객관적인 눈으로 바라 볼 수 있는 안목을 키워야 하리라.

어쩌다 인연이 닿았다고 소화능력도 없으면서 어떤 배역을 맡아 계약을 하고 출연 했을 때, 만약 실패를 하고 보면 자기 스스로 무덤을 파는 경우가 되기 때문이다.

흔히 정치권에서 말하는 「인사가 만사」라는 말은 드라마 세계에서도 그대로 통하는 것이다.

유민석 씨와 『퇴계 선생』

남산「드라마센터」내에 있던 서울 예술전문대 출신 유민석 씨가 KBS 성우로 활약 했고, 나도 KBS - 1.2 라디오를 통해 수많은 드라마를 집필했는데, 내 기억에 의하자면 내가 쓴 드라마에 그가 캐스팅 된 적이 거의 없었다. 드라마 배역의 결정권이 나에게 없었으니 그의 출연여부를 논할 까닭이 나한테는 없지만, 그가 KBS 라디오 드라마 PD였던 조원석 씨와 절친한 사이여서 이상하다는 생각이 들지 않을 수도 없었다. 왜냐하면 조원석 씨와 내가 또 수많은 방송작업을 함께 하지 않았겠는가.

연극배우로서의 유민석 씨는 원래 '제작극회' 소속이었지만 안평선 선생이 대표로 되어있는 그 단체의 활동이 워낙 뜸해서, 그는 주로 권오일 선생의 극단 '성좌' 의 연극에 출연하곤 했었다.

나는 극단 '성좌' 의 공연은 빠트리지 않고 거의 관람했기에 그의 연기를 몇 번이나 눈여겨 지켜보았다. 내 기억에 남아 있는 그의 연기는 무난함이었고, 어느 작품에 출연한 그의 연기에서는「어쩌면 대극장용 배우에 가깝다」는 느낌을 받은 적도 있었다.

2001년. 그야말로 천신만고 끝에 '이황 선생 탄신 500주년 기념작' 으로 내가 쓴 작품 『퇴계 선생 상소문』이 안동시의 시민회관에서 공연하게 되었을 때였다. 최소 1억 원 이상을 투자해서 만들어야 할 그 작품인데, '퇴계 선생 탄신 500주년 기념 사업회' 에서는 기껏 3천만 원을 배정해 주었으니, 극단 측에서는 울며 겨자 먹기 식으로 40여 명의 등장인물을 10여 명으로 줄일 수밖에 없는 구차한 여건에 처해 버렸다.

기가 막힌 권오일 선생은 당신의 이름을 연출자로 걸기조차 싫었는지, 때마침 미국유학을 마치고 귀국한 막내딸 은아에게 그 작품의 연출 작업을 미루어 버렸다.

나는 권오일 선생에게 「작품에 대해서는 일체의 욕심을 부리지 않겠다.」는 말을 미리 해 둔 바가 있었다. 기념사업회에서 지루한 왈가왈부 끝에 지원금이 3천만 원으로 낙착되어 버리자 권오일 선생이 「공연을 포기하겠다.」고 해서 내가 오기를 발동, 「3천만 원짜리 공연을 만들어 보자.」는 말을 했기 때문이었다.

이윽고 그 연극 연습장에 나가 보니, 유민석 씨가 퇴계 선생 역을 맡아 비지땀을 흘리고 있었다.

그때 내 마음으론 비단 유민석 씨 뿐만 아니라 그 작품에 출연하는 모두 배우들을 향한 미안함과 고마움이 동시에 밀어 닥쳤다.

연습은 여느 연극들처럼 꼬박 두어 달은 해야 할 판인데, 공연장이 서울도 아닌 지방 도시가 되었을 뿐만 아니라 공연회수도 달랑 두 차례였으니, 배우들의 신명을 불러 일으킬만한 요인이 전혀 없기 때문이었다. 게다가 흥행을 노리는 작품도 아니어서 「혹시나」하는 기대를 걸 수도 없는 일이었고,

출연료의 책정도 기본 이하일 게 뻔한 이치가 아닐 수 없었다.

흔히 하는 말로 극단 대표 권오일 선생의 얼굴만 보고 모든 배우들이 작업에 참여한 게 틀림없었다.

연극인의 필수적인 덕목 중의 한 가지가 「약속을 지킬 줄 알아야 한다.」는 점인데, 그 덕목은 무척 아름다운 가치가 되기도 하지만, 때로는 연극인의 목을 옥죄는 멍에가 되기도 했다.

따지고 보면 연극은 배우와 제작자의 약속, 배우와 연출자와의 약속, 무대 위에서는 배우 상호간의 약속, 배우와 관객과의 약속 등과 같이 철저한 약속들로 점철되는 예술이기도 했다.

따라서 일단 한 번 출연을 약속한 이상 「제3자가 그럴 수밖에 없겠다」는 타당성을 인정할 만한 이유 없이 함부로 출연을 마다할 수가 없는 일이었다.

그때 그 연습장에서 내가 할 수 있는 일이란 게 고작 연출자와 함께 배우들의 입에 잘 맞지 않는 대사들을 좀 다듬어 주는 일뿐이었다.

안동시 공연을 그런대로 무사히 끝낸 다음, 유민석 씨와 나는 가끔 수락산을 함께 오르내리기 시작했는데, 어느 날에는 유민석씨와 조원석씨와 내가 함께 도봉산을 타기로 했었다. 수락산은 북한산, 도봉산, 관악산과 함께 서울 근교 4대 명산 중의 하나로 서울 동북부에 있는 해발 637미터 높이의 명산이었다.

서울에서 내가 주로 오르내린 산이 북한산이었고 수락산도 가끔은 오르내렸는데, 연극인들 중에서 함께 무리를 지어 수락산을 탄 적도 수 차례나 되었다.

20년이 넘도록 내가 사는 곳이 미아 삼거리 쪽이고 유민석 씨의 주거지가 상계동이어서 함께 수락산을 등산 코스로 잡기에는 안성맞춤이었다.

우리 두 사람은 산을 타면서 연극 이야기도 나누고, 방송관련 이야기도 많이 나누곤 했다.

내가 볼 때 유민석 씨는 무척 순진한 사람 축에 들었다. 세파에 시달려 본 적이 별로 없는지 때가 묻지 않은 듯 했다.

어느 날에는 수락산에서 세 사람의 여인들을 만나게 되었는데, 내가 먼저 농담을 걸었다. 내 눈에는 그 여인들이 당장 꽃뱀으로 보였기에, 그야말로 심심풀이 땅콩 삼아 농을 주고받기로 했었다. 아니나 다를까. 그 여인들은 보다 진하고 야한 농담 속으로 우리를 자꾸 끌어 들이려 했다.

이윽고 하산을 하고, 헤어질 무렵이 되었을 때였다.

내가 능청스럽게 「우리 차나 한 잔 하고 헤어집시다.」하니 기다렸다는 듯이 그녀들이 「이왕이면 술 한 잔이 낫지 않겠느냐」고 했다. 유민석 씨는 구미가 당겼는지 「그럼 그렇게 합시다.」하는 응수를 했다. 그러자 그녀들은 응당 그럴 줄 알았다는 듯이 「우리가 잘 가는 술집이 있으니 거기로 가자」는 말을 했다.

별 수 없이 내가 나섰다.

나는 얼렁뚱땅 「아, 술은 다음에 합시다. 오늘 컨디션이 영 좋질 않네요.」하면서 꽁무니를 슬쩍 빼버렸다.

그녀들은 짐짓 아쉬운 표정들을 지었고, 유민석 씨는 나에게 「이해할 수 없다」는 표정을 지어 보였다.

그녀들과 헤어진 다음에 내가 유민석 씨의 궁금증을 풀어 주었다.

『저 년들이 바로 말로만 들었던 꽃뱀이라오.』

유민석 씨가 「그걸 어떻게 아느냐」고 내게 물었다.

『 자기들의 단골 술집 어쩌고 하는 걸 보면 알만 하잖소?』

『 아, 그래요?』

유민석 씨한테는 그런 일조차 금시초문인 것 같았다.

2002년. 젊은 시절에는 내 작품이 공연될 경우 캐스팅에 많은 관심과 아울러 관여하기를 마다하지 않았는데, 60세를 바라보는 2000년경부터 그럴 수가 없었다. 이를 테면 캐스팅은 연출자에게 일임할 수밖에 없었다.

왜냐하면 연출자가 「배우 누구를 어느 역에 캐스팅 어쩌고」했을 때, 가령 내가 반대를 하고 나서면 그 배우는 큰 상처를 받게 되어 있었다.

그런데 어쩔 수 없이 작가인 내가 캐스팅 작업에 임하지 않을 수 없는 경우가 더러는 생겨나기도 했다.

극단 '대하' 의 김완수 형이 「내년이 우리 극단 창단 25주년인데... 어쩌면 좋지?」하고 걱정스러워 했다.

극단 사정을 누구보다 잘 아는 내가 「자그만 소품 한 편 공연해 봐요! 내가 작품을 드릴 테니...」하고 2인극 『낙동강 우화』를 넘겨주었다.

1992년에 『선녀는 땅위에 산다.』가 공연될 때, 함부로 개작한 일이 맘에 안 들어 우리가 결별한 이후, 실로 10여년 만에 내가 김완수 형에게 화해의 손길을 내민 꼴이었다.

김완수 형은 작품을 읽어 보고선 무척 흡족해 했다. 「질곡의 현대사 50년을 남녀 한 쌍의 만남과 헤어짐 속에 응축 시킨 비극」이어서 어른들의 연극이란 평도 들음직한 내용인데다 2인극이어서 제작비에 대한 압박감도 크게 받지 않을 수 있기 때문이었다. 물론 김완수 형은 「이 정도의 2인극이야 충분히 제작할 수 있다」는 말을 해주었다.

그리하여 바탕골 소극장을 7월 한 달간 임대하기에 이르렀다.

그랬는데 결국 나에게 벼락이 떨어지고 말았다. 연습을 시작해야 할 날자는 꾸역꾸역 다가오는데 김완수 형이 캐스팅을 못해냈기 때문이었다.

보다 못해 내가 나서서 남자 역에 유민석 씨, 여자 역에 이동희 씨를 캐스팅 하자고 했다. 김완수 형은 탐탁지 않은 듯한 표정을 지우기도 했지만, 방법이 달리 없는 모양이었다.

그런대로 연습이 순조롭게 진행되었다. 두 사람의 배우는 엄청난 양의 대사를 외우느라 밤잠께나 설쳤으리라.

김완수 형이 브릿지 음악을 선곡 못해 고심하기에 내가 정원이란 가수가 노래했던 「허무한 마음」을 들어 보라고 했다. 결국 그 노래의 경음악으로 브릿지 음악을 사용하기로 했다.

때마침 2002년 월드컵이 열리던 시기여서 두 사람의 배우와 연출가와 작가 내지 스텝들은 함께 찻집 등으로 몰려가 우리 선수들이 8강이나 4강 진입을 할 때마다 붉은 악마 노릇을 하기도 했다.

이윽고 막이 올랐고 그런대로 공연이 진행되어 무사히 막을 내릴 수는 있었다. 그러나 흥행에 실패한 탓에 김완수 형이 뒷마무리를 제대로 못했다.

따라서 나는 아직도 유민석 씨에게 빚 청산을 제대로 못한 듯한 심정에 사로잡히곤 했다.

윤여성 씨의 자존심

나의 기억 속에 각인된 배우 윤여성 씨의 외적 이미지는 늘 깔끔한 용모에 잘 차려입은 옷차림이다. 「잘 차려 입은 옷차림」이란 개념이 결코 사치스런 복장이란 뜻이 아니라, 착장법, 즉 옷 입는 방법에 명시 되어 있는 대로 때(T)와 장소(P)와 경우(O)에 따른 옷차림을 할 줄 알더라는 뜻이다.

그리고 그의 내면에 관한 이미지는 항상 날이 선 자존심인 것 같았다.

그는 배우 내지 연극인이란 자신의 존재감에 대해 무한한 자긍심을 지닌 인물이었다. 따라서 가령 어떤 이가 「하찮은 연극쟁이나 그깟 배우」라는 인식 하에서 그를 대하다 보면 큰 코를 다칠 수밖에 없는 일이 되었다.

윤여성 씨의 성장 배경이나 가정환경 등에 대해 이런 저런 경로를 통해 꽤나 여러 차례 들은 것도 같지만, 지금 내 머리 속에 제대로 남아 있는 사실들은 거의 없다. 유별난 사연들이 없었기에 그렇게 된 것인지, 남의 사생활에 별 관심을 두지 않는 나의 생리 때문인지 그 까닭조차 모를 일이다.

단지 나는 그가 1987년경에 극단 '광장' 의 단원이 되기도 했고, 극단 '로얄 씨어터' 대표라는 사실만 알고 있을 뿐이었다.

아울러 그는 한때 명동 성당 옆에 있는 '삼일로 창고극장'를 8년간이나 운영했는데, 나로서는 그의 극장 운영에 관한 전말이나 과정 등도 전혀 알지 못한다. 윤여성 씨가 그 극장을 운영할 때는 인연이 닿지 않아 그러했을 테지만, 단 한 번도 내가 그 극장의 연극을 관람해본 기억이 없다.

들어 보나 마나 그런 소극장을 운영하느라 엄청난 금전적 손실을 입었음직도 한데, 그는 그 기간을 후회하는 모습을 단 한 번도 보여 준 적이 없었다. 윤여성 씨는 천성적으로 긍정적인 사고를 지녔을 뿐만 아니라, 자기가 하고픈 연극행위를 했기에 그것으로 충분한 보상이 된 것으로 치부한다는 모습만 보여 주었다.

배우로서의 윤여성 씨가 내 마음 속에 강렬한 모습으로 각인된 시기는 그가 『아가씨와 건달들』이란 뮤지컬에 출연했을 때였다. 이른바 공전의 히트작이 되기도 했던 그 작품에서 윤여성 씨는 그야말로 건달 역을 멋있게 클로즈업 시켜 주었다.

윤여성 씨와 나는 피차간에 상대가 누구인가를 알긴 했지만, 옷깃을 스칠 기회란 좀체 주어지지 않았다. 서울의 연극인이 2천 여 명이나 된다니 우리의 못 만남이 하등 이상할 까닭조차 없는 일에 속하긴 했다.

그럼에도 불구하고 나는 연극에 대한 그의 열정만은 충분히 인정하고 있었다.

1999년. 연출가 임수택 씨가 나의 신작 『별에서 들리는 소리』를 공연하기로 했을 때, 그가 '알과 핵' 이란 소극장의 극장장이긴 했지만, 공연 단체장은 되어 있질 못했다. 따라서 『별에서 들리는 소리』를 공연하기 위해, 그가 극단「로얄 씨어터와 손잡을 수밖에 없는데 선생님 생각은 어떠냐?」고 나의 의향을 물었다.

1980년 대 후반기에 접어들면서 이른바 동인극단들의 위세가 꺾였고, 바야흐로 프로듀서 시스템 위주의 공연들이 대세를 이루기는 했지만, 공연을 하기 위해서는 극단이 반드시 필요할 수밖에 없었다.

그때 나는 망설임 없이「좋다」는 대답을 했다. 그리하여 나와 윤여성 씨의 인연이 맺어지게 되었다.

이윽고『별에서 들리는 소리』의 캐스팅을 시작할 무렵이었다. 윤여성 씨가 상대역으로 곽동철 씨를 추천했는데, 나로선 선뜻 오케이 하기가 망설여졌다. 배역은 연출가의 고유권한이지만 임수택 씨가 독일 유학을 마치고 귀국한 지가 얼마 되지 않아 국내 연기진의 상황을 잘 몰랐기에 윤여성 씨가 나와 많은 상의를 하려 들었던 셈이었다.

물론 윤여성 씨는 단박에 내 뜻을 읽고 있었다. 곽동철 씨의 대사 발성에 약간의 문제가 남아 있기에 그러했다.

나는 그때 윤여성 씨의 진한 의리감을 엿볼 수가 있었다. 곽동철 씨 역시 윤여성 씨와 함께 왕년의 그『아가씨와 건달들』의 멤버였었다.

윤여성 씨는 간곡하게 이번 기회에 곽동철 씨의 대사 발성법을 반드시 교정할 테니 두고 봐 달란 말까지 했다. 결과적으로 그렇게 될 수밖에 없었다.

연극『별에서 들리는 소리』의 초연은 무사히 끝이 났고, 많은 관객들이 좋다는 평을 해 주었다. 연극 제작 과정에서 어려움이 많다는 게 눈에 많이 띄었지만, 윤여성 씨는 어려운 내색을 단 한 번도 하질 않았다.

그리고 벽지 주민들에게 문화혜택을 준다는 의미로 시작된「찾아 가는 문화 활동, 전국 순회 공연단」에 그 작품이 선정 되어, 나는 단원들과 함께 동해의 정동진 바닷가에 머물면서 삼척 공연을 관람할 수도 있었고, 연이어 예천 공연까지 무사히 마친 다음 영주 부석사를 경유, 귀경하기도 했다.

2000년에는 내가 또 징검다리 역할을 하게 되어 윤여성 씨가 생전 처음으로 권오일 선생이 연출한 나의 작품 『소나무집의 여인』에도 출연하게 되었다.

『별에서 들리는 소리』를 관람한 권오일 선생이 연출가 김도훈 형과 함께 「모처럼 기분 좋게 관람한 연극이고 깨끗한 연극」이란 평을 해준 적이 있었는데, 『소나무집의 여인』을 캐스팅 할 때, 권오일 선생이 나에게 윤여성 씨에 대한 섭외요청을 했기 때문이었다.

특기할 만한 사실은 윤여성 씨 나이도 만만치가 않았는데, 『소나무집의 여인』 연습실에서는 영계 취급을 당할 수밖에 없었다. 그래서 연습 뒤의 뒤풀이 장소에 몇 번 합석을 했던 그가 작심한 듯 아예 술과 담배를 끊어 버리기도 했다.

2005년 3월 12일부터 20일 까지 나는 윤여성 씨와 연출가 차태호 씨와 함께 경남 연극제 심사위원이 되어 진해시에 머문 적이 있었다.

그때 나는 매일 아침 일찍이 윤여성 씨가 10여 km 씩 달리기 하는 모습을 목격했다. 배우의 건강관리는 제 아무리 강조해도 지나침이 없는 얘기이긴 하나, 윤여성 씨에게는 건강에 대한 강박관념이 생긴 것만 같았다.

그는 나에게 자기가 그렇게 된 과정을 이렇게 해설하려 들었다.

「늦장가를 가서 아들 하나를 얻었는데... 손꼽아 보니 내가 예순 살이 되어도 걔가 자립할 나이가 안 될 것 같더라고요.」

이대로 형과 대륜 고교

인맥(人脈)이 곧 자산이란 말이 있다. 지맥이나 학맥 또는 혈연 등이 든든해야 쉽게 출세할 수 있다는 뜻이리라.

「독창성과 자기 미학을 주 무기로 삼아야 하는 예술가에게 출세가 무슨 의미를 지니며 인맥이 무슨 소용이냐」하는 반문도 할 수야 있겠지만, 현실은 늘 그러한 이상론의 외곽지대에 존재하기 마련이었다.

「그렇다면 나는?」 하고 반문을 해보기도 하는데, 불행히도 내가 기댈 언덕은 그 어느 곳에도 없었다. 그야말로 무소의 뿔처럼 혼자 걸어 갈 수밖에 없었다.

그때가 언제였는지 기억할 순 없는데 TV 탤런트로 활약하는 이대로 씨가 대구 대륜고교를 졸업한 나의 선배라는 사실을 알게 되었다. 뿐만 아니라 그 형은 저명한 연극 연출가였던 이진순 선생이 운영했던 극단 「광장」의 초창기 멤버로 잔뼈가 굵은 연극인이라 했다.

그렇게만 알고 있었는데 한국 배우 협회에서 내가 집필한 악극 『누가

이 사람을 모르시나요』를 연습하고 있을 때였다. 2006년도였다.

모처럼 내가 종로구 이화동 135번지에 있는 삼영빌딩 3층 연습실로 올라가 보니, 이대로 형이 『누가 이 사람』이란 그 악극의 출연 배우로 나와 앉아 있었다. 2004년 초연 때는 권성덕 형이 맡았던 황신부 역할을 이어 받은 모양이었다. 연출은 이전과 같이 문고헌 형이었다.

비로소 내가 이대로 형을 향해 「제가 대륜고교 후배 입니다」하는 사실을 알려 드렸다.

그랬는데 알고 보니 이대로 형은 또 경상북도 칠곡군 신동면 출신이어서 나의 고향 선배가 되기도 했다.

『어? 내가 정신 바짝 차리고 연습해야겠는데?』

깐깐한 이대로 형의 첫 마디가 이와 같았다.

2009년 4월이었다. 한국연극협회 박계배 이사장이 전화로 나에게 「강원도 연극제 심사를 좀 맡을 수 있겠느냐」고 물었다. 기간은 4월 4일부터 19일까지라 했다. 나는 그 기간에는 별일이 없다며 흔쾌히 수락을 했다.

그래서 그해 강원도 연극제 심사위원단이 꾸려 졌는데, 연출가 문고헌 형과 배우 이대로 형과 극작가인 나였다.

연극제의 개최지는 강원도 원주시였다.

우리 심사위원은 원주 시내에 있는 W호텔에 투숙을 했고, 11편의 연극을 심사하게 되었다.

한편 우리는 거기서 또 한 사람의 TV탤런트를 만나게 되었는데, 바로 이원종 씨였다.

그는 TV 농촌 드라마에서 경상도 사투리 구사의 1인자로 자리를 굳힌 인물이었는데, 놀라운 일은 그가 또 대륜 고교 출신이었고, 나보다 1년 후배였다. 때마침 연출가 김도훈 형도 원주로 바람 쐬러 내려 왔는데, 문고헌 씨, 김도훈 씨, 이원종 씨 세 사람은 서라벌 예대 동기생이 되기도 했다.

이원종 씨는 실제로 원주에 있는 농장에서 농주를 마셔가며 농사를 짓는 중이었고, 부인은 도루묵 매운탕 전문식당을 운영하고 있었다.

술을 좀 마신 다음 이원종 씨는 경상도 사투리 구사의 1인자로 자리를 굳히기까지의 피눈물 나는 과정을 가감 없이 일러 주기도 했다. 탤런트로써 자기가 살길은 그 길밖에 없다는 사실을 간파하고, 그야말로 사생을 결단하듯 연습에 몰두했다는 뜻이었다.

그래서 지금도 가끔 서울에 올라가 드라마를 찍을 수 있다는 말도 보탰다.

2014년 4월에는 경북 김천시의 노하룡 연극협회 경북지회장이 전화를 걸어 나에게 경북 연극제 심사를 위촉 하면서 두 분의 심사위원도 추천해 달라고 했다.

결국 스케줄이 맞아 떨어져서 이대로 형과 정진 형을 추천해 주었다.

세월의 무상함이라 했던가.

우리 세 사람이 경북으로 내려가 보니 옛날에 정진 형이 한명희 역으로 이름을 날릴 때는 그 형을 모르는 사람이 없는 것 같았는데, 지금은 어느 식당엘 들어가도 아는 체 하는 사람이 없었다. 역시 대중의 인기는 구름이나 안개와 같은 것임을 재인식했다.

그와는 대조적으로 이대로 형을 모르는 사람이 또 없는 것 같았다.

가만히 생각해 보니 이대로 형은 비록 단역을 맡을 지라도 아주 강력한 인상을 남길 만한 연기력을 구사해 왔기 때문이었다.

이동희 씨의 행방

여배우 이동희 씨를 생각하면 우선 애틋하고 안타까운 감정이 치솟아 올라 나의 가슴이 저미기 시작한다.

나의 이런 고백을 사실로 받아 들인다면, 그녀와 내가 연인 사이였거나 은밀한 밀애를 나눈 관계쯤으로 미루어 짐작하리라. 그렇게들 오해를 한다고 해도 변명의 여지가 없는 일로 여겨야겠다. 실제로 그런 소문들이 나돌기도 했었고, 우리 관계를 그렇게 인식한 사람들도 있었으니까.

우리 사이가 그만큼 한때는 가깝기만 했었다.

그녀가 서울 연극계에 본격적으로 데뷔한 시기는 1992년이었다. 그해 1월 1일부터 배우 정재진 씨가 운영하는 '대학로 소극장' 에서 강영걸 씨 연출로 공연되었던 연극『불 좀 꺼 주세요.』에서 그녀가 박정숙이란 여인 역을 맡게 되었는데, 그때 열정적이면서도 철저해서 좋은 배우라는 세평을 받기도 했다.

그 이전에는 부산에서 12년 간 중학교 국어 교사 노릇을 하다가, 속된 말로 연극으로 인해 가슴에 바람이 들어 교단을 뒤로 한 그녀가 된 모양이었다.

그리하여 부산에서 1983년에 『부도덕한 행위로 체포된 어느 여인의 증언』, 1988년에 『맥베드』, 1990년에 『칠산리』, 『해마』등에 출연 하다가 배우 겸 분장사로 활동하는 박팔영 씨와 연결되어 함께 상경을 하게 되었다니, 그녀의 끼 또한 알아줄만한 일이 아닐 수 없었다.

2001년 정초. 그 동안 건강상의 이유 등으로 공백기를 가졌다가 재기를 꿈꾸면서 그녀가 2인극인 『해마』를 직접 제작하면서 곽동철 씨와 함께 「알과 핵」이란 소극장에서 공연 준비를 할 때였다.

그 작품의 연출자가 임수택 씨였는데, 연습장으로 초대를 받은 나는 처음으로 그녀를 가까이서 대할 수가 있었다. 임수택 씨는 일 년 전에 내 작품 『별에서 들리는 소리』를 연출한 적이 있고, 곽동철 씨 또한 그 연극에 출연하기도 했었다.

그때 이동희 씨는 나를 향해 「서울의 연극인들과 연고가 별로 없어 보고 싶은 연극들은 많은데... 자꾸 놓칠 수밖에 없어 안타까울 때가 많다」는 요지의 말을 했다. 그래서 내가 가벼운 마음으로 「보고 싶은 연극이 있으면 나를 따라다니면 될 거라」는 대답을 해 주었다.

그 당시에 나는 특히 권오일 선생과 함께 대학로에 살다시피 하면서 연극들을 관람하곤 했는데, 권 선생의 일상은 대략 점심 식사 이후에 대학로에 나와 연극 한 편 관람하고 술시(술 마실 시각)를 맞이하는 식이었다.

한편 소극장 「알과 핵」에서 막을 올린 작품 『해마』가 그런대로 순조롭게 공연 되는 듯 했는데, 어느 날 상대 배우와 무대상의 약속이 어긋나게 되었는지 이동희 씨가 그만 갈비뼈를 다쳐 중도에서 막을 내려야 하는 불상사를 겪고 말았다.

그리하여 두어 달의 치료 끝에 굴신이 자유롭게 된 이동희 씨가 전화를 함으로써 드디어 나와 함께 본격적인 연극관람이 시작 되었다. 그녀는 노환으로 누워있는 어머니와 단둘이 살고 있었으며, 혜화 로터리 부근에 있는 서예학원에서 붓글씨를 배우기도 했고, 무슨 입시학원 등에 나가 국어 강사노릇을 하기도 했다.

어차피 대학로는 말이 많은 곳이었다. 내가 이동희 씨와 함께 연극관람을 하고 다니자, 나와 그녀를 한데 묶어 이러쿵저러쿵 하는 소문들이 나돌기 시작했다. 그러나 나는 개의치 않았다. 내 나이와 아울러 내가 누구란 걸 알기에 무책임한 처신을 할 내가 아니라는 믿음을 가졌기 때문이었다.

그렇게 되자 나는 자연 그녀의 사생활에 대해서도 어느 정도 알게 되었다. 그녀는 홀어머니를 모시고 사는데, 어머니가 노환으로 몸져누운 상태라 했고, 동생으로 남매를 두었는데, 여동생은 국민은행의 지점장이고, 남동생은 포항제철에 근무 중이라고도 했다.

뿐만 아니라 그녀는 결혼 몇 개월 만에 이혼을 하게 되었고, 딸 한 명을 낳게 되었는데, 이전의 남편에게 그 딸을 넘겨주고 말았단다. 그리고 20여 년이 지난 어느 날에 그 딸이 그리움에 사무쳐 친엄마인 자기를 찾아오기까지 했었는데, 이동희 씨는 「우리가 서로 만날 까닭이 없다」는 말 한 마디로 친딸을 돌려보냈다고도 했다. 「어떻게 그처럼 냉정할 수가 있지?」하고 내가 그때 묻고 싶기도 했으나, 꾹 참으면서 「성격 탓이거나 무슨 살(煞)이 꼈겠지」하고 말았다.

그 무렵에 권오일 선생이 1948년에 미국에서 퓰리처상을 수상했던 테너

시 윌리엄스의 작품『욕망이란 이름의 전차』를 기획, 제작 하면서 캐스팅을 하고 있었는데, 나에게「이동희 씨를 캐스팅하고 싶은데 넌 어떻게 생각 하느냐」고 물었다.

그래서 내가「이동희 씨한테 직접 물어보시는 게 낫지 않겠느냐」는 대답을 해 주었다.

권오일 선생마저 나와 이동희 씨의 관계에 대해 어떤 선입견을 가진 모양이었다.

「그래도 되겠느냐」며 내 대답을 다시 한 번 들어 본 다음에야 권오일 선생이 이동희 씨에게 출연 섭외를 하려 들었다.

후에 알고 보니 이동희 씨는 권오일 선생으로부터 출연섭외를 받았으나 거절한 모양이었다. 이유는 배역이 단역이어서 싫었다는 것이었다. 권오일 선생은 이동희 씨의 자존심이 너무 강해서 탈인 것 같다는 말로 섭섭함을 표현했다.「연극동지라고 생각했다면 그럴 수 없는 일이 아니냐」는 뜻이었다.

그러나 나는 함구(緘口)하고 말았다. 이동희 씨를 향해서도, 권오일 선생을 향해서도 아무 말을 하지 않았다.

다른 한편 나는『낙동강 우화』라는 작품을 움켜쥐고 있었다. 2000년에 탈고한 2인극으로 2001년 5월호「월간 문학」에 게재된 작품이었다. 이동희 씨가 그런 사실을 알게 되었고, 그 작품을 애써 읽어 보게 되었다. 작품의 내용은 낙동강변에 있는 왜관읍내에서 만난 젊은 남녀 간의 순수한 열정이 한국의 현대사라는 질곡 속에서 무참하게 짓밟히는 과정을 그린 비극이었다.

다소간의 우여곡절을 거친 그 작품이 2002년 7월「바탕골 소극장」에서 극단 '대하' 창단 25주년 기념작으로 김완수 형의 연출에 의해 공연하게 되었다. 그때 내가 부득이 캐스팅에 관여하여 남자 역에 유민석 씨, 여자 역에 이동희 씨를 추천해 주었다.

비록 흥행에는 성공하지 못했으나 그런 데로 작품은 좋았다는 평가를 받으면서 그 공연의 막이 내릴 수는 있었다.

그리고 머잖아 이동희 씨로부터 「어머니가 별세했다」는 부음을 받았고, 나는 문상(問喪)을 다녀오기도 했다.

그 이후에 이동희 씨는 그만 바람이 되고 말았다.

몇 년간 행방이 묘연하더니 가끔 연락이 오기도 했는데, 거기가 원주라고도 했고, 공주라고도 했고, 제천이라고도 했다. 어쩌다 서울에 나타나 함께 커피를 마시기도 했지만, 인생을 달관한 건지 인생을 자포자기한 건지 그녀의 진실성을 도통 종잡을 수가 없었다.

「무얼 먹고 사느냐」는 내 질문에 그녀는 극히 간단한 한 마디로 「정부에서 지급하는 최저 생계비 혜택을 받고 있다」는 말로 대답을 대신하곤 했다.

이용이 씨의 열연

비즈니스 세계에서는 제 아무리 강조해도 지나침이 없는 개념 중의 하나로 「좋은 기업 이미지」란 게 있다. 기업들이 특정 상품의 광고에 앞서 자기 회사의 이미지 제고를 위해 천문학적 홍보비를 책정하는 까닭도 거기에 있다.

이미지의 중요성이 어찌 기업에만 국한되랴.

연기자들에게도 대외적인 이미지가 절대적인 자산이 아닐 수 없다. 작업의 속성상 연기자들은 대개의 경우 선택을 받아야 하기 때문에 그러했다.

나에게 여배우 이용이 씨의 이미지는 한 마디로 「선량함으로 포장된 열정」 그 자체였다.

1993년에 나의 희곡 『탈속』이 공연 될 때, 그녀가 보살 역을 맡아 출연한 적이 있었다. 그 작품은 초연에 이어 내리 두 차례나 공연이 연장되기도 했는데, 그럼에도 불구하고 작가인 나와 배우 이용이 씨 사이에는 단 한마디의 대화도 나눈 적이 없었다. 연습장이나 공연장에서 연출자와 함께 내가 모니터를 해 보았지만, 딱히 그녀에게 공식적인 할 말이 생겨나지 않았기 때문이었다.

2000년에 극단 '성좌'가 내 작품 『소나무집의 여인』을 캐스팅할 때였다. 철석 같이 믿고 있었던 백성희 선생이 출연 못한다면서 두 손을 들어 버리자, 권오일 선생은 나에게 「민예극장의 우상민 씨가 어떻겠느냐」고 물었다. 우상민 씨는 1989년에 문예회관 대극장에서 공연 되었던 내 작품 『역풍』에 출연한 적이 있어, 믿을 수 있는 연기자란 대답을 해주었다. 그녀는 응당 출연 섭외에 오케이 할 것으로 믿고 한 말이었다.

며칠 후에 권오일 선생이 저기압이 되어 우상민 씨도 출연을 사양하더라고 했다. 그녀가 대본을 읽고 고개를 가로 저은 것으로 보아, 작품이 맘에 차지 않았던 것인지 무슨 사생활의 문제로 그런 뜻을 전했는지, 나로서는 전혀 알 수가 없는 일들이었다.

며칠간 고민에 빠져 있던 권오일 선생이 이번에는 「박승태 씨가 어떨까?」하고 내게 물었다. 「그녀라면 내가 너무 잘 아는데... 노래는 되겠지만, 춤은 좀 어려울 텐데요」하고 대답하면서도 일단 섭외부터 해 보자고 했다. 나로서는 「박승태 씨는 내 작품이라면 무조건 OK 하리라」는 믿음을 갖고 있었다.

그랬는데 며칠 후에 권오일 선생은 아예 풀이 죽은 어조로 「캐스팅이 되질 않아 이 작품의 공연이 어렵겠다.」는 말까지 했다. 「대본을 읽어 본 박승태 씨 또한 출연을 사양하니 어떻게 하면 좋겠느냐」는 뜻이었다.

그제서야 나도 아찔한 현기증을 느낌과 동시에 기가 막혔다. 믿었던 도끼에 연거푸 발등을 찍혔다는 아픔이 전해지기도 했다.

그 작품의 여주인공 진우희는 대사와 함께 결정적인 순간에는 노래도 불러야 하고, 춤도 춰야 하기에 캐스팅이 다소 어려울 수는 있었다.

내가 연출가 박원경 형에게 전화를 걸었다. 그 형도 그 작품을 읽어 본 적이 있었을 뿐만 아니라, 한 때는 자기가 연출해 보겠다며 뜸을 들인 적도 있었다. 저간의 사정을 이야기 해준 다음 진우희 역으로 추천하고픈 여배우가 어디 없겠느냐고 물었다.

박원경 형은 단박에 「이용이 씨가 있지 않느냐?」고 했다.

그 말을 들으니 비로소 그녀가 기억 되면서 나의 반 맘이 풀렸다.

내가 권오일 선생에게 전화를 걸어 진우희 역으로 이용이 씨를 추천하려 들었다. 그랬는데 이번에는 또 권오일 선생이 「이용이가 누군지 전혀 모르겠다.」는 말을 되풀이 했다. 내가 얼마 전에 우리가 함께 본 그 연극에 출연했던 그녀라면서 구구히 설명 했지만, 권오일 선생은 이용이가 누군지 도대체 기억할 수 없다는 말만 하려 들었다.

내가 「그럼 실물을 보여 드리겠다」는 말을 하고 전화를 끊은 다음, 이용이 씨에게 전화를 걸었다. 그녀가 반갑게 전화를 받아 주었다.

「지금부터 7월 초순까지 무슨 스케줄이 잡혀 있느냐」하고 내가 물었더니, 현재 논의 중인 작품은 있지만 아직 옵션에 걸린 일은 없다는 대답을 그녀가 했다. 그래서 내가 작품 이야기를 대충 해준 다음 「무조건 출연 승낙을 해 줄 수 없겠느냐」고 했더니, 「선생님이 그렇게 말씀 하시니 무조건 오케이 하겠습니다.」하는 대답을 그녀가 해 주었다.

그리하여 「대학로 뒷골목에 있는 '사랑방' 으로 좀 나오라」고 한 다음, 권오일 선생과 그녀를 마주 앉히기로 했다. 이용이 씨의 실제 얼굴을 보기 바쁘게 권오일 선생은 환한 얼굴표정을 지우면서 「아, 니가 바로 용이구나」하는 감탄사를 연발했다.

비로소 얼마 전에 무슨 연극을 관람하고 분장실로 찾아가 그 연극에서 열연을 해보인 그녀의 손을 잡아 주며 「잘 했다」고 칭찬 해준 기억이 되살아난다고도 했었다.

어쩌다 보니 그 작품의 캐스팅에 있어서는 작가인 내가 결정적인 역할을 도맡아 한 것 같았다. 구비서 역의 윤여성 씨한테도 내가 출연 섭외를 해야만 했다.

이윽고 캐스팅이 끝났는데, 이회장 역에 김길호, 진우희 역에 이용이, 구비서역에 윤여성, 박애리 역에 김혜옥, 한여사 역에 이재희, 황선주 역에 이창희, 김사장 역에 박팔영, 오군역에 김희종, 은지 역에 장설하 제씨들이었다.

이쯤에서 부차적인 스토리 한 토막도 기억이 되는데, 순대국 집의 여급 역을 맡았던 장설하 씨는 연극 연습장에서 나에게 대사가 너무 적다는 불만을 토로하려 들었다. 그래서 내가 블라킹에 들어가면 정신이 없을 테니 두고 보자고 했다. 이를 테면 그녀는 액션으로 대사를 대신해야 할 배역이었다. 아니나 다를까. 공연이 진행되자 장설하 씨의 귀엽고 깜직한 연기가 당장 장안의 화제꺼리가 되다시피 했다. 그리하여 연출가 정일성 씨가 다음 작품에서 그녀를 캐스팅 하려 들었고, 김완수 형도 그녀를 캐스팅하여 작품을 만들기도 했다.

『소나무집의 여인』의 전체적인 캐스팅을 보아서는 모두들 근년의 대학로에서는 보기 어려운 「어른들이 만드는 연극」이란 중후함이 느껴진다고들 했다.

알고 보면 이용이 씨의 오빠는 에로영화의 주역으로 알려지다시피 한

영화배우 이대근 씨였고, 그녀의 남편 또한 영화계의 감초 역으로 소문이 나있던 김일우 씨였다.

역시 선량한 사내 김일우 씨는 공연이 진행 되는 동안 분장실에서 늘 자기 아내를 기다리곤 했었다. 지금 내가 일종의 감상에 빠져드는 까닭은 애석하게도 김일우 씨가 너무나 일찍 타계를 해버렸기 때문이었다.

이용이 씨가 열정을 품에 안은 선량한 연기자란 사실을 증명해 주는 일화는 또 그녀의 춤으로 연결 되었다.

그녀는 원래 극단 '민예극장' 의 단원이어서 소리꾼으로서의 재능은 어느 정도 갖고 있어 해결이 쉬웠는데, 문제는 연극의 마지막 부문에 삽입될 그녀의 살풀이 춤사위에 있었다.

때마침 권오일 선생의 친구가 되기도 했던 원로 무용가 최 헌 선생이 그녀의 춤사위를 지도해 주기로 했는데, 최헌 선생은 물론 그녀 또한 적당히 넘어 가려 들지 않았다.

이용이 씨는 결국 살풀이춤을 선 보여야 했는데, 얼핏 보면 그 춤사위는 금방 숙달될 것 같지만 실은 그렇지가 못한 것이었다.

여하 간에 이용이 씨는 「이 참에 그 춤을 제대로 배워야겠다.」는 결심을 굳혔는지, 아예 최 헌 선생의 제자로 입문을 해버렸던 것이다.

이원승 씨와 『하늘 천 따지』

개그맨 이원승 씨와 나 사이에 어떤 인연이 맺어질 줄은 꿈에서도 상상 못할 일이었다.

결과적으로 연출가 강영걸 씨가 우리 사이에 다리를 놓은 꼴이 되었다.

1992년에 강영걸 씨가 개그맨 이원승 씨와 함께 내가 쓴 모노드라마 『가리왕의 땅』으로 연극을 만들어 보겠다고 했다. 하지만 내 머리 속에는 아무런 그림이 그려지지 않았다. 그저 엉뚱하단 생각만 들었다.

하지만 내가 강영걸 씨만은 믿을 수가 있었기에 별다른 토를 달지 않았고, 작품의 제명이 너무 딱딱하다는 말을 해서 그럼 『하늘 천 따지』로 하자며 즉석에서 개명까지 해주었다.

강영걸 씨는 내 심정을 지레짐작 하고서 이원승 씨를 대충 다음과 같이 소개하려 들었다.

『그간 개그맨으로 알려졌지만 원래는 중앙대학교 연극영화과 출신이고, 대화를 나눠보니 연극적인 의식 또한 분명해서 신뢰가 가는 친구더라.』이원승 씨는 1982년에 MBC 개그 콘테스트에서 동상을 수상, 방송계에 데뷔

했으며 「청춘행진곡」, 「일요일 밤의 대행진」 등에 출연하게 되면서 시청자들에게 그 이름이 알려졌다.

그렇게 10여 년 동안 개그맨 생활을 하다 보니, 스스로가 매너리즘에 빠졌음을 자각하고, 그는 부인의 극심한 반대에도 불구하고 재충전의 기회를 갖기 위해 연극에 도전할 결단을 내렸다고 했다.

처음에 그는 『빨간 피터의 고백』이란 모노드라마를 레퍼토리로 채택한 다음, 강영걸 씨에게 연출을 의뢰하려 든 모양이었다. 그러자 강영걸 씨가 내 작품을 추천했단다.

왜냐하면 『빨간 피터』의 경우 그에게 적격이긴 하지만, 옛날에 추송웅 씨가 워낙 좋은 연기를 보여 주었기에, 그를 능가한 연기라는 평가를 받기가 어려운 일이 될 테니, 새로운 작품을 선택하는 게 나을 것 같다는 충고를 한 모양이었다.

그들의 연극 연습장은 여의도에 있었다. 연락을 받고 가 보니 연기자 이원승 씨 옆에 예쁘장한 아가씨 한 사람이 붙어 앉아 북을 두드리며 추임새를 넣고 있었다.

그녀가 바로 오정해 씨였고 미스 춘향 출신에 명창 김소희 문하의 판소리 이수자라고 했다. 첫 인상에 붙임성도 좋고 대인관계 매너도 좋았지만 보통내기가 아니라는 느낌 또한 지울 수가 없었다.

강영걸 씨는 자기를 향한 그녀의 호칭이 「선생님이 아니라 왜 삼촌인지」 모르겠단 말을 하기도 했다. 내가 듣기에는 강영걸 씨가 그 까닭을 모를 리도 없었다.

연극 『하늘 천 따지』의 제작 또한 이원승 씨여서, 그는 아예 '하늘 땅' 이란 이름으로 극단 등록을 하기도 했다.

내 기억에 의하자면 1992년 7월 1일부터 8월 16일까지 「바탕골 소극장」에서 초연의 막을 올리기까지 4천만 원 정도의 제작비가 들었다.

초연의 막이 내리기 이틀 전까지만 해도 이천만 원이 적자였는데, 마지막 4회 공연에서 이천만 원의 입장료 수입을 올려 적자폭을 채웠다는 말을 듣기도 했다.

그 작품의 초연 중에 고수 오정해 씨가 영화감독 임권택 씨의 눈에 들어 픽업 당한 다음 영화 『서편제』의 주인공이 되는 행운을 잡기도 했다.

연극 연습이 진행 되는 동안 이원승 씨 부친이 서천에서 직접 내린 민속주를 한 되 병에 담아다 주었는데, 강영걸 씨와 내가 그 자리에서 그 술을 다 마셔 버렸더니 이원승 씨가 두 손을 번쩍 들기도 했다. 그 민속주가 너무 독해 몇 잔 마시면 일어서지도 못한다며 「앉은뱅이 술」이라는 별명까지 붙어 있는데, 한 자리에서 우리가 한 되 병을 다 비웠으니 당장 내일이 걱정된다는 뜻이었다.

초연 이후 이원승 씨는 간헐적이긴 하지만, 약 3년여 동안 『하늘 천 따지』라는 그 연극으로 국내는 물론 해외 순회공연을 계속했다. 그가 해외 공연을 다녀오면 간혹 간단한 선물로 작가라는 나에게 인사를 하는 예우도 잊지 않았다.

그 작품의 공연이 끝나자 우리가 다시 만날 일은 생겨나지 않았는데, 이원승 씨가 이혼을 했다는 소문도 들렸고, 이탈리아에 가서 피자 굽는 기술을 배워 대학로에 피자전문점을 차렸다는 소문도 들렸다.

아, 언젠가 한번은 그가 『하늘 천 따지』의 초연 멤버들을 초청, 자기 가게에서 피자 파티를 열어 준 적도 있었다.

다른 한편 나는 몇 몇 공연장에서 이원승의 여동생인 이혜정 씨를 만나기도 했는데, 『하늘 천 따지』가 초연될 때, 매표구에 앉아 있던 그 아가씨가 일본 유학에서 박사코스까지 마치고 중앙대학 연극학부 강단에 서게 됨과 동시에 통역 내지 일본 연극의 안내 역 등을 담당하게 된 모양이었다.

2011년 정초였다. 지난 연말경에 내가 『한국 동인극단 50년사』란 책을 양장본으로 발간했다. 「극작에서 공연까지」에 연재했던 원고들을 한데 묶은 내용인데 서울 문화 재단에서 500만원이란 지원을 받아 발간한 책이었다.

출판사 '지성의 샘' 에서는 저자인 나에게 이른바 인세조로 책을 200부 보내 주었다. 그리하여 한 동안 나는 고민에 휩싸였다. 그 책을 집에 쌓아 두자니 짐스럽기만 하고 지인들에게 증정본으로 우송을 하려 해도 우송비가 만만찮아 기만 찰 노릇이었다.

생각다 못한 내가 지인들에게 책을 우송하면서 다음과 같은 내용의 메모쪽지를 집어넣기로 했다.

이해를 바라면서
안녕하십니까? 이 책의 저자이며 현재 통권 26호까지 발행한 연극 전문계간지 〈극작에서 공연까지〉의 편집주간입니다.
종이책의 존재감이 희박한 시대를 맞은 탓에 구차하기 짝이 없는 쪽지 글까지 올리게 되었나 봅니다. 사적 노력으로서는 실로 힘겹게 집필 되었고, 어렵게 편집, 제작된 책이지만, 저에게 배달된 200권의 무게 아래서 다시 한 동안의 고민을 하다못해 단안을 내릴 수밖에 없었습니다.
이 책의 연극사적 가치에 대해서는 저자 본인이 왈가왈부할 수 없는 문제일 테고, 출간과 동시에 재고로 묵힐 수만도 없는 입장이어서, 가까운 분들에게 증정하고자 결심을 했으나, 운반비, 봉투작업 및 우송료 등의 경비 또한 만만치 않아 부득이 온-라인 넘버를 명기하게 되었습니다. 두루 이해하여 주시기 바랍니다.

신한은행; 110- 001- 000000 김영무

어느 아침나절에 내가 이원승 씨의 느닷없는 전화를 받게 되었는데, 그는 책을 잘 받았다는 축하와 아울러 일백만 원을 송금했다는 사실을 일러주었다. 나는 한동안 대꾸를 찾지 못해 침묵만 지켰다.

한참 만에 찾을 수 있었던 내 대답은 고작 「고마워요」 한 마디였다.

이인철 씨의 명 연기

저명한 영국의 연극학자 마아틴 에슬린은「극장을 세속적인 성당이라 한다면 성당이나 사원들은 종교적인 극장이라 말할 수 있다」는 말로 연극의 기능을 높이 평가하려 들었다.

또는 연극에 매달리는 일반 학생들도 연극의 다양한 기능에 대해 오락적 기능, 종교적 기능, 교육적 기능, 사회적 기능, 심리적 기능, 의료적 기능 등으로 세분하여 배우기도 한다.

다른 한 편 학문적으로 탐구하고 논리적으로 따지려 들면 따분하기 마련일 테니, 뭉뚱그려 이런 말도 할 수가 있으리라. 추악한 기억 속에서 사는 사람들보다 아름다운 추억을 간직한 사람들이 보다 행복하단 전제 하에서 할 수 있는 말이 되리라.

「좋은 연극을 감상 했을 땐... 적어도 신비롭도록 아름다운 몇 장면의 기억만은 평생 동안 간직하게 될 것이다.」

감동이 강요에 의해 생겨나진 않는 법. 극작가가 제 아무리 자기 작품을 추겨 세워도 관객들은 꿈쩍할 리 만무하고, 연출가가 제 아무리 핏대를 올리고 특출한 솜씨를 부린다 해도 관객들은 냉정함을 잃지 않을 뿐만 아니라, 배우들이 암만 기를 쓰고 열연을 해보여도 관객들은 함부로 박수를 치진 않는다.

「작품이 자생력을 지녔다」는 말은 언제 들어도 올바른 정의가 아닐 수 없었다.

이를 테면 지난 30여 년 동안 나를 만난 사람들이 가장 많이 거론하는 나의 작품이 1985년 9월에 공연된 바 있는 『구름가고 푸른 하늘』이란 연극이었다. 아울러 그 작품에 출연했던 배우 이인철 씨의 연기에 「모두들 깜빡 죽었다」는 식의 말도 빠트리지 않았다.

이인철 씨 본인은 어떻게 생각할지 모를 일이지만, 많은 사람들이 그 작품을 통해서 비로소 그가 한 사람의 배우로 거듭 태어났단 말도 서슴치 않았다.

언젠가 극장 로비에서 만난 이인철 씨와 이런 저런 얘기를 주고받은 적이 있었는데, 그는 어떤 이가 『구름가고 푸른 하늘』을 다시 제작한다면 한 번 더 출연해 보고 싶단 말도 망설이지 않았다.

이실직고 하자면 나 역시 그때 그 작품에서 열연했던 배우 이인철 씨의 연기에 매료 당했다. 원래는 동안(童顔) 형에 코믹 끼가 약간 가미된 얼굴을 지닌 이인철 씨였음에도 불구하고, 그 작품에서 열연하는 그의 모습이 이를 테면 위대한 꼴로 확대되어 보이기까지 했었다.

그의 연기에 동화되고 감정이입이 되어 있던 나 역시 작품의 제6장에서 이인철씨가 다음 대사를 칠 때는 눈물을 흘리지 않을 수가 없었다.

한영일 : 미안 해! 나, 난 뭐가 뭔지 아, 알 수 없어서…(가리키며) 사, 사람

들은 저, 저걸 꽃이라고 부르는데 왜 왜 저걸 꼬, 꽃이라고 부르는지... 사, 사 람들은 저, 저걸 도, 돌이다, 바, 바위다 하고 부, 부르는데 저, 저걸 파란 이, 이끼다 하고 부르는데 저, 정말 도, 돌은... 바, 바위는... 이, 이끼는 뭔지... 사, 산은 왜 사, 산이고, 무, 물은 왜 무, 물이야? 나, 나는 왜 하, 한영일이고, 하, 한영일은 왜 내, 내가 된 거야? 우, 울 아버진 왜 죽었고, 어, 엄마는 또 어디로 갔어? 왜? 왜? 오, 옥이 엄만 왜 저, 저수지에 빠져버렸어? 너? 옥이 넌 누구야? 왜 내 옆에 서 있어? 나, 난 무슨 말을 하란 말이야?

희곡『구름가고 푸른 하늘』의 줄거리가 대략 다음과 같았다.

소년 한영일은 엄청난 의문을 안고 살며, 언제 어디서나 엉뚱한 질문들을 곧잘 던졌다. 예를 들면「개미허리는 왜 잘룩잘룩 하냐?」,「토끼는 풀을 먹고 사는데 고양이는 왜 생선을 즐기느냐?」하는 따위의 질문을 끊임없이 퍼부어 주위 사람들을 괴롭히곤 했다. 불행히도 그러한 그의 질문에 답해줄 사람은 아무도 없었을 뿐만 아니라, 그러한 질문들로 인해 그는 점차 바보시 되다 못해「엉뚱한 아이」로 소외되어 버리고 말았다. 어느 날 그는 자기 아버지가 옥이 아버지인 강만득에게 살해당하는 장면을 목격하게 되고 그 사실을 주위에 알렸으나, 엄연한 그 사실에도 귀 기울여 주는 이가 없었다. 그의 말은 이미 설득력을 잃었기 때문이었다. 그리하여 그는 오히려 강만득에게 심한 협박까지 당하게 되고, 그의 어머니한테서도 무조건 사실은 외면 하라는 식의「몰라요」란 말을 즐겨 사용해야 한다는「강요」까지 당하기에 이르렀다. 한편 어릴 적부터 유일하게 한영일의 편이 되어 주던 옥이는 점차 그를 사랑하기에 이르렀다. 그「사랑」이야말로 한영일을 일상의 사회인으로 자각시키려는 동정과 연민에서 비롯된 일종의 희생 같은 것이었다. 왜냐하면 적어도 옥이만은 자기 아버지의 추한 몰골을 증오하고 있었고, 한영일도 결국은 자기 아버지로 인해서 바보(?)가 되어 있다는 사실을 믿고 있기 때문이었다. 그러나 옥이의 헌신적인 노력도 끝내 한영

일을 구제할 수는 없었다.한영일은 이미 자기 자신에 대한 회의의 늪에 깊이 빠질 대로 빠졌을 뿐만 아니라, 그간 단 하나의 의문에 대한 확답도 얻지 못한 상태였기에, 그 어떤 가치관도 주체할 길이 없었던 것이다. 결국 한영일은 소년 적에 인연이 닿았던 해봉선사를 찾아 먼 길을 떠난다.

「도대체 나는 누구입니까?」하는 의문을 풀고자.

그 작품의 공연에 앞서 연출가인 김완수 형도 주인공인 한영일을 캐스팅 하지 못해 엄청난 고심을 했었다. 그 작품의 제작자였던 엄정수 씨가 강력하게 자기 친구라면서 강태기 씨를 추천했지만 이미지가 맞지 않는다며 고개를 가로저었다. 나도 한 두 사람의 배우를 추천해 봤지만 매한가지였다.

그러던 어느 날 김완수 형이 캐스팅이 되었다는 말을 했는데, 그가 바로 이인철 씨였다.

그때까지 나는 이인철 씨를 알고 있지 못했다. 그랬는데 그를 직접 만나보니 어쩌면 한영일과 맞아 떨어질 것 같다는 가능성이 엿보였다.

연습장에서 가만히 보니 이인철 씨는 자기를 버리고 철저하게 작중인물에 몰입하는 형이었다.

1985년 10월호 「객석」잡지에 연극 평론가 김방옥 씨가 '이달의 하이라이트' 작품으로 『구름가고 푸른 하늘』선정, 장장 6쪽의 평을 실었는데, 거기서도 이인철 씨의 연기를 「섬세하고 유연하다」며 찬사를 아끼지 않고 있었다.

따라서 이인철 씨가 그해 '서울 극평가 그룹' 이 선정한 최우수 연기상을 수상하기도 했다.

1951년생으로 1987년에는 『바람 부는 날에도 꽃은 피고』라는 영화에도 출연한 바 있는 이인철 씨는 2002년 4월에 샘터 파랑새 극장에서 정 진 형이 연출한 작품 『굿 닥터(The Good Doctor)』에 출연, 관객인 나의 배꼽을 쏙 뽑은 적도 있었다. 현역인 미국 최고급 희극작가 닐 사이먼이 안톤 체호프의 단편들을 각색했다는 그 작품에서 이인철 씨는 막말로 관객을 갖고 놀 정도의 능숙하며 노련한 연기력을 보여 주었다.

2010년에는 『한 번 더 사랑할 수 있다면』에 출연한 이인철 씨가 '제11회 김동훈 연극상'을 수상하기도 했다.

이인철 씨는 보석과 같은 연기자란 신뢰감을 나에게 심어 주었다. 임자만 제대로 만나면 언제라도 그는 반짝반짝 빛나는 명연기를 보여 줄 수 있는 능력의 소유자로 믿어 의심치 않게 했다.

이진수 형과 『박정희』

배우가 극중 인물을 창조하기 위해 모델을 설정해 두고, 그 모델과 동화되는 작업에 열중한다는 것은 바람직한 하나의 방법이 될 것이다.

예를 들면 1993년에 방영 되었던 MBC -TV 드라마 『제3공화국』에서 박정희 역으로 출연, 일약 스타덤에 오른바 있는 이진수 형은 실제의 박정희 대통령을 철저하게 연구함과 동시에 그에게 동화되는 노력 또한 결코 게을리 하지 않았다. 가까이서 지켜보아 내가 아는데 외모적 이미지가 흡사하단 그 사실 하나만으로 그가 박정희 역을 그처럼 거뜬히 소화해낸 것이 절대로 아니었다.

2009년에 한국연극협회 박계배 이사장은 한국의 현대 연극 100주년을 기념하기 위해 『한국현대연극 100년 공연사(1. 2)』와 『한국현대연극 100년 지역 연극사』및 『한국현대연극 100년 인물 연극사』등을 편찬하는 그야말로 역사적인 대 작업을 별 무리 없이 마무리 지웠다.

그때 『한국현대연극100년 인물 연극사』속에 나오는 「배우 이진수론」과 「연출가 이진순론」을 부득이 내가 집필해야만 했었다.

그만큼 나는 이진수 형에 대해 많은 걸 알고 있을 뿐만 아니라, 그 형이 살아생전에는 나와 각별한 호형호제의 관계를 유지하기도 했었다. 하도 많은 일화를 뿌리며 살다간 이진수 형이기에 시시콜콜한 사연까지 나열하려 들면 끝이 없을 것 같은데, 지금 당장 떠오르는 기억 한 가지가 여기에 있다.

이진수 형은 당신이 싫은 놈은 꿈에서도 만날까봐 두려워할 정도였고, 마음에 드는 사람한테는 당신의 오장육부까지 다 까집어 보일 정도였다.

1996년 무렵에 서울의 중견 연극인들은 대학로에 있는 '밀다원' 이란 다방을 사랑방으로 여기며, '정빈' 이란 식당에서 소주를 마시고, '원탁의 기사' 에서 생맥주를 마시곤 했었다.

오후 3- 4시 경이면 월간잡지 「샘터」 건물 1층에 마련된 그 '밀다원' 에는 틀림없이 연극인 몇 사람이 앉아 있었다. 그때 그 사랑방의 단골손님들은 고설봉 옹과 강계식 선생을 중심으로 극단 '여인극장' 의 대표 강유정 여사는 물론 연극배우 겸 탤런트였던 이진수 형과 극단 '대하' 의 김완수 대표 등이었다. 이를 테면 1980년대 이전의 명동 희랍다방의 정서가 거기로 옮겨온 형태였다. 전 국회의장 김재순 씨가 그 건물의 주인이었는데, 그 다방의 운영이 적자를 면하지 못했음에도 불구하고 연극인의 편의를 위해 그 공간을 열어 두었다고도 했다.

'밀다원' 의 단골 연극인 중에서 이진수 형이 노골적으로 나를 좋아하는 티를 내곤 했다. 특히 인상적인 사연은 그 형의 술값타령이 항상 '일만 원' 이란 사실이었다. 한 사람 앞에 일만 원 이상의 부담이 되는 술은 절대 마시려 들지도 않았을 뿐만 아니라, 술값 지불의 대원칙 또한 항상 더치페이였다.

그래서 나를 만나게 되면 그 형의 제 일성이 바로「영무, 만원 있어? 나한테도 여기 있어. 가지!」였다.

어쨌거나 나는 이진수 형과 소주 한 두 병에 두부 한 모쯤 썰어 놓은 대폿집에서 꽤나 여러 차례 술을 마셨는데, 어느 날엔 내가 술 바람에 그만 가슴속에 꼬깃꼬깃 묻어 두었던 생각 한 자락을 털어 놓고 말았다.

『형! 언젠가는 말예요, 내가 박정희를 주인공으로 작품을 한편 써야겠는데...왜냐하면 고향에 있는 우리 집에서 고개 하나만 넘으면 그분의 생가가 있거든요.』하고 내가 운을 뗐던 것이다.

그러자 내 말이 채 끝나기도 전에 이진수 형이 내 두 손을 움켜잡았다.

『써라. 그대가 쓰기만 하면 내가 책임지고 소화해 볼께.』

그 형이 말한「소화해 볼게」라는 말은 당신이 박정희 역을 맡아 열연(熱演) 하거나 연출을 하겠다는 의도라기에 앞서「어떻게 해서라도 그 작품을 만들 수 있는 제작비를 염출해 내겠다.」는 뜻이 내포되어 있었다.

그날 이후부터 이진수 형이 남아일언 중천금의 의미를 알고 있는 나의 가슴에 틈이 나는 대로 불을 지르거나 염장을 지르기 시작했다.

그 형의 머릿 속에는 아예 박정희와 관련된 자료들이 빼곡히 들어찬 도서실이 자릴 잡고 있었다. 그가 TV 드라마에서 박정희 역을 그처럼 그럴듯하게 표현해 낼 수 있었던 까닭도 거기 있었다.

이윽고 나는 보쌈질을 당한 꼴로 이진수 형의 집에 초대되기도 했었다. 그날 오후에도 그 형과 함께 내가 소주를 마시고 있었는데, 승용차를 몰고 부인이 나타났고, 형이 나더러 그 차를 타라기에 올라탔더니 그 차가 곧 바로 서교동으로 향했다.

그 형의 집에서 저녁을 먹고 난 나는 어쩔 수 없이 또 그야말로 억지로 그 형이 떠맡기는 박정희 관련 자료 3- 40권을 들고 귀가하기에 이르렀다.

그 형은 용기와 자신을 불어 넣어 중 요량으로 나를 이끌고 다니면서 박정희 전 대통령과 유관된 단체 두어 군데를 방문하기도 했었다.

박정희와 관련된 50 여권의 자료를 섭렵하고 나니, 비로소 내 뇌리 속에는 어렴풋한 어떤 '그림' 이 그려지게 되었다.

그리하여 내가 희곡으로『박정희. 박정희』를 탈고하기에 이르렀다.

작품의 스토리는 박정희의 죽음을 관객 앞에 제시하면서 그 죽음의 원인을 추적해 가는 수법으로 박정희와 대미관계에 초점을 맞춰 박정희가 결국 자주국방을 위해 핵무장을 하려다 죽음을 맞이하게 되었다는 내용으로 귀결 되었다.

막 탈고된 작품의 초고를 읽어 본 이진수 형은「이만하면 되겠다.」면서 작품에 대한 손질은 제작이 진행 되면 시작하자는 말도 덧붙여주었다. 그리고 당장 일억 원은 마련해야겠다면서 뛰어 다니기 시작했다.

그러다 이진수 형이 별안간에 유명을 달리하고 말았다.

그 형의 죽음 앞에서 나는 애도와 같은 일상의 슬픔만으로 내 감정을 추스를 수도 없었다.

안타깝게도 그 형은 분명 알코올에 중독되어 있었다. 오죽이나 안타까웠으면 내가 그 형이 가기 십 여일 전에 그야말로 충고인지 비판인지 모를 막말까지 쏘아대야만 했을까.

『형! 이제 술을 좀 멀리해요. 아침부터 이게 무슨 꼴예요. 한참 일할 나이에 술에 곯아떨어져서...』

그런데 솔직히 나는 할 말을 곧이곧대로 하지 못했다. 아니 할 수가 없는 일이었다.

이를 테면 형의 의식은 여전히 박정희에 머물러 있기 때문이었다. 박정희의 눈으로 세상을 보게 되니 아니꼽고 더러운 일들이 너무 많았고, 그리하여 그 형은 자꾸만 술에 취해 간 모양이었다.

『짜식들이 말야, 글쎄. 나더러 자동차 운전수 역할을 맡아 달래! 내가 어떻게 그런 역을 맡을 수가 있겠어?』

이진수 형은 모 방송사에서 작품출연 섭외가 왔을 때, 자신의 이미지 관리 차원에서 운전수 역할 따위는 맡을 수가 없다고도 했다.

나는 형의 그런 질문에 아무런 대답도 해 줄 수가 없었다. 내 대답의 가부간에 따를 그 형의 대답 또한 미루어 짐작할 수가 있기 때문이었다.

정 진 형과 니나노 타령

언제부터 무슨 동기로 그리 되었는지 확실히 기억할 수가 없는 일인데, 정 진 형 또한 무척이나 나를 좋아하는 사람 중의 한 분이었다.

어차피 연극동지가 되었기에 굳이 따질 필요조차 없을 것 같으니, 그저 나는 그 형의 연기력을 좋아했고, 그 형은 나의 작품에 호감을 가졌다고 해 버리면 될 것도 같다.

정 진 형은 신봉승 극본, 이병훈 연출의 TV 드라마 『조선왕조 500년 – 설중매 편』에서 비록 칠삭둥이로 태어났지만 영의정이 되어 왕조의 운명을 한 손에 거머쥐게 된 한명회 역을 맡아 열연한 바가 있었다. 그리하여 1985년도 제 21회 백상예술 대상을 수상하기도 했었다.

그 형의 출연으로 인해 나 또한 그 드라마의 열렬한 팬이 되기도 했다.

물론 동국대학 연극영화과 출신이었던 정 진 형은 TV 탤런트가 되어 대중적인 인기를 얻기 훨씬 이전부터 줄곧 연극배우로 활약했고, 연출가 이완호 형과 배우 유민석 씨, 윤병훈 씨 등과 함께 안평선 선생이 대표로 되어 있는 '제작극회' 멤버가 되기도 했다.

내가 정 진 형을 진심으로 좋아하게 된 까닭은 그 형의 철저한 연극의식 때문이었는지도 모를 일이었다. 이른바 TV 탤런트로 인기를 좀 끌게 되면 연극계를 등지고 마는 배우들이 한 두 사람이 아니고, 대중적 인기로 돈을 벌게 된 탤런트들은 또 대부분 술집 내지 식당 등을 개업하기에 바빴는데, 정 진형은 한명희 역을 맡아 번 돈으로 인천에 소극장을 만들어 연극 활동을 계속하려 들었다.

들리는 소문에 의하자니 소극장을 운영하다가 3억 여 원을 날렸다기에 그 맘을 번연히 알면서도 「왜 그런 바보짓을 했느냐」고 물었을 때, 그 형은 히쭉 히쭉 웃으면서 「내가 바보란 걸 아직 넌 몰랐냐?」하는 말로 얼버무리기만 했다. 연극으로 인해 날린 돈은 아까워 할 까닭이 전혀 없다는 뜻이었다.

피차간에 술 바람에 실려 저질러진 사건들이라 육하원칙에 따른 서술도 할 수가 없겠는데, 어느 날 밤에는 그 형과 단 둘이서 택시를 타고 신림동 어느 찻집까지 쳐들어가서 밤을 새운 적도 있었다. 소위 찻집이 한창 붐을 일으켰던 때였는데, 우리 두 사람은 「그저 부어라 마셔라」하고 단지 취하기 위한 목적으로 거기까지 갔었다.

또 다른 어느 날 밤이었다. 취객들이 귀가 길을 급히 서두를 무렵에 대학로에서 그 형과 내가 길거리에서 딱 마주쳤다. 형은 형대로 누구랑 술을 마셨는지 대취상태가 되어 있었고, 나 또한 취할 만큼 취해서 비틀걸음으로 버스 정류장을 찾아 가는 길이었다. 그랬는데 그 형을 만났으니 큰 일이 일어날 수밖에 없었다.

『무슨 소리야, 우리가 이렇게 모처럼 만났는데 그냥 헤어지다니... 그럴 수야 없지!』

형은 내 옷소매를 붙들고 놓아 주질 않았다.

『무슨 술을 더 드시겠어요?』

하고 내가 묻자 그 형은 한동안 뜸을 들이더니 좋은 생각이 났다는 듯이 히쭉 웃었다.

『우리 오늘 밤엔 말이야, 우리 모처럼... 니나노 술집에 가서 젓가락 장단이나 한 번 두들겨 보기로 하자!』

정 진 형이 뜬금없이 '니나노 술집' 에 대한 향수를 떠올렸다. 70년대 중반까지도 즐비했던 일반 서민들의 주점들이 이른바 니나노 술집이었다. 대개 몇 명의 아가씨들도 대기하고 있다가 술시중도 들어 주고 손님들의 돼지 멱따는 식의 대중가요 열창에 젓가락 장단으로 흥을 돋궈주는 역할도 담당했었다. 그 당시의 그 농탕한 니나노 술집들은 인심 또한 푸근해서 술값은 흔히 외상으로 통할 수도 있었다. 심지어 아가씨도 외상으로 살 수 있다는 말이 나돌 만큼 후한 인심을 파는 곳이었다고나 할까. 니나노 술집을 굳이 한 마디로 정의하자면 푸근한 인정을 파는 주점이었지 지금의 술집들처럼 매상만 생각하며 술과 안주를 판매하는 야박한 그런 곳이 절대로 아니었다.

『에이, 요즘에 니나노 술집이 어디 있어요, 형?』

내가 난색을 표하자 「나를 따라 와 봐!」하며 형이 깃대를 잡으려 들었다. 신촌 역 부근에 가면 니나노 술집이 아직도 많다는 말을 하면서 당장 택시부터 잡겠다고 나섰다.

택시가 쉽게 잡히질 않았다. 때마침 민방위 대원들이 지나가자 정 진 형이 그들을 붙잡아 세우면서 택시 좀 잡아 달란 부탁을 했다. 그때 민방위 대원들이 정 진 형을 향해 깍듯한 예를 올리던 기억이 남은 것으로 보아 한명회 역의 인기가 아직도 시중에 좀 남아 있을 때였다.

신촌 역 앞에 도착하고 택시에서 내린 우리가 여러 군데의 골목을 기웃거려 보았으나, 니나노 술집은 도저히 찾아 낼 수가 없었다. 거기서도 우리는 민방위 대원의 힘을 빌렸다.

「우리를 이렇고 이런 술집으로 좀 안내 해 달라」는 정 진 형의 부탁을 받은 민방위 대원은 우리를 데리고 자꾸만 달팽이 속 같은 어느 골목 안으로만 들어갔다.

그 민방위 대원이 우리를 안내한 곳은 결국 어느 건물의 지하실에 자리잡은 룸 사롱이었다.

내가 「이게 아닌데」하는 생각을 막 하는 중인데, 웨이터가 박정희 대통령이 궁정동 안가에서 마셨다는 양주 '시바스 리걸' 한 병과 푸짐한 야채 안주와 아울러 불고기 한 쟁반을 들고 들어왔다.

내가 정색을 하고 나서지 않을 수 없었다.

『이봐 웨이터! 이거 누가 시켰지? 이건 기본도 아니잖아, 자네... 우리가 취했다고 초장부터 바가지 작전으로 나올 거야?』

웨이터가 정진 형을 알아보며 수작을 걸었다.

『정 진 선생님. 괜찮겠죠?』

『아, 오늘 밤에는 이 친구가 깃대를 잡았거든!』

정 진 형이 손짓으로 나를 가리키며 내 체면을 세워주려 들었다.

『마른안주에 맥주나 몇 병 가져 와 봐!』

내가 다시 웨이터의 기를 팍 꺾어 버렸다.

정 진 형이 임기 3년인 인천 시립극단의 제4대 예술 감독이 되었을 때가

2004년 2월이었다. 그 형은 『혈맥』, 『바다가 있는 풍경』, 『거짓말 하는 여인』, 『위선자 따르티프』같은 작품들을 만들어 가는 한편으로 2005년으로 들어서면서 나한테도 작품 집필을 의뢰하려 들었다.

형이 「이렇고 이런 식의 이야기」조로 막연한 이미지만 던져 주어서 내가 '검객들의 도(道)' 를 테마로 잡아 일 년여에 걸쳐 구체적인 작품 한 편을 집필하기에 이르렀다.

그리하여 2006년에 그 작품을 제작 한다는 플랜까지 세운 모양이었는데 그해 2월 1일부로 정 진 형이 그 극단에서 퇴임하는 바람에 그만 내 작품의 공연은 무산되고 말았다.

살아 있는 사람들이 언제 어디서 어떻게 만날 수 있을는지 그건 아무도 모를 일이라 했던가.

2010년 4월 3일부터 5월 2일까지 대학로 예술극장 제3관에서 내 작품 『포옹 그리고 50년』이 공연 되었는데, 3인극인 그 연극에 정 진 씨, 서권순 씨, 최 종원 씨가 출연하게 되었다.

작품의 스토리는 '결혼 일주일 만에 6. 25 전쟁을 만나 국군으로 입대했다가 포로가 되어 북한에 억류 되었다가 50년 만에 탈북 해서 옛 부인을 찾고 보니 부인은 새로운 남편과 잘 살고 있음을 발견 한다.' 는 것이었다. 부인 역의 서권순 씨 입장에서 보면 정 진 형은 옛 남편이 되고, 최종원 씨가 현재의 남편이었다.

소위 천암함 폭침 사건이 터진 무렵이어서 흥행이 여의치는 못했다.

2014년에 경북 연극협회 노하룡 회장이 나에게 경북 연극제 심사위원을 위촉하면서 두 분의 심사위원도 추천해 달라는 부탁을 했다. 그리하여 정 진 형과 이대로 형과 내가 심사위원이 되어 내려가게 되었는데, 노하룡 회장이 아예 공식적으로 우리에게 금년의 전국 연극제에 경북 대표 팀으로선 상주 팀을 내 보내고 싶단 말을 했다. 작품을 보신 다음 「웬만하면 그런 배려를 좀 해 달라」는 뜻이었다. 이를 테면 그간 상주 팀이 한 번도 전국연극제에 참여를 못해 사기가 침체되어 있다는 뜻이었다.

구미, 김천, 상주, 청도 등 4개 팀이 그해 경북연극제에 참여를 했다.

이윽고 상주 팀의 연극을 관람 하게 되었는데 작품이 수준이하로 형편없었다.

뜻밖에도 정 진 형이 나서면서 사뭇 분노의 감정을 토로하다시피 하며 상주 연극인들에게 질타를 서슴지 않았다. 저간에 정 진 형과 함께 연극을 본 적이 많았지만, 그렇게 화를 내는 모습을 목격하긴 그날 밤이 처음이었다.

지금도 내가 가끔 꽤 비싼 가죽점퍼를 입을 때가 있는데, 그 가죽점퍼는 분명 정 진 형이 나에게 준 것이었다. 그러나 언제 무슨 계기로 내가 그 점퍼를 건네받게 되었는지, 그 과정을 전혀 모르겠으니 다행인지 무례인지 그것 또한 모를 일이다.

허현호 씨와 배우협회

신뢰가 전제 되지 않을 경우, 자기 내면에 잠재하는 어떤 비밀을 상대방에게 털어 놓을 수는 없는 일이 되리라. 타인의 삶을 진실로 이해하고 그의 슬픔을 함께 공유할 수 있다면 협조 못할 일 또한 별로 없을 것이다. 그러기에 「죄는 미워하되 사람은 미워할 수 없다」는 말이 생겨나지 않았겠는가.

2003년 8월 22일에도 불교 텔레비전 (BTN)에서는 「김영무가 만나는 문화 문화인」이란 프로그램이 30분간 방송 되었다. '한국 배우협회' 이사장 허현호 씨와 나와의 대담이 있었다.

그날의 방송 역시 허현호 씨의 사적 삶의 궤적과 아울러 딱하기 짝이 없는 우리나라 연극배우들의 일상적 상황과 처지 등이 주된 내용이었다.

그 프로그램의 녹화를 전후해서 뜻밖에도 나는 허현호 씨의 충격적인 개인사적 고백을 전해들을 수가 있었고, 그리하여 이전과 달리 전혀 새로운 관점에서 그를 인식하기에 이르렀다. 따라서 그가 1946년에 전라남도 남쪽 바다에 떠있는 조도 출신으로 서라벌 예대를 졸업했고, 성실하며 믿음직한 배우라는 식의 나의 일상적 관념이 뒤집어 지고 말았던 것이다.

이를 테면 평상시의 허허로운 그의 모습 속에 그토록 절박하고 눈물겨운 나날들이 점철되어 있었음을 나는 미처 알지 못했던 것이다. 아니 그의 고난과 슬픔이 사적인 것이 아니라, 우리 연극배우들의 보편적인 삶의 모습으로 인식되었기에 하나의 충격으로 전해졌던 것이다.

어느 해 추석명절 전야. 가장(家長)의 입장에서 빈손으로 명절을 맞으려니 기가 막힐 지경이어서 허현호 씨는 어느 극단 대표를 찾아 가게 되었다. 며칠 전에 그 극단에서 막을 내린 연극에 출연한 적도 있어, 그는 가까스로 「어렵겠지만 30만 원 정도만 융통해 주면 고맙겠다.」는 말을 했다. 그랬는데 그 극단 대표는 일언지하에 「연극도 망한 마당인데... 나한테 무슨 돈이 있겠냐?」며 거절을 해 버렸다.

그날 밤 귀가 길에 허현호 씨는 소주 두 병과 독극물을 구입한 다음 부인과 함께 세상을 하직할 결심을 굳히게 된다. 누가 뭐래도 양심껏 그리고 성실하게 최선을 다해 20여 년 이상 배우생활을 해 왔음에도 불구하고, 아직 호구지책 하나 제대로 마련 못한 현실 앞에서 새삼 부여잡을 수 있는 삶의 의욕을 찾을 수가 없기 때문이었다.

실제로 그는 부인과 함께 술을 마시며 「우리 그만 끝내버리자」는 뜻을 밝혔다. 그러자 할 말을 찾지 못한 부인이 아무 말도 못하고 그저 훌쩍훌쩍 눈물만 흘리며 울기 시작 했고, 차마 그 모습을 보다 못해 설움이 북받쳐 버린 허현호 씨 또한 목 놓아 울게 되었더란다.

극단 '춘추' 의 단원이며 한 때는 대표직까지 대행했던 그는 2003년에 1

천 5백여 명의 회원을 거느린 '한국 연극배우 협회' 이사장으로 선출 되었다. 박웅 씨, 박상규 씨, 최종원 씨, 김금지 씨에 이은 7대 회장이었다.

대개의 문화 예술관련 단체들처럼 '한국 연극배우 협회' 도 간판만 거창했지 실제는 속빈강정과 다를 바 없었다. 한마디로 무슨 사업을 추진하려해도 기금이 한 푼도 없으니 꼼짝 달싹 못할 처지이고, 끼니 걱정을 하는 회원들 또한 부지기수였지만 그들을 도울 방법 또한 찾을 수가 없었다.

연극배우로 출발했다가 TV 탤런트나 영화배우가 되어 엄청난 인기와 돈을 거머쥔 연기자가 한 두 사람도 아니었지만, 일단 출세를 했다 하면 그들은 하나같이 연극계를 외면 하다시피 해온 게 한국적 현실이기도 했다.

허현호 회장은 작심을 하고 협회 기금마련을 위해 동분서주하기 시작했다. 그 당시에는 야당이었던 한나라당의 정병국 의원과 손을 잡게 되어 한나라당 문광분과위원들부터 움직이기로 마음먹었다.

말하자면 그는 계란으로 바위를 깨트리겠다는 생각을 한 꼴이 되었는데, 그가 가진 무기라곤 오직 진실 그 한 가지뿐이었다.

『4, 5명의 한나라당 문광분과 위원들과 저녁을 먹게 된 자리였죠. 제가 좀 도와 주십시오 하는 전제를 깐 다음... 추석 전날 내가 아내와 동반자살하려고 했던 그때 그 상황을 곧이곧대로 고백 했죠, 뭐. 그러자 모두가 울더군요. 그리고선 연극배우들의 생활이란 게 그 정도로 피폐한 줄은 몰랐다고 하더군요. 비로소 그분들의 마음이 움직이기 시작했고요.』

그러 했다, 허현호 회장은 정부로부터 지원을 받기 위한 정지 작업의 일환으로 2005년 5월 3일 국회회관에서 한나라당 문광분과 위원 10여 명을 초청한 다음, 100여명의 연극배우들과 함께 「우리나라 연극배우들의 실상에 관한 토론회」를 개최하기도 했다. 그날에는 박근혜 대표까지 그 자리에 참석했었다.

그때 주제 발표는 연출가 정일성 씨와 배우 강태기와 극작가인 내가 맡아 했는데, 내가 토로한 내용이 「왜 연극을 사랑하고 배우들을 보호 육성해야 하는가.」였다.

허현호 씨는 정부 예산지원의 한 명목으로 「무대예술인재 교육사업」을 기획한 다음, 중견 배우들을 일정기간 재교육 시키면서 일정금액을 지급하기로 했다. 실제로는 중견배우들의 가계에 도움을 줄 목적에서 시작된 사업이었다.

그 예산과 관련하여 기획 예산처에 협의차 들어가니 「재교육 사업이라면 수련생한테서 돈을 받아야 마땅할 텐데, 어째서 돈을 주며 교육을 시키느냐」는 질문을 받기까지 했었단다.

어쨌거나 허현호 씨는 기적처럼 계란으로 바위를 깨트렸고, 고양이 목에 방울을 매다는 능력을 발휘하기도 했다, 그야말로 사상 최초로 연극배우협회에서 일 년에 15억이란 예산을 지원 받기까지 했던 것이다.

그런데 돈 냄새가 나는 곳에는 말도 많고 탈도 많기 마련이어서, 그는 미처 혜택을 못 받은 일부 회원들로부터 「저희들끼리만 해 먹는다」는 식의 혹독한 비난 내지 비판을 당하기도 했다.

나는 사석에서나마 몇 차례 허현호 씨의 입장을 변호하려 들었으나 역부족이 아닐 수 없었다. 그들의 눈에는 나 또한 허현호 씨로부터 혜택 받은 작가로 분류하려 들었던 것이다.

그들의 그러한 관점에 의하자면 나로서도 할 말이 궁할 수밖에 없었다. 왜냐하면 나도 악극 대본 한편을 '한국 연극배우 협회' 에 팔아먹은 꼴이 되어 있기 때문이었다.

2004년 9월 9일에 종로 구민회관에서 초연의 막을 열고 전국 순회공연에 돌입한 악극 『누가 이 사람을 모르시냐요』가 바로 내가 쓴 악극 대본이었다. 배우협회가 제작하니 호화 캐스팅이 되었고, 연출은 극단 '춘추'의 대표 문고헌 형이 맡았으며 타이틀 롤을 맡은 만경옥 씨는 2004년 7월에 마로니에 극장에서 공연된 내 작품 『오토바이 옆에서』에도 출연했던 가수 겸 배우였다.

그 악극은 2006년에도 전국의 지방 도시를 순회공연 했었다.

'한국 연극배우 협회' 이사장을 연임한 다음, 강태기 씨에게 바통을 넘기고 물러 난 허현호 씨는 또 한동안의 송사(訟事)에 시달리기만 했다. 협회의 「예산을 유용 했네, 횡령을 했네」 하는 등의 혐의로 후임 배우협회 이사장이 그를 고소 했기 때문이었다.

재판 결과가 무죄로 확정이 되던 날, 허현호 씨는 나에게도 전화를 걸어 「혐의를 벗게 되었다」며 허허롭게 웃기만 했다.

그 순간 내 눈에는 눈물이 고였다. 내가 알기로 그는 아직도 사채에 시달리고 있었으니, 「그가 협회 기금을 횡령했다」는 말은 결코 진실이 될 수 없는 일이었다.

다른 한편 일부 연극인들이 그를 한국 연극협회 이사장으로 추천하려 들었으나, 그는 손사래 치기가 바빴다. 배신이 두려워서 다신 공적인 일을 하지 않겠다는 뜻이었다.

그리고 그는 사채를 다 갚을 때까진 악극단을 이끌고 전국을 순회공연 할 수밖에 없다는 말도 덧붙였다.

제 6 장

방송인

●●● 시골출신이어서 나는 라디오드라마의 열렬한 팬이 되었을 지도 모를 일이었다. 1950년대 중반기에 아버지가 대구 시장에서 구입해 온 중고 미제 트랜지스터라디오가 밤마다 나를 환상적인 드라마 세계로 안내하곤 했었다. 그래서 훗날 내가 라디오 드라마를 그토록 많이 쓰게 되었으리라.

구 민 선생의 이름 값

성우로만 알려진 구민 선생이 극단 '산하' 단원으로 연극 활동을 했다는 사실은 익히 알려져 있지만 나는 잘 모를 일이었다.

나는 방송작가라는 신분으로 구민 선생을 처음 만났는데, 1986년이 저물어 갈 무렵이었다. KBS 제2 라디오의 이원규 PD가 '1987년 신년특집' 으로 제작한 2부작 「국토기행- 해안 따라 발길 따라」의 해설을 구민 선생이 맡았는데, 내가 그 프로그램 제1부의 구성작가 노릇을 했었다. 녹음기를 둘러메고 내가 직접 서해안 일대의 명소들을 일일이 방문하며 녹음 취재한 소리자료들을 삽입해 가며 해설을 곁들인 프로그램이었는데, 총 60분간의 방송분량이었다.

녹음을 끝낸 다음 구민 선생이 내 손을 잡아주며 「정말 고생이 많았어요」하는 격려를 아끼지 않았다. 원고를 읽어 가며 그렇게 느낀 모양이었다. 녹음을 할 때 가만히 지켜보니 내가 쓴 원고들이 매끄럽지 못한 부분들도 눈에 띄긴 했으나 내용이 충실하다 보니 구민 선생이 긴장을 늦출 수가 없었다. 나 자신도 잘 알고 있지만 원래 나의 필치는 다소 투박하고 때로는 거친 점도 없지 않았다. 그렇다고 내용은 거지같은데 솜사탕 맛이 날만큼 포장은 근사한 문장들을 뒤따라갈 생각 또한 추호도 가진 적이 없었다.

그해 1987년이 저물어 갈 때 KBS 라디오 PD 조원석 씨가 나에게 전화로 드라마로 제작할 송년특집 4부작 작업을 함께 하자고 했다.

내가 「어떤 소재냐」고 물었다.

조원석 씨가 KBS에서 문학작품 공모를 했는데, 그 행사에서 입상작으로 뽑은 소설이라 했다.

나는 일단 원고를 읽어보자는 말을 했고, 작품을 읽어 보니 각색하기가 그리 까다롭게 느껴지지 않아 작업을 하기로 마음먹었다.

원작자는 강원도 춘천에 살고 있는 안병규 씨였고, 소설 제명(題名)은 『토민(土民)』이었으며, 어느 수몰지구에 살던 선량한 일가가 댐 건설이라는 거대한 국가적 사업 앞에서 어쩌지 못해 정든 고향을 등진다는 줄거리였다.

방송매체는 KBS 제1라디오였고, 방송일자는 그 해 12월 28일부터 연 4일간이었으며, 방송 분량은 매회 60분간이었다.

캐스팅 과정에서 조원석 PD가 「늙은 아버지 역에 구민 선생이 어떻겠느냐?」고 물어서, 나는 「그분 스케줄만 허락된다면 좋을 것 같다」며 동의를 했다.

그런데 라디오 드라마로서는 그런 식의 '미니 시리즈물' 이 사상(史上) 처음이어서, 제작진은 바짝 긴장들을 했다. 만약 1회분이 방송 된 다음, '실패' 라는 결과로 모니터가 접수되면, 뒷부분은 어쩌지 하는 걱정들을 떨칠 수 없는 모양이었다.

나는 일단 원작이 갖고 있는 서정성을 최대한 살려 각색 하리란 각오를 했다. 이를테면 수몰지구에 거주했던 토착민들의 비애스런 감정을 담담히 묘사하면서, 사회구조적 문제 부각이나 토착민들의 저항의식 등은 드라마의 배경으로 깔면서 분위기 위주의 작품으로 구성 하려 들었던 것이다.

다른 한편으로 나는 유별스럽게도 내 원고로 방송되는 작품들은 꼬박꼬박 모니터 하는 습관의 소유자였다. 언젠가는 내가 쓴 드라마가 방송 되는데, 「3초간의 사이를 두었다가 문이 쾅 닫히는 소리로 연결되길 바란다.」는 지문까지 써주었는데, 문 닫히는 소리가 너무 빨리 연출 되어 속이 무척이나 상한적도 있었다.

이윽고 『토민』이란 4부 드라마의 종반부가 되면서 클라이맥스 부분으로 진입할 즈음이었다.

나는 구민 선생 역할에다 큰 비중을 실어, 엄청 긴 대사를 깔아 놓았다. 그것도 청취자들의 가슴이 뭉클하고 눈시울이 시릴 만큼이나 비극적인 상황에서였다. 다시 말하면 드라마는 극도로 상승되어 있고, 구민 선생의 역할에서는 그간 꼬깃꼬깃 가슴속에 응어리로 뭉쳐진 울분을 끝내 밖으로 분출하는 장면으로서, 처음 상대방의 대사를 격앙된 감정으로 붙잡아야 한다는 계산을 해 두었던 것이다.

그랬는데 모니터를 하다말고 내가 깜짝 놀랐다. 구민 선생이 상대방의 대사를 작가의 계산과는 아주 판이하게, 거의 덤덤한 감정으로 이어 받지 않겠는가?

순간 나는 「이게 아닌데?」하는 판단을 함과 동시에, 아찔한 기분을 느끼며 「구민 선생이 왜 이럴까?」하는 실망감에 젖어 들었다. 아마 그때 구민 선생이 토해야 하는 대사 분량이 200자 원고지 2장반으로 장장 1분 30초 가량이나 되었으리라.

구민 선생은 여전히 별다른 감정을 내비치지 않은 채, 대사만 죽죽 밀어붙였다.

다음 어느 순간. 마지막 대사 너 댓 문장이 남아 있을 때였다.

구민 선생은 애초에 작가가 기대하며 계산했던 울분 이상의 감정을 대사에 실어 주었다. 그것은 그야말로 정제된 울분이요, 작위적이 아닌 극히 자연스런 감정 그대로였다. 기를 쓰며 억지로 참고 참아가며 말을 하려 들었는데, 말을 하다 보니, 자신도 몰래 울컥 치받히는 분노에 몸을 떤다는 식의 표현이었다.

그제서야 나는 감동의 한숨을 내려 쉬었다. 동시에 「역시 구민 선생!」 하는 감탄사를 토해 냈다.

사실 작가는 그런 식의 연기 플랜까지 세울 수는 없는 일이었다. 그러한 소화력과 연기 설정이야말로 바로 연기자의 몫이었다.

따라서 훌륭한 연기자는 직접적인 표현력에 있어서는, 작가나 연출가보다 한발 앞서 있기 마련이고, 배우가 예술가인 까닭도 거기에 있으리라.

그날 나는 구민 선생이 확실히 '이름 값' 하는 연기자임을 재삼 확인했다.

경험에 비춰 보자면 '이름 난 사람들' 은 역시 '이름 값' 을 하기 마련이었다. 속된 말로 이름난 사람들은 '자기 죽을 짓은 절대 하지를 않고' , 아니 '하질 못하고' 기회만 포착되면, 언제라도 반짝 빛을 발하는 능력들을 보유하고 있었다.

하기야 제대로 인정을 받아 누구누구하면 '아, 그 사람' 하는 정도의 수준에 오르기가 어디 그리 쉬운 일이랴?

TV 드라마 녹화 현장에 가보면, 엄청난 분량의 긴 대사를 소화하는 주연급 연기자가 NG를 내는 경우란 극히 드문데, 기껏 서너 마디 대사를 갖고 카메라 앞에 선 단역 배우들이 계속 NG를 내기가 일수였다.

『토민』이 방송되고 난 다음 KBS 로비에서 구민 선생을 만났을 때, 내가 「열연을 해 주셔서 고마웠다」는 말을 하자, 선생은 「작품이 좋았다」는 겸손으로 대응해 주었다.

그 이후에 무슨 까닭으로 그렇게 된 건지는 모르겠지만, 나는 구민 선생이 미국으로 이민을 떠나 버렸다는 소문을 듣고 한동안 가슴이 먹먹함만 느꼈다.

김성민 씨의 시(詩)

2010년 12월 31일에 이른바 종합편성 방송사들이 인가 되었는데, 그 이후, 종편 TV 화면을 통해 거의 매일같이 대하다시피 하는 '자유 북한방송' 대표 김성민 씨의 얼굴을 지켜보면서, 나는 남다른 친근감을 느끼곤 했다. 아니 친근감이라기 보담은 어떤 안타까움 내지 애틋함이라는 표현이 적절할 지도 모를 일이었다.

왜냐하면 나는 그의 사적인 꿈을 잘 알고 있기 때문이었다. 그의 꿈은 한마디로 위대한 시인이 되는 일이었다.

내가 그를 처음 만난 때가 2003년 6월이었다. 그때 나는 BTN에서 방송되는 「김영무가 만나는 문화 문화인」의 프로그램의 작가이자 MC가 되어 있었다.

방송에서는 소위 시의(時宜)에 걸맞은 내용의 편성이 기본 중의 기본임은 상식에 속하는 일이었다. 그때가 마침 6월 25일을 눈앞에 둔 방송이어서, 나는 먼저 우리 민족의 분단 비극을 염두에 두지 않을 수가 없었고, 그와 관련된 인물을 고려하게 되면서 '어느 탈북인과의 대담' 이란 결론을 내렸다.

따라서 내가 1970년 무렵에 팬티 바람으로 휴전선을 넘어 온 귀순 용사 엄정수 씨에게 전화를 걸어 상의한 결과 김성민 씨를 소개 받을 수가 있었고, 어렵지 않게 그를 만날 수도 있었다.

나에게 비친 김성민 씨의 첫인상은 유순함과 깨끗함이었다. 1962년에 평양에서 출생했고, 1991년에 김형직 사범대학을 졸업, 212부대 예술선전대에서 대위로 근무하다가 1997년에 중국으로 탈북, 1999년에 한국으로 귀순하게 된 그는 중앙대학교 예술대학원 문창과에 재학 중이라 했다.

그를 인터뷰 하는 동안 나는 그가 북한의 「조선 문학」지를 통해 시인으로 등단했다는 사실과 아울러 그의 부친 김순식 선생 또한 김일성 대학 교수로 재직 중이며, 북한의 조선 작가동맹 중앙위원회 시분과 위원장으로 북한 내에서는 최고급 서정시인으로 자리매김 되어 있다는 사실도 알게 되었다.

김성민 씨와 나의 대담 프로그램은 예정대로 2003년 6월 20일에 방송되었다.

방송용 녹화를 무사히 끝낸 다음 내가 그를 향해 말했다.

『나이로 보나 문단경력으로 보나... 어차피 내가 선배 격이 될 터이니... 무슨 부탁 같은 게 있으면 해 보시오!』

그러자 김성민 씨는 나에게 「한국에서 시인으로 활동할 수 있는 발판을 좀 마련해 달라」고 했다.

나는 「알았다」는 대답을 한 다음, 한국 문인 협회에 들러 신세훈 이사장을 비롯한 여러 원로급 문인들 앞에서 김성민 씨의 입장을 일삼아 거론해 보기로 했다. 이를 테면 「북한에서 공식적인 과정을 그쳐 시인으로 등단한 그가 한국에서 다시 추천 과정 등을 겪어야 될 것이냐? 아니면 북한의 그 과정을 자유대한에서도 그대로 인정할 것이냐?」하는 문제를 하나의 의제로 상정하게 된 셈이었다.

그랬는데 그 자리에 있던 대부분의 문인들이 북한의 공식데뷔 과정을 인정해야 한다는 쪽으로 의견을 모아주었다. 북한군 대위를 한국에서도 동등한 계급으로 인정해 주는 사례가 그 논리적 뒷받침이 되었다.

한편 문인협회 이사장인 신세훈 씨에게 내가 김성민 씨를 직접 소개해 주면서 작품 발표의 기회와 지면을 좀 제공해 줘야겠단 부탁도 하기에 이르렀다.

그러자 신세훈 씨는 반갑게 그를 맞이하면서, 우선 계간 『자유문학』지에 그의 시작품을 실을 수도 있는데, 그가 북한에서 공식적으로 추천 받은 작품부터 실어야 순서가 되지 않겠느냔 말을 끄집어냈다. 왜냐하면 그가 북한에서 공식적으로 문단 데뷔를 했다는 사실부터 적시해야 되지 않겠느냔 뜻이었다.

김성민 씨는 신세훈 씨의 말을 금방 알아들었다. 그리하여 그가 국가 정보원에 들려 「조선 문학」지에 발표 되었던 그의 등단 시기 작품들을 복사한 다음 다시 우리 앞에 나타났다.

대학로에 있는 아르코 소극장 부근의 커피숍 '모차르트' 안이었다.

신세훈 씨와 나는 김성민 씨가 내미는 시작품들을 읽어 보았다. 말하자면 북한의 「조선 문학」지에 게재 되었던 그의 데뷔작들이었다.

그 작품들을 읽어 보다가 내가 고개를 흔들며 신세훈 씨에게 걱정스러움을 표했다. 그때가 비록 노무현 정권 하이긴 하지만, 김성민 씨의 시작품에 나타나 있는 「김일성 장군에 대한 직접적인 찬사」등은 문제가 될 것 같아서였다.

신세훈 씨는 한 마디로 내 염려를 일축했다.

『북한의 시작품이 이 정도라는 걸 누가 모를까?』

그리하여 신세훈 씨는 그 시작품들을 원형 그대로 당신이 발행하는 문학 계간지 「자유문학」에 게재해 버렸다.

결과적으로 나는 신세훈 씨에게 김성민 씨를 야무지게 인계한 꼴이 되어, 가벼운 마음으로 그와 헤어질 수가 있었다.

이윽고 1년쯤(?)이 흘러갔을까. 내가 무슨 일로 대학로에 있는 「자유문학」잡지사 사무실로 신세훈 씨를 찾아 갔다.

한참 동안 이런 저런 얘기를 주고받은 끝에 신세훈 씨가 김성민 씨 얘기를 먼저 끄집어 낸 다음, 「혹시 그때 국정원 직원들이 찾아오지 않았느냐?」는 물음을 나에게 던졌다. 내가 고개를 가로 젓자 자기한테는 국정원 직원 2명이 찾아와 몇 시간 동안 수사를 한 다음 돌아갔다는 사실을 일러주었다. 김성민 씨 작품들을 「자유문학」에 게재하게 된 경위에 관한 심문이었단다.

섬뜩함을 느낀 내가 며칠 후에 김성민 씨 쪽 사정을 알아보았더니, 그 역시 국정원에 연행되어 며칠 간 시달림을 받은 바가 있다는 사실 또한 알게 되었다.

그 순간에 나는 국정원에 있을 나의 인적자료에는 「의심의 여지가 전혀 없는 확고부동한 반공주의자 란 검인이 나있나 보다」하는 생각에 잠겨 들기도 했다.

하기야 나는 1969년도의 국방부 모집 장막희곡 당선작가가 되기도 했고, 대적심리전처 전문위원 경력 4년여에, 육군 내 문선대(文宣隊) 각본 집필을 2, 3년 간 해 주었을 뿐만 아니라, 1989년에는 KBS 제1라디오를 통해

6. 25 전쟁 중에 태극무공훈장을 수여받은 용사들의 일대기를 6부작 드라마로 집필하기도 했었다. 태극무공훈장을 받은 용사들의 이야기는 그 당시의 이종구 국방부장관이 기획했던 프로그램이었다.

요즘도 TV 화면을 통해 자유북한 방송 대표 김성민 씨의 얼굴을 지켜보면서 나는 가끔 이런 생각에 잠겨 보기도 한다.

「저 친구가 아직도 시를 쓰고 있을까? 만약 쓰고 있다면 과연 어떤 시를 쓰고 있을까?」

김영곤 선생의 충고

되짚어 보면 나는 실로 일찍부터 방송일과 인연이 닿아 있었다. 경북 왜관에 있는 순심 중학교를 다니는 동안, 나는 줄곧 방송부장이 되어 서무실 한 쪽 구석에 마련된 방송실에서 꼬박 3년 동안 살다시피 했고, 그런 결과에 의해 졸업식장에서 공로상도 받은 바가 있었다.

이어 1969년에는 희곡작가라는 관사가 내 이름 앞에 붙었고, 1970년에는 한동안 KBS 대구 방송국에서 30분짜리 단막극을 쓰기도 했었다. 프로명은 「KG 극장」이었고, 서정호 씨가 PD였고 연출자가 김태유 씨였다. 그때 쓴 작품 중에서 『논』이란 제명의 드라마가 아직도 내 기억 속에 생생히 남아 있는데, 농토에 대한 촌로(村老)의 집념을 그린 내용으로 훗날 반재원이란 후배가 대학 방송극 경연대회에 그 작품을 들고 나가 대상을 수상하기도 했었다.

1971년경에 상경(上京)한 나는 여러 잡지사로 전전하면서 이런 저런 방황을 계속 하다가, 1974년부터 본격적인 방송작가 활동을 하려 들었다. 그때는 KBS 대구 방송국 성우로 일 하다가 나보다 먼저 상경, 남산의 KBS 성우 및 탤런트로 활동하던 한세훈 형이 나를 데리고 다녔다.

가장 먼저 CBS와 연결 되어 30분짜리 방송 단발극인 「CBS 무대(연출: 이광천)」몇 편을 집필했고, 청소년 문제 상담 프로그램이었던 「여기 한길이 있다」를 드라마 형식으로 각색(脚色) 하기도 했다.

정확히 1975년 5월 초순. KBS- TV의 조수영 PD와 손잡고, 60분짜리 단막극인 '희망무대' 를 집필하게 되었는데, 꽤나 성공리에 방송 되었다. 말하자면 TV 드라마 작가로서 공식적인 데뷔를 한 셈이어서 조수영 씨 입에서 다음 프로그램을 함께 구상해 보자는 말도 나왔다.

그럴 즈음 한세훈 형의 소개로 사극(史劇)의 대가(大家)로 알려진 방송 극작가 김영곤 선생을 알게 되었다. 그분은 몇 년 전에 『삼현육각(三絃六角)』이란 라디오 연속극을 집필, 인기를 끌기도 했었다.

성우로 그 『삼현육각』에 출연, 잠재 실력을 발휘 했던 한세훈 형은 김영곤 선생이 나에게 방송작가로서의 처신 등을 좀 일러 주기를 바랐을 지도 모를 일이었다. 왜냐하면 그 형은 내가 하루 빨리 방송작가로 자리 잡길 원했기 때문이었다.

그런데 남산 KBS 옆에 자리 잡은 '산길 다방' 에서 마주 앉게 된 김영곤 선생은 한동안 말없이 내 얼굴만 살펴보려 들었다. 한세훈 형은 무슨 드라마 녹화 일로 스튜디오에 가게 되어 그 자리에는 없었다.

이윽고 김영곤 선생이 무거운 말문을 열었다.

『김군이... 신춘문예 출신 희곡작가라 했던가?』

『네. 선생님.』

나는 그렇다고 했다.

『그럼 희곡을 써야지, 왜 방송가에 들락 거리냐? 방송 극작가로 돈도 벌고 인기도 얻고 싶어 그런가?』

『....?』

나는 선뜻 뭐라고 대답해야 좋을지 몰라 머뭇거리기만 했다. 실은 희곡 작가가 되려고 직장도 팽개치고 상경하긴 했지만, 낯선 객지 생활이 너무 어렵고 어쩌고 하는 식의 대꾸야 할 수 있었지만, 왠지 너무 구차스럽게 느껴지기만 했다.

『... 방송 작가 이거 아무 것도 아니야. 도대체 남는 게 없단 말야. 제대로 된 작가로 살고 싶으면 희곡을 써야지, 희곡을! 김군은 아직 방송가의 생리를 잘 모르나 본데 정말 살벌하기 짝이 없고 냉정한 곳이야. 작가도 소모품에 불과 하거든. 인기란 건 아침 이슬 같은 것이고. 소위 작가 정신 같은 건 이 바닥에서 아무 짝에도 쓸모가 없는 거라. 내 말을 잘 새겨듣고 명심을 해요.』

그런 말만 남긴 다음 김영곤 선생은 바람처럼 그 자리를 떠버리고 말았다.

나는 김영곤 선생의 신상에 대해서는 아는 바가 거의 없었고, 알려는 노력도 해본 적이 없었다. 그럴 까닭조차 없었다. 뿐만 아니라 그때 그분이 나에게 그런 말을 하게 된 동기나 심적 배경 등에 대해서도 유추해 본 적이 없었다. 아니 그럴 여유를 찾을 수가 없을 만큼, 내가 크나큰 충격을 받은 꼴이었다.

결과적으로 그날로부터 꼬박 10년 간, 나는 방송가에 일절 드나들지 않았다. 오로지 희곡 쓰기에만 매달렸다. 그 사이 육군본부 심리전 방송사에서 약 4년 간 전문위원을 역임(歷任) 하기도 했지만, 나에게 그 기간은 월급쟁이 시절이요, 흐트러진 심신을 추스르던 기간이었다.

기어이 「희곡다운 희곡을 발표하기 전에는 절대로 방송 일을 하지 않겠다.」는 게 그 당시 나의 굳은 결심이었다.

1985년. 그간 『할미의 씨앗』, 『길』등 내 희곡작품 두서너 편이 상연(上演) 되긴 했으나 별 반응을 얻지 못했는데, 그해 가을에 상연된 작품 『구름 가고 푸른 하늘』이 이를테면 작품으로 성공(?)을 거두었다.

그 연극의 홍보를 위해 내가 CBS 녹음 실로 들어가게 되었는데, 10여 년 전에 함께 일한 적이 있는 연출가 이광천 부장이 반갑게 나를 맞이하면서 「방송 드라마 좀 같이 할 수 없겠느냐?」는 제의를 해왔다.

엄격히 말하면 그때 나는 실직(失職) 상태에 있었기에, 이광천 차장의 제의를 가볍게 뿌리칠 수도 없는 입장이 되어 있었다.

그리하여 나의 방송작가 활동이 재개(再開) 되었다.

우선 나는 「CBS 무대」를 집필하면서, 이른바 간증 드라마인 1개월 단위의 「CBS 연속극(PD: 박동주)」도 모 작가와 윤번제로 집필, 방송하기 시작했다.

그리고 CBS에서는 생방송인 「연못 골 산책」이란 시사가십 프로그램을 장장 4년간이나 매일같이 집필하면서 특집 다큐멘터리도 구성하는 등 실로 많은 일을 하게 되었다.

가령 그때 김영곤 선생을 만나지 않았고, 내가 TV 드라마 작가로 일관했더라면 지금쯤 나의 초상화가 어떤 모습이 되어 있을까?

돈도 좀 벌었을 테고 잘 먹고 잘 살았을 것 같기는 한데, 분명한 건 희곡작품은 거의 쓰지 못했을 것 같다. 그렇다면 가난한 희곡작가 김영무 당신은 지금 처지에 만족 하고 있는가.

『....?』

박동주 PD의 직업의식

SBS 라디오 편성국장직을 거쳐 제작위원으로 정년퇴직을 맞이한 바 있는 박동주 씨 또한 KBS 라디오국의 조원석 씨와 마찬 가지로 많은 방송 일을 나와 함께한 사람이었다.

이른바 평PD 때부터 각종 방송 프로그램 제작에 나를 참여 시켰던 위의 두 사람은 라디오 방송사의 제작부 총책까지 맡게 될 정도로 승진을 거듭했는데, 내가 볼 때 두 사람의 공통점은 투철한 직업의식에 따라 심성이 잡스럽지 않았고 오로지 방송 일에만 전력투구 하더라는 점이었다.

방송사란 곳이 원체 말이 많고, 일의 특성상 스캔들이 생겨나기 쉬운 조직구조로 되어 있었음에도 불구하고, 두 사람한테서 불거진 잡음이나 스캔들은 전무한 상태였다. 속된 표현으로 까발히자면 허파에 바람만 잔뜩 들어 하루 아침에 스타가 되길 꿈꾸고 방송국 주변에서 어정거리며 PD 만날 기회만 노리는 선남선녀들이 어디 한 두 사람이었겠는가.

가령 내가 아전인수 격으로 해석을 하고 보면, 오로지 방송일 그 자체에만 열정적이었던 PD들이 나에게 일거리를 제공했던 모양새가 되기도 했다.

PD들 중에도 함량미달에 천박한 의식의 소유자들이 너무나 많다는 사실을 나는 잘 알고 있었다.

언론고시(?)에 합격할 수 있는 명석한 머리와 그의 인격이란 또 다른 차원의 문제이기도 한 것이다. 나는 직업의 귀천은 따질 바가 못 되나 의식의 귀천은 분명코 따져 볼 문제로 여기는 사람이기도 하다. 막말로 천박한 의식의 정치인이 대통령이 되고 보면, 그만큼 국격(國格)이 천해질 수밖에 없는 일이었다.

나는 1974년부터 CBS 일을 하게 되었고, 박동주 씨도 거기서 만났지만 그때는 주로 이광천 차장의 청탁에 의한 원고만 썼다. 그리고 10여 년 간의 공백기를 거쳐 1985년부터 다시 CBS 일을 시작하게 되었는데, 그때부터 박동주 차장의 손을 맞잡을 수가 있었다. 이광천 씨는 제작 부장으로 승진되었기 때문이었다.

첫 인상이 우직한 시골 청년 타입이며 아나운서 출신이었다는 박동주 씨와 내가 처음 하게 된 일은 「CBS 일일 연속극」으로 일종의 간증 드라마였다. 하루에 20분 씩 한 달간의 방송이 드라마 한 편의 내용이 되곤 했다.

KBS와 달리 CBS는 제작부의 규모가 작아 가족적인 분위기에 가까웠다. 그래서 프로그램을 편성할 때가 되면 PD들이 방송작가인 나와 여러 가지 상의도 함께 하려 들었다.

문득 기억되는 일 중의 한 가지는 「정오의 휴게실」이란 음악 프로그램의 MC를 정하지 못해 고심들을 할 때였다. 내가 윤석화 씨를 추천하자 즉석에서 OK 되어 섭외에 들어갔고, 출연계약이 성립되었다.

이윽고 그녀가 방송을 시작하자 나더러 모니터를 부탁해서 내가 모니터를 해 본 다음, 「대낮 방송이니 MC에게 분위기를 좀 더 밝게 띄우라고 말해주는 게 좋겠다.」는 견해를 개진했었다. 그랬는데 PD가 그렇게 일러 주자 윤석화 씨는 「나는 내 스타일 대로 방송할 수밖에 없다」라는 식의 대답을 하며 발끈 했었단다.

한편 내가 장장 4년 동안 원고를 쓰게 되었던 「연못골 산책」이란 생방송 프로그램의 편성 및 제작에 있어서도 비하인드 스토리가 잠재 했었다.

박동주 씨가 처음 그 프로그램을 편성할 때 나랑 상의를 했는데, 정작 그 프로그램이 방송될 때의 작가는 내가 아니었다. 나는 「그러려니」 하고 말았는데, 5개월쯤이 지나갔을 때였다. 웬 일로 박동주 씨가 마포에 있는 불갈비 집에서 나를 좀 만나자는 전화를 했다. 만났더니 그가 실토 하는데, 그간 「연못골 산책」이란 시사가십 프로그램이 계속 죽을 쑤는 바람에 작가가 무려 네 번이나 교체 되었다는 것이다. 그와 동시에 원고료 책정이 너무 짜게 되어 있어, 차마 나에게 집필의뢰를 못했다는 말도 보탰다. 결론은 내가 그 프로그램의 원고를 좀 써줘야겠다는 것이었다.

그때가 노태우 정권시절이었다. 내가 「연못골 산책」이란 그 생방송 프로그램의 원고를 쓰기 시작한 지 2개월 만에 그 프로그램의 청취율이 전체 CBS 프로그램 중 2위로 훌쩍 뛰어 올랐다. 「새롭게 하소서」란 간증 프로그램만은 부동의 1위였기에 난공불락이 아닐 수 없었다.

1991년에 SBS라디오 방송사가 개국할 때, 박동주 씨가 거기로 자리를 옮기게 되었고, 나도 자연스레 SBS 일을 하게 되었다.

창사특집 행사의 구성부터 시작된 박동주 PD에 의한 나의 SBS 작업은 주로 신년특집 등으로 이어졌고, 이미 단행본으로 출간된 바 있는 향토문화 탐방기 『하동에서 임진강까지』의 집필 기회로 주어졌던 「가요 풍물기행(연출: 전문수)」도 함께 기획되었다.

박동주 PD는 MBC-TV 채널로 방송된 차인태 아나운서의 대담프로그램이었던 「인생의 오솔길」의 섭외 및 구성작가로 내가 뛸 수 있는 기회도 마련해 주어서 꼬박 일 년 간 내가 그 일을 담당하기도 했었다. 「인생의 오솔길」이란 그 프로그램의 PD가 바로 그의 친동생 박성주 씨였다.

사실 영국이나 독일 등에서는 희곡작가가 곧 방송극작가이고, 훌륭한 방송극이 금방 연극화되기도 하니, 그만큼 방송의 질이 높다는 말이 되기도 했다.

박동주 씨도 그런 점을 알아 희곡작가인 나를 결코 여느 스크립터 대하듯 하진 않았다.

CBS에서 1989년과 1990년에 방송극본 공모를 한 적이 있었고, 그때 나도 심사를 하게 되었는데, 방송극 이전에 기본 작문 실력도 못 갖춘 사람들이 너무나 많은 작품을 보내 주어서 그저 기가 막히기만 했었다.

희곡이 문학을 알고 연극을 알아야 할 장르라면, 방송극은 당연히 문학을 알고 방송의 기본을 알고, 드라마를 알아야 비로소 쓸 수가 있는데, 가장 기초적인 문학적 소양도 갖추지 못한 젊은이들이 당장 인기작가로 입신출세하겠다는 식의 허황한 꿈들만 꾸는 것 같아, 말문까지 막힐 지경이었다.

박동주 씨와 SBS 라디오 채널에서 함께 한 작업 중에서 1996년 1월 1일과 2일에 각기 60분씩 2회에 걸쳐 방송된 신년특집 다큐멘터리 「현대문학 100년」은 가히 기념비적 프로그램이라 말 할 수도 있을 것 같았다.

그해는 문화부가 제정한 「문학의 해」였다.

수많은 문인들의 육성을 증언으로 삽입해가며 해설을 곁들인 그 프로그램의 제1장은 「신문학기부터 해방문학기까지」였고, 제2장은 「분단문학기부터 컴퓨터 문학기까지」였다.

2008년 무렵 박동주 씨가 SBS에서 정년퇴직을 한 이후 딱 한 차례 만나보기도 했는데, 그는 막상 퇴직을 하고 나니 자기를 대하는 사람들의 태도가 이전과는 너무 달라 때로는 환멸감이 들기조차 한다는 고백을 했다.

박용기 선생과 장충 족발

원래 연극배우이자 연출가인 박용기 선생은 국내 연극인들 중에서는 화술지도에 있어 가장 뛰어났다는 이원경 선생의 직계제자로 알려져 있었다.

이원경 선생은 대꼬챙이 같은 당신 성격으로 인해 '어물어물' 이나 '적당히' 는 절대로 통하지 않는 사람이었다. 예를 들면 꼴 보기 싫은 년, 놈들은 마주치기 조차 싫다며 상대방이 저쪽에서 걸어오면 선생은 일삼아 딴 길로 빠져 들었다는 일화를 남기기까지 했었다.

박용기 선생은 스승의 그런 성격까지 물려받은 모양으로 절대로 불의를 용납하려 들지 않았을 뿐만 아니라, 단 한 마디의 허튼 소리도 흘릴 줄 모르는 것 같았다.

내가 박용기 선생을 연극인이 아닌 방송인으로 분류하게 된 데에는 그럴만한 이유가 있었다.

선생의 직장은 방송사였다. 이른바 방송음악의 선곡이나 음향효과 디자인 등에 있어서도 타의 추종을 불허한다는 평판이 나돌 정도로 선생은 그 방면에 뛰어난 실력을 겸비하고 있었다.

박용기 선생이 CBS 방송부장으로 재직했다는 사실 또한 알고는 있었지만, 나하고는 별다른 인연이 맺어지지 않았다.

박용기 선생은 라디오 불교방송인 BBS의 개국 작업에도 참여, 1990년 5월 1일에 BBS가 개국 되면서 상근 방송위원으로 출근을 했다.

1992년 늦여름의 어느 날.

남산 국립극장에서 나 혼자 무슨 연극 한 편을 관람하고 나서다가 박용기 선생을 만나게 되어 인사를 올렸는데, 그날따라 주위에는 연극인들이 한 사람도 없었다. 물론 박용기 선생은 내가 희곡작가이며 KBS 등에서 방송원고를 쓰고 있다는 사실 정도만 아슴푸레 알고 있었다.

박용기 선생과 나는 천천히 장충단 공원 쪽으로 내려오게 되었다.

『소주 한 잔 하시겠습니까?』

하고 내가 조심스레 묻자 선생은 흔쾌히 응해 주었다.

『그럽시다.』

그리하여 우리는 연극인들의 단골이 되어 있는 장충 할머니 족발 집을 찾아 들어갔다. 그날 그 족발 집에서 무슨 얘기를 나눴는지 구체적인 기억은 할 수가 없는데, 아마 그날 관람했던 연극에 대한 관극소감 내지 연극계의 동향 등에 대한 정보교환 정도가 되었으리라.

두어 병의 소주가 동이 날 무렵이었다.

『김 작가가 근년에 활발히 희곡을 발표한다는 사실도 알고... 방송 일도 열심히 한다는 걸 알고 있는데...』

선생이 그런 식으로 운을 떼기에 나는 긴장을 하지 않을 수 없었다.

『네. 선생님』

하고 내가 귀를 쫑긋 세웠다.

『이것 한 가지만 알아 봐 줘요. CBS에서 생방송으로 배한성 씨가 진행하는 '연못골 산책' 이란 가십 프로... 그 원고를 누가 쓰고 있는지』

하, 그 순간에 나는 실소를 하지 않을 수가 없었다. 내가 그 원고를 쓰고 있지 않았겠는가.

『선생님, 그 원고 제가 쓰고 있습니다.』

『뭐요?』

박용기 선생도 기가 막혔는지 헛웃음만 흘렸다. 내친 김이란 듯 선생은 그 프로그램이 「좋다」라는 칭찬까지 해주었다. 원래 칭찬에도 무척 인색하다는 소문이 나있던 그분이었다.

이어서 선생은 나에게 불교 방송 일도 좀 도와 달라는 얘기를 덧붙였다.

1992년 10월 5일부터 BBS에서는 「다시 듣고 싶은 노래」라는 30분짜리 가요 프로그램이 방송 되었는데, 박용기 선생의 추천에 의해 내가 스크립터로 채용 되었다. 정다운 옛 가요를 들려주면서 사라지고 있는 고향의 정취라든가 옛날의 애틋한 정서 등을 되새겨 본다는 포맷이었다.

그 프로그램을 기획할 때, 「MC를 누구로 할 것이냐」하는 문제로 많은 고심을 했는데, 네 명의 후보자 명단 중에 조명남 씨가 들어 있어, 나는 그를 적극 추천 했었다. 그는 연극배우일 뿐만 아니라 KBS 1라디오에서 방송된 「소리 100년 생활 100년」이란 다큐멘터리 드라마의 해설을 맡아 왔었고, 내가 그 원고를 집필하기 때문이었다.

이윽고 조명남 씨가 「다시 듣고 싶은 노래」의 MC가 되어 프로그램을 진행하게 되었는데, 결론부터 말하자면 작가와 MC와의 호흡이 제대로 맞아 떨어지질 않았다. 그리하여 그해 12월 26일을 끝으로 나는 프로그램에서 손을 떼고 말았다.

누구의 잘잘못을 따질 문제는 아니겠지만, 우리는 크게 부딪친 적도 있었다. 훗날 화해를 하고 보니 조명남 씨와 내가 또 동갑내기였다.

내가 그 프로그램에서 하차하게 되었을 때, 방송국 사무실에서 박용기 선생을 만났다. 선생은 아무 말 없이 내 손을 잡아 주며 미소만 살짝 지워 주었다. 그리고 내가 사무실을 나설 무렵에 박용기 선생은 「정초에 우리 집에 놀러 한 번 와요!」하고 딱 한 마디를 던졌다.

나는 서울 생활을 하는 동안 정초에 세배를 다닌 적이 거의 없었다. 내가 그런 습관을 몸에 익히게 된 까닭을 굳이 따지고 본다면 「부모님한테 세배도 못 올리는 놈이 누구한데 세배를 하랴」하는 마음 때문이었다.

그럼에도 불구하고 1993년 정초를 맞아 박용기 선생 댁을 방문하게 되었다. 지금의 나로서는 거기가 어딘 지도 잘 모르겠다. 아무튼 높은 언덕배기에 있는 단독 주택이었고, 거실에도 온통 책들로 가득 차 있었다. 그리고 그냥 조용하기만 했다.

박용기 선생과 나는 소주만 마셔댔다. 선생이나 나나 허풍을 떤다든가 공수표를 남발할 위인들이 못 되었으니 시끄러울 까닭조차 없었다.

몇 년 뒤, 박용기 선생이 미국으로 훌쩍 이민을 떠났다는 소식을 들었다. 왠지 모르게 가슴이 써늘해졌다.

수구초심(首丘初心)이어서 나이가 들면 객지에 살던 사람들도 고향을 찾아온다는데, 박용기 선생은 왜 그와 반대로 늘그막에 고향을 떠나지 않으면 안 되었는지 그 까닭조차 모를 일이었다.

설사 그 까닭을 알았다손 치더라도 나로서는 어쩔 수가 없었겠지만.

배한성 씨의 순발력

1988년 8월 1일부터 꼬박 4년 가까이 나는 CBS의 가십성 시사프로그램 「연못골 산책」의 집필 담당자였다. 가요와 시사콩트 내지 만평 등을 함께 방송하는 30분 생방송 프로그램이었다.

시사문제를 다루는 원고가 필요하기에 작가에게는 거의 기계적인 행동으로 오전 9시경이 되면, 담당 PD 데스크 위에 그날 방송될 원고를 올려놓아야 하는 작업이 계속 되었다.

FAX도 e- mail도 보편화 되지 않았던 시절이었다. 뿐만 아니라 작가는 원고를 미리 쓸 수도 없고, 뒤로 미룰 수도 없는데다가, 세상 돌아가는 일에 늘 신경을 곤두세우며 살 수밖에 없었다.

그런 까닭으로 인해 언젠가는 이런 일도 겪었다.

대구 대륜고교 11회 동기 대여섯 명이 나와 함께 강원도 인제 방향으로 피서를 겸한 소풍을 가자는 제의를 해왔다.

나는 토요일 오전에 원고를 넘기고, 서울을 출발, 목적지에 도착하여 쉬다가 「일요일 밤까지만 서울로 나를 실어다 주면 동행하겠노라」는 대답을 했다. 친구들은 「꼭 그렇게 할 테니 걱정 말고 차나 타라」고 했다.

그리하여 우리가 모처럼 산 좋고 물 좋은 강원도 골짜기로 향했다.

친구 최교영 씨의 동생 한 사람이 일선부대 대대장으로 근무하고 있어서, 그는 모처럼 형의 친구들을 맞이했다며, 송어 회에 쇠고기 등으로 우리 형들에게 최상급의 음식들을 마련해 주었다. 그러니 슬슬 술맛이 도질 수 밖에 없었다.

공교롭게도 승용차를 끌고 간 친구들인 임수배 씨나 고정우 씨나 노양일 씨 등이 또 두주불사형의 술고래들이었다.

일요일 낮 시간이 되자, 나의 막내 처남이 또 우리를 초대했다. 그 역시 육군 상사였기에 정성을 다해, 소문난 각종 별미들과 술들을 자꾸만 우리 앞에 내놓기 시작했다.

막내 처남의 숙소가 바로 백담사 근방의 깊은 계곡 속에 있었다.

공기 좋고, 안주 좋고, 술 좋고, 분위기 좋으니 친구들은 다시 슬슬 시동을 걸면서 「부어라 마셔라」 하려 들었다. 어차피 해묵은 친구들인지라 무슨 고담준론(高談峻論)을 나눌 처지도 아니어서, 그저 할 일 이라고는 술이나 마시고 농탕한 비화들이나 쏟아 낼 일들뿐이었다.

그날 밤이 깊어지자, 나에게는 점차 다음 날의 방송원고 마감이 고민거리로 떠오르기 시작했다. 그래서 「그만 털고 일어나자」고 친구들을 보채기도 했으나, 그들은 「조금만, 한잔만」 하면서 내 약만 올리듯 미적거렸다.

「아, 이러다간 오늘 자정 안으로 서울에 돌아가기는 틀렸구나」하는 불안 때문에 내가 오금도 못 펴고 있는데, 나를 싣고 간 임수배 씨가 벌렁 뒤로 나자빠지며 「될 대로 되겠지, 뭐」 했다.

그는 「술에 흠뻑 취한 상태이니, 차를 몰고 나서봐야 갈 데라곤 지옥 밖에 더 있겠느냐」는 말로 내 애간장을 태웠다.

솔직히 나도 산수갑산 갈망정 나자빠지고 싶었다. 만약 내가 나자빠지면 다음 날 방송은 펑크 날 게 뻔한 데도 다른 방법이 없었다.

그때쯤엔 나도 이미 만취 상태가 되어 버렸다.

그럼에도 불구하고 나는 막내 처남에게 「오늘 자 신문들 좀 죄 챙겨 달라」는 말을 했다. 그런 다음 친구들이 하나같이 큰 대자로 뻗어있는 어느 민박 집 방 한구석에 소반을 펴놓고, 술 냄새 확확 풍기며 이른바 방송 원고를 긁기 시작했다.

200자 원고지 16매 가량이 당장 써야할 원고 분량이었지만, 가십이나 만평 혹은 풍자 원고 등은 본래 원고 매수가 문제 아니라 소재와 테크닉이 생명이었다.

만취 상태에서 나는 홀로 두 서너 시간 동안 부스럭거리며 방송 원고를 다 만들었다. 솔직히 고백하자면 무슨 내용의 원고를 긁었는지, 작가인 나 자신도 잘 모를 지경이었다. 아마 오랜 습관에서 비롯된 무슨 감(感)이 원고 매수를 적당히 채워 주었으리라.

다음 날 새벽이었다.

친구들은 서둘러 나를 차에 싣고 거침없는 새벽길을 달려 서울로 향했다. 저희끼린 미리 그렇게 약속을 해 둔 모양이었다.

내가 CBS에 도착한 시간은 정확히 오전 9시였다.

내 꼴을 지켜 본 담당 PD 홍현미 씨가 눈이 휘둥그레져서, 「어떻게 된 일이냐?」고 물었다. 연 이틀 동안 술독에 빠져 허우적거리다가 나타났으니, 내 꼴이란 게 영락없는 알- 콜 중독자의 모습이었거나 노숙자 꼴이 되었으리라.

한편 그 날 이후부터 친구들은 나를 실로 무서운 독종으로 치부하려 들었다. 만취가 된 상태에서도 원고를 써내는 꼴이란 그들로서 상상소차 할 수 없는 모양이었다.

아무튼 내가 「연못골 산책」을 집필하는 동안, 담당 PD가 5번이나 바뀌었고, 남, 여 MC도 4차례나 바뀌었다.

나와 동갑내기 성우 배한성 씨도 일 년 정도 「연못골 산책」의 진행을 맡아보았는데, 그는 TV 외화 맥가이버 역의 더빙으로 이름을 날린 성우였고, 친화력 또한 놀라워서 나를 만나보기 바쁘게 십년지기 대하듯 했다.

막상 함께 일을 해보니 배한성 씨는 미워하려 해도 미워할 수가 없는 MC였다. 말하자면 그는 또박또박 원고에 얽매여 연기를 하는 성우가 아니라, 얼른 보면 제 맘대로 얼렁뚱땅 애드립 위주로 방송을 진행하는 것 같았다.

하지만 작가의 입장에서 가만히 모니터를 해보아도 그의 애드립이 전혀 귀에 거슬리지 않았다. 원고 소화력과 순발력이 타의 추종을 불허할 만큼 뛰어났기 때문이었다. 그는 원고를 대충 한 번 훑어보다시피 하면서, 금방 작가의 의도를 알아내고, 나름 데로 치밀한 연기 계산을 세울 줄 아는 연기자였다.

다른 한편 그의 보이스에 비음(鼻音)이 섞여 문제이긴 한데, 그는 자신의 그러한 약점을 역이용할 줄도 아는 테크닉을 소유한 인물이었다.

이를테면 외화(外畵) 더빙 등에서 인기몰이를 하는 비결(秘訣)이 바로 그 비음을 살려 나름대로 독특한 캐릭터를 표출해 내는 데 있었다.

그리고 그의 대사 전달력 또한 실로 놀라웠다. 복잡한 버스 속에서 모니터 해 보아도, 그의 방송 언어는 청취자의 귀에 속속 전해지고 있었다.

긍정적인 시각에서 배한성 씨를 두고 본다면, 외화 더빙이나 만화 주인공 내지 교통 방송의 MC 등에서 자기 역할을 충분히 잘 해내는 까닭은 스스로가 자신의 역량 및 자기 장, 단점을 너무나 잘 헤아리기에 가능하다는 결론이었다.

물론 아는 사람은 알지만 그 역시 타고난 배우라기보다는 남몰래 경주한 피나는 노력과 눈물겨운 끈기 등에 의해 오늘의 그가 형성되기도 했었다.

서정호 씨와의 문답

복잡다단한 세상을 살다보면 불시에 별의 별 일들과 마주칠 수도 있긴 하지만, 내가 1980년데 후반기에 KBS 본관 로비에서 서정호 씨를 마주치게 된 일이야 말로 낮도깨비를 만난 것만큼이나 놀랄 일이 아닐 수 없었다. 눈을 의심해가며 그가 내미는 명함을 받아 보니, 그는 방문객으로 거기 들린 것이 아니라 KBS 공사 TV편성국의 부국장이었다.

그 순간 내 머릿속에는 '출세' 라는 낱말이 번개처럼 떠올랐다. 1970년경에 대구방송국에서 내가 「KG 극장」이란 30분 용 단막극을 집필했을 때, 그가 그 프로그램의 평PD가 아니었던가.

나는 「뭐, 그럴 수도 있겠지」 했는데, 그는 내가 방송드라마 원고도 쓰고 희곡을 공연으로 발표하는 작가로 뛰고 있다는 사실 등에 대해 반가움과 아울러 대견함을 느끼고 있었다는 내색 또한 숨기려 들지 않았다.

방송원고도 써 보았던 그는 「데뷔작이 유작이 되어 버린 신춘문예 출신 작가들이 수두룩하다」는 사실과 더불어 「끊임없이 방송드라마 원고를 집필하는 능력이 놀랍다」는 사실 등도 익히 알고 있었다.

반갑기는 했지만 피차 나름대로 바쁜 터수여서, 우리는 그 이후에도 몇 차례 가볍게 만나기는 했지만 「언제 한번 저녁이나 같이 하자」는 막연한 약속만 연발하며 헤어지곤 할 수밖에 없었다.

그때가 이른바 6공 시절이었다.

지금 돌이켜 보면 KBS와 MBC가 정말 말도 안 되는 사안(事案)을 두고, 끝없는 암투들을 계속하고 있었다. 내용인즉 MBC가 KBS에서 제작하는 드라마에 단골로 출연하는 탤런트를 스카우트 하자, 이에 질세라 KBS는 MBC에서 제작하는 드라마의 단골 작가를 역 스카우트 하는 식의 소동이었다.

그러다 각각의 방송사들은 소위 '집안 단속 차' 라며, 「타 방송국의 일을 하는 탤런트나 작가들은 제명(除名)을 시키네, 어쩌네」하는 엄포까지 서슴지 않게 되었다.

물론 작가나 연기자들은 「적어도 처음 얼마 동안에는 특정 방송사에서 많은 관심과 애정을 가지고 일할 기회를 제공해야만」 이력이 붙게 되어 있었다. 따라서 각 방송사들은 자기 방송사에서 프로가 된 작가나 연기자들을 자기 방송사의 가족으로 여기기 마련이었다.

모처럼 서정호 씨가 우리 집으로 전화를 걸었다. 그리고 그는 소주나 한 잔 하자며 KBS 별관 뒤에 있는 '가원' 이란 중국집에서 좀 만나자고 했다.

그 중국 요리 집에서 부추잡채를 안주 삼아 소주 몇 잔씩을 마시고 나자, 뜻밖에도 그가 KBS와 MBC 간의 암투 건을 간단히 들려주면서, 「사정이 이러한데 무슨 묘수(妙手)가 없겠느냐?」 하고 내 생각을 물었다.

짐작해보니 KBS 사장이 그에게 「무슨 묘책을 강구해서 우수한 작가 및 탤런트를 항시 거느릴 수 있는 시스템을 강구하라」는 지시라도 내린 모양 같았다.

그 순간 내 머리 속에는 너무나도 분명한 대답이 섬광처럼 떠올랐다.

그때만 해도 부지런히 방송 일을 할 때여서, 나는 이런 저런 소문들을 죄 들었을 뿐만 아니라, 그런 저런 잡음을 종합해 나름대로 내려 둔 결론이 있기 때문이었다.

「그런 짓거리는 참말로 사람 웃기는 일들이야!」

나는 단호한 어조로 서정호 씨의 입을 봉해 버렸다. 그리고 「방송사란 이름을 앞세워 어불성설의 횡포들은 그만 부려야 한다.」는 말까지 덧붙였다. 뒤이어 나는 그에게 공적인 비판의 화살을 실로 무섭게 퍼붓기 시작했다.

「지금 양 방송사에서 일방적으로 「그는 우리 KBS식구네, 그는 우리 MBC가족이네」 하지만 도대체 그런 소리들이 무슨 객관적인 설득력을 가질 수가 있다고 생각하는가? 「전속」이란 꼬리표가 떨어졌다면 작가는 그냥 작가이고, 연기자는 그냥 연기자일 뿐이니, 그들은 자유의사에 따라 어디서나 일 할 수 있는 입장이 돼야 하지 않겠는가. 막말로 KBS 식구라는 탤런트나 작가들에게 KBS 측에서 과연 무슨 제도적 장치로 그들의 안정된 생활보장이나 노후대책 등을 강구한 적이 있단 말인가? MBC도 그런 측면에서는 동일하다고.

어느 작가가 설사 KBS에서 수십, 수백 편의 드라마를 집필했다 하더라도 그건 피차간의 필요에 의한 집필 계약에 따른 것일 뿐, 그밖에 무슨 옵션이 따로 있단 말인가? 구두계약도 계약이니 하는 말일세. 좀 더 심한 말까지 하자면 어느 작가가 연거푸 두 서너 편의 드라마를 실패작으로 집필했는데도, 그 방송사에서 그 작가에게 다시 원고 집필을 의뢰할 것 같은가?

그리고 한 편의 드라마 제작 상에서도 말 할 수가 있겠는데, 그 드라마를 제대로 살리기 위해서는 해당 작품에 따른 캐스팅이 중요하지, 그 연기자가 어느 방송사에서 빛을 보았다는 따위의 과거가 무슨 소용이 있단 말인가?」

그러면서 나는 외국의 프로듀스 시스템을 예로 들었다.

아울러 연기자나 작가 또는 스텝들은 결국 자유 전문직에 해당되는 사람들이므로, 선의(善意)의 시장경쟁 체제 원리에 맡겨 버려야 한다고 했다. 그래야만 품격이나 자격 미달의 연기자나 작가들이 요상한 무슨 수단과 방법 등으로 방송사에 빌붙어 살겠다고 물을 흐리는 식의 짓거리들을 못할 것이며, PD들 또한 책임의식에 쫓겨 피나는 노력을 하지 않을 수가 없는 풍토가 조성될 것이라는 말도 덧붙였다.

그 날 밤 서정호 씨는 시종일관 조용히 내 말에 귀만 기울여 주었다.

원래 내 입은 무거운 편인데 한 번 입이 터졌다 하면, 그런 식으로 하고팠던 말들을 쏟아 버려야만 내 직성 또한 풀어지곤 했다.

다시 몇 개월이 흐른 뒤.

서정호 씨와 내가 지난 번과 같은 식으로 또 거기서 만났다.

그 날 밤에는 그가 「KBS 시청률이 낮아서 큰일이라」는 말을 했다. KBS에서 오랜 세월 동안 제작, 방영 되었던 'TV 문학관' 이 사라진 이후였다.

서정호 씨가 시청률 문제를 끄집어내는 순간, 나는 「참 대꾸하기 어려운 화두(話頭)를 접하는구나」 하는 난처함을 느꼈다.

그러나 방송 일을 하는 사람의 입장에서, 시청률의 위력에 대한 생각이 전혀 없을 수는 없었다.

나는 우선 「적어도 공영방송을 자처하는 KBS라면 시청률이란 허상에 너무 끌려 다녀서는 안 될 것이라」는 대답부터 했다.

「TV 문학관」을 예로 들었다.

모르긴 해도 제대로 된 드라마 시청자라면 KBS에서 제작되는 드라마 중에서는, 그래도 가장 우수한 프로그램으로 그 「TV 문학관」을 손꼽을 것이고, 또 즐겨 시청할 테지만, 과연 그 시청자들이 서태지를 좋아하는 10대 아이들처럼 방송사에 엽서를 띄우고, 전화를 걸며 극성을 부리겠느냐는 반문을 했다.

아울러 구멍가게나 마찬가지인 동네 서점에 가 봐도 베스트셀러 코너가 있는가 하면, 잘 팔리지는 않지만 꾸준히 독자들이 찾고 있을 문학 작품집들도 꽂혀있기 마련인데, 어째서 KBS측에서도 상업방송사 모양으로 베스트셀러만 팔겠다고 그러냐는 반문을 했다.

그날 밤에도 서정호 씨는 조용히 내 말을 경청하기만 했다. 그밖에도 방송과 관계되는 많은 말들을 했지만, 그의 태도는 시종여일(始終如一) 했다.

물론 나는 서정호 씨가 내 말을 어떻게 받아 들였고, 어떤 경우에 내 말을 어떻게 참고 했는지 그 결과를 전혀 알지 못한다.

다만 그와 나 사이에는 끈끈한 믿음이 있었기에, 나의 냉정함을 사심(私心) 없는 의견으로 받아 주었으리라 믿어 의심치 않았다.

석성우 스님과 반 세기

나이가 들고 보면 사람들의 의식이 점차 숙명론으로 기운다고 했다. 세상사의 덧없음이 뜬 구름 같았음을 깨닫게 되고, 제 아무리 안간힘을 써 봐도 죽음이란 과정은 피할 수 없다는 사실을 절감하게 되면서, 자신의 의지나 욕구에 대한 회의감이 점차적으로 운명을 수용하게 된다는 뜻이리라.

붓다는 전생, 현생, 후생이란 삼생(三生)을 동시에 볼 수 있는 안목을 지녔기에 세상사에 우연(偶然)이란 있을 수가 없고, 매사가 인과응보(因果應報)에 의한 필연성임이 보였을 테지만, 우리같은 중생(衆生)이야 어떻게 감히 그런 천안(天眼)을 바랄 수가 있으랴.

내가 석성우 스님을 처음 만나게 된 일 또한 운명으로 치부할 수밖에 없는 과정 같았다.

1970년 5월경. 그때도 장미꽃들은 아름답게 피어났는데, 세상에는 이 몸 하나 담을 곳이 마땅찮다고 느낀 내가 석성우 스님이 총무 직을 맡고 있는 대구 팔공산 기슭의 파계사로 입산 했었다. 내 주머니 속에는 달랑 대구의 시조시인 김종윤 씨가 써준 소개장 한 장이 들어 있을 뿐이었다.

내가 한숨을 토하며 괴로워하자 김종윤 씨가 느닷없이 「중이나 되어 보라」면서 써준 메모쪽지였는데, 나는 그 내용을 읽어 보지도 않았다.

석성우 스님도 막 시조시인으로 데뷔 했을 무렵이었다.

따라서 나의 입산은 고타마 싯다르타처럼 진리를 향한 갈망에 의해서도 아니었고, 고승대덕이 되어 「중생구제에 앞장 서리라」하는 식의 보살심에 의해서도 아니었다.

입산까진 했으나 나의 행자 생활 또한 오래 가질 못했다. 내가 향토 예비군의 기피자가 되어있어, 마음 푹 놓고 거기에 머물 수 있는 입장도 되질 못했다.

나는 단지 성우 스님 손에 의해 단 한 번 삭발을 당했고, 법당에서 부처를 향해 삼천 배의 기도를 올렸고, 3천 번 쯤 관세음보살을 염송하는 수행 정도 끝에 하산을 하고 말았다.

1970년대 중반에 성우 스님과 내가 서울에서 다시 만났다.

대구에서 알게 된 후배 박영식 씨의 가교 역할에 의해서였다. 나는 '한겨레' 란 이름의 영세하기 짝이 없는 출판사의 대표가 되어 있었고, 성우스님은 홍콩, 호주 등지로 떠돌면서 해외포교에 힘을 쏟던 중이었다.

성우 스님은 「책으로 만들어 달라」면서 저간에 틈틈이 집필한 원고들을 내게 맡겼다. 뿐만 아니라 「시집을 만들어 보라」면서 박진관 스님, 황청원 스님 등의 원고도 넘겨주었다. 『길』이란 제목을 붙여 펴낸 김용집 스님의 산문집 원고들도 그때 입수할 수가 있었다.

그랬는데 성우 스님의 원고들 중에서 나를 가장 당혹스럽게 만든 글들은 다름 아닌 「선문답(禪問答)」이었다. 아직 국내 출판계에선 선(禪)과 관련

된 책들이 귀했을 그때였으니, 나의 당혹감이야 당연할 수밖에 없었다.

따라서 나와 성우 스님의 선문답이 이뤄지기도 했다.

『이게 무슨 글입니까, 스님?』

『선문답이지요.』

『암만 읽어 봐도 무슨 말을 하는 건지 모르겠는데요?』

『그런 게 원래 선문답이오.』

이를 테면 성우 스님은 나로 하여금 선(禪)에 대해 눈을 뜨게 만든 장본인이 되기도 했다. 『선문답』이란 그 책은 1,500부 발행되어 시나브로 다 팔아 먹었고, 내가 『구름가고 푸른 하늘』, 『탈속』등과 같은 작품을 쓸 수 있게 된 계기 또한 그로 인해 생겨난 꼴이 되기도 했다.

선문답이란 한 마디로 참선(參禪)을 수행, 마음의 문이 활짝 열린 사람들끼리 나눌 수 있는 대화였다. 따라서 일상의 고정관념 속에 살고 있는 우리 속인들이 그들의 대화를 이해할 수는 없는 일이었다.

1981년이 되자 이번에는 성우 스님이 또 차(茶)에 관한 한 묶음의 원고를 들고 우리 사무실로 나타났다. 우리는 그 책의 제목을 정하면서 티격태격했는데, 나는 『다도(茶道)』를 고집했고, 성우스님은 『다경(茶經)』이 좋겠다며 맞섰다. 결국 『다도』라는 제목을 앞세운 책이 만들어졌다.

성우 스님이 바람이나 구름처럼 파계사를 벗어나 해외를 떠도는 객승이 되어야 했던 속사정을 나로서는 알 수 없는 일에 속했으나, 모처럼 귀국을 하게 되면 반드시 나를 찾아 함께 차를 마시고자 했다. 그러면서 스님은 「그래도 대한민국에서 인간적인 냄새가 나는 사람이 하나 있어 좋다」 하며 까르르 웃기도 했었다.

물론 나 또한 성우 스님의 시(詩)를 좋아했다.

나의 희곡 『탈속』에 나오는 코러스 10여 곡의 가사(歌詞)가 전부 성우스님의 선시(禪詩)였다. 그 작품이 공연될 때는 정대경 씨가 정성스레 곡을 붙이기도 했었다.

성우 스님은 내가 『윤회(輪廻)』라는 장편소설을 쓰는데 많은 도움을 주기도 했고, 실록 소설 『초의선사』를 쓰는데도 음으로 양으로 많은 도움말을 주기도 했다. 내가 불교적인 작품을 쓰게 될 경우에는 반드시 성우스님의 자문을 구해야만 안심이 되기도 했었다.

어느 틈에 석성우 스님이 불교 텔레비전 BTN의 회장 스님으로 추대되어 있었다. 그런 소식을 들을 수는 있었으나, 나는 스님을 만나려는 노력을 일삼아 하진 않았다. 딱히 만나야 할 만한 일이 생겨나지도 않았기에 두어 차례 전화로 통화만 했을 뿐이었다.

내가 『반야심경으로 보는 불교사상』이란 책을 펴내자, 성우 스님은 진심으로 대견하게 느끼는 모습을 보여 주었다.

2002년 9월 24일에는 성우 스님과 내가 함께 나란히 「행원 문화재단」의 주영운 이사장이 수여하는 「행원 문화상」을 수상하기도 했었다. 석성우 스님은 불교와 불교학 발전에 뛰어난 학술연구 저서를 출간한 사람에게 수여하는 「행원 문화상」을 수상했고, 나는 불교사상을 토대로 한 예술분야에서 업적을 이룬 사람에게 수여한다는「행원 예술상」을 수상했다.

그 수상을 계기로 내가 BTN의 「초대석」에서 마련한 30분간의 대담프로그램에 출연하기도 했다.

2003년 3월경. 그날도 무슨 일로 통화가 이루어졌는지 기억할 수가 없는데, 어쨌거나 통화가 끝날 무렵에 내가 즉흥적으로 「이런 프로그램 하나 만들어 봐요」하고 일종의 방송기획안을 제안하기에 이르렀다. 이를 테면 우리 국민들의 문화의식을 제고시킬 수 있는 프로그램의 일종으로 문화 예술인을 초빙한 대담 형식의 포맷이었다. 평소에 그런 생각을 품고 있었기에 그렇게 되었으리라.

그러자 뜻밖에 성우 스님은 「김형이 MC까지 맡아 줄 수가 있겠소?」하는 물음을 던졌다.

『까짓 거 못할 것도 없겠지요, 뭐』

내가 특유의 저돌 성향을 내비쳤다. 방송작가 생활 십 수 년이어서 TV의 프로그램 진행자 노릇이 얼마나 어려운 일인지를 빠삭히 알고 있는 내가 무모함을 무릅쓴 꼴이 되고 말았던 것이다. 아니 그냥 해본 말에 가까웠다고나 할까.

그랬는데 일주일 후에 BTN의 편성국에서 전화가 걸려왔다. 내가 말한 그 포맷의 프로그램이 편성되어 4월 23일부터 방송되리란 통보였다. 프로그램의 명칭 또한 「김영무가 만나는 문화 문화인」이 되어 있었고, 매주 1회 30분간 방송되는 대담프로그램이었다.

그 당시에 내가 작성해서 올린 기획의도가 다음과 같았다.

> 'IMF 환란' 시절이었던 천 9백 98년 1월에 서울을 방문한 적이 있는 프랑스의 대 석학이자 문명 비평가인 기 소르망은 「한국의 경제를 살리려면 문화 이미지를 높여야 한다.」는 충고를 해준 바가 있는데, 그때 그의 말 속에는 다음과 같은 뜻이 내포되어 있었다.

'어차피 21C는 문화전쟁의 시대이다. 컴퓨터나 정보 통신기기 등의 발달로 이른바 기술적인 문제는 금방 보편화, 평준화 되고 말 것이니, 고부가 가치의 창출이란 결국 고도의 오리지날러티(독창성)를 필요로 하는 문화적 상품(예술적인)에서 찾지 않으면 안 된다.

그렇다면 각종 사회병리 현상의 백화점과도 같은 현재 우리 한국의 문화적 풍토는 과연 어떠한 모습일까.

한 마디로 '카오스적 난장판' 에 지나지 않는다.

그도 그럴 것이 지난 1세기 사이에 우리는 고유한 전통 문화의 맥을 후미진 구석에 밀쳐 놓고서, 서구의 3천년 문화를 중구난방 식으로 직수입해서 얼렁뚱땅 소화하려 들었는가 하면, 일제 36년에, 8.15 해방과 민족 분단에, 6.25 전쟁에다 개발 독재체제 등 그야말로 격랑의 현대사를 숨 가쁘게 그저 허겁지겁 달려오기만 한 셈이었다.

물론 해방 후 불과 반세기 동안에 우리는 이른바 '한강의 기적' 을 만들어 내기는 했지만, 문화사적 관점에서 바라보자면, 또 서구에서 마구잡이로 밀려 온 저질 대중 상업문화가 소위 향락 추구 일변도의 한국적 천민 민주주의 사회와 절묘한(?) 조화를 이뤄, 현재 우리 한국인의 문화의식은 천박하고, 무지하고, 비속하기만 해서 아예 무방향에, 무격에 무감각 상태로 전락했다고 아니 할 수 없을 것 같다.

이에 본 프로그램은 매주 30분간의 대담 형식으로 인문학 관련 사회 저명 인사를 초빙, 낮은 목소리로 그분들의 인생 역정 및 세계관 등을 주제로 방송을 하되 은연중에 '실종된 문화의식을 되찾아 가며 시청자의 문화의식을 올바른 방향으로 한층 제고 시킨다' 는 목표를 지향하려 한다.

졸지에 TV 방송 MC여서 내 발등에 불이 떨어졌고, 모처럼 내 삶에 비상이 걸린 셈이 되었다. 나는 허겁지겁 저간에 스크랩 해 두었던 일간신문의 칼럼들을 찾아 책상 위에 올려놓고 소리 내어 읽기 연습에 몰두하는 한편, 방송 아나운서들의 지침서도 구해 읽어 보았다. 방송일과 관련되어 있는 몇 사람에게 전화를 걸어 여러 가지 자문을 구하기도 했다. 아나운서가 아니니 서툰 표준말 보다는 자연스런 경상도 어투가 나을 것 같다는 말도 들을 수가 있었다.

첫 번째 녹화 일에는 원로 극작가 차범석 선생과 『동승』이란 영화의 감독 주영중 씨와의 대담이었다. 물론 그 출연자들을 섭외하고 인터뷰 한 다음 설문을 구성하는 작업 등도 모두 내가 해야 했었다.

무사히 녹화를 끝내고 나자 온몸의 기운이 쭉 빠졌다.

그랬는데 내가 MC로 출연하여 프로그램을 진행했던 그 방송을 지켜본 방송인들 모두가 전혀 놀라워하지도 않았고, 「형은 관록이 있으니 그 정도는 해낼 줄 알았다」는 투였다. 「와! 역시 대단하군!」 하는 식의 박수를 기대했던 나로서는 다소 김이 빠지는 일이었다.

그 프로그램은 6개월 반 동안 방송 되었고, 27명의 문화 예술인들과 3대의 카메라 앞에서 대담을 나누기도 했었다.

자화자찬이란 비난을 받아도 하는 수 없겠는데. 역시 MC는 아무나 할 수 있는 노릇이 아녔지만, 나는 NG를 낸 적이 거의 없었고, 단 번에 1회분의 프로그램 녹화를 끝내주곤 했었다.

일대 일로 마주 앉아 토닥거리듯 그저 대화만 주고받는 형식의 대담 프로그램에 불과 하지만, MC는 동시에 다섯 갈래의 신경을 써야만 했다. 우선 전체적인 흐름과 원고에 신경을 써야 하고, 타임에 신경을 써야 하며, 연출자의 큐에 신경을 써야 하고, 모니터 화면을 수시로 지켜봐야 할 뿐만 아니라, 출연자의 반응이나 감정 상태도 체크해야 할 판이었다.

게다가 나는 녹화 전에 출연자와 어떤 리허설은 물론 하등의 약속도 하려 들지 않은 채 녹화에 임하곤 했다. 담당 PD가 처음에는 무척 불안하게 여겼지만 나는 내 고집을 꺾지 않았다. 사전에 약속해 둔 답변을 듣기로 한다면, 방송의 맛이 반감(半減) 될 게 뻔하기 때문이었다.

따라서 나는 매 번 녹화 때마다 일종의 모험을 무릅 쓴 꼴이었다.

특히 방송 출연 경험이 많은 분들의 경우에는 그래도 일단 안심이 되지만, 웬만한 분들은 카메라 앞에서 바짝 얼기 마련이어서, 자신이 무슨 말을 어떻게 하고 있는 지도 모르는 경우가 허다하니, MC인 나는 계속 타임과 씨름 해야만 했다. 통상 2분에서 3분 정도의 대답을 기대하고 질문을 던졌을 때, 대담자가 단답형의 대답을 할 땐 등에서 식은 땀이 흘러내리기도 했다.

그러한 까닭으로 그간 2주마다 한 차례씩 스튜디오로 나가 2회분씩 녹화를 했는데, 녹화를 끝내고 나면 긴장이 확 풀려 온몸이 녹초처럼 축 처지기도 했었다.

오늘이 2015년 11월 4일 오전 9시경이다.

'뉴서울 오페라단' 이 공연할 작품 『고타마 싯다르타』의 대본을 2013년에 내가 집필했었고, 그 작품 속에도 성우 스님의 결정적인 선시(禪詩) 한편을 빌려 아리아 가사로 삽입해 두었다.

그 오페라가 공연 되는 날이 오면 모처럼 내가 석성우 스님에게 전화 하리라.

석 송 씨와 아프리카

1993년 3월. CBS 제작 2부장인 석 송 씨가 나에게 전화로 「4월 28일부터 5월 14일까지 해외 취재 여행에 동참할 수 있겠느냐」하고 물었다.

내가 「어디로 갈 계획이냐?」하고 되묻자, 그는 아프리카의 케냐, 이디오피아, 소말리아와 벵갈만 해변의 방글라데시 등 4개국이며, CBS 방송의 간판 프로그램 「새롭게 하소서 4000회 기념 특별기획」이며, 한국의 「이웃 사랑회」와 공동주관인 프로젝트라 했다.

아울러 끊임없는 부족 간의 내전과 한발 등으로 기아선상(飢餓線上)에서 헤매는 그곳 현지인들에게, 복음과 봉사 및 구제의 손길을 펼치고 있는 한국기독교 해외 선교사들의 실상과 간증 등을 녹음 및 영상으로 취재하고 방송하여, 민간 차원의 구호와 협조의 길도 찾아보겠다는 게 그 사업 취지라고 했다.

관광여행이 아니어서 고된 일이 되긴 하겠지만, 내 복에 관광여행은 꿈도 꿀 수 없는 일일 테고, 그런 특별한 기회가 아니라면 아프리카 여행 또한 어림 없을 것 같다는 판단이 앞서서, 나는 무조건 오케이라는 승낙부터 해

버렸다.

이윽고 취재팀이 구성되었다.

무골호인풍인 석송 씨가 팀장이 되고, 제작 3부장인 이경우 씨와 사업부 차장인 이인선 씨 그리고 카메라맨 조규성 씨 등 4명과 함께 작가로서는 내가 합류하기에 이르렀다. 이어서 MC역은 탤런트 이영후 씨, 기자로서는 연합통신의 류종권 씨 그리고 가이드는 「이웃 사랑회」의 한홍권 씨로 결정, 마침내 8인조가 형성되었다.

여행 도중에 나는 당장 한홍권 씨, 이영후 씨, 유종권 씨 등의 유창한 영어 실력에 놀랐고, 한 두 마디 기본적 낱말에다 보디랭귀지를 구사하여 오만가지 뜻으로 통하기도 하는 석송 씨의 순발력에 다시 놀라기도 했었다.

제때 끼니를 못 챙겨 당뇨병에 시달리는 이영후 씨의 짜증과 신경질 내지 숙소 선정이 잘못되어 불평불만이 속출하는 등 얼마간의 어려움과 티격태격은 뒤따랐지만 사업은 계획대로 잘 추진되었다.

아니 생각만 해도 아찔한 현기증을 느끼게 하는 한 가지 일화(逸話)도 발생하긴 했었다. 그때 만약 내가 소형 녹음기를 갖고 가지 않았더라면, 우리의 취재활동은 중단 되고 말았을 사건이었다.

김포 공항에서 내가 가진 일제 SONY사의 소형 녹음기를 본 석송 씨가 「방송국 녹음기가 좋은데... 형은 그깟 녹음기는 무엇 하러 가져 왔느냐?」고 타박을 주듯 했는데, 아프리카 도착 사흘 만에 좋기만 하다는 방송국의 그 녹음기가 그만 고장 나는 바람에 무용지물이 되고 말았던 것이다.

물론 척박하고 낯선 아프리카 현지에서 선교활동에 임하고 있는 여러 교역자들의 모습에서 나는 수많은 감동을 받기도 했고, 「종교의 힘」이야말로 불가사의(不可思議) 하단 생각 또한 지울 수가 없었다.

귀국 후에 나는 6월 22일부터 연 5일간 하루에 60분간 방송될 케냐 편, 이디오피아 편, 소말리아 편, 방글라데시 편 및 종합 편으로 「아프리카의 기아참상, 그 실태를 종합 진단 한다」는 내용의 다큐멘터리를 구성해 냈다. 그때의 해설은 연극배우이며 성우였던 박웅 씨가 맡아 주었다.

1996년 어느 날. CBS 제작부장직에서 퇴직한 석송 씨가 전화로 나를 찾았다. 삼선교 부근에 있는 그의 사무실로 내가 찾아 갔더니, 그는 대뜸 「예수님 일대기」를 뮤지컬로 만들고 싶은데, 「작품 좀 써 줄 수 없겠느냐?」하고 물었다. 그는 기획사 대표가 되어 있었다.

나는 당장 고개를 가로 저으며 「쓸 수 없다」는 뜻을 내비쳤다. 아울러 그 까닭도 주섬주섬 일러 주었다. 「가령 나사렛 예수를 인간의 아들로 그리게 되면, 선교라는 목적의식을 상실하기가 쉽게 되고, 그를 신의 아들로 그리게 되면 드라마가 성립되기 어렵기 때문이라」고 했다. 이를테면 현대 그리스문학의 아버지로 평가 받으며 소설 『희랍인 조르바』로 널리 알려진 니코스 카잔차키스의 저 유명한 소설 『그리스도 최후의 유혹』이 오랜 동안 판매금지 되었던 까닭은 그리스도를 인간의 아들로 묘사했기 때문이었다.

사실 「신과 인간과의 관계」보다 거창하고 본질적이면서도 영원할 수 있는 작품의 주제란 있을 수가 없다. 그만큼 다루기 또한 어려워서 그 주제에 도전했던 작가들도 많았지만 그에 반해 성공작을 내놓은 작가는 극소수에 불과했던 것이다. 한국의 문학작품 속에서는 김동리 선생의 장편소설 『사반의 십자가』와 이문열 씨의 장편소설 『사람의 아들』정도가 성공작에 들 것이다.

이윽고 석송 씨가 실토하려 들었다. 사실은 어느 대형 교회의 프로젝트인데, 한 편의 선교 극으로 과연 누구를 주인공으로 잡으면 좋을지 몰라 현재 고민 중이라는 내용이었다.

나는 또 거의 즉흥적으로 「베드로의 인간적인 갈등을 그리면 좋을 것 같다」는 생각을 내비쳤다.

그랬더니 석송 씨는 나를 향해 「역시 귀신같은 형」이라는 감탄사를 연발하면서 그제서야 무슨 원고 묶음을 내 앞에 불쑥 내밀었다. 실은 어느 작가에게 「베드로의 일대기」를 집필의뢰 했었고, 그에게서 받아 놓은 원고라면서 내용이 워낙 함량미달이라 목하 고민 중에 있다는 말까지 덧붙여주었다.

원고를 대충 훑어보니 나도 익히 알고 있는 현역 방송작가가 집필한 원고였다. 그런데 무대에 대한 인식이 부족할 뿐만 아니라, 너무나 무성의하게 휘갈긴 듯한 원고여서 이른바 창작을 위한 고뇌의 흔적을 찾기가 어려운 작품이었다. 방송 드라마로서는 그런대로 쓸 수 있을지 몰라도 무대극본으로서는 가히 수준이하가 아닐 수 없었다.

그리하여 내가 결국 「베드로의 일대기」란 뮤지컬 대본을 집필하지 않을 수 없게 되어 버렸다.

솔직히 공연과의 연결에 일말의 의심도 할 수가 없었기에, 나는 흔쾌히 작업에 임할 수 있었다. 왜냐하면 석송 씨와 나는 PD와 작가로서 CBS의 「연못골 산책」이란 생방송 프로그램을 1년 이상 함께 작업했을 뿐만 아니라, 아프리카 여행까지 함께 했을 만큼 피차간에 인간적인 신뢰가 돈독한 사이였다.

1996년도 년말 경에 작품이 막 탈고 되었다. 그때까지만 해도 나는 그 작품의 제작관련 내막을 깊이 알고 있지 못했다. 그냥 석송 씨만 믿었을 뿐이었다.

작품을 넘겼더니 석송 씨가 20여 부의 프린트 본을 만들어 관련자들에게 돌린 모양인데, 작품에 대한 평들은 긍정적으로 나타났다.

1997년 1월 22일 서교호텔에서 일차 미팅이 이뤄졌다. 내가 연출가로 박원경 형을 추천했고, 석송 씨는 작곡가로 최성찬 씨를 추천했다.

박원경 형은 어느 교회의 집사일 뿐만 아니라, 그 형이 연출한 성극(聖劇)을 국립극장에서 관람한 적이 있어 나는 그 형을 믿고 있었다.

최성찬 씨는 명성교회 합창단의 지휘자였다.

비로소 알게 되었는데 김삼환 목사가 세운 명성교회가 그 작품을 제작할 스폰서 격이었다.

이후 명성교회의 오집사란 여인의 주관 하에서 관계자들이 모여 두어 차례 대본 독회를 하면서 베드로 역에는 탤런트 이영후 씨가 적격이란 말을 나누기도 했고, 안무는 전미례 씨에게 맡기자는 말도 나눴고, 전체 음악의 분위기는 러시아의 민속음악인 '백학' 조로 하는 게 좋을 것 같다는 의견 등도 개진되었다.

1997년 2월 20일 석송 씨가 작품료 조로 나에게 우선 100만원을 입금시켜 주기도 했다.

일이 꽤나 순조롭게 진행 되는 듯 했는데, 우리 팀 역시 국가적 환난을 피할 수가 없었다. 이른바 한보사태가 그 당시의 국가적 환난이었다.

1997년 1월 30일에 한보건설 및 한보그룹의 최종부도 사태에 이어 3월 20일에는 삼미그룹도 부도를 당했다.

비로소 또 하나의 내막이 밝혀졌는데, 실인즉 한보 그룹의 큰 아들이 명성교회의 신자일 뿐만 아니라, 그가 바로 이번 작품의 스폰서를 자처했던 모양이었다.

한보사태에 이어 그해 11월에는 한국 정부가 IMF에 구제금융을 신청하기까지 했으니 『베드로. 베드로』의 공연은 속된 말로 그만 물을 건너가고 말았다.

그런 일을 겪고 나자 석송 씨는 한동안 기가 죽은 모습을 보여 주더니 끝내 자취를 감추다시피 하고 말았다.

한 번쯤은 꼭 만나본 다음에 이별하고 싶은데, 나로선 아직 연락을 취할 방법조차 모르고 있다.

이광천 씨와 「CBS 무대」

1974년 어느 날. KBS 탤런트 겸 성우로 활약했던 한세훈 씨가 내 손을 이끌고 종로 5가에 있는 기독교 방송국을 찾아갔다.

그리고 여성이며 주씨 성을 지닌 편성부 차장에게 나를 드라마 작가라고 소개시켜 주면서, 「작품을 발표할 수 있는 기회를 좀 만들어 주었으면 고맙겠다.」는 말을 건넸다.

그 주차장은 그 즉시 제작부 차장이며 드라마 PD였던 이광천 씨에게 나를 연결 시켜 주었다.

자그만 키에 대머리형의 이광천 씨는 극히 사무적인 친절함으로 나를 대했다.

그는 『CBS 무대』라는 30분짜리 단막극 프로그램이 매주 방송 되는데, 그 프로그램에 알맞은 원고를 한 번 써 보라고 했다.

며칠 후에 내가 이광천 씨에게 갖다 준 「CBS 무대」용 원고가 『또 하나의 그림자』였다, 그 당시에 나는 몇 년 동안 방송극작가였던 이한인 형과 봉천동에서 함께 살다시피 했는데, 그 형이 「재미있다」는 평을 내려 준 원고이기도 했다.

KBS 라디오 연속극 현상공모 당선 작가이기도 했던 이한인 형과 나는 형제처럼 친밀했었는데, 그 형 또한 1970년대 후반에 미국으로 훌쩍 이민을 떠나 버렸다.

『또 하나의 그림자』는 양로원에 수용된 노인이 가상의 딸에게 애절한 편지를 주고받는 내용이었다.

그 원고가 서울에서 첫 번째로 방송된 나의 드라마 작품이 되는 셈인데, 타이틀 롤을 맡았던 김성원 씨가 「작품이 아주 좋다」며 칭찬하더라는 말을 이광천 씨가 내게 전해 주었다.

2, 3주가 지났을 무렵.

이광천 씨가 전화로 급히 「CBS 무대」한 편을 보내달라고 했다. 「몇 편의 원고가 있긴 한데 선뜻 마음이 내키지 않는다.」는 말도 보탰다.

그리하여 내가 서둘러 집필한 원고가 『휴전선 비둘기』였다. 오랜 동안 구상을 해왔던 내용이어서 금방 써낼 수가 있었다.

휴전선 부근에 사는 아이가 자기 집에서 기르다 놓친 산비둘기를 잡겠다고 북진을 하다말고 국군에게 저지 당하는 내용인데, 민족의 분단 비극을 나는 주인공 아이의 몇 마디 대사에 실어 극명하게 전달해 보고자 했다. 이를 테면 다음과 같은 식의 대사였다.

『왜 안 돼요? 내 비둘기는 저기 날아 가 있는데?』

『임마! 넌 더 이상 못 가, 저긴 지뢰가 묻혀 있단 말야!』

『지뢰가 뭔데요?』

『땅 속에 묻어 놓은 폭탄이지!』

『왜 폭탄을 땅 속에 묻어 놔요?』

원고를 읽어 보던 이광천 씨가 「좋은데?」 하면서 경이로움을 숨기지 않았다. 원고에서 나는 주인공 아이가 비둘기를 쫓아 달려가다가 지뢰를 밟아 희생 되는 모양새로 비극을 극대화 하려 했는데, 이광천 씨는 지나칠 것 같다며 주인공 아이를 살리자고 했다. 소위 방송 윤리위원회의 모니터에 걸릴 염려가 있다는 뜻이었다. 그래서 나도 그 아이를 살려내기로 했다.

이후에도 몇 편의 「CBS 무대」를 더 넘겼는데 『이웃집 여자』라는 작품도 내 기억 속에 남아 있다. 피아노를 치는 이웃집 여자 때문에 잠을 설친 주인공이 그 여자를 찾아가 하소연을 하자, 그 여자가 피아노를 치지 않게 되었는데, 이번에는 궁금증 때문에 잠을 못 이룬다는 식의 이야기였다.

이어서 이광천 씨는 「여기 한 길이 있다」라는 청소년 상담 프로그램의 드라마 파트 구성도 내게 맡겼다.

그러다 내가 출판사업에 뛰어 들면서 방송일은 그만 두게 되었다.

10여 년 후가 되는 1985년에 내 희곡 『구름가고 푸른 하늘』이 공연 될 때, 그 작품의 홍보 차 CBS 에 들렸다가 이광천 씨를 만나게 되어 다시 방송일이 연결 되었다. 그간에 이광천 씨는 부장이 되어 있었다.

이광천 씨와의 작업은 1991년 말경에 끝맺음 하게 되었다.

종로 5가에 있는 CBS 제작부의 이광천 부장이 우리 집으로 전화를 걸어, 년말 특집 겸 기독교 방송국 창립 37주년 기념으로 3부작 다큐멘터리를 기획 중이니, 시간을 갖고 좀 만나자고 했다.

우리는 방송국 건물 안에 있는 지하 다방에서 만났다.

기획이 제 아무리 좋아도 작가의 역량이 그에 미치지 못하면, 그 프로그램은 실패할 수도 있기에, 어차피 PD와 작가의 호흡은 잘 맞아 떨어져야 하고, 기획 자체에 대한 확실한 공감대가 형성되어야 작업이 시작된다는 것은 하나의 상식에 속하는 일이었다.

우리는 실로 오랫동안 수많은 대화를 나누다 말고, 소위 인간 다큐멘터리 3부작 특집 방송 프로그램을 만들어 보자는 결론에 도달했다. 물론 1부의 방송 시간을 60분으로 잡아 장장 3시간짜리 방송물이 된다는 계산이었다.

내용인즉 제1부는 「방황하는 아이들」로 현 시점에서 바라보는 청소년 문제를 다루고, 제2부는 「춤추는 어른들」로 중, 장년층의 현실적인 문제점들을 부각 시켜 보고, 제3부는 「황혼의 몸짓들」로 당면한 노인 문제를 심도 있게 짚어 본다는 윤곽을 세웠다.

그리고 워낙 작업이 방대하고 까다로울 것 같아, 제작 담당 PD로서는 홍현미 씨와 지 웅 씨 두 사람으로 정해졌다.

다음 날부터 나는 그간 수 십 년 간 스크랩 해 둔 사설 및 칼럼 철을 뒤적거리며 청소년 문제, 장년층 문제, 노인 문제와 관련되는 내용들을 발췌하고, 두루 섭렵하면서 프로그램 전체의 구성 방향 및 내용의 흐름 등을 구상했다.

그리고 녹음기를 들고 사방 팔방 일선 현장을 뛰어다니며 취재활동에 열을 올려야만 했다.

그 프로그램이 제작될 때 나름대로 한계를 느낀 내가 이광천 부장에게 결별을 선언하기에 이르렀다.

방송 인력의 교체 및 내 나이 등을 감안해 볼 때, 이젠 나의 방송 작가활동을 접을 때가 되었음을 피부로 느꼈기 때문이었다.

물론 기획된 그 프로그램은 무사히 방송 되었다.

조원석 씨의 진실성

조원석 씨는 『누가 족보를 두려워하랴』, 『박사를 찾아서』 등과 같은 희곡을 공연으로 발표한 바 있는 희곡작가이며, 한국문인협회 이사를 역임하기도 했다. 그리고 한서대학교 교수로 재직 중이니 그를 극자가로 분류해야 마땅하리라.

그럼에도 불구하고 내가 그를 방송인으로 여기고 있음에는 나름대로의 분명한 이유가 있다. 그는 KBS 라디오 본부장을 역임한 적이 있어, 방송인으로서도 최고의 직위까지 승진한 것으로 인정할 수 있기 때문이었다.

충남 청양군 출신으로 고려대학 국문학과를 나와 공채라는 과정을 거쳐 KBS 공사에 입사한 그는 줄곧 라디오 드라마 PD로만 근무했음에도 불구하고 본부장이 될 수가 있었다는 사실은 극히 이례적이란 평판을 받기도 했다.

나는 조원석 씨에게도 늘 고맙다는 마음 한 자락을 지니고 살아왔다. 여느 사람들은 내 말을 믿기가 어렵겠지만, 나로서는 생애 최초로 그에게 「부탁」이란 걸 해 보았는데 그때가 1986년이었다. 그때 나는 조원석 씨에게 정색을 하고 「KBS에서 드라마 쓸 기회를 좀 만들어 주시오.」 하는 부탁을 했었다.

성우 배창식 씨를 통해 저간에 그와 함께 몇 차례의 소주를 마신 적도 있었는데, 그 당시에 그는 KBS 라디오국의 평PD로 드라마 제작 파트에 소속 되어 있었다.

물론 그는 내가 CBS에서 「청소년 극장」및 「CBS 연속극」 등을 집필하고 EBS에서도 「어린이 극장」 등의 원고를 집필했단 사실 등을 익히 알고는 있었다. 뿐만 아니라 그는 1985년에 공연된 나의 희곡 『구름가고 푸른 하늘』도 관람했고, 내가 국방부 심리전처에서 수많은 방송 원고를 썼다는 사실 또한 잘 알고는 있었다.

이윽고 내가 60분 간 방송되는 단발극인 「KBS 무대」 한 편을 써서 그에게 넘겼다. 『달빛 때문에』란 그 작품은 김선량 PD 연출로 1986년에 방송되었다. 첫 선으로 방송된 그 작품에 대한 청취자들의 반응이 그런대로 좋았던 모양이었다. 사실 방송극의 경우에는 녹음에 임하는 성우들의 반응이 가장 정확한 척도가 되기도 했다. 직업상 워낙 많은 드라마 원고들을 읽어 보았기에 그들의 직관은 가히 귀신들의 통찰력과도 같았다.

이윽고 조원석 PD와 손잡고 내가 본격적인 방송작업을 하기에 이르렀다. 최초의 프로그램이 「장인 열전(匠人列傳)」이었는데, 서대문에 있는 봉은사의 이만봉 스님의 탱화 이야기를 다룬 내용이었다.

이어서 '86 아시안 게임에서 금메달을 쟁취한 선수들의 인간승리를 그리는 다큐멘터리 드라마 「영광의 순간」들도 집필하게 되었는데, 그 프로그램이야 말로 번개 불에 콩 구워 먹을 듯이 시간에 쫓기는 작업들의 연속이기도 했다. 금메달 수상이란 뉴스가 나오기 바쁘게 군대문자로 0.5초 내로 쫓아가 해당 선수는 물론 코치나 감독 등과 녹음 인터뷰를 한 다음, 그날 밤 안으로 원고를 만들어 넘겨야 하는 작업이었다. 지금은 역도 선수 전병관 씨를 취재했던 기억만이 어슴푸레 내 기억 속에 남아 있다.

하여간 조원석 PD와는 일일이 손꼽을 수 없을 만큼 많은 프로그램을 함께 만들었다. 그 즈음에 조원석 PD도 희곡을 썼고, '서울 연극제' 를 통해 극작가로 화려한 데뷔를 했기에, 나와는 호흡이 참 잘 맞아떨어진 것 같았다.

1년에 한 편 꼴로 집필한 「KBS 무대」는 국내 라디오 드라마 사상 최장 수요, 단연 최고 수준의 프로그램으로 방송작가가 스스로의 작가적 양식(良識)을 다잡아 보는 작업이었기에 논외로 치더라도, 조원석 PD와 나는 KBS 1라디오의 '일일연속극' 에 KBS 2라디오의 연속극인 「여인극장」은 물론 청소년 드라마에 60분 방송 드라마 3-4부 특집 극 등도 함께 만들었다.

그가 나에게 「여인극장」의 원고를 집필 의뢰할 때는 「이전에 방송된 여인극장 서너 편이 죽을 쑤어서 사무실에 들어가기가 두렵다」는 말까지 하면서 「제발 멜로 드라마 터치의 작품을 써 달라.」는 주문까지 했었다. 그리하여 나온 작품이 바로 『바람 속의 둥지』였다.

그 작품은 훗날 영화로 찍다가 중단 되고 말았지만, 한국 배우협회가 제작한 악극 『누가 이 사람을 모르시나요』의 원본이 되기도 했다.

어느 날에는 조원석 씨가 농조로 나에게 이런 고백까지 한 적이 있었다.

「영무 형이 너무 깐깐해서 다른 작가한테 원고를 맡기려고 방송작가 명단을 뒤적거리기도 했는데... 결국은 또 형한테 전화 걸 수밖에 없었네요.」

조원석 씨가 나에게 결정적인 기회를 제공했다고 볼 수 있는 프로그램은 결과적으로 매주 1회씩 방송되었던 다큐멘터리 드라마 「소리 100년 생활 100년」이었다. 1930년대 중반기의 소리자료들이 일본의 NHK에서 다량 입수 되어 그 자료들을 활용하기 위해 기획되었던 프로그램이었다.

「소리 100년 생활 100년」의 경우, 처음에는 조원석 PD와 작업을 시작했지만, 곧 임영웅 선생이 연출을 맡아 꼬박 1년 간 작업하게 되었는데, 훗날 나는 그 프로그램에서 방송된 내용 일부를 발췌하여 『동양 극장의 연극인들』과 『무성영화 시절의 스타들과 유명 변사들의 해설집』이란 단행본으로 묶어 내기도 했었다.

조원석 PD와 연 2년 간 6. 25 특집극 시리즈물의 작업도 했는데, 한번은 방송시극(放送詩劇) 3부작이었고, 다음 해에는 국방부 제의로 태극무공훈장을 탄 역전의 용사들 이야기를 6부작으로 만들기도 했는데, 이종구 국방장관이 일일이 모니터 했단 얘기도 들려 왔다.

언젠가는 조원석 씨가 나에게 자문을 구하고 싶단 말을 한 다음, 「KBS-TV 의 어린이 프로그램 팀장으로 갈 수 있는 기회가 생겼는데 어떡하면 좋겠느냐」고 물었다. 나는 거두절미하고 단호한 어조로 「가지 말라」고 했다. 왜냐하면 어린이 프로그램 파트에는 이른바 「치맛바람에 의한 잡음이 많다」는 사실을 알고 있기에 그런 곳은 기피하는 게 나을 것 같단 뜻을 전했던 것이다.

몇 개월 후에 조원석 씨가 나에게 실토를 했다. 「열 사람 중의 아홉 사람이 어린이 프로그램 팀장으로 가야 한다고 했고, 형만 유일하게 반대를 했는데, 형의 판단이 옳았다」는 것이었다. 왜냐하면 조원석 씨 대신 그 자리에 간 사람은 금방 검은 돈과 관련 된 「부정행위 어쩌고」 하는 소송에 휘말렸기 때문이었다.

조원석 씨는 방송사에서 정년퇴직을 맞이할 수도 있었는데, 스스로 그 이전에 물러나 대학 강단으로 자릴 옮겨 앉았다.

그런 다음에도 대학로에 나올 때 마다 배우 유민석 씨와 나를 찾곤 했지만, 내가 술을 못 마실 입장이 되고 말았으니, 그저 우울한 표정만 남기고 돌아 서기가 일 쑤가 되고 말았다.

술꾼들은 술을 함께 마시고 취한 다음 허튼 소리도 좀 나눠야만 만났다는 느낌을 공유할 수가 있는 법인데, 내가 돌부처 꼴로 자리만 지키고 앉았으니 그럴 만도 했다.

나로서는 이제나 저네나 담당 의사로부터 「술을 좀 마셔도 되겠다.」는 말이 떨어지길 기다리고 했지만, 기약이 없는 일이라 오늘도 갑갑하기만 하다.

제 7 장

문우

●●● 2015년 현재 한국 문인협회 소속 회원의 숫자가 1만 2천여 명에 달한다. 소위 문인에 대한 희소가치는 오랜 전에 사라졌고, 특정 문인의 카리스마에 의해 문단이 좌지우지 되던 시기 또한 지나가 버렸다. 따라서 현역 문인들 중에는 함량미달 내지 천박한 인격의 소인배들도 꽤나 많이 뒤섞여 있는 것 같았다. 이사 및 희곡분과 회장 연임 등으로 10여 년 간 문협 일에 관여해 온 나에게 문협의 이미지가 이와 같았다.

김길형 씨와 「극작에서 공연까지」

김길형 씨와 내가 어디에서, 누구를 통해 안면을 트게 되었는지 그건 도통 기억할 수가 없지만, 대략 1970년대 중반부터 알게 된 사이로 추측이 되고 있다. 우리 두 사람은 동갑내기가 되기도 하며, 함께 출판 또는 잡지계에 몸담았던 편집장 출신들이어서, 어느 날 가볍게 면을 트게 되었으리란 짐작이 들기도 한다.

그러나 같은 회사에서 일한 적도 없고 공 · 사간에 어떤 거래가 있은 적도 없었기에 우리가 어디선가 만나게 되면 그냥 반갑게 악수 정도만 교환하곤 했었는데, 그런 관계가 무려 30여 년간이나 지속되었다.

정확히 2003년 8월 30일.

소설가에 월간 문학잡지 「한맥」을 발행하는 김진희 선생이 「함께 바람이나 쐬면서 고스톱 놀이나 하자」고 꼬여서, 내가 모처럼 '한맥 문학가 협회' 회원들 100여 명과 어울려 충청도 당진에 있는 「농업기반조성 공사 연수관」에 투숙하게 되었다.

소위 문학 세미나의 개최라는 명목 하에 시동이 걸린 나들이였다.

거기서 뜻밖에도 나는 수필가 김길형 씨란 친구를 만나게 되었다. 십 수 년만이어서 반갑게 악수를 나누자, 그는 은밀한 어조로 나에게 「할 말이 있으니 서울에서 한번 만나보자」는 말을 건넸다.

서울 합정동 로터리 부근에 있는 황태구이 식당에서 다시 만난 우리는 일단 소주병을 돌리면서 회포부터 풀었다. 주량까지 나랑 비슷한 김길형 씨는 경기도 양평군에서 태어나 중앙대학 동양철학과를 나왔는데, 나처럼 울퉁불퉁 굴곡진 인생행로를 피해 한평생을 오롯이 잡지, 출판계의 사람만으로 남아 있었다.

이윽고 그가 가슴 아픈 과거사를 토로하기에 이르렀다. 어린이용 도서 출판사 대표가 되어 50여 종의 책을 만들어 내자 웬만큼 기반이 잡혀 갈 무렵이었는데, 그놈의 빌어먹을 IMF 때문에 쫄딱 망했다는 사실하며, 지금은 어쩔 수 없이 편집대행 업무를 통해 밥을 빌어먹고 있다는 고백 등이었다. 여기저기서 하도 많이 들어 본 스토리같아서 그의 고백이 나에게는 「지난 겨울에도 눈이 내렸다」는 얘기나 별다를 바 없이 들렸다.

따라서 내 가슴 속에 뭉쳐 있던 궁금증이 쉬 풀어질 리 없었다. 「그렇게 시시한 넋두리를 하려고 일삼아 나를 만나 소주를 살 까닭」이 전혀 없기 때문이었다.

이윽고 서너 개의 빈 소주병이 뒤로 나자빠지자, 그가 극히 조심스레 자기 속내를 내비치기 시작했다. 매달 남의 책들만 만들어 주자니 속이 너무 허해서 잡지나 한 종 발행해 보고 싶은데, 「좀 도와 줄 수 없겠느냐?」 하는 게 그 골자였다.

마치 조건 반사처럼 내가 가볍게 응수했다. 「우리 나이에 잡지라면 전문지나 만들어야 하고, 내가 아는 분야래야 연극계 밖에 없는데… 연극관련

잡지를 만들어서 어디 팔리겠느냐」하고 그의 기대를 뿌리쳐 버리듯 했다.

그랬는데 천만 뜻밖의 반응이 메아리쳤다. 김길형 씨가 선뜻 「나도 한때 희곡을 써볼 생각까지 했었고, 연극을 좋아하니까 그쪽 방향의 잡지를 만들어 보는 게 좋을 것 같다」는 응수를 했던 것이다.

이어서 「지금 시중에서 또박또박 팔리는 잡지가 단 한 종도 없는 줄 잘 알고 있으니」 나더러 원고만 수집해 오면 「제작은 자기가 책임을 질 것이며 최소한 3년 동안은 그 잡지의 발행을 지속하겠다.」고도 했다.

그렇게 죽이 맞아 떨어져서 노경식(극작가. 서울.평양연극제 추진위원장), 정진수(평론가. 성균관대 교수), 김성희(평론가. 한양여대 교수), 김태수(극작가), 정대경(작곡가. 창고극장 대표), 남기웅(연극기획자) 제씨를 편집위원으로 모신 다음, 우리가 드디어 2004년 겨울호 「극작에서 공연까지」를 창간하기에 이르렀다.

저간의 경험에 의하자면 시시한 무슨 잡지 한 종을 창간하면서 마치 한 국문화의 뿌리부터 개조하겠다는 식의 거창한 슬로건부터 내걸었다가 불과 몇 개월 만에 용두사미 꼴로 사라진 꼴을 하도 많이 보아왔기에 우리는 「시작은 미미하지만 그 끝은 창대하게」라는 생각만 품고, 극히 조용한 출범을 하기로 했었다.

이른바 전반적인 연극 전문 계간 잡지라는 의미로 잡지의 제명을 내가 그렇게 짓자고 우겼고, 잡지의 모양새는 김길형 씨의 고집에 의해 국판 사이즈 300쪽을 기준으로 삼기로 했다.

시중에 나돌고 있는 대부분의 잡지들처럼 우리도 원고료를 책정한 이후에 옥고(玉稿)를 청탁할 형편이 되질 못했고, 취재나 편집을 전담할 직원 또한 채용할 수가 없었다.

어딜 가나 일복만 잔뜩 짊어진 내가 편집주간이 되어 일인 3, 4역을 해내야만 했었다.

연극인들은 우리가 만든 잡지의 창간호를 받아 보며 놀랍다고 하면서도 「한두 번 만들다간 말겠지」하는 눈치들을 숨기기에 바빴다. 원래 잡지는 3호까지 발행하기가 하늘의 별따기만큼이나 어려운 일로 알려져 있기 때문이었다.

우리 잡지의 발행이 5호가 넘어서자 어느 연극인은 나를 향해 「슈퍼맨이 여기에도 있네」하며 혀를 내 두르기도 했다. 원고료 책정도 없이 혼자 어떻게 그 많은 원고들을 조달하며 당신이 언제부터 그렇게 넓고 원만한 인맥관리를 해 두었는지 진정 모를 일이라는 뜻이었다.

실로 컴퓨터 시대가 좋긴 좋았다. 이메일로 원고를 접수하고 전송할 수가 있어, 사람이 직접 움직일 필요도 없는데다, 편집도 오퍼레이터가 컴퓨터로 할 수 있어 이전과 같이 사람들이 직접 오가거나 우송 등을 이용해야 하는 번거로움 등도 전혀 필요 없었다. 우리가 처음 도서 편집을 했을 때는 활판 인쇄시기였기에 저간의 편집 및 도서 인쇄술의 발전과정을 환히 알고 있어 할 수 있는 말이 되리라.

문제는 결국 「해도 너무 하다」는 생각이 들만큼 잡지가 팔리지 않는다는 데 있었다. 우리는 꾸준히 만들고 보면 그래도 매호마다 최소한 2, 3백 권씩이야 팔릴 걸로 예상했는데 2, 30권도 팔리지 않았고, 꼬박 꼬박 증정본을 200여부씩 발송 했는데도 되돌아오는 반응은 그저 침묵, 오직 침묵뿐이었다. 잡지 한권의 우송료가 무려 1천 5백 원씩이나 들기도 했다.

내가 제작비를 감안해서 페이지를 확 줄여 보자고 했지만, 발행인 김길형 씨는 국판 300쪽 이상이란 고집을 절대 꺾으려 들지 않았다. 「책다운 책이 아닌 책을 만들 까닭이 어디 있겠느냐」는 게 그의 한결 같은 지론이었다.

누군가가 일러 주어서 문예 진흥위원회에 잡지 발행비 지원신청을 한 결과 2년간은 비둘기 눈물만큼의 시혜를 입어도 보았는데, 처음 1년은 500만원이었고, 다음 1년간은 700만원이었다.

그만 엎어 버리고 싶은 생각이 들 때가 한 두 번이 아니었지만, 우리는 통권 26호가 되는 2010년 겨울 호까지 그놈의 「극작에서 공연까지」를 만들어 냈다.

문 닫을 때가 되었음을 직감한 내가 먼저 결단을 내리고 김길형 씨를 만났다.

그리고 「우리 이쯤에서 손을 씻기로 합시다.」하고 말했을 때, 김길형 씨는 딱 한 마디 말로 「세월이 너무 아깝다」며 눈시울만 적셨다.

돌이켜 보면 특기할 만한 일이 없진 않았다.

약 7년 동안 실로 어렵게 잡지를 만드느라 남몰래 겪었을 심적 갈등 또한 무수했지만, 김길형 씨와 나는 단 한 번도 얼굴을 붉힌 적이 없었고, 피차간에 심적 부담을 주는 일은 하질 않았다. 그리고 나의 저서로 되어 있는 『한국 동인극단 50년사』와 『서양연극의 총체적 개념정리』도 그 잡지에 연재되었던 원고들이어서 덤으로 얻은 수확이라 말할 수도 있겠다.

1970년대 말기에 나도 몇 년간 출판사를 운영해 본 경험이 있어, 「좋은 책은 팔린다.」는 신념 같은 게 남아 있었는데, 「이젠 좋은 책도 팔리지 않는다」는 현실을 체감하고서 그만 말문조차 잃어 버렸다.

지금은 디지털 시대인데 우리는 아직도 아날로그적 논리에서 못 벗어났단 말일까?

김병총 씨와 『역사의 연구』

1970년대 중반. 분명하진 않지만 단국대학 국문학과 이재철 교수의 소개로 지금의 소설가 김병총 형을 만나게 되었던 것 같다. 그때 형의 이름은 김 성(?) 이었고, 소설가가 아니라 아동 문학가였다.

형은 포항 출신으로 고교 2학년생이었던 1957년에 『연과 얼굴과』란 동화로 신춘문예의 관문을 뚫은 문재(文才)로 알려져 있었고, 검도 유단자로 극단 '실험극장' 의 사범노릇을 하기도 했었다.

투시력이라도 지닌 듯 강렬한 시선에 땅딸막한 키, 그리고 근육질의 체구 등이 형의 첫 인상이어서 아동문학가라는 관사와는 별반 어울리지도 않았는데, 입심조차 걸쭉하기 짝이 없었다.

어쨌거나 그때 김병총 형은 희곡작가인 나를 남달리 보려 들었다. 문학사 속에 있는 희곡의 위상을 잘 알고 있기 때문이었다.

한편 그 당시의 우리는 만나기 바쁘게 합숙부터 시작했다.

김병총 형이 무슨 출판사의 편집부장이었고, 영국의 위대한 역사학자

토인비의 『역사의 연구』라는 대 저작물을 발간하느라 막바지 편집 작업에 박차를 가하던 중이었다.

이를테면 남녀 편집부 직원 10여 명이 어느 여관에서 합숙을 하며 『역사의 연구』라는 그 거창한 저작물의 마무리 교정을 보는 과정에 있었는데, 한 마디로 그런 작업이야말로 코미디와 별반 다를 바가 없었다.

무슨 말이냐 하면 3교 또는 4교에 해당되는 교정지를 앞에 놓고 읽어 보는데, 제 아무리 기를 쓰고 정독을 해 봐도 도무지 무슨 말을 나열한 문장인지 가늠조차 가지 않을 정도로 그놈의 번역이란 게 엉망진찬이었다. 심지어 일련의 문장이란 게 일, 이 페이지 이상이나 이어지는 경우가 허다했는가 하면, 주어를 찾을 수가 없는 문장도 수두룩 했고, 술부가 없는 문장도 있었고, 꼬리 잘린 도마뱀처럼 문장이 까닭 없이 뚝 끊어지고 마는 경우도 허다했었다.

결국 영어로 된 원서를 우리말로 번역한 게 아니라, 일본어로 번역 되어진 책을 우리말로 다시 번역한 중역(重譯)이어서 그 모양 그 꼴이었다. 그것도 번개 불에 콩이라도 구워 먹을 듯이 시한에 쫓겨 수십 명의 삼류 번역가들에게 일을 분담시킨 이후, 번역 원고의 매수에 따라 번역료를 지불한 형식을 취한 모양이었다.

그 당시의 나는 「그 출판사의 대표라는 사람이 20세기의 석학(碩學)으로 통하는 토인비를 알기나 하고 이 책의 출간을 서두르는지 모르겠다.」는 의문을 뿌리칠 수조차 없었다.

약 한달 간이었다. 나는 마치 난수표와도 같은 그놈의 교정지와 씨름을 했고, 끝내는 그 출판사 사장이 두 손을 드는 모습만 지켜보게 되었다.

그 출판사의 젊은 대표는 어느 라디오 방송사의 인기 프로그램 원고를 단행본으로 만들어 빅 히트를 치게 되었고, 단숨에 떼돈을 번 다음, 그 돈을 밑천으로 『역사의 연구』라는 그 역사적 저작물의 번역 출판에 덤벼들었다가 결국 피를 보고 만 셈이었다.

뒷날의 풍문에 의하자니 「동서 문화사」에서 그 작업을 인수해 갔는데, 우리가 교정을 보았던 기존의 판본을 몽땅 폐기처분하고 번역부터 새로이 하여 기어이 『역사의 연구』라는 그 저작물을 발행해낸 모양이었다. 때마침 그 책이 나올 무렵에 저자인 토인비가 작고를 하게 되어, 국내의 각 언론매체들이 아주 소상하게 토인비와 그의 저작물인 『역사의 연구』를 소개하는 바람에 출판사 입장에서는 돈 한 푼 들이지 않고 홍보를 한 결과가 되어 엄청 큰돈을 벌었다고도 했다.

몇 년이 흐른 뒤, 내가 한겨레 출판사 대표직 명함을 갖고 있을 때였다. 어느 날 보니 김병총 형이 소설가로 화려한 재 데뷔를 하고 나섰다.

이어령 선생이 「문학사상」이란 잡지를 창간, 우리 문학계 내지 출판계에 돌풍을 일으키고 있을 때였다. 김병총 형이 쓴 단편 소설 『빨간 우산』이 「문학사상」 제1회 당선 소설이 되었던 것이다.

때 마침 내가 최광렬 선생과 계약을 맺고 『쟁이들의 환상과 세계』라는 70년대 인기소설 비평집을 기획하고 있었다.

최광렬 선생에게 내가 「김병총이란 소설가의 작품을 접해 보셨느냐?」하고 물어 보았더니 최선생은 금시초문이란 반응을 내비쳤다.

그래서 내가 김병총 형의 소설작품집 『불 칼』을 소개했고,『쟁이들의 환상과 세계』에 형의 작품 세계가 본격적으로 다뤄지기도 했다.

김병총 형이 조선일보에 『내일은 비』라는 제목 하에서 소설을 연재하기 시작했다. 내가 명색이 출판사 대표여서 언감생심 그 원고를 넘보려 들었다. 형도 그 원고를 우리 출판사로 넘겨 줄 의향까진 내비치기도 했었다.

결국 「의리냐 실리냐」의 갈림길에서 갈등을 빚은 김병총 형은 실리를 택한 듯 그 원고는 다른 출판사로 넘어가 버렸다.

그러나 피차간에 감정이 상할 정도는 아니었다. 왜냐하면 나도 내 깜냥을 아는데, 나한테는 저자가 만족할 만큼 그 책을 위한 광고비 책정을 할 여력 등이 없기 때문이었다.

나는 김병총 형의 초기소설, 이를 테면 『불 칼』에 실린 작품들을 대단히 좋아했었다.

그런데 김병총 형은 대중적 인기에 민감한 반응을 나타내면서 대중소설 쓰기에만 바쁜 듯 했다. 형을 아끼는 마음에서 그런 게 마뜩찮았다.

그리하여 어느 날엔 무슨 빠에서 함께 술을 마시다가 내가 한 마디로 쏘아붙였다.

『결국 형은 통속 소설가로 전락하고 말 거요?』

그때 허를 찔린 모습으로 김병총 형은 한동안 아무 말도 못하고 술만 마셔댔다.

시인 신세훈 씨가 계간 문학잡지 「자유문학」을 발행하면서 소설가 김병총 형을 편집위원으로 끌어안았다.

그런 까닭으로 나는 「자유문학」 사무실에서 김병총 형을 다시 만나기도 했다. 나에 대한 그 형의 애정은 이전과 별다를 바 없었다.

근년에는 소문으로만 들었는데, 지나친 과음으로 인해 형의 건강에 이상이 생긴 모양 같았는데, 다른 한편으론 역사소설『사기(史記)』의 저자가 되었다고도 했다.

아울러 2013년에 비로소 제2의 작품집이랄 수 있는 중 · 단편 모음집『황금 우산』을 발행한 모양인데, 나는 아직 그 책을 읽어 보진 못했다.

김태원 씨의 고마운 배려

무용 평론가로 활약하는 김태원 씨를 떠올리면 당장 「고맙다」는 마음과 함께 「세상사란 게 참 묘하다」는 느낌이 들곤 했다.

1991년 7월 3일부터 8월 3일까지 압구정동에 있던 '현대 문화극장' 에서 『예스 아이 두』라는 2인극이 공연되었는데, 김민정 씨와 마홍식 씨가 출연한 그 작품의 연출자가 김태원 씨였다.

나는 그 연극을 가보지 않을 수가 없었으니, 한때는 출판사 편집부 일을 함께 했던 박 영 씨가 극단 '띠오 빼빼' 의 창단공연 레퍼토리로 들고 나온 작품이기 때문이었다.

관람을 끝내고 김태원 씨와 악수를 하고 헤어진 다음, 내가 박영 씨에게 물어 보았다.

『연출자 김태원 씨는 생소한 이름 같은데?』

『기국서 씨랑 76 소극장 운동을 했었대.』

그 이후 내 머릿속에서 김태원이란 이름은 아득히 멀어져 갔다. 도시인의 생활이란 게 원체 각박하기 때문에, 나랑 직접적인 관련이 없는 일에 기웃거릴 여유가 없기 때문이었다.

단지 김태원 씨가 무용 평론을 하네, 「현대미학」이란 출판사를 운영하네, 『공연과 리뷰』라는 무용전문 평론지인 계간 잡지를 발행하네 하는 등의 소문만은 들을 수가 있었다.

그랬는데 어느 해 겨울에는 『공연과 리뷰』사에서 제정한 'PAF 예술상' 수상자로 연극배우 박웅 형이 들어 있다는 연락을 받고, 인사동에 있는 무슨 다방에 들어서기도 했다. 거기가 시상식장이었다.

2005년 어느 날에는 또 내가 무슨 계기로 어디서 그를 만나게 되었는지 모르겠는데, 암튼 그날 우리가 나누었던 몇 마디의 말만은 분명히 기억 되기도 했다.

『요즘 무슨 일을 하세요, 김 선생님?』

김태원 씨는 모처럼 나를 만나 일상의 인사처럼 그렇게 물었다.

『하, 그놈의 '반야심경' 에 미쳐서 허송세월만 한답니다.』

물론 나도 별 계산 없이 허튼 소리로 그런 말을 내뱉은 꼴이었다.

정확히 언제부터 작업에 착수했는지는 모르겠지만, 나는 「반야심경을 해석하는 작업」에 매달려 2년 동안 비지땀께나 흘렸다가 얼마 전에 막 탈고를 해둔 상태였다.

오랫동안 「반야심경」이 하나의 수수께끼처럼 혹은 목에 걸린 생선가시처럼 내 마음에 걸려 있어, 기어코 그 정체를 파악해 보겠다며 매달린 작업이었다.

그랬는데 김태원 씨가 정색을 하고 나섰다.

『김 선생님, 그 원고 저 좀 보여 줄 수 없겠습니까?』

출판사 대표가 보고 싶어 하는 원고는 책으로 묶어 볼 생각이 있다는 뜻과 다를 바 없었다.

『좋아요, 메일로 넣어 드리죠.』

그렇게 되어 문제의 그 원고가 전해 졌고, 원고를 다 읽어 본 김태원 씨가 책으로 만들어 보고 싶다는 뜻을 전해 왔을 뿐만 아니라, 출판 계약이 성립되어 단행본 편집에 들어가게 되었다.

솔직히 나는 김태원 씨가 불교철학에도 그처럼 이해도가 높다는 사실에 경이로움을 느꼈다.

OK 교정을 놓을 때 김태원 씨는 책의 제명을 「반야심경으로 읽는 불교사상」이 좋겠다고 해서, 내가 「반야심경으로 보는 불교사상」이 나을 것 같다고 했다. 읽음(讀) 보다는 봄(觀)이 직접적일 것 같아서였다.

관(观)은 마음으로 헤아려 봄이었다.

국판 340여 쪽의 책 『반야심경으로 보는 불교사상』의 초판이 현대미학사 명의로 2006년 2월 6일자로 발행되었다.

다른 한편 김태원 씨는 내가 편집주간이 되어 발간했던 계간 잡지 「극작에서 공연까지」에 대해서도 비상한 관심과 애정을 기울여 준 바 있었다. 큰 돈을 아닐 지라도 협찬의 명목으로 광고 원고를 넘겨주기도 했었고, 십여 권씩의 책을 구입해 주기도 했다.

이를 테면 그는 기록문화의 소중함과 그 가치를 누구 보다 잘 알고 있는 사람이었다. 역사는 기록에 의해 보존 된다고 보았을 때, 기록이 되지 않는 사실은 존재의 근거조차 없어지는 법이 아니겠는가.

특히 연극이나 무용과 같은 무대 공연예술은 막이 내림과 동시에 그 생명이 사라지는 법이니, 후대를 위해서라도 더더욱 기록을 소중히 여겨야 할 일이었다.

뿐만 아니라 내가 무용극본도 쓴 적이 있다는 사실을 알게 되어 김태원 씨는 나에게 한편의 무용극본 집필을 의뢰하기도 했었다.

그리고 전설적인 무용가 최승희 관련 사업에 함께 참여 하자며 초청장을 보낸 적이 있어 함께 홍천에 간 적도 있었다.

내가 통권 26호가 되는 2010년 겨울호 「극작에서 공연까지」를 끝으로 잡지의 발간을 중단하자, 누구보다 앞서 김태원 씨가 애석한 마음을 전해 주면서 『공연과 리뷰』지에 잡지 폐간에 따른 내 마음의 상처를 실토할 지면까지 할애해 주기도 했었다.

그것도 모자라 김태원 씨는 '2011 PAF 예술 공헌상' 수상자로 나를 선정해 주기까지 했다.

박영 씨의 『예스 아이 두』

여류 시나리오 라이터 박영 씨에게 김영무라는 사람은 「연애할 줄도 모르는 남자」가 되어 있었다. 적어도 그녀에게 나는 그런 식으로 낙인이 찍혀 버렸다. 언젠가 나를 향해 농조였지만 직설로 그녀가 그런 말을 하기도 했으니, 그건 엄연한 사실이 아닐 수 없었다.

대학에서 영문학을 전공했던 박영 씨의 첫 인상은 똘똘하면서도 맹랑한 아가씨 형이었다.

1970년대 중반에 그녀는 사무실이 독립문 근처였던 미니잡지 「수정」의 편집부 기자였다. 그 잡지를 운영하는 대표 곽정달 씨가 오랜 나의 친구여서 우리는 자연스레 알게 되었다.

그 무렵에 내가 '한겨레 출판사'를 차렸는데, 박영 씨가 나랑 같이 일하고 싶다는 뜻을 비쳐서 그렇게 하기로 했다. 나는 원효로에 사무실을 차렸고, 시인이며 국민대학 영문학 교수였던 이정기 박사의 에세이집 『남의 아내』, 소설가 정을병 씨의 콩트집 『주인 좀 빌립시다』, 소설가 이정환 씨의 『첫손님』등과 같은 단행본을 출판하기에 이르렀고, 급기야 한국문단에 큰

파장을 일으킨 바 있는 평론가 최광렬 선생의 70년대 인기소설 비평집『쟁이들의 환상과 세계』도 기획출판 해냈다.

어느 날, 종로 2가에 있는 단골 술집에서 만난 이정기 박사가 은밀한 어조로 나에게 귀띔을 하려 들었다.

『김 대표! 박영이란 그 편집부 아가씨 절대 손대지 마라!』

그 순간 나는 깜짝 놀랐다.

막말로 박영 씨가 나에게 호감을 가졌다는 사실을 피부로 느꼈다손 치더라도 나로선 바람을 피울 여력이 전혀 없었다. 내가 부인과 아이를 거느린 유부남이고, 그녀가 미혼이어서 하는 식의 윤리관이 문제라기 보담은 출판사 운영에 매달리기가 너무 바빴기 때문이었다.

이정기 박사는 마치 화두(話頭)를 던지듯 그 말만 툭 던진 다음, 술이나 들자는 식으로 나왔다.

출판사의 사정이 어려워 졌는데, 이따금 박 영 씨의 언행이 일치 되지 않음을 발견한 내가 그녀와 결별을 선언해 버렸다.

얼마 후에 보니 박영 씨가 시나리오 작가로 등단을 했다. 영화진흥공사에서 주최한 시나리오 공모에서 당선된 모양이었다.

어디서 우연히 만난 것으로 기억되는데, 그녀가 에로영화 감독인 정인엽 씨가 감독, 제작한 영화『애마부인 2』의 시나리오도 썼다고 했다.

짬을 내어 내가 그 영화를 일삼아 관람하기도 했다. 정인엽 감독이라면 나도 잘 알고 있어 그 영화가 새삼스러울 리는 없었다.

원래 나는 타인의 사생활에 대해서는 관심을 두지 않는 편인데, 박영 씨의 사생활은 이상하게도 자꾸만 내 눈에 띄거나 풍문으로 들려오곤 했다. 결혼 생활에 실패한 모양이었다.

어느 날에는 박영 씨 연락에 의해 만나게 되었는데, 거기가 신문로에 있는 어느 사롱이었다.

그녀는 원고를 내밀며 좀 봐달라고 했는데, 단막극으로 된 TV 드라마 극본이었다. 나는 즉석에서 읽어 보고 나름대로 내 생각을 전해 주었다.

그 작품이 MBC - TV로 방영까지 되었는데, 그 내용을 지금은 알 수가 없고, 탤런트 송기윤 씨가 주연을 맡았다는 사실만 어렴풋이 내 기억에 남아 있다.

비유하자면 그녀는 한 마리의 나비 같았다.

나는 돌부처 꼴로 대학로에 앉아 있었는데, 이번에는 그녀가 대학로로 날아왔다. 그것도 '띠오 빼빼' 라는 이름의 극단대표가 되어.

나는 그녀를 향해 「어떻게?」, 「왜?」 등과 같은 의문을 결코 던지지 않았다. 내가 간섭할 일도 아니고 간섭해 본들 씨알이 먹힐 그녀가 아니었다.

단지 나는 연극계의 선배답게 이왕 시작을 했으니, 연극다운 연극을 만들어야 한다는 말만 해주었다.

그녀는 1991년 7월에 창단공연 레퍼토리로 『예스 아이 두』를 선택했고, 김태원 씨 연출에 김민정씨와 마홍식 씨 출연으로 압구정동에 있는 소극장에서 공연했다.

또 어느 날 보니 그녀는 김동리 선생의 『무녀도』를 차범석 선생 각색, 강영걸 씨 연출로 공연한 모양이었다. 1994년의 일이었다.

훗날 만났더니 그녀는 이재현 작, 연출로 『오유란 전』을 만들어 러시아의 모스크바에서도 공연을 한 모양이었다.

박영 씨가 두 번 째로 이혼했단 소식도 어디선가 들려왔다.

나는 속으로 「웬만하면 함께 살지」하는 안타까움만 느꼈다.

실로 몇 년 만인지도 모를 일이었는데, 아르코 소극장 로비에서 우리가 또 만나 반갑게 인사를 교환했다.

알고 보니 그녀는 『내가 할 말이 있다』하는 제명으로 명성황후의 일대기를 모노드라마로 써서 공연할 준비 중에 있었다. 연출을 국립극단 배우 이승옥 씨에게 맡겼고, 출연은 『각설이』로 유명한 김시라 씨의 부인 박정재 씨였으며 공연장은 「상상 화이트관」이었다. 2005년 8월이었다.

그때 연극계 한 쪽에서는 「작가도 아니고, 연출도 아니고, 배우도 아닌 공연이란 빈정거림」이 들려오기도 했었다.

그래도 나는 그 공연을 관람하고 수고했다는 격려를 해주었다.

나로서는 못 말릴 박영 씨가 되어 있기에 별 도리가 있을 수 없었다. 그저 나는 박영이라는 이름을 가진 나비가 추는 춤을 멀리 앉아서 구경이나 해야 할 판이었다.

언제까지가 될 지는 아직 모를 일이지만.

신세훈 씨와 『스타열전』

시인 신세훈 씨를 만날 때 마다 나는「얄미울 정도로 너무 잘 생겼다」는 느낌을 지울 수가 없었다. 저 친구가 만약 배우가 되었더라면 분명 주연급으로 캐스팅될 만한 인물이란 지레짐작도 떠오르곤 했다. 또한 지울 수 없었다.

언제 어디서 내가 그를 처음 만나게 되었는지 지금의 나로선 기억할 수가 없는데, 그의 말에 의하자면 분명 『풀과 별』이란 잡지사였다.

그의 기억에 의하자면「옛날에 『풀과 별』이란 잡지사에 들렸더니 낯선 곱슬머리에 눈알만 반짝이는 한 사나이가 앉아 있었다. 시인 신세훈 하면 나름대로 유명했는데, 그 친구는 나를 너무나 하찮은 상대로 여겼다. 나중에 알고 보니 그가 극작을 하는 김영무더라」였다.

그에게 나의 첫 인상이 그처럼 차가웠던 모양이었다.

내가 '한겨레 출판사' 를 운영할 때, 신세훈 씨는 사무실이 종로 경찰서 건너편에 있었던 국제 PEN클럽 한국본부 사무총장이었다. 시인 모윤숙 여사가 회장이었고, 영문학자 이정기 박사가 상임이사였다.

내가 운영하는 출판사의 명의를 '한겨레' 로 지어 준 장본인이 신세훈 씨였을 만큼, 그는 나에게 많은 관심과 배려를 베풀어 주기도 했었다.

그는 김종문 시인이 회장이었던 한국 현대시인협회의 년간 사화집을 (1979년, 1980년)우리 출판사로 연결해 주기도 했고, 책이 발행되어 나오자 나에게 협회 명의로 감사패를 만들어 주기도 했었다.

놀랍게도 시인으로 알져진 그가 중앙대학교 대학원에서 연극학을 이수했고, 한국일보에서 연극담당 기자로 활동하기도 했을 만큼 연극과 관련이 많은 인물이 되기도 했다.

가만히 보면 그는 나의 반면교사가 될 인물이기도 했지만, 나로서는 또 그렇게만 살 수도 없는 일이었다.

나는 생리적이듯 대충 어림잡아 거칠고 급하게 무슨 결론을 내려 버리거나 마무리 짓기를 좋아하는데 비해, 그는 치밀하고 꼼꼼하고 세심하게 모든 일처리를 하려 들었다. 「악마는 디테일에 숨어 있다」는 사실을 나 또한 알긴 하는데, 내가 볼 땐 그가 너무 꼬물거리는 형이고, 잔소리꾼 같아 갑갑하고 답답하게 느껴질 때도 많았다.

반면에 그가 보는 김영무는 그야말로 극작가답게 늘 아슬아슬한 드라마의 주인공 같았으리라.

세월이 흘러 신세훈 씨가 「자유문학」이란 계간잡지의 발행인이 되고, 내가 본격적인 드라마 작가로 활동할 때였다. 호구지책의 일환으로 나는 주로 라디오 방송 원고를 집필했고, 예술행위로써 희곡을 써서 공연에 매달리곤 했다.

1992년. 내가 모처럼 『스타열전』이란 희곡 원고를 들고 무교동에 있는 「자유문학」사를 찾아 갔다. 거기서 신세훈 씨를 만나 「이 원고 한 번 읽어 보고... 잡지에 한 번 실어 보면 어떨까」하는 말을 했다. 잡지사의 사정을 훤히 아는 나였기에 원고료를 염두에 둔 것이 아니라, 오래 동안 적조했기에 인사차 그런 발걸음을 했던 것이다.

그랬는데 원고를 찬찬히 읽어 본 신세훈 씨는 「좋다, 좋다」하는 감탄사를 연발하면서 「당장 올 가을 호에 싣겠다」는 말과 함께 나를 그 잡지의 표지 인물로 삼겠다는 말도 했다.

실제로 그렇게 되어 1992년 「자유문학」가을호에 희곡 『스타열전』 220매가 게재 됨과 동시에 표지화로 내 초상화가 실리기도 했었다. 종합문예지에 극작가의 얼굴이 실리기는 사상 처음이 되리란 말도 들었다.

그때 그 잡지의 표지화를 위해 나는 소설가 김병총 형과 시인 김여옥 씨와 함께 세검정에 있는 화가 최낙경 화백의 아틀리에에서 연이틀 동안 모델이 되기도 했다. 최 화백은 나라는 인간의 정체성을 잡지 못해 애를 쓰다가 담배를 피우는 내 모습에서 영감을 얻었는지 「바로 그 모습!」 하고선 담배를 피우는 내 모습을 그려냈다.

그 작품 『스타열전』이 강영걸 연출로 그해 8월 15일부터 28일까지 극단 '민예극장' 의 제110회 정기공연으로 문예회관 소극장에서 공연되었다. 그 공연 프로그램에 신세훈 씨가 「극작가 김영무- 그의 인간과 작품」이란 글을 싣기도 했고, 극장입구에서 나는 내 초상화가 실린 「자유문학」 70 여권을 팔아 잡지사에 입금시켜 주기도 했었다.

이후에도 신세훈 씨는 나의 희곡작품에 많은 애정을 보내 주었고, 내 작품이 공연 될 때면 반드시 관람을 한 후에 격려를 아끼지 않았다. 그의 그러한 관심과 배려가 나에게는 천군만마와도 같았다.

신세훈 씨가 문인협회 이사장이 되었을 때, 그는 또 잊지 않고 나를 찾았다. 이유 여하 간에 나는 그의 배려에 의해 문협 이사 내지 희곡분과 회장을 연이어 역임하지 않을 수 없었다.

2005년에 내가 BTN에서 매주에 방송 되는 30분짜리 대담 프로그램「김영무가 만나는 문화 문화인」의 구성작가 겸 MC로 활약할 때, 신세훈 씨를 문협 이사장의 자격으로 초빙하여 함께 방송하기도 했었다.

한국의 문인 현황 및 문인의 위상 등에 관한 이야기와 함께 신세훈 본인의 신상에 대해서도 많은 얘기를 나눴는데, 하나의 질문에 그가 너무 긴 대답들을 나열하는 바람에 다양한 내용이 편집 되진 못했다.

그는 ROTC 출신 중위로 월남전에 참전한 적이 있어『베트남 엽서』라는 전쟁시집을 발간 했는데, 나는 그 시집을 애송한 적이 있다. 양주동 박사가 그를 시인으로 뽑아 주며 극찬을 했다는데, 솔직히 나에게 그의 시는 좀 난해하게 느껴지기만 했다.

다른 한편 그가「민조시(民調詩)」란 장르의 정착을 위해 무진 많은 애를 쓰고 있는데, 관심을 갖고 두고 볼 일인 것 같다.

엄한얼 씨의 수다

이 세상에서 여태까지 내가 만나본 사람들 중에 가장 수다스러웠던 남자는 희곡작가 엄한얼 씨였다.

언제 어디서나 그의 입에서는 흡사 수도꼭지에서 물줄기가 이어지듯, 가지각종 무슨 말들이 줄줄이 쏟아져 내리곤 했다.

대화의 기본이란 상대방의 반응에 박자를 맞춰 가면서 가능하다면 내가 반드시 전달하고픈 요지를 피력해야 하는데, 그에게는 그런 식의 어법조차 깡그리 무용지물이었다.

자그만 키에 악의 없이 생글생글 웃는 표정이 그의 일상적인 모습이어서 속된 말로 밉상은 아니었지만, 단지 말이 너무 많았기에 그는 어딜 가나 실없거나 싱거운 사람 축에 들곤 했다.

그가 내뱉는 말들은 과연 어디서부터 얼마만큼 믿어야 좋을지, 또는 그가 말하는 논지의 끝이 과연 어디로 튀어갈지 온통 헷갈릴 지경이 되기만 했다.

이를 테면 그는 이혼을 했다는데, 나는 그로부터 이혼을 하게 된 까닭이

나 계기들을 아마 수십 차례나 들었음 직도 한데, 아직도 나는 그의 이혼 사유를 제대로 파악 못하고 있다.

또 언젠가는 한동안 소식이 뜸했다가 느닷없이 그가 우리 앞에 나타났는데 절뚝거리며 목발을 짚고 있어 「웬 일이냐?」 하고 물었더니 「교통사고를 당했다」며 장광설을 늘어놓았다. 그랬지만 나는 결국 그가 당한 교통사고에 대한 전말의 매듭을 잊어버릴 수밖에 없었고, 지금 내 기억 속에 남아 있는 그의 교통사고 사연이란 게 단지 그를 친 자동차의 「차주가 빈털터리여서 보상금을 한 푼도 받을 수가 없었다.」는 사실 하나 뿐이었다.

물론 그런 사실도 반신반의로 수용하게 된 나의 기억 속에만 남아 있을 정도였다.

사람의 말을 못 믿는 건 도리가 아닐 테지만, 그의 말들은 도저히 수용이 불가할 만큼 그 용량이 넓고 모호하기만 했다. 그는 틈만 나면 베트남 관광 가이드로서의 자기 자랑을 늘어놓곤 했는데, 그의 말에 공감하려 드는 상대 또한 별로 없었다. 당장 그가 하는 말의 사실 여부조차 불명확하기 때문이었다. 언젠가는 무슨 보험회사에서 세일즈맨 노릇을 했는데, 어느 달엔 최고의 매상을 올린 사원으로 표창장을 받았다고도 했지만, 그 말을 믿어주는 사람 또한 없어 보였다. 그가 명문인 S대학을 다니다가 별 볼일이 없을 것 같아 자퇴를 했다고도 했는데, 그런 진술 또한 소설만 같았다.

그토록 많은 말들을 사람들의 면전에서 쏟아 놓고서도 또 무슨 미진함을 느꼈는지 그는 정기적으로 팸플릿 형 유인물을 만들어 우송해 주기도 했는데, 그 내용 또한 실로 엉뚱하기 짝이 없었다. 어느 때는 반정부 시위대의 주장들이 그 내용의 주를 이루기도 했고, 어느 때는 월남을 비롯한 중동 지역의 소식지 역할을 하려 들기도 했는가 하면, 어느 때는 북파공작원들의 실상이나 그들에 대한 보상을 요구하는 주장에 앞장서는 글들이 실려 있기도 했었다.

그의 팸플릿은 우리들의 궁금증을 풀어주는 역할을 한 것이 아니라, 오히려 우리들에게 궁금증만 북돋워 주는 역할을 하려 들었다.

엄한얼 씨는 1970년대 중반기에 시작된 「한국 극작 워크숍」 멤버로 몇 번인가 작품 토론회에 참가한 적이 있어, 우리가 서로 얼굴을 익히게 되었고, 그도 한 두 편의 작품을 내민 적이 있었다. 그랬는데 그가 쓴 희곡 또한 극적사건이나 인물의 성격 창조 보다는 장광설 내지 요설 또는 빈정거림 투의 장 대사가 주를 이루곤 했었다.

그의 작품 『망명정부 주식회사』에 나오는 여자2의 대사를 예로 들어 보면 다음과 같다.

> 바보! 병신! 쪼다! 죽기와 살기가 아녜요. 죽기 아니면 까무러치기, 반대할 자유는 없어요. 지지와 찬성, 협조와 응원밖에는...신의의 독재예요. 명령에 절대 복종해야 돼요. 모두가 국가와 민족을 위해서니까... 말 타면 경마 잡히고 싶고 수염 잡으면 상투 잡고 싶은 게 인간의 부질없는 욕심과 오만의 천성, 더 이상 자유를 줄 수 없어요. 지금도 자유가 너무 많아요. 김치찌개 백반이든 설렁탕이든 비프스테이크든 어느 것이나 식사를 마음대로 할 수 있는 자유, 베토벤이나 엘비스 프레슬리나 이미자 노래든 어느 것이든지 들을 수 있는 자유, 동아일보나 경향신문이나 서울 신문 어느 것이든지 들을 수 있는 자유, KBS든지 MBC 어느 방송이나 들을 수 있는 자유, 소주, 맥주, 청주, 아리랑, 신탄진, 환희 어느 술이나 담배를 선택할 수 있는 자유, 김씨, 이씨, 박씨 어느 여자나 남자를 선택할 수 있는 자유, 너무 너무 자유가 넘쳐흘러요. 있는 자유도 활용을 못하는 얼간이들에게는 더 이상

> 자유를 줄 수 없어요. 회사 내의 지나친 자유 분위기는 풍기 물란과 쓸데없는 비생산적인 파업난동만 있을 뿐이에요. 머슴에게 자유를 주면 주인에게 고맙게 여기기는 커녕 주인의 재산과 목숨을 호시탐탐 노리는 법이죠. 자유가 너무 적다고 투덜거리지 말아요. 있는 자유도 마음껏 활용하기에 인생은 너무 짧아요.

말이 많은 친구들은 대체적으로 남의 말에 귀 기울일 줄도 모르는데, 엄한얼 씨 또한 예외가 아니었다.

그는 그의 작품을 향한 동인들의 지적에 별로 신경을 쓰지도 않았고, 기회만 주어지면 자기 말만 하려 들었다. 뿐만 아니라 그는 극작 워크숍에도 나오고 싶으면 나오고 나오기 싫으면 그만 두는 쪽이었다.

인간관계를 이해득실만으로 따진다는 건 소인배들의 치졸한 노릇이 되기도 할 테지만, 나한테 엄한얼 씨는 꽤나 정확하게 이(利)가 되기도 했고, 해(害)가 되기도 해서 기억을 되살려 보기로 한다.

1996년 9월 4일. 그날 나는 경기도 가평에 녹음취재를 가야 했는데, SBS 라디오 프로그램이었던 「가요풍물 기행」의 구성을 위한 일이었다. 그때 엄한얼 씨가 「가평문화 예술 신문사」 대표라는 직함을 갖고 있어, 내가 그에게 도움을 청했더니, 그는 기꺼이 나를 도와 인터뷰 상대가 될 만한 가평 인물들을 소개해 주기도 했고 용추폭포 등으로 나를 안내해 주기도 했었다.

다른 한 편 2000년 전후였으리라.

엄한얼 씨는 나와의 약속을 헌신짝처럼 어겨서 내가 마음의 상처를 입기도 했었다. 이를테면 한국 연극협회의 극작분과 회장을 뽑는 자리에서 그가 나를 추천해 주기로 철석같은 약속을 한 바가 있었는데, 정작 회의석상에선 그가 시치미를 뚝 따버리는 황당한 상황을 연출하기도 했었다. 알고 보니 그는 노경식 선생과 함께 나의 경쟁자가 되어 있는 후배와 손을 잡고 있었다.

그때 하유상 선생이 즉흥적으로 나를 추천해 주어서 가까스로 투표가 진행되긴 했는데, 한 표 차로 내가 지고 말았다. 저쪽에선 사전에 치밀한 작전까지 짜두었는데, 나는 천하태평이었으니 내가 이길 도리가 없었던 것이다.

내가 그 꼴 난 감투를 탐하다가 망신만 당한 꼴 같아 전말을 밝혀 둬야겠는데, 그 당시에 나더러 연극협회 극작 분과 회장 직을 맡으라며 적극 밀어붙인 사람이 바로 권오일 선생이었다. 내가 노경식 선생과 상의해 보겠다고 했더니 권오일 선생이 당신이 상의해 보겠다고 한 다음 며칠 후에 나에게 귀띔하기를 「노경식 씨가 가만 있으라고 하더라.」는 말만 전해 주었다. 그 말만 믿고 나는 가만있다가 그런 변을 당했던 것이다.

엄한얼 씨는 얼마동안 치매증상 비슷한 기미를 보이다가 2004년에 별안간 타계를 했다.

그래도 나는 썰렁한 그의 빈소에 문상을 간 다음 명복을 빌어 주었고, 상주가 되어 있는 그의 외동딸을 위로하기도 했었다.

오양호 씨와 문협 선거

나는 「사람을 사랑할 줄도 모르는 숙맥 같다」는 생각에 잠긴 적이 많았다. 곰곰이 따져 보자면 어릴 적부터 나는 사랑을 받을 줄만 알았지, 내가 먼저 누구에게 다가가 손을 내밀 줄을 잘 모르던 아이였다. 어릴 적의 나는 우리 가족은 물론 마을 전체가 기특하게만 여겼던 모범생이었고, 학교엘 가면 우등생이 되어서 대개의 선생들이 또 귀여워만 해 주었다.

따라서 그들의 지나친 기대 심리 등이 나에게 부담감으로 작용하기도 했었다.

심지어 군대생활을 하는 동안에도 중대장이나 인사주임 상사들이 나를 친아우처럼 보살펴 주려고만 했었다.

그러니까 내가 먼저 타인에게 아쉬운 소릴 할 줄 모르는 인간이 되어 버린 것만 같았다. 나의 그런 생리가 친구들에게 오해를 불러일으켜 친구지간임에도 불구하고 자존심을 너무 높이 세워 독선가답게 군다든가 친구들을 경시하는 인간이란 지탄을 받은 적도 있었다.

나이가 들어서도 나의 그런 타성은 고쳐지지 않았다. 나는 단지 기다림에만 이력이 나 있었다.

이사 및 희곡분과 회장이 되어 한국 문인협회에 10여 년 이상 출입하며 문학 평론분과 회장인 오양호 씨가 나와 같은 경북 칠곡군 출신이란 사실을 번연히 알면서도, 나는 한동안 그런 사실을 아는 척도 하지 않았다.

하긴 그런 사실을 꼬투리 삼아 너스레를 떨어야 할 만큼 한가한 우리도 아니었다.

그랬는데 2010년 가을이 되면서 나로서는 예기치 못한 바람 속에 휩쓸리지 않을 수가 없었다.

오양호 씨가 조용히 나를 좀 만나자고 하더니, 이듬해 정초에 치러지는 한국 문인협회 임원선거에 이사장으로 입후보하겠다면서 부이사장으로 러닝메이트가 되어 달라고 했다.

물론 나는 회원이 1만 2,000여 명이나 되어 회비만으로 정상 운영이 가능한 우리 문협이 돌아가는 판세를 웬만큼은 읽고 있었다. 임원 내지 이사 자격으로 10여 년이나 출입했기 때문이었다.

그리고 몇 차례의 문협 임원 선거를 지켜보면서 터득한 진실은 「다수가 곧 최선으로 통하는 민주제도의 모순이 기가 막히지만 아직은 개선의 방법이 없음」이란 사실이었다.

시쳇말로 해서 한국 문인협회 회장이 되려면 회원 수의 70%를 점유하고 있는 시인들의 환심을 사지 않으면 절대 안 될 일이었다.

그러니까 평론이나 희곡, 번역 등과 같이 회원 수가 적은 분과는 문협 내에서 그 목소리를 키울 방법이 거의 없었다.

그러나 설사 실패를 한다손 치더라도 나로서는 오양호 회장의 손을 잡지 않을 수가 없었다. 그리하여 문협의 판세를 일러 주면서 나는 나름대로 수립해본 전략 등을 제시하면서 내가 제시하는 전략에 따라 줘야겠다는 다짐을 받기도 했다.

이윽고 선거전이란 회오리바람이 몰아치기 시작했다. 여론이 오양호 씨 편에 불리하진 않았다. 오양호 씨는 물론 러닝메이트들의 면면 또한 타 후보 보담은 낫다는 평판이 나돌기도 했고, 이사장으로 나선 한 두 사람은 문협 이사장을 못해 먹어 환장한 사람이라는 험한 말들도 나돌아 다녔다.

나는 '희곡분과 회장을 마치면서' 라는 서한문 형식의 글을 문협 전체 회원의 이메일에 띄우면서 오양호 씨를 문협 이사장으로 추천하는 이유를 다음과 같이 제시 했다.

1) 의식의 순수성 : 솔직히 무슨 작가입네 하면서 문협의 임원이 되고자 하는 문인들 중에는 가끔 그 의식이 천민근성을 지닌 이들도 있다는 사실을 고백하지 않을 수 없습니다. 그들에 비하자면 인천대학교 인문대 학장을 역임한 바가 있고, 교수들 간의 경쟁력이 치열한 일 · 한 교류기금 지원을 받아, 일본 제2의 명문 교토대학의 객원 교수를 역임한 중국조선족 문학연구의 한국 최고권위자 오양호 박사는 순수한 학문세계에서 일생을 살아 온 교수 문인으로 세속적인 때가 거의 묻지 않은 사람입니다. 이런 점이 저에게는 문학 자체보다도 문단정치에 더 관심이 많은 문인들의 자세와는 아주 다른 신선감으로 다가왔습니다. 오양호의 많은 저서, 엄청난 양의 평론이 이를 증명하고 있었습니다.

2) 불편부당성 : 문학평론가는 확고한 자신의 문학적 원리, 미학적 감각, 철학적 바탕 위에서 대상이 되는 작품들을 논하거나 비평하기 마련입니다. 다시 말해서 오양호는 특정 장르를 편애하거나 특정 세력을 비호하지 않는 객관성, 모든 문학 장르에 대한 균형감각, 이성적 판단 위의 글쓰기, 곧 평론가이기에 장르 이기주의가 심한 문협을 관리하는데 가장 적당한 인물입니다. 문학예술의 순수성을 지키기 위해서는 장르의 숫자 놀음에서 벗어나야 합니다. 문학의 모든 장르는 중요합니다. 저마다의 예술적 특성이 있기

때문입니다. 오양호는 문학의 그러한 균형감각을 지닌, 문협에서는 좀처럼 찾기 힘든 문인입니다.

3) 확고한 신념 : 저는 같은 문협 임원으로서 지난 7년 동안 평론가 오양호를 가까이서 지켜 볼 수가 있었습니다.
오양호를 한 마디로 요약하자면, "문협 이대로는 절대 안 된다. 내 생애의 마지막 정열을 불살라 문협의 올바른 위상을 기필코 정립하겠다."는 의지를 지녔으며 ROTC 3기 육군소대장으로 군복무를 다한 외유내강의 인물입니다. 오양호의 외모는 부드럽습니다. 그러나 그는 자신이 어떤 목표를 세우면 집요하게 파고들며 그것을 이루어내는 강력한 추진력과 인내력을 지녔습니다. 한국의 시인이 일만여 명인데 평론가 오양호가 정지용시비를 일본 동지사대학 윤동주시비 옆에 세우고, 받기 어려운 대산재단의 해외한국학 지원금을 받아 동경 제일의 출판사 화신사(花神社)에서 〈정지용시선〉을 최초로 번역 출간, 현지에서 출판기념회를 열었으며, 그 후에도 해마다 50여 명의 문인들과 함께 〈헌화제〉를 하며 한국문학을 해외로 수출하고 있는 행위가 그러한 불굴의 성격을 증명합니다.
저 역시 하등의 보상도 뒤따르지 않은 전문잡지 〈극작에서 공연까지〉의 주간을 맡아 7년 동안 희곡 및 연극 자체만을 위해 일해 왔습니다. 저의 이런 창작이나 예술운동에도 사심이 전혀 없었습니다. 그것이 오양호와 저를 함께 묶은 본질적 이유입니다. (2010년 12월 12일)

그러나 선거 결과는 조직이 말하는 법이었고, 문협 선거라고 별 다를 바 없었다.

소위 선거전 기간 중에 나는 한 두 차례 오양호 씨에게 나랑 약속한 전략대로 가자고 했으나, 그는 낙관할 수 있다는 여론을 앞세우며 고개를 가로 젓기만 했었다.

결과적으로 오양호 씨는 문협 이사장이 되질 못했다.

이민영 선생과 합기도

「지금 이 시간에 존재하는 나의 인격체가 어떻게 형성 되었을까?」 하는 의문에 우리는 대충 이런 대답을 할 수 있으리라.

「품성의 본바탕은 부모님을 통한 유전인자로 물려 받았겠지만, 후천적인 나의 주체는 무수한 사람들과의 인연관계 속에서 이루어졌다.」

일일이 따져 볼 수야 없는 일이겠지만, 나와 인연이 닿았던 사람치고, 크건 작건 피차간에 영향을 미치지 않은 상대란 있을 수 없을 것이다.

시인이자 무도인인 이민영 선생. 그분으로부터 나는 실로 지대한 영향을 받은 것 같다.

80대 노인이며 훤칠한 키에 무인풍의 용모를 지녔음에도 불구하고, 지금도 선생이 활짝 미소를 머금고 보면 아직도 소년의 체취가 물씬 풍기는 듯한 순수함을 엿볼 수가 있으니, 보는 이로 하여금 「절묘한 문무(文武)의 조화란 바로 저런 것이 아닐까」하는 느낌 또한 지울 수 없게 만들곤 했다.

1971년. 선생은 약수동에서 「유심관(唯心館)」이란 무술도장을 운영하며

「합기도」란 잡지를 창간했는데, 그 월간잡지로 인해 내가 선생을 만났다. 최광렬 선생의 추천으로 내가 선생을 만나게 되어, 그 잡지의 편집 일을 맡기로 했는데, 잡지는 겨우 3호까지 발행되다 중단되었다.

비록 잡지일이 없어졌지만, 나는 당분간은 어쩔 수 없이 아주 미련스럽게 '유심관' 이란 그 도장에서 뒹굴며 이민영 선생 댁의 식객노릇을 계속해야만 했었다.

여하간에 이민영 선생을 통해 나는 소위 무(武)의 세계를 이해할 수가 있었고, 경락(經絡), 경혈(經穴)이니 하는 동양의술의 개념에도 눈을 뜨게 되었다.

이민영 선생은 전 생애를 일관하여 순수한 의식을 견지한 서정시인으로 살아 왔을 뿐만 아니라, 정통 무도인의 자세를 견지해 왔기에 무도에 관한 학문적 논리 또한 체계적으로 해설할 수 있는 능력을 보유하고 있었다. 그래서 「합기도」란 잡지를 발행하려 들었던 것이다.

따라서 그분 곁에 살게 된 나로서는 은연중에 무도(武道)의 세계에 깊이 빠져 들었다.

그 무렵에는 또 그럴만한 문화현상이 조성되기도 했었다. 이를 테면 1972년에 홍콩의 골든 하베스트사가 이소룡을 주연으로 한 무술영화 『정무문』을 제작했고, 그 영화가 1973년 7월경에 국내에 개봉되면서 무술 붐이 일어나기도 했었다.

여하 간에 이민영 선생은 일본에서 처음 합기도를 한국에 도입하고 전파했던 대구의 최용술 선생으로부터 직접 지도를 받은 정통파 무도인이자, 대한민국 제 1세대 합기도인이었다.

나는 이민영 선생의 시작품들도 무척이나 좋아했다. 무도인이기에 그러했을 테지만 그분의 시에는 혼탁한 세속과의 타협을 절대로 불허하는 기상과 절개 등이 살아 있는가 하면, 비굴한 인간들에 대한 연민의 정 또한 잔잔히 서려 있었다.

선생은 도장을 찾아오는 수련생들에게 늘 「무술인(武術人)이 아니라, 무도인(武道人)이 되어야 함」을 강조했다.

무술이란 살법(殺法), 즉 상대방을 죽이는 기술을 익힘이 되고, 무도라면 활법(活法), 즉 상대방을 살리는 자비의 행위로 표현될 수가 있었다.

부연(敷衍)하자면 정신이 온전치 못한 자들이 무술을 몸에 익힘은 미친 자의 손에 칼을 쥐어 줌과 다를 바 없을 만큼 위험천만하다는 뜻이 되기도 했다.

무(武)를 접하다 말고, 나는 비로소 동양정신에 비상한 관심을 갖게 되었다. 한 마디로 표현하자면 동도서기(東道西器), 즉 서양은 물질문명에 앞서 있었지만, 정신문화에 관한 한 동양이 서양보다 엄청 심오하다는 사실을 발견하기에 이르렀던 것이다.

이민영 선생은 무도인답게 진실로 활법만을 연구하던 분이었다.

모르면 모르되 알면 알수록 인체(人體)란 실로 오묘하기 짝이 없는 존재였다. 동양적 사상에서 흔히 발견할 수 있듯이 우리 인체는 그야말로 소우주와 다를 바 없었다. 그렇게 보면 분명 그렇게 보였다.

동양 의학에 따르자면 우리 몸에 흐르는 기(氣)의 통로인 경락(經絡)이 열두 가닥이고, 그 기의 모임처가 되는 경혈(經穴)이 360여 개라고 했다.

다시 말해 우리 인체 속에 퍼져있는 급소(急所)들을 동양의학적으로는 경혈(經穴)이라 하는데, 그 경혈에 심한 충격을 가하면 틀림없이 죽거나 해당부위가 마비되기 마련인데, 이미 죽은 자는 살릴 수가 없지만, 마비 증세 따위는 또 해당 경혈을 다스려 원상회복 시킬 수도 있다고 했다. 침구(鍼灸) 내지 지압술의 원리가 거기서 비롯되었다.

합기도를 수련하는 과정에서 불의의 충격 등으로 인해 가끔 마비증상을 일으키는 수련자가 생겨날 경우도 있었으니, 이민영 선생은 불가피하게 그러한 동양의학에 관심을 기울이지 않을 수 없었던 것이다.

앞질러 말하자면 나는 이민영 선생의 그 합기도 도장에서 지압술(指壓術)도 제대로 터득했다. 손으로 경혈 및 경락에 적당한 압력이나 자극을 가해서 건강상태를 회복시킨다는 지압시술을 요즘은 누구나 상식적으로 알고 있지만, 그 당시만 해도 은밀히 전수되는 비술(秘術)로 통했기에 전혀 일반화가 되어 있질 못했다.

이민영 선생은 지압에 관심을 지닌 30여 명의 수강생들을 모집한 다음, 김용한이란 분을 초빙, 꼬박 한 달간 합기도 도장 「유심관」에서 지압시술 강좌를 개최한 적이 있었다. 물론 나도 그 현장에 있었고, 김용한 선생은 바로 내 몸을 이용해서 지압시술의 시범을 보여주곤 했었다.

김용한이란 분은 그 당시 문화공보부에 근무하다가 뇌종양, 즉 뇌암을 앓게 되어 퇴직을 할 수밖에 없었는데, 소위 자가 시술로 육년 만에 완치, 재기에 성공한 지압사였다. 그분은 50 쪽짜리 『수기요법 비결』이란 책자까지 펴낸 바가 있었는데, 내가 알기로는 그 책자가 국내 최초의 지압시술 소개서일 것만 같았다.

내 몸이 「유심관」을 떠나온 이후에도 마음만은 이민영 선생 곁을 떠날 수가 없었다.

'한겨레 출판사'를 운영할 때, 나는 이민영 선생에게 산문집 한 권을 만들자며 원고를 쓰게 했고, 『나는 거기로 떠나고 싶다』라는 제명을 붙여 초판을 발행하기도 했는데, 출판사 운영이 어려워 내 마음과는 달리 인세 지불도 제대로 못한 기억이 아직도 남아 있다.

이후에 선생은 중국 침구사 자격증까지 땄다.

요즘 선생은 춘천에 있는 합기도 도장을 장남인 이충화 씨에게 넘기고, 가까운 사람들의 건강을 보살피며 여생을 보내는 모양 같았다.

생각을 해보니 그간 나와 함께 아내는 물론 딸, 아들의 건강까지 한 두 번씩은 선생으로부터 보살핌을 받은 꼴이 되었다.

근년에 또 선생은 육필 시집 200부를 발간하여 지인들과 교감을 시도했는데, 그 명단 속에 내 이름도 들어 있었다.

2014년 9월에 선생은 두 번째의 육필시집 『달』을 발간하여 우송해 주어서, 나는 남중국 항저우행 KAL기 안에서 운해를 바라보며 그 시들을 읽어 보았다. 내가 대본을 쓴 오페라 『시집가는 날』의 항저우 공연을 관람하러 가던 중이었다.

선생의 시 「역설로 피는 꽃」의 첫 행을 읽다 말고, 나는 핑그르르 도는 눈물을 억제할 수가 없었다.

「사랑하기에 떠난다 했다.」

이언호 형과 극작 워크숍

1972년도 동아일보 신춘문예 희곡부문에서 『기관실 사람들』이 당선되어 문단에 나온 이언호 형은 한국 극작위크숍 2기의 총책이 되기도 했다.

나보다 3년 연상이 되는 그 형은 발표력이 뛰어난 학생처럼 어떤 모임에서나 당신이 하고 싶은 말을 망설임 없이 요령 있게 다할 줄 아는 능력의 소유자였다.

그런 까닭에 가끔은 논쟁의 주인공이 되기가 일쑤였다.

「한국 극작워크숍」은 정부의 어느 부처로부터 무슨 인가(認可)를 받은 공인기관은 아닐지라도, 우리 연극사에 기록 되었을 뿐만 아니라, 한국의 현대 극작가들의 산실 역할을 톡톡히 해낸 바 있는 일종의 극작아카데미 과정이었다.

1965년도 신춘을 맞으면서 이른바 「극작가 캐내기」 작업의 일환으로 「드라마 센터」 에서는 각 일간신문의 신춘문예 당선 작가들의 작품들을 공연하기 시작했는데, 새로운 극작가를 발굴하고 육성해야겠다는 동랑 유치진 선생의 뜻에 의해서였다.

젊은 희곡작가들에게는 자기 작품의 연극화 과정을 통해 새로운 체험을 해보라는 격려가 되기도 했다.

그 무렵에 유치진 선생과 함께 소매를 걷어붙이고 신인 극작가를 직접 육성해 보겠다는 뜻을 세운 분이 바로 고려대학에 재직 중이던 영문학자이자 연극평론가 여석기 교수였다.

한국 극작워크숍의 제1기는 1965년부터 1970년까지 이어졌는데, 참가동인으로서는 김세중(무세중), 노경식, 박조열, 이일훈, 이재현, 이종남, 임충실, 윤대성, 오재호 제씨들이었다.

한국 극작워크숍 2기는 1974년부터 시작 되었는데, 그 당시 서울 예술전문대학에 근무하던 극작가 이언호 씨의 주선에 의해서였다. 바로 그해에 내가 결혼을 했기에 기억이 더욱 새롭다.

2기 동인들은 1기 동인들과 달리 신춘문예 등을 통해 극작가로 데뷔한 사람들로 주축이 이루어졌다. 이를테면 김병준, 김영무, 김정률, 김철진, 신용삼, 오태영, 유종원, 이기영, 이강백, 이언호, 이하륜, 차지현 씨 등이었다. 그러나 극작워크숍 2기도 폐쇄적인 모임형태는 아니었다. 연극을 사랑하고 극작을 지망하는 사람으로 습작원고 두어 편 정도 선보일 수 있는 사람이면 누구나 동인이 될 수가 있었다. 그리하여 강추자, 김정자, 김현주, 노유순, 엄한얼, 엄인희, 윤한수, 이광복, 이병원 제씨 등이 동참을 했다.

1974년 2월 5일부터 시작된 2기 동인들은 매주 화요일에 한 번씩 일과 후에 만나기로 되어 있었는데, 처음에는 그 약속 장소가 「드라마 센터」이었다가 무슨 사정에 의해서인지 동년 7월 중순부터 매주 목요일에 오장동에 잠시 동안 자리 잡았던 옛 성만여상 건물 내 「연극인 회관」으로 옮겨지기도 했다.

그러니까 워크숍은 동인들의 작품을 프린트 본으로 받아 읽어 본 다음, 일주일 후에 다시 만나 미리 읽어 본 그 작품을 두고 각자의 견해에서 집중적으로 해당 작품을 비판하며 상호 토의하는 과정 등으로 이어지는 프리 토킹 형식이었다.

여석기 교수와 함께 극작가 박조열 선생과 연극평론가 한상철 씨도 지도 교수로 참가했는데, 이따금 1기 동인들이나 현역 연출가들이 참관을 한 다음 소주를 사기도 했다.

아무튼 극작워크숍에 참가하던 그 시절의 우리 동인들은 하나 같이 극작에 미쳐 있었고, 모든 열정들을 불태우며 오로지 극작에만 매진하다시피 했다.

그때 태릉 부근의 공릉동에는 이언호, 이하륜, 김영무, 오태영 씨 등 4명이 이웃하고 살면서 밤마다 연극 내지 각종 예술작품들 이야기로 밤잠을 설치기가 일쑤여서, 이른바 '태릉 극작가촌' 이라는 말이 생겨나기도 했었다.

그 무렵에 이언호 형은 장막극『소금장수』를 써서 극단 '민예극장' 의 허규 선생 연출로 공연하게 되어 백상 예술 대상 희곡상을 수상하기도 했다.

극작 워크숍 2기가 해체되고 동인들이 뿔뿔이 흩어져 버렸는데, 이언호 형은 웬일인지 1980년대 초반에 미국으로 훌쩍 이민을 떠나 버렸다.

「몸이 멀어지면 마음도 멀어진다.」는 말을 실증이라도 하듯이 간혹 연락이 닿거나 풍문들이 오가기는 했지만, 이언호 형은 자연 우리의 기억 속에서 가물가물 멀어져만 갔다.

그랬던 그가 도미한지 30여 년이 지난 이후에야 가끔 귀국하기 시작했고, 종내는 유덕형 총장의 초빙형식에 의해「서울 예술대학」극작과 교수로 다시 자릴 잡기도 했다.

이언호 형은 우선 『사진신부의 사랑』이란 희곡집 한 권을 묶어 내는 작업에 착수 했는데, 내가 관련된 출판사 '지성의 샘' 에서 발행하게 되었을 뿐만 아니라, 그 책의 발문까지 내가 써야만 했었다.

그와 동시에 이전의 극작 동인들이 한 자리에 모이기도 했는데, 어느덧 우리가 가을 나그네가 되었음을 절감하기에 이르렀다.

한상철 교수를 비롯해서 이기영, 엄인희, 엄한얼 제씨는 이미 고인이 되었는가 하면, 유종원 씨는 스님이 되어 산으로 가버렸고, 차지현은 도미 한 이후에 소식이 끊어졌다. 그리고 이광복은 소설가로 김철진은 시인으로 활동하면서 희곡과는 거리를 두고 말았다.

이윽고 누군가의 입에서 「우리 젊은 날의 정열을 되살려 희곡이나 한편씩 써서 모아 봅시다.」하는 말이 나왔고, 그 말이 씨가 되어 결국 『2011 한국 극작워크숍 2기 제 4작품집』이란 동인집까지 발간하기에 이르렀다.

그 동인집에는 「36년만의 추수 같은 일」이란 머리글에 이어 강추자 씨의 『그녀들이 바라는 것』, 김영무의 『2.28에서 4.19까지』, 오태영 씨의 『양은 양순하다』, 윤한수 씨의 『좋은 세상』, 이병원 씨의 『당신들은 바람과 같으니』, 이언호 씨의 『꽃도 눈길』이란 희곡들이 게재 되었다.

그나저나 웬만하면 고국에서 여생을 마치고 싶다던 이언호형은 또 무슨 까닭에서인지 미국으로 훌쩍 떠나 버리고 말았다. 들리는 소문에 의하자니 옛정이 그리워 귀국을 했는데, 정작 고국의 친구들은 그 형에게 마음의 상처만 입혔다고도 했다.

이재철 선생과 『보물 찾기』

나의 20여 종 저서 가운데는 얄팍한 두께의 아동극 모음집 한 권이 섞여 있는데, 『보물찾기』라는 제명의 그 책에는 총 7편의 동극 작품이 수록 되어 있다.

굳이 그 책의 존재의미를 되새겨 보자면, 내가 교육대학 출신이어서 그런 작품들이 집필되었고, 일찍이 이재철 선생을 만났기에 내가 아동극 몇 편을 쓰게 되었다는 말을 할 수가 있겠다.

나는 1964년 봄에 대구 교육대학에 입학했고, 그해 가을에 현역병으로 논산 훈련소에 입소했으며, 1967년에 만기 제대를 하고 다시 복학을 했다. 그리고 1969년에 졸업 했는데, 이재철 선생이 그 교육대학에서 아동문학을 강의 하고 있었다.

선생은 일찍이 시인으로 등단했는데, 교육대학에서 아동문학을 강의하게 되면서 그만 전적으로 아동문학을 연구하는 학자가 되어 버렸다. 한국의 아동문학이 허허벌판에 버려진 고아처럼 이론적 체계도 제대로 세워지기 않았고, 학문적인 접근을 시도한 사람이 아무도 없었음을 발견했기 때문이었단다.

따라서 선생의 저서인 『아동문학개론(1967)』, 『한국현대 아동문학사(1978)』, 『세계아동문학 사전(1989)』 등은 가히 해당분야의 결정판으로 공인받기에 충분했던 것이다. 『아동문학 개론』에 대한 증보판이 만들어 질 때는 나도 한동안 선생의 자택에 머물며 일부의 원고 정리를 해준 기억도 있다.

이재철 선생은 나보다 늦게 상경했지만 단국대학의 교수 신분이었고, 「아동문학 평론」이란 계간잡지의 발행인이 되어 있었다.

선생의 연락을 받아 나도 가끔 한국 아동문학가 모임에 참석 하게 되었는데, 선생은 나를 향해 거두절미하고 「우리 잡지에 실을 아동극 한 편을 보내 달라」고 했다. 「자넨 아동극을 써야한다」는 일종의 명령이었다.

그래서 내가 머리에 털 나고 처음으로 단막 아동극인 『까치사냥』을 쓰게 되었고, 그 작품이 「아동문학 평론」지에 실렸다.

사제지간이며 같은 문인이었지만 선생과 나와의 거리는 좀체 좁혀질 줄 몰랐다. 내가 부지런히 아동극 활동을 했었다면 또 모를까, 그렇지 않은 한에는 일삼아 우리가 만나 바쁜 시간을 축낼 까닭이 없기 때문이었다.

그래도 이따금 우리가 만나지 않을 수도 없었다. 이를테면 공식적인 문인행사 등에서 마주치곤 했기 때문이었다. 그때마다 나는 또 선생으로부터 「동극을 좀 쓰라」는 채근을 당했다.

1982년. 내가 국방부 심리전처에 근무할 때였다.

성우 배창식 씨의 소개로 EBS, 즉 교육방송 라디오 프로듀서 이인길 씨를 알게 되었는데, 그는 매주 단막극 스타일의 30분짜리 라디오 드라마 「어린이 극장」의 연출자였다.

결과적으로 이인길 PD의 청탁에 의해 내가 EBS로 방송된 아동극을 10여 편이나 쓰게 되었다.

쉽게 쓰이는 글이 세상 어디에 있을까마는, 나에게는 동극이야 말로 피를 말리는 작업이 아니랄 수 없었다. 별안간에 내가 동심(童心)의 세계로 돌아가 펜을 잡기까지의 워밍업이 너무나 고통스러운 과정이었다.

다른 한편 방송은 그 생리가 일회성이라 노력에 비해 작가에게는 항상 허망함만 안겨 주는 작업이었다.

1986년. 집안 청소를 하다가 EBS 라디오에서 방송 되었던 아동극 원고들을 발견하고 그 앞에서 내가 한동안 고민에 휩싸이고 말았다.

「이 원고들을 어떻게 하지? 보관? 보관해서? 아님 버려?」

그때 나는 버릴 원고는 버리고 살릴 원고는 살리되, 무대극본으로 각색해서 소박한 아동극집 한권을 만들어 보잔 결단을 하게 되었다.

그리하여 EBS 방송원고 중에서 각색한 작품으로 『산새는 산에 살고』, 『나팔꽃 일기』, 『수평선 저 너머』, 『보물찾기』등 4편을 골라냈고. CBS에서 방송 되었던 단막극 『휴전선 비둘기』의 각색 원고 및 아동문학 평론지에 실렸던 『까치사냥』등 6편을 취합해냈다. 이른바 콩트 극인 『금붕어 꽃이 핀단다.』는 구색을 맞추느라 그 당시에 서둘러 써넣은 작품이었다.

내가 그 원고뭉치를 들고 이재철 선생을 찾아가 보이며 머리글 좀 써 달랬더니 눈이 휘둥그레진 이 선생은 사뭇 기쁜 마음을 숨기지 못했다. 그리고 원고를 알뜰살뜰 읽어 본 선생은 진심으로 최상의 극찬을 아끼지 않았다.

그리하여 「한국 연극교육 연구소」의 대표인 아동극작가 이영준 씨에게 작품해설 원고를 쓰게 하여 책 말미에 첨부하기로 했다.

이윽고 책이 발간되었다.

KBS- TV 어린이 프로그램 제작부에서 「책 나라 탐험」에 소개할 책에 대한 자문을 구하자, 이재철 선생이 나의 아동극집 『보물 찾기』를 추천해 주었다.

그리하여 『보물 찾기』란 아동극이 60분짜리 TV 드라마로 제작되어 방송 되면서 나의 아동극집이 세상에 소개되기도 했다.

이재철 선생은 아동문학 관련 자료의 국내 최대 소장자가 되기도 했다. 그런 결과 아동문학관 건립을 위해 백방으로 뛰어 다니기 시작했다. 심지어 그 안건이 국회로 상정되기까지 했다. 나에게 들려준 얘기에 의하자면 약 200억 원의 예산이 필요한 사업이라고 했다. 뿐만 아니라 나에게는 특히 「건물이 지어지면 지하에 아동극 전용관을 설치할 테니 그걸 맡아 잘 한 번 운영해 보라」는 말도 했었다,

어느 날에는 선생이 의기양양한 모습을 보여 주기도 했었다. 경북중학 동기생 한 분이 일본의 빠징꼬 대부가 되어 있는데, 그 사람을 만나게 되어 아동문학관 건립이란 당신의 꿈을 이야기 하니, 200억 원의 예산 정도라면 자기가 흔쾌히 부담하겠다는 약속을 했다는 것이었다.

그랬는데 얼마 후에는 선생이 또 풀이 죽은 모습이 되기도 했다.

이전의 그 중학 동기생이 뇌졸중인가 뭔가 하는 증상으로 인해 별안간에 쓰러지게 되어 허겁지겁 문병 겸 이전의 약속에 대한 증서라도 한 장 받고자 선생이 직접 도일(渡日) 했으나, 야쿠자들이 병실 문을 굳게 지키고 있어 그를 만날 수도 없었다는 것이었다.

2003년 8월 8일에 방송된 BTN의 프로그램 「김영무가 만나는 문화 문화

인」에서 나는 이재철 선생과 대담을 나누기로 했다.

그 프로그램의 녹화를 끝내고 내가 삼각지에 있는 대구탕 집으로 선생을 모셨다. 선생은 모처럼 맛있게 대구탕을 드셨다며 흡족한 얼굴을 보여주었는데, 그날 그 모습이 나에게는 선생 최후의 모습이 되고 말았다.

BTN에서 녹화를 할 때, 나는 일삼아 선생이 「부인에 대한 진한 애정과 감사의 말」을 하도록 유도 했었다. 별나게도 아동문화 사업을 하느라 청도의 갑부 외아들로서 물려받은 유산을 다 날려 버린 선생을 한 평생 뒷바라지 하느라 뼈 빠지게 고생만 한 부인의 내조를 내가 잘 알고 있었기 때문이었다.

선생도 눈치를 채고 경상도 남자들이 가장 껄끄러워 하는 「여보, 이제 말이지만 내가 진정 당신을 사랑 해왔소」하는 따위의 말을 애써 토로하기도 했었다.

그리하여 그 방송이 되는 날 부인과 함께 마른 침을 삼키며 TV를 시청했는데, 그 부문이 방송 되질 않아 머쓱해지고 말았더란다. 그 프로그램을 편집할 때 제작부에서는 너무 식상한 대목으로 여겼는지 그 부문을 삭제했기 때문이었다.

이정기 선생과 『남의 아내』

각종 잡지사를 전전하며 편집장 노릇을 하고 있을 때, 윤 모 씨가 내 손을 잡으며 동업으로 출판사를 한번 운영해 보자고 했다. 우선 단행본 여남권의 제작비는 자기가 부담 하겠다면서, 내가 책을 만들어 내면 자기가 영업일선에서 뛰겠다는 조건 하에서였다.

그리하여 내가 투기사업과 다를 바 없다는 출판사업에 뛰어 들게 되었는데, 그때가 1976년이었다.

머리에 털이 나고 처음으로 내가 사업에 손을 댄 셈인데, 젊음 탓이었겠지만 내가 편집 통이어서 출판사 하나쯤은 운영할 수 있으리란 자신감에 차 있기도 했었다.

나 또한 별 수 없이 어차피 사업에 뛰어 들었으니, 우선 히트작을 만들어 출판사의 기반부터 튼튼히 해야겠다는 생각을 갖게 되었다.

그래서 내가 시인이며 국민대학 영문학과 교수로 재직 중인 이정기 박사를 영세 출판인의 입장에서 찾아 뵈었다. 그 당시의 이 교수는 PEN 클럽 한국본부 상임이사였고, 영국에서 인정받은 박사 논문이 문화인류학에 관련된 테마여서 SEX에 대한 지식이 해박하단 소문의 주인공이 되어 있었다.

나는 신생 출판사의 처지를 솔직히 고백한 다음, 「무조건 팔릴만한 책의 원고를 집필해 주셔야 한다.」는 전제를 깔면서 이 선생과 주제 선정 차 수차례 함께 술도 마셨다.

알고 보니 이 선생도 김천 출신이어서 나와 동향인이었고, 뼈아픈 비화 또한 가슴 속에 묻고 살던 분이었다. 이를테면 어느 날 아끼고 사랑했던 제자가 찾아와 「무슨 보증을 좀 써 달라는 바람에 도장 한 번 찍어 주었다.」가 졸지에 살던 집까지 날려 버렸고, 그 바람에 부인이 정신병원 신세까지 지게 되었으며, 그때부터 돈이 되는 원고라면 무조건 쓰지 않을 수가 없는 입장으로 변해 버렸다는 것이었다.

이윽고 이정기 교수의 장편 에세이집 『남의 아내』가 출간되었다. 그 책의 제목은 삼선교 부근에서 영업 중인 카페 「달무리」의 마담이 확정 지워 주다시피 했었다. 미모에 이화여대 출신이었던 그녀는 자기 팔자가 너무 센 탓에 자기를 감당할만한 사내는 국내에 없고, 할 짓 또한 물장사밖에 없단 말을 했을 만큼 되바라진 여인이었다.

나는 에로틱한 내용의 그 에세이집 『남의 아내』와 함께 이 선생의 시집 『늦은 20세기 오후에』를 전국의 각 서점에다 쫙 깔았다. 교보문고라는 대형 서점이 블랙홀의 역할을 한 탓에 지금은 전국의 군소서점들이 다 죽어 배본처가 100군데도 못 된다는데, 그때는 비록 위탁 판매이긴 하지만 일차 배본으로 일천오백 부 정도는 거뜬히 발송할 수 있을 만큼 서점들이 전국의 각 골목에 널려 있었다.

그러는 동안 3-4 개월이 지나갔다.

이윽고 윤 씨가 영업이랍시고 전국의 서점을 한 바퀴 휘 둘러보고 돌아

오더니 「우리 책이 전혀 팔리지 않는다.」면서 자기가 투자한 금액을 당장 돌려 달라고 했다. 나는 그렇게 심지가 얕은 친구도 이 세상에 살고 있을 줄을 몰랐기에 적이 당황하지 않을 수 없었다.

내가 「주간신문사에 근무하는 친구에게 특별홍보를 부탁한 게 있어 틀림없이 히트가 될 터이니 조금만 기다려 달라」고 통사정을 했지만, 그의 태도는 요지부동이었다. 기가 막힌 나는 알았다면서 한 달 가량만 말미를 달라고 했다.

여기서 말한 특별홍보는 일종의 노이즈 마케팅을 노리는 기획기사였다. 에세이 형식의 산문집이었지만 그 당시의 사회 통념상에서는 성적(性的) 묘사가 다소 지나쳐서 「문학이냐 외설이냐」하는 의문을 충분히 던질 수도 있을 만한 내용이었다.

드디어 난리가 났다. 『남의 아내』에 대한 주간지 기사가 나가자 심지어 하루 동안에 재 주문 부수가 5,000 여 부가 되기도 했고, 대학천에 있는 진명서점이란 서적도매상에서는 「위탁판매가 아닌 현찰로 책을 사겠다.」면서 재고로 있는 책을 몽땅 달라고도 했다. 나는 재판을 찍어 진명서점에 2,000부를 팔아먹었고 그 돈으로 윤씨의 투자금을 일시에 갚아 버렸다.

그런데 책이 히트를 치고 나니 윤 씨의 태도가 금방 또 180도로 바뀌어 「동업을 계속하고 싶다」며 이젠 통사정을 하려 들었다. 나는 한 번의 배신으로 족하다며 죽어도 싫다고 했다.

기어이 나는 독립을 해 버렸다.

시인 신세훈 씨가 지어 준 '한겨레' 란 출판사 명의로 나 혼자 편집도 하고 영업도 하면서 만 4년간 40여 종의 단행본을 만들어 냈다.

이런 일도 있었다. 이정기 선생의 제2 에세이집 『밤하늘』을 편집할 때였다.

선생으로부터 원고를 받아 교열을 해 나가다가 내가 「이건 아닌데」하는 부문을 발견했다.

주인공 여인이 강간을 당했는데, 공포감과 아울러 그 순간의 쾌락에 대한 갈망이 은근히 분출되기 시작하면서 끝내는 자기를 강간했던 그 남자의 손길을 받아 들여 SEX를 즐기게 된다는 식의 내용이었다.

나는 이 선생에게 「원고를 좀 잘라내야겠는데 양해해 주십시오.」 했더니 예상대로 이 선생은 펄쩍 뛰었다. 한 문장만 고쳐도 원고를 회수하겠다는 말을 했다. 나는 30여 매의 원고를 삭제 하지 않곤 책을 만들 수가 없다는 논지를 전개했다. 이를테면 이 선생이 말하는 성적 잠재심리가 학문상에서는 옳을지 몰라도 특히 청소년의 교육적 측면에서는 용납이 불가능한 논리였다. 잘만 하면 강간(强姦)도 화간(和姦)으로 발전할 수 있다는 논리가 성립되기 때문이었다.

이 선생과 나와의 치열한 공방은 한 열흘 계속 되었는데, 결국 이 선생이 승복을 해서 책이 발간되긴 했다. 엎친 데 덮친다더니 그 책 『밤하늘』의 초판 3,000부는 또 몽땅 파본으로 입고되기도 했다. 제본소의 어느 부문이 탈이 나서 본문 종이를 찢어버렸던 것이다.

혼자 악전고투를 하면서 그래도 서너 차례나 기획으로 히트를 치면서 다른 한편으로 나는 꾸준히 나갈 수 있는 양서들도 만들어 냈다.

이를테면 김택용 저 『아동 미술교육의 현장 이론』은 3판까지 찍었고, 최광렬 선생의 소설 비평집 『쟁이들의 환상과 세계』를 만들어 소설계를 발칵 뒤집기도 하면서 1,500여 부를 팔아먹었고, 석성우 스님의 『선문답』, 『다도』 등도 각각 1,500여 부씩 판매할 수가 있었다.

그러나 저러나 문제는 자본력에 있었다. 간신히 출판사를 꾸려가는 마당인데 빌어먹을 국난이나 다를 바가 없었던 그 엄청난 석유파동을 두 번이나 겪게 되었으니 이를 또 어쩌랴?

가까스로 제 정신을 차리고 전영호 씨의 원고로 『익살 파티』를 만들어 히트를 치려는 판에 10. 26 사태가 벌어지기도 했으니, 나는 결국 두 손을 들지 않을 수 없었다.

전영호 씨와 『익살 파티』

1990년경에 개그작가라는 직함을 듣고 TV에 출연하여 코믹한 프로그램들의 MC가 되어 한동안 선풍적인 인기를 끌었던 인물이 바로 전영호 씨였다.

동안(童顔)에 미남형일 뿐만 아니라 그 얼굴에는 늘 순진한 웃음기마저 서려 있어, 상대방이 당장 무장해제를 할 만큼 편안함을 느끼게 해 주는 매력이 그의 장기(長技)라면 장기였다.

내가 처음 그를 만난 때가 1978년경이었다. 만화가인 최일병 씨를 통해 전영호란 장본인보담 먼저 나는 그가 쓴 육필 원고부터 대했다. 내가 '한겨레 출판사' 의 대표시절이었다.

돌이켜 보면 그 군소 출판사의 초창기에 만났던 저자로서는 시인이며 국민대학 영문학과 교수였던 이정기 박사가 있고, 그 출판사의 막판에 만난 저자로서는 전영호 씨가 되기도 했다.

최일병 씨가 나에게 이른바 '개그 모음집 원고뭉치' 를 내밀면서 「이런 글로 책을 한 번 만들어 보면 어떻겠느냐」고 물었다. 그 원고를 들고 출판사 몇 군데와 교섭을 해 보았지만 하나 같이 고개를 내젓더라는 말도 빠트리지 않았다.

그의 원고를 접수하기 바쁘게 나는 웃음부터 터트렸다.

전영호 씨의 육필은 한 마디로 아프리카 원주민들의 낙서 꼴이거나 철부지 아이들이 막대기로 모래밭에 그린 그림들이 연상될 만큼 악필이라면 악필이고, 조잡하다면 조잡하기만 했다. 흡사 지렁이가 기어 다니는 꼴로 보이는 그 글씨들을 마주 대하다 보면, 그 내용 여하 간에 피식 웃음부터 절로 새어날 지경이었다.

나는 그의 원고를 책상 위에 올려놓고 며칠간 곰곰이 생각에 생각을 거듭해 보았다. 내가 그 원고로 책을 만들어 낸다면 개그모음집이란 그런 류의 책은 아마 유사 이래 최초가 될 것 같았다. 다른 한편 내 머리 속에는 자꾸만 「레저문학」이란 말이 떠오르기도 했다. 세상에 「레저문학」이란 용어가 없었음에도 개그모음집이란 그 책을 분류할 수 있는 개념으로써는 그 말밖엔 떠오르지 않았다.

이어서 장거리 여행객들이 기차나 고속버스 또는 여객기 속에서 가볍게 읽을거리로서는 그런 류가 제 격이란 판단이 서기도 했다.

나는 일단 「그의 원고로 책을 만들어 보겠다.」는 단안(斷案)을 내렸다. 그리고 직접 전영호 씨를 만나 책의 제명을 『익살 파티』로 하겠다며 그의 동의를 구했다.

그러자 그는 「계약이니」 뭐니 하는 등의 절차를 내비치지도 않았고, 「그 원고가 책이 되어 나온다는 사실만으로 족하다」는 식의 반응을 보여 주었다.

직 · 간접적으로 알게 된 전영호 씨의 프로필은 휘문고교에 이어 협성대학교 신학과를 졸업했고, 1974년부터 방송개그 작가 1호로 활약하는 중이었다.

그는 「웃으면 복이 와요」, 「유머 1번지」, 「가족 오락관」 등과 같은 코미디 프로그램에서 콩트를 집필하기도 했고, 「국민일보」나 「스포츠 서울」 등에 유머 칼럼을 연재하기도 했다.

그런데 그 당시 내가 운영하는 출판사의 재정상태가 말로 표현하기 거북할 정도로 메말라 있었다. 도서류는 전통적으로 위탁판매 형식이어서 제작비는 현찰로 목돈이 들어가는데, 수금은 장기간에 시나브로 입금되기 때문에 끊임없는 투자가 필요하게 되어 있었다.

어쨌거나 처음부터 영세한 처지로 출발하긴 했지만 나는 두, 세 차례의 히트를 치기도 해서 가까스로 숨을 막 돌릴 지경이 되었을 때, 또 빌어먹을 그놈의 오일 파동을 겪게 되었으니, 무슨 말을 더하랴. 그것도 한 차례가 아니라 두 차례나 겪어야만 했으니 책들이 움직일 리가 없었다.

1970년대 중반은 일반 단행본의 전성기여서 막말로 종이에 먹칠만 한 책들도 천 여 권씩은 팔릴 때였다. 일반 소설류의 초판 발행 부수가 기본 3,000부였고, 전문서적의 경우가 1,500부 정도였다. 지금은 중견소설가의 작품집도 초판 1,000권 발행이 어렵다니 절로 격세지감이 들기도 한다.

그러니까 나로서는 절대 절명의 순간에 전영호 씨의 원고를 입수한 꼴이 되기도 했고, 그의 책을 히트작으로 만들지 않으면 안 될 입장이 되어 버렸다. 또 가능성이 충분하다는 직감이 들어 일단 비상 작전을 짜기로 했다.

나는 최후의 발악이듯 개그작가 전영호 씨의 원고로 『익살 파티』라는 레저용 단행본을 만들어 극비리에 동대문 6가에 있는 서적도매상 「영문사」와 막후 협의를 진행했다. 윤돼지라는 별명을 가진 그 서적상의 대표로부터 내가 만든 책의 견본을 미리 읽어본 다음 「이만하면 되겠다.」는 판단이 서게 되면 베스트셀러가 될 만큼 신문광고를 칠 수 있는 어음을 발행해 준다는 약속을 받아 두었던 것이다. 둘이서 빅 히트를 한번 만들어 보자는 약속이 성립된 모양새였다.

전국 서점의 배본을 끝내고 일간지에 살짝 5단 5㎝ 짜리 쪽광고를 날려 보자, 우리의 예상은 적중해서 또 한 번 서점 가에서 난리가 일어났다. 전국의 서점들에서 재 주문이 쇄도하기 시작했고 「영문사」의 윤돼지도 이만하면 되겠다면서 어음을 끊어 주었다. 「영문사」와의 구두계약에는 동대문에 있는 다른 서적 도매상에는 『익살 파티』라는 그 책을 절대 배본하지 않겠다는 조건이 들어 있었다. 따라서 동대문의 여타 서적 도매상에서는 나에게 엄청난 항의 전화를 퍼붓기 시작했다.

나는 초판 3,000부가 동나기도 전에 재판 3,000부의 제작을 서둘렀다. 이번 기회는 절대로 놓치지 않겠다는 각오를 단단히 했기 때문이었다.

그 무렵에 전영호 씨가 개그맨 김병조 씨와 탤런트 이계인 씨를 대동하고 원효로에 있는 우리 사무실을 방문한 적도 있었다.

또 어느 날 아침에는 내가 사무실로 출근 했더니, 부스스한 얼굴로 전영호 씨가 들이 닥쳤다. 내 기억이 틀림없다면 「그가 돈이 좀 필요하다」는 말을 했을 것 같고, 나는 자신에 찬 어조로 「조금만 더 기다려 달라」는 말을 했을 것 같다.

아, 하늘의 뜻을 누가 알며 누가 역사의 수레바퀴를 가로 막을 수 있으랴.

『익살 파티』 재판 본 3,000부가 막 우리 사무실로 입고되던 바로 그날 밤. 바로 그날 밤에 청와대 부근 궁정동에서는 이른바 「10. 26 시해사건」이

터져 버렸다.

시중경기에 가장 민감한게 문화사업이어서 박정희 대통령 서거이후 실로 오랫동안 책들은 단 한 부도 팔릴 기미를 보여 주지 않았다. 대통령의 서거라는 그 비통한 시국에 어찌 개그모음집이 팔릴 수 있었겠는가.

하는 수 없이 그야말로 눈물을 머금고 더 이상은 버틸 수 없다는 판단을 한 나는 출판사 문을 닫을 수밖에 없었다. 그리고 육군본부 심리전처 전문위원으로 뛰어 들어가게 되었다.

그 이후 소문에 의하자니 전영호 씨가 이주일 씨를 코미디 황제로 등극시키는데 큰 역할을 한 모양이었다.

지금은 그가 TV를 멀리하고 착실한 기독교인으로 돌아가 노숙자 쉼터의 주인이 되어 많은 봉사활동에 전념하면서 유명한 간증집회 강사로 활동하는 모양이었다.

정순영 씨와 진주 남강

「수년간 우리 사이에 침묵의 강이 흐르고, 계절이 또 수십 번 바뀌어도 내 마음 속에 그대 모습이 살아 있다면 우린 함께였다 말 할 수 있으리라.」

시인 정순영 씨를 처음 만난 때가 1975년이었고, 그때 나는 시인 김영목 선생을 모시고 『풀과 별』이란 시 전문잡지의 편집장 노릇을 하고 있었다. 정순영 씨는 그 잡지의 추천을 통해 시인이 된 사람이었다.

덩치는 크고 목소리 또한 걸쭉하지만 가만히 듣다 보면, 정순영 씨의 말 속에는 늘 따스한 인정이 흠뻑 배어 있었다.

나는 그의 시를 음미할 때 마다 노자(老子)가 말한 바 있는 대교약졸(大巧若拙)이란 개념을 떠올리곤 했다. 시에 무슨 기교가 필요하냐 하는 물음과도 같은 뜻이 되리라.

또는 「시가 무엇이냐」하는 지난(至難)한 의문에 그는 아주 간단히 대답하는 듯도 했다.

「시는 서정이잖소?」

평생 동안「나 진정 당신을 좋아 하오」하는 말을 못해 본 사람이 바로 나인데도 불구하고, 정순영 씨는「내가 당신을 좋아한다.」는 사실을 단박에 깨달은 것 같았다.

내가 '한겨레 출판사' 를 운영할 때, 정순영 씨는 진주에 있는 무슨 대학의 강단에 서 있었다.

나는 그에게 산문집 한 권을 만들어 보자며 원고 집필을 의뢰했다.

그리하여 나랑 그의 진주 남강 변 정담이 한동안 이어지기도 했었다.

명색이 출판사 대표지만 직접 영업업무까지 감당하고 있었기에, 나는 2, 3 개월 마다 전국의 서점을 두루 방문해야 했고, 진주에 들릴 때 마다 그를 만나곤 했던 것이다.

나는 그의 이야기 듣기를 좋아했다. 그는 항상 연민의 정 또는 애상조의 기조 위에서 세상사 내지 인생사를 서술하는 듯 했다. 그제서야 나는 그의 부친이 교육자 였다는 사실과 그의 형이 검찰총장까지 역임하게 되는 정구영 검사라는 사실 등을 전해들을 수가 있었다.

이윽고 1979년 5월에 그의 산문집『아름다운 사랑은 차라리 슬픔 속의 인연이어라』가 우리 출판사에서 발행 되었다.

저자나 출판인 공히 이왕이면 많은 책이 팔리기를 원하기 마련이지만, 세상사는 개인의 뜻대로 움직일 수 없는 모양이었다.

결국 저자에게 제대로 인세조차 지불하지 못할 만큼 출판사의 형편이 열악하여 나의 가슴만 쓰렸다.

스타는 태어나지 않고 만들어 진다는 말이 있는데, 베스트셀러 역시 저절로 나타나지 않고 만들어야 하는 것이었다.

주먹구구식으로 말하자면 단행본 한권을 베스트셀러로 만드는데 기본

광고료가 2, 3억 원을 책정해야 한다는 말이 공공연히 떠돌기도 했었다.

그러했다. 자본주의 사회체제 속에서는 돈이 돈을 벌게 되어 있었다. 생리를 잘 모르는 이들은 출판사업이 투기라고 했는데, 나는 결코 그렇게 생각하진 않았다.

광고를 치면 일단 어느 정도의 책은 팔리기 마련인데, 그 이상은 그 책의 내용이 말해 주었다.

언젠가는 진주에서 정순영 씨를 만났더니 소설가 박양호 씨도 거기에 와 있었다. 우린 밤새 함께 술을 마셨다. 박양호 씨는 홍길동의 20대손으로 정의감 넘치는 길동을 모델로 내세워 자유당 시절부터 5.16 혁명기까지의 사회상을 풍자적으로 묘사한 『서울 홍길동』이란 장편소설도 집필한 바가 있는데, 정순영 씨와는 중앙대학 동문이었다.

박양호 씨의 소설 중에는 현대문학에 연재했던 『미친 새』란 작품이 있었는데, 나는 그날 밤에 그 작품으로 인해 그가 중앙정보부 지하실에 끌려가서 고문을 당한 이야기도 가감 없이 전해들을 수 있었다.

먼 훗날이 되는 2002년에 「바탕골 소극장」에서 공연된 나의 희곡 『강변 블루스』란 작품을 구상할 때, 나는 그날 밤 정순영 씨 집에서 형성된 이미지를 차용하기도 했다. 이를테면 『강변 블루스』의 남자 주인공이 발표한 소설이 이적물(利敵物)로 분류되어 그가 중앙정보부에 끌려가 고문을 당하고 인간성이 피폐해져 버린다는 묘사 등이었다.

정순영 씨가 일자리를 부산으로 옮길 무렵에 나는 출판사의 경영이 어려워 골머리를 앓고 있었다. 그래도 가까스로 그의 시집 『조선 징소리』를 발행해 냈다. 1981년이었다.

계간잡지 「부산문화」가 창간되고 정순영 씨가 편집주간이 되어 이번에는 그가 나에게 원고요청을 했다. 그리하여 나는 소위 서울 주재기자 격이 되어 많은 원고를 송고하게 되었는데, 신현확 전 국무총리, 김용휴 전 총무처 장관, 유현목 영화감독, 최창권 작곡가 등과 같은 원로급 인사들의 인터뷰 기사였다.

그때 잡지에 실린 신현확 전 국무총리의 인터뷰 기사 때문에 부산 문화계에 일대 소란이 일었다는 말도 들은 것 같은데, 그 까닭은 그새 잊어 버렸다.

1994년 무렵에 내가 무슨 일로 모처럼 부산에 내려가 정순영 씨를 찾아갔는데, 그는 어느 대학교의 총장이었다. 모처럼 나를 만난 그는 「가깝게 살고 싶다」는 뜻에서 우리 대학에 '무대 예술학과' 를 신설하면 내려와서 일할 수 있겠느냐는 말을 하기도 했다.

식상한 표현에 불과 하지만 세월은 역시 유수(流水)와 같이 잘도 흘러갔다.

정순영 씨가 부산 동명대학교 총장직에서 물러나 서울 세종대학 석좌교수가 되어 상경한 다음, 실로 오랜만에 우리가 다시 만났다. 시인 김여옥 씨가 운영하는 인사동의 「시인들」이란 주점에서 시인 신세훈 씨가 주재하는 「자유문학회」의 시 낭송모임에서였다.

40여 년 만의 해후(邂逅)였지만 이상하리만치 우리 사이엔 달라진 게 별로 눈에 띄지 않았다.

최광렬 선생의 위상

공식적인 문단데뷔를 위해 수많은 문학 지망생들이 수년간 가진 애를 다 태우는 모양인데, 나한테는 그런 과정이 전혀 없었다. 소설이나 시들을 읽고 글을 써보기는 했으나, 나는 일간지 신춘문예 제도나 문학잡지의 신인 추천제도 등이 있다는 사실조차 알지 못했고, 가령 귀동냥을 한 적이 있었다손 치더라도 강 건너 이야기쯤으로 여겼을 뿐이었다.

내가 대구교육 대학 2학년 시절이며 1968년이었다.

그 당시 대구에 계시던 문학 평론가 최광렬 선생과 술을 마시다가 내가 『쫓겨난 사람들』이란 단막희곡 한 편에 마침표를 찍었다는 말을 하자, 선생이 「내가 한 번 읽어 보자」고 했다.

며칠 뒤에 작품을 읽어 본 최 선생은 대뜸 「물건이 될 것 같다」면서 신춘문예에 한번 응모해 보란 귀띔을 해 주었다. 그제서야 나는 부랴부랴 멋모르고 중앙일보 신춘문예에 투고를 하게 되었다. 그때나 지금이나 내 글씨는 너무 악필이어서 응모할 때는 어느 후배 여학생의 손을 빌려 원고를 정서하기도 했었다.

그 작품이 중앙일보 신춘문예에 입선작이 되었으니, 최광렬 선생이야말로 나를 한국의 문단에 끌어 들인 장본인이 되는 셈이었다.

나는 몇 차례나 최 선생 자택에서 술을 마셨을 뿐만 아니라, 은행원 출신이란 부인과도 얼굴을 익힐 수가 있었다.

뿐만 아니라 최 선생은 나를 서울로 올려 보낸 장본인이 되기도 했다. 시인이자 무도인인 이민영 선생이 『합기도』란 잡지를 창간할 때, 나를 편집 도우미 격으로 추천해 주었기 때문이다.

따라서 최광렬 선생과 나의 관계는 각별할 수밖에 없었다.

선생은 소위 독불장군형의 문인이었다. 동료문인들 중에서는 그분을 광렬(光烈)이 아닌 광렬(狂烈)로 부르는 이들도 많았고, 문장력이나 표현력이 다소 껄끄럽긴 하지만 그분의 실력이 고매하다는 사실만은 누구나 부인하질 못했다.

나는 대구 및 포항에서 연극 활동을 하던 김삼일 씨 소개로 그분을 알게 되었다. 선생은 개인잡지라는 형식으로 당신의 시, 소설, 희곡, 문학평론 등을 한데 묶어 단행본으로 발행한 적이 있었고, 나는 그 책을 사서 읽어 보기도 했었다.

경북 포항에서 태어났고, 동국대학 영문과 출신으로 알려져 있었는데, 최 선생은 비단 문학뿐만 아니라 연극, 영화에 대해서도 누구 못잖게 해박한 지식을 갖고 있었다.

최 선생의 대표적인 저작물은 역시 『한국의 현대시 비판』이었다. 상·하 2권 양장본으로 한국의 현대시인을 총 망라하여 비판을 가한 평론집으로 1970년대 초반에 출판 되었다.

이윽고 선생께서도 1970년대 중반기에 대구시에서 서울시 이촌동 아파트로 생활 근거지를 옮겼다.

그 무렵에 나는 '한겨레' 출판사를 운영하고 있었다.

나는 한 사람의 출판인으로 「이왕이면 최 선생과 함께 큰일을 한 번 벌려 보자」는 생각을 하게 되었고, 나 홀로 꽤나 구체적인 출판기획을 세워 나갔다.

그 당시는 소위 단행본의 전성기였고, 소설가들이 인기스타로 자리매김되던 시기였다.

내가 최광렬 선생을 만나 저간에 구상했던 출판기획에 대한 자세한 설명을 드리자 선생도 좋은 기획이라며 흔쾌히 받아 들였다.

그리하여 내가 최 선생과 「70년대 인기작가군의 허상과 실상」을 제시하는 소설 비평집의 집필 계약을 하기에 이르렀다. 집필방향으로 가령 선생의 사적 감정이 개입되면 절대 안 되고, 좌고우면(左顧右眄) 하는 식의 필치를 휘두르면 절대 안 된다는 단서 등이 전제 되어 있었다.

그리고 비평대상 작가의 선정은 선생과 내가 함께 하기로 했는데, 그때 우리가 선정한 주요 비평 대상작가로서는 이청준, 송숙영, 유현종, 김승옥, 황석영, 윤흥길, 이병주, 이문구, 송영, 최인호, 이정환, 조해일, 박완서, 김주영, 조선작, 한수산, 김병총, 김원일, 한승원, 전상국, 조정래, 조세희, 문순태 제씨 등이었다.

그 책이 1978년에 출간 되었고, 신46판에 세로 쓰기체로 413쪽의 분량이었으며, 책값은 다소 비싼 18,000원이었다.

그 책의 배본을 끝내고 내가 영업활동을 하기 위해 동대문에 있는 서적 도매상 골목에 들렀더니 「영문사」의 윤사장이 나더러 「김 사장 미쳤소? 이런 책을 이렇게 고가로 내보내면 몇 권이나 팔린다고?」 하며 볼멘소리를 해댔다.

그래서 내가 배짱 좋게 「안 팔리면 반품하면 될 거 아니오?」하는 응수를 했다.

그랬는데 며칠 후에 난리가 났다. 중앙일보가 박스 기사로 그 책을 소개하자 조선작 씨가 『쟁이들의 환상과 세계』를 거의 원색적으로 비난하고 나섰다.

그러자 최광렬 선생에게도 중앙일보 지면이 할애되어 조선작 씨의 비난에 대한 반론의 기회가 주어졌다.

조선작 씨는 소설가를 「쟁이」로 매도하다시피 하는 최선생의 관점을 문제시 했고, 최선생은 복잡다단한 고도의 산업사회 체제 속에서는 작가와 같은 정신노동자들도 결국 장인 취급을 당할 수밖에 없다는 지론을 전개하려 들었다.

이윽고 전파 미디어에서도 우리 출판사가 일으킨 문학적 논쟁을 이슈로 삼아 최광렬 선생과 이병주 씨를 초빙, 방송 하려 들기도 했다.

그러니까 출판사 입장에서는 소위 노이즈 마케팅 기법에 의해 초판 1,500부의 책을 다 팔아먹은 셈이 되기도 했다.

솔직히 기획 당시부터 나는 그 책이 물의를 좀 빚게 될 것으로 확신하고 있었다. 소설가와 대중적 인기와의 상관관계를 한 번쯤 짚어 볼 때가 되었다는 판단 하에서 그 책이 기획되었기 때문이었다.

다른 한 편 그 책으로 인해 소설가 이병주 선생과 얼굴을 붉힌 일이 생겨나기도 했다.

이후에도 나와 최광렬 선생과의 사제지간 관계는 줄 곧 이어졌다.

1985년에 내 작품『구름가고 푸른 하늘』이 공연될 때는 프로그램에 작품해설을 써주기도 했고, 직접 연극을 관람한 다음 격려도 아끼지 않았다.

제 8 장

벗

참된 벗이 세 사람이 있어 함께 이 세상을 살아 갈 수 있다면, 그는 행복한 인간이라 했다. 그 말의 진의(眞意)는 오탁악세(五濁惡世)에 불과한 세상에서 동반자로 살아갈 만한 인간을 만나기란 결코 쉬운 일이 아니라는 뜻이리라. 참된 벗이란 서로의 인격을 사랑할 수 있는 관계라 했고.

강희승 씨의 직업

6. 25의 전운(戰雲)이 채 가시지도 못한 1954년. 경북 칠곡군 북삼면 숭오동에 자리잡은 숭산국민학교 교정에서는 제1회 졸업식이 거행되었고, 그 졸업생들 중에는 까까머리 소년인 나도 포함되어 있었다.

강희승 씨도 그때 그 국민학교 동기생 중의 한 명이었다. 하지만 그때 어릴 적의 그의 모습이나 행동거지 등은 전혀 내 기억에 남아 있지도 않으니 세월이 야속하단 말이 빈말이 아닌 것 같았다.

뿐만 아니라 시골의 국민학교이었기에 동화나 동심 속에 나오는 풍경들이 더러는 내 뇌리에 잠재되어 있을 법도 한데, 그런 추측 또한 안개 속에 묻힌 흐릿한 그림이 되고 말았다. 전쟁과 가난이 너무 참혹했고 처절한 탓이었으리라.

우리가 국민학교 2학교 시절에 6. 25 전쟁을 만났기에 야외에 서있는 고목 밑에 둘러앉아 음악수업을 받던 기억만이 하나의 기적처럼 가까스로 나의 가슴에 각인 되어 있을 뿐이었다.

우리는 음악시간에 군가를 배웠던 것이다.

전우의 시체를 넘고 넘어 앞으로 앞으로
낙동강아 흐르거라 우리는 전진한다.
원한이야 피에 맺힌 적군을 무찌르고서
꽃잎처럼 사라져간 전우야 잘 자라

국민학교를 졸업함과 동시에 강희승 씨와 나는 헤어지고 말았다. 함께 대구시내 고등학생이 되기도 했지만, 그는 능인 고등학교를 다녔고, 나는 대륜 고등학교를 다녔기에 우리는 전혀 만날 수가 없었다.

1970년대 초반에 내가 상경을 하게 되자, 우리의 만남이 다시 시작 되었다.

그는 나보다 먼저 서울생활을 시작했는데, 죽마고우(竹馬故友)를 객지에서 만난 꼴이 되었기에 그가 나를 피붙이처럼 반가워했다.

그나저나 그 친구의 인생행로 또한 범상치가 않았다. 그는 당수니 차력이니 하는 무술에 빠져 있었고, 우리가 처음 만났을 때는 어느 회사 사장의 운전기사 노릇으로 호구지책을 삼고 있었다.

그랬는데 가만히 보니 그의 직업은 변화무쌍하기 짝이 없었다. 우리가 만날 때 마다 새로운 직종에 몸담은 꼴이 되어 있었는데, 어느 때는 강원도 골짝에서 숯 공장을 운영하기까지 했었다.

그 친구는 또 결혼도 나보다 먼저 했다. 장가를 가고 나서도 이런 저런 사업에 손을 대는 것 같았는데, 재미를 본 적은 거의 없어 보였다.

보다 못한 그의 부인이 팔소매를 걷어붙이고 홍제동에서 자그마한 한식당을 개업했다.

그리고 그 부인이 전라도 음식 솜씨를 발휘하자, 식당은 머잖아 손님들로 문전성시를 이루게 되었다. 점차 식당이 넓어지기 시작하더니 몇 년 만에 그 친구가 자기 식당이 전세 든 그 건물을 매입해 버리기까지 했었다.

익히 알려진 사실이지만 사람의 입맛이란 속일 수가 없는 법.

친구의 부인이 너무 고되고 힘이 들자 주방에서 물러나고, 월급을 지급하며 주방장을 채용했는데, 하, 식재료비는 훨씬 더 들어가는 데 손님들은 차차 떨어지기 시작했단다. 하는 수 없이 부인이 다시 칼을 잡지 않을 수 없었다던가.

강희승 씨의 생활이 제 아무리 변화무쌍해도 우리는 가끔 만났다. 우리는 또 의정부 교도소 앞에서 오리 농장을 경영하는 김한구 씨를 찾아 가기도 했는데, 고만 또래 우리 세 놈들이 이른바 국민학교 동기생들이었다.

김한구 씨는 황소 같이 일만 할 줄 아는 친구로 우리를 만나면 간이라도 뽑아 주고 싶을 만큼 반가워할 줄밖에 몰랐다.

다른 한편 그들 두 친구들은 나를 도와주고 싶은 마음이 절실함을 내비치면서도 그럴 방법을 찾지 못해 안타까워만 했다. 그들로서는 연극이며 희곡을 이해조차 할 수가 없기 때문이었다.

내가 강희승 씨를 시인이자 무도인인 이민영 선생에게 소개했다. 그 결과 그 친구가 이민영 선생을 사부(師父)로 삼았다.

따라서 나는 그 친구를 통해 이민영 선생의 근황 등을 전해 듣곤 했다.

그러던 어느 날.

강희승이란 그 친구가 전화로 나에게 「목사가 되기 위한 안수기도를 받게 되었다」는 연락을 했다.

오, 그야말로 뜻밖에도 내가 생전 처음 목사가 태어나는 안수기도 식장에도 참가 하게 되던 것이다.

그 이후 그 친구가 개척교회를 열었다며 꼭 한 번 다녀가길 원했으나, 끝내 거긴 가보질 못했다.

「영웅은 고향에서 태어나지 못한다」는 말 또한 사실인 듯 나는 강희승 씨가 목사라는 사실에 선뜻 신뢰감이 일지 않았다, 모르긴 해도 강희승이란 그 친구 또한 부랄 친구 김영무가 극작가라는 사실을 긴가민가 하리라.

그랬는데 알고 보니 어느새 강희승 씨의 딸, 사위, 아들, 며느리 등 그의 가족 전부가 목사, 선교사 등으로 온통 기독교 성직자가 되어 있었다.

강희승 씨 내외가 지금은 강원도 문막 부근에서 기도원을 운영하고 있어 년 전에 내가 한번 거길 다녀오기도 했었다.

그 친구는 내가 간암 판정을 받았다는 사실을 알고, 거기 내려와 맑은 공기나 실컷 마시며 요양하길 바랐지만, 어느새 나도 마음 따라 몸이 움직이질 못하는 나이를 먹어 버렸으니...

김갑선 씨와 『초의 선사』

최근에야 알게 되었다. 그 동안에는 명리학(命理學)을 공부한다는 풍문만 무성했는데, 드디어 김갑선 씨가 지금 어디에선가 자리를 잡고 앉아, 손님들의 사주팔자를 봐주는 일을 업으로 삼기 시작했단다.

그런 얘기를 듣고서 나 혼자 곰곰이 유추해 본즉, 「이젠 그 친구가 제대로 자리를 잡은 것 같다」는 느낌이 들기도 했다.

다시 말하면 지나간 세월 동안에 그가 해온 일들은 그의 격에 걸맞지 않은 것들로 여겨지기도 했다.

1970년대 중반기에 출판사 대표였던 내가 그를 처음 만났을 때, 그는 서대문 구역 어디쯤에서 서적 도매상을 운영했었다. 동대문 6가에서 수십 년 동안 서적 도매상을 운영하던 사람들과 비교해 볼 때, 그는 결코 서적 도매상 대표자 같지가 않았다.

물론 나도 김갑선 씨와 거래를 터기도 했고, 몇 차례 술도 함께 마셨다. 어차피 출판사와 서적상은 친할 필요가 있기 때문이었다.

내가 출판사의 문을 닫게 되면서 다시 그를 볼 수가 없었고, 봐야할 까닭조차 없어져 버렸다.

어느 날에는 그가 서적도매상을 그만 두고 청소년을 독자층으로 삼은 무슨 잡지를 발행 했는데, 어쩌다 제대로 시류에 맞아 떨어졌는지 마치 황소 뒷다리로 개구리를 잡듯 그가 떼돈을 벌었다는 소문도 들을 수 있었다.

그러나 그런 소문들이야 말로 나에겐 기러기 울음소리를 들음과 하등 다를 바가 없었다. 우리가 다시 만나거나 우리 사이에 무슨 일이 생길 리가 없기 때문이었다.

정확히 2003년의 일이었다.

내가 무겁기 짝이 없는 옥편과 2년 동안이나 씨름을 한 끝에 장편실록 소설 『초의선사 장의순』을 탈고 시켰다. 한시(漢詩)의 경우 번역본을 읽어 보면 도무지 감흥(感興)이 오질 않아 옥편을 뒤져야 했는데, 처음에는 초의 선사의 한시만 그렇게 읽어 보다가 미흡함이 느껴져 결국은 당시(唐詩)들도 모조리 섭렵하지 않을 수가 없었다. 미쳐도 단단히 미친 꼴이 되었던 셈이다.

그 작품은 내가 문인협회 이사 자격으로 전남 무안에서 개최된 세미나에 참석했다가, 무안 군수 이재현 씨와 뜻이 통해 구상이 비롯된 작품이었다. 본명이 장의순인 초의 스님의 출생지가 무안이어서 책이 출간되면 기본 부수는 무안에서 소화할 것이란 묵계가 성립되기도 했었다. 그랬는데 작품이 탈고 될 무렵에 무안 군수였던 이재현 씨가 또 무슨 일로 법정구속이 되어 버렸다.

뿐만 아니라 소설가 한승원 씨도 그 무렵에 『초의(草衣)』라는 작품을 탈고했다.

「답게」라는 출판사와 대충 섭외가 끝나 있었는데, 한승원씨의 소설이 출간된다는 소문을 들었다면서 그 출판사가 미적미적 나와의 출판계약에 보류작전만 펼치려 들었다. 이를 테면 내가 집필한 작품 『초의 선사』는 실로 험한 사주팔자를 타고 난 꼬락서니가 되고 말았다.

2003년 5월경. 한국문인협회 이사회가 끝나고 점심을 먹을 때였다.

소설가이자 「한맥 문학」이란 월간 잡지 대표 김진희 씨와 동석을 하게 되었는데, 술 바람에 내가 투덜 거렸다. 「빌어먹을! 뭐가 빠지도록 고생하면서 소설이란 걸 한 편 써보았는데...」하며 초의선사 집필 전후와 저간의 출판 관련 사건들을 나열하게 되었던 것이다.

그러자 김진희 대표는 우선 당신이 운영하는 잡지에 그 소설을 한 번 연재 해 보는 게 어떻겠느냐고 물었다.

그래서 「좋소!」라고 대답하며 내가 원고를 넘겨 버렸다.

그리하여 2003년 7월호부터 장편실록소설 『초의선사 장의순』이 월간 「한맥 문학」에 전16회(상권 분량) 연재 되었다. 소설이 연재 되는 동안 김진희 대표는 만날 때 마다 말없이 10만 원 짜리 자기앞 수표 한 장을 내 주머니 속에 찔러 주곤 했었다.

소설이 잡지에 연재 되고 있을 때, 도서출판 '학영사' 대표의 전화를 받게 되었는데, 만나고 보니 그가 바로 김갑선 씨였다.

김갑선 씨는 내 원고를 읽어 본 다음, 한승원 씨의 소설 『초의』도 사서 읽어 보았다며, 내 원고로 책을 만들어 보겠단 결심을 세웠다는 말을 했다. 그때까지 나는 한승원 씨의 작품을 읽어 보지도 못했었다.

그리하여 내가 동대문 밖 어디에 있는 '학영사' 란 출판사를 방문하게 되었는데, 딴엔 팔릴만한 책이라며 만든 몇 종의 단행본이 사무실에 수북이 쌓여 있긴 했었다.

김갑선 씨는 자체 편집실을 없앴다며, 편집 대행 업자에게 편집을 맡기는 쪽이 오히려 경제적이란 말도 해주었다.

나는 운에 맡기기로 하고 김갑선 씨와 출판계약을 체결했다.

『초의선사』의 본문 편집을 최 모라는 아주머니가 맡았는데, 내가 교정을 보면서 자세히 보니 아무래도 활자선정부터 마뜩치가 않았고, 편집솜씨 또한 서투르기 짝이 없었다. 그래서 내가 충고를 하려 들었는데, 그녀는 아주 대가연척 하면서 엉뚱한 말만 주절주절 늘어놓았다. 듣다 못한 내가 「사실은 내가 편집에 있어서는 귀신이요!」하면서 잔소리 말고 내 말에 따르라고 했지만, 결과는 그리 되지 못했다. 칼자루를 쥔 사람이 최모 아주머니였기에 책 모양이 뒷골목의 덤핑 서적 스타일이 되어 버렸다.

어쨌거나 2004년 10월에 장편 실록 소설 『초의 선사 장의순』 상 · 하 초판 3,000질이 출판 되긴 했었다.

가까운 몇 사람에게 책을 증정했는데, 책을 읽어 본 친구들은 대게 놀랍다는 반응을 보내 주었다.

그 중에 가장 반가운 일은 KBS 라디오 본부장이었던 희극작가 조원석 씨가 추천, 2004년 12월 26일에 KBS- 1 라디오의 「라디오 독서실」이란 프로그램에서 문화 평론가 김갑수 씨 진행으로 60분간 작품의 내용이 드라마타이즈로 방송되기도 했다. 그리고 후배격인 희곡작가 국미경 씨가 어느 날 전화로 이해찬 전 국무총리가 가장 감명 깊게 읽은 책으로 『초의선사 장의순』을 선택했단 기사를 본 적이 있다면서 격려를 하려 들기도 했다.

몇 개월의 세월이 흘러가자 김갑선 씨가 또 출판사 문을 닫아 버렸다는 소문을 들을 수가 있었다.

김문조 씨와
여행

BTN에서 「김영무가 만나는 문화 문화인」이란 대담 프로그램을 진행하고 있을 때였다. 여름 바캉스 시즌을 앞두고 이른바 여행문화에 대한 생각들을 한번 정리해 봐야겠다는 기획을 세웠다. 그러자 불현듯 떠오르는 인물이 김문조 씨였다.

그는 나와 함께 대구 대륜고등 학교를 졸업한 동기생으로 '르네상스 여행사' 를 운영하고 있었다.

자그마한 키에 차돌멩이처럼 단단하게 생긴 친구였는데, 놀랍게도 그는 1969년에 '드라마 센터' 에서 공연된 나의 최초의 공연작품 『쫓겨난 사람들』을 관람했던 유일한 친구가 되기도 했다.

대구에서 고등학교를 졸업한 그는 중앙대학교 사학과에서 서양사를 전공, 1971년에 대한통운에 입사했었다. 그러나 그 친구로부터 찾을 수 있는 경력은 그런 교과서적 사실 보다 그의 핑크빛 러브 스토리였다.

이를 테면 시골 촌놈이 밤새 서울로 기어 올라와 가정교사 노릇을 하며 대학을 다니던 중에 그 제자와 눈이 맞아 연애를 하게 되었고, 끝내는 결혼으로 꼴인 했다는 식의 일화였다.

「과연 김문조라는 이 친구가 방송을 잘 할 수 있을까?」

여느 시청자 입장에서는 잘 모를 테지만 스튜디오 녹화 장에서 막상 조명이 떨어지고 카메라가 돌기 시작하면 웬만한 출연자는 머릿속이 하얗게 되어 얼어버리기가 일수였다. 그렇게 되면 그 출연자는 자기가 준비했던 할 말을 제대로 피력하지도 못하고, 엉뚱한 말만 주절거릴 수도 있는 일이었다. 특히 대담 프로그램에서는 MC의 질문에 2- 3분간의 답변이 가장 이상적인데 자꾸만 단답형의 대답을 해 버린다든가 어떤 질문에 대해 끊임이 없는 답변을 하는 경우, 그 방송은 타작이란 평을 받을 수밖에 없는 것이다.

그런 까닭으로 인해 대부분의 PD들이 웬만하면 방송에 익숙한 출연자들을 상대하려 들기 마련이었다.

어쨌거나 김문조라는 친구와 대담 방송을 엄두에 둔 내 입장에서는 마치 신인 탤런트를 주연급으로 기용해야 하는 연출가처럼 두렵기도 하고 흥분이 되기도 했다.

결국 내가 모험심을 발휘해 보겠다는 단안을 내렸다. 십 수 년 간 여행사를 운영하면서 수많은 사람들을 상대했을 그의 경력을 일단 믿어 보기로 했던 것이다.

김문조 씨가 내 전화를 받고 무척이나 반가워했다.

나는 동기생들한테도 먼저 전화할 줄을 모르는 비정한 친구 놈으로 낙인이 찍혀 있기 때문이었다.

이윽고 내가 방송 프로그램을 설명해 준 다음 그에게 「방송에 출연할 수 있겠느냐」며 의향을 물었더니 「한번 해 보지, 뭐」하고 극히 예사로운 어조로 대답을 했다. 그때까지 나는 몰랐는데 그 친구는 그 당시에 또 동국대학교 불교 대학원에 재학 중이었다.

이왕 엎지르진 물이다 싶어 나는 그에게 이메일로 네 약력을 나에게 보내달라고 했다. 낯선 사람의 경우라면 만나서 인터뷰를 해야겠지만 그 친구라면 굳이 만날 까닭조차 없었다.

그 친구의 이력서를 받아 보다가 나는 다시 깜짝 놀랐다.

이른바 학력 콤플렉스가 있었는지 아니면 학문에 대한 탐구열이 정말 그렇게 높았는지 혹은 사업상 인맥 확보 차원에서 그러했는지는 몰라도, 그는 동국대학 불교 대학원 외에 서울 대학교 신문대학원에서 메스커뮤니케이션을 전공, 수료하기도 했고, 중앙대학교 대학원 사학과에서 다시 서양미술사를 전공, 박사과정에 처해 있기도 했다.

뿐만 아니라 그는 공인된 사진작가로서도 많은 활동을 했을 뿐만 아니라 여러 대학에서 강사노릇을 하기도 했다.

비로소 나는 그 친구에 대한 염려들이 기우(杞憂)에 불과 했음을 깨닫고, 녹화 시에 나와 함께 나눌 화제(話題) 15개 항목의 설문을 이메일로 전송해 주었다.

그랬더니 그는 또 나름대로 내 입장을 염려한 나머지 내가 보낸 설문에 대한 답변을 작성, 나에게 전송해 주었다. 동시에 전화로 나에게 「연습을 많이 해서 너를 곤경에 빠트리지 않게 할 테니 너무 걱정하지 말라」고도 했다.

미리 약속된 녹화 예정일에 우리가 만났다. 몇 년 만의 해후가 되는 지도 알 수가 없을 만큼 우리는 실로 오랜 만에 만났으나 달리 할 말도 별로 없었다.

그날의 녹화는 무사히 끝이 났고, 그해 6월 27일에 방송되었다. 방송 내용도 수준작은 될 법했다.

남기영 씨의 원대복귀

무려 40 여 년 전의 일이다. 1976년에 나는 강원도 양구지구에 주둔했던 육군 제2사단 26연대 분부중대에서 만기전역을 했다.

그런데 아직도 내 기억 속에는 그때 그 부대에서 만난 얼굴 한 점이 생생하게 살아남아 있으니, 그 병사의 이름이 바로 남기영이었다.

내가 그 부대로 처음 전입을 가니 실로 고약한 고참병 서너 명이 흡사 새디스트꼴로 버티고 앉아 졸병들을 간단없이 볶아치고 있었다.

그 당시의 내무반이나 행정반을 장악하는 세력들은 대게 경상도가 아니면 전라도에서 입대한 병사들이었다. 서울출신 병사들은 눈치가 빨라 절대로 남 앞에 잘 나서질 않았고, 강원도 병사들은 순박해서 모난 짓을 할 줄도 몰랐고, 충청도 병사들은 성실할 뿐만 아니라 감정을 밖으로 잘 드러 낼 줄도 모르는 것 같았다.

그때 우리 내무반을 장악한 세력은 전라도 병사들이었다. 흡사 고릴라를 닮은 고참 한 명은 목포를 주름 잡던 주먹으로 통했는데, 말없이 그가 그저 버티고 앉아만 있어도 카리스마로 인해 싸늘한 공포감이 전체 내무반을 감쌌다.

또 한명의 고참병은 나주 출신이라 했는데, 그야말로 「골 때리는 형」이었다.

그가 PX(영내 매점)에서 「술 한 잔을 걸쳤다」하면 괜히 졸병들을 모조리 집합시켜 놓고, 이런 저런 트집을 잡아가며 핏대를 올리다가 연대 기합을 주다가 노래도 시켜 보는 등 생난리를 치면서 자기 술이 다 깰 때까지 지랄발광을 계속하려 들었다. 군대생활이 고달픈 까닭이 바로 그런 고참병들의 「곤조(근성)」때문이었다.

그랬는데 몇 개월을 참고 보니, 신통하게도 그 고참병들이 거의 한꺼번에 제대를 해 버리고, 내가 그만 최 고참병이 되고 말았다.

그리하여 나는 약 18개월간 내무반장 겸 행정반장 역할을 수행하게 되었다. 내가 졸병시절에는 「고참병이 되면 부하 병사들을 집안 동생들 대하듯 해야지」 했는데, 그게 또 그렇게 되지는 않았다. 그야말로 팔도의 오만 잡놈들의 집합체가 바로 군대이기 때문이었다. 조금만 풀어주면 「개판」이 되기 마련이어서, 이따금 군기를 잡지 않을 수가 없었다. 왜냐하면 인사계장인 상사나 중대장이 내무반을 휘 돌아보고 나온 다음에는 영락없이 나를 불러 야단을 치기 때문이었다.

어느 날.

내가 행정반에 앉아 무슨 업무에 몰두하고 있었는데, 어디선가 이상한 총소리가 들려왔다. 불길한 예감에 밖으로 뛰쳐나가 보니 병사 몇 명이 수송대로 달려가는 모습이 눈에 띄었다.

수송대는 우리 행정반에서 약 일 킬로미터 정도 떨어진 언덕 아래에 위치하고 있었다. 직감적으로 「총기사고구나!」하는 생각이 들었다.

경적이 들리고 수송대 연병장에서 한 대의 엠브런스가 급히 달려 나오기도 했다. 의무대는 우리 행정반에서 20미터 가량 떨어진 언덕 위에 있었다.

나는 허겁지겁 의무대로 뛰어 올라갔다.

아니나 다를까? 우리 행정반에서 총기류의 관리를 담당하던 남기영 일병이 피투성이가 되어 누워 있고, 군의관은 그의 가슴에서 마구 솟구치는 피를 막으며 지혈을 하느라 애를 쓰고 있었다.

그날 총기사고의 경위는 이렇게 알려 졌다.

남기영 일병이 칼빈 소총을 들고 수송대에 근무하는 친구에게 놀러 갔는데, 그때 마침 수송대 친구는 트럭 밑에 기어 들어가 자동차 정비를 하는 중이었다. 그러자 남기영은 칼빈소총을 막대기 삼아 배에다 대고 엎드려, 수송대 친구와 농담을 주고받기 시작 했는데, 웬 일로 손가락을 방아쇠에 넣고 만지작거리면서 격발까지 해본 모양이었다. 그 소총에는 총알이 장전되어 있었고, 그리하여 칼빈 소총의 총알이 그만 그의 배를 가로 질러 등 쪽으로 관통을 했다.

「짜식! 이제 죽었구나!」

우리 행정반은 숙연하고 침통한 비애감에 잠겨 들었다.

그냥 선량하게만 생긴 남기영 일병은 내무반이나 행정반에서 늘 피에로 같은 존재로 통했다. 흡사 반달곰처럼 누구에게나 호감을 샀던 그는 특히 나랑 잘 통했다. 알고 보니 그는 어릴 적부터 악극단을 따라 다니던 배우였다. 그래서 회식이 있다든가 모처럼 PX 등에서 술에 취하고 보면, 그는 신파극 『파경(破鏡)』이란 작품에서 읊조렸던 대사라며 꽤나 긴 대사를 연기로 들려주곤 했었다. 물론 나는 데뷔 이전의 문학청년이었지만, 그에 대한 애정이 남달랐다는 것 또한 사실이었다.

그날 밤.

우리는 분명 남기영 일병의 사망 소식을 접했다. 사단에서 날아온 헬리콥터가 그를 싣고 수도 병원으로 날아가는 중에 그가 죽어 버렸다는 뉴스가 들려왔던 것이다.

우리가 슬픔에 잠겨 있는데, 서무를 담당하던 윤덕원 상병이 훌쩍 거리며 내무반으로 들어 왔다.

「왜 그래?」

내가 물었으나 그는 북받치는 울음 때문에 아무 대답도 못했다.

머잖아 나는 그가 우는 까닭을 알아 낼 수가 있었다.

이를테면 군대는 처음부터 끝까지 보고로 일관되는 조직인데, 남기영 일병의 사고도 분명 상부로 보고 해야만 할 엄중한 사안에 속했다.

그래서 윤덕원 상병이 안전사고로 보고서를 작성하자, 중대장이 무슨 소리냐며 「자살로 보고서를 작성해서 올려야 한다.」는 명령을 내린 모양이었다.

사실은 명명백백한 안전사고임에도 불구하고, 보고는 자살로 올려야 한다니 서무병으로서는 죽을 맛을 느낄 수밖에 없는 일이었다. 전우를 잃은 슬픔만도 감당하기 어려운데, 서무병은 사실을 날조해서 행정적으로 완벽하게 전우를 다시 한 번 죽여야 할 판이었다. 「남기영 일병은 평소에 자살을 원하는 듯한 노래를 자주 불렀고, 그가 자살 하고 싶다는 소리를 들은 병사들도 한 두 명이 아니었다.」는 식의 보고서를 올려야 할 판이었다.

남기영 일병이 자살을 원했다는 말은 뒤집 개가 들어도 피식 웃을 일이었다. 세상에서 그 친구 보다 낙천적인 사람은 만나 보기가 결코 쉽지 않았다는 건 중대원 모두가 훤히 아는 사실이었다.

아마 그날 밤에도 나는 PX에서 묵묵히 술만 마셨으리라.

중대장의 심정도 모를 바는 아니었다. 만약 남기영 일병의 변을 안전사고로 보고하게 되면 중대장은 문책을 당하게 될 뿐만 아니라, 당장 진급에도 영향을 미칠 게 뻔한 이치였다. 그렇다 하더라도 사람이 어찌 그토록 비정할 수 있는가?

그렇다고 어쩌랴. 서무병은 중대장의 명령에 불복할 수도 없는 일.

6개월 정도가 지나갔으리라. 나에게 군사우편으로 편지 한 통이 날아 왔는데, 어느 후송병원에서 남기영 일병이 보낸 서신이었다.

나는 유령이 보낸 편지를 받아 본 듯 얼떨떨했는데, 결과적으로 남기영 일병은 모질게도 살아남아 있었다.

그날 사단 헬리콥터에 실린 안전사고 사병이 2명이었고, 그 중의 한 명이 죽긴 했는데, 남기영 일병이 죽은 게 아니었다. 총탄이 그의 가슴팍을 관통 하긴 했지만, 다행히 심장과 불과 몇 mm 간격을 두고 스쳐 지나갔다고도 했다.

남기영 일병은 편지 글에서 여전히 넉살 좋게 그 후송병원의 간호사와 현재 열애 중이라는 사연까지 전해주었다. 그의 편지 글에는 나를 자기 친형처럼 여긴다는 믿음이 흘러넘쳤다.

다시 몇 개월이 흐르자 남기영 일병이 원대복귀를 했다. 그런데 겉으로는 멀쩡했지만 날이 흐리다거나 무슨 일로 우울증에 사로잡히고 보면, 그는 수술 그의 신상에 부위가 몹시 아프다는 말을 했다.

원체 술을 좋아하는 친구였지만 우리는 그와 대작하기를 꺼렸다. 아무래도 술이 좋지 않을 것 같다는 생각 때문이었다. 물론 군위관도 술은 끊는

게 좋을 것 같다는 말을 했더란다.

하지만 남기영 일병은 혼자 술에 취하기가 일쑤였다. 앞으로 남은 자기 생은 덤이라면서, 지금 당장 죽는다 하더라도 후회하지 않겠다는 게 그의 답변이었다.

게다가 남기영 일병은 「자살을 기도한 병사」라는 이전의 그 보고서 때문에 또 헌병대로 끌려가 구치소에 수감이 되었다가 재판을 받기도 했다.

그 무렵에 내가 제대를 했다.

그래서 남기영 일병이 아직까지 살아 있는지 아니면 벌써 죽어 버렸는지 모를 일이 되고 말았다.

다만 언젠가 대구 역전에서 나는 남기영 일병의 그 안전사고를 자살로 날조하게 만든 그 중대장을 먼빛으로 바라 볼 수 있었는데, 차마 달려가 인사 하고픈 생각이 들지 않았다.

그토록 갈망했던 소령으로 진급조차 못한 모양으로 그는 사복 차림이었다.

엄정수 씨의 파란만장

1981년부터 4년여 동안 국방부 심리전 방송국에 근무할 때, 나는 30여명의 방송전문위원들을 알게 되었다. 그중에서 나와 가장 오랫동안 인간관계를 맺어 온 인물이 엄정수 씨였다. 키는 자그마했고 몸매는 호리호리 했으며 고수머리에다 눈빛은 늘 반짝 거려서 누가 봐도 그는 영특하게 생겼다는 인상을 물씬 풍겼다.

게다가 그때까지만 해도 그는 희소가치를 지닌 「귀순용사」였고, 우리와 같이 방송 원고를 집필하는 전문위원임과 동시에 우리에게 북한의 실정을 일러주는 자문역할도 겸했다.

그의 고백에 의하자면 엄정수 씨는 6.25 전쟁이 한창이던 1951년에 함북 주을온면이란 피난지에서 태어났고, 평양 고등물리학교 열 물리학과 재학중에 인민군으로 초모 되어, 13보병사단 배속 민사행정경찰 8중대에 베치되어 근무하다가 저들의 독재체제에 숨이 막힐 것 같아, 1971년 7월 25일에 팬티바람으로 국군7사단 지역으로 월남을 했다. 부친이 인민군 상좌여서 그의 출신성분은 상류층에 속하기도 했었단다.

귀순 이후 엄정수 씨는 한양대학 공과대학 전자공학과를 1976년에 졸업, 공학사가 되기도 했다.

어쨌거나 소설가 송재홍 선생과 서동익 씨 그리고 극작가였던 나와 엄정수 씨는 심리전단의 4인방이 되어 술도 함께 엄청 마셨고, 일과 후에는 기원에서 바둑을 두든가 이따금 치열한 토론이나 언쟁 등도 심심찮게 계속하곤 했었다. 4인 모두가 뜨거운 열정을 지닌 30대 후반의 나이어서 충분히 그럴 만도 했다.

그렇게 의기투합 했다가 1984년에는 수 틀리면 그 심리전단에서 함께 나오자는 약속까지 하기에 이르렀다. 실제로 송재홍 선생만 우리에게 「당분간 남아 있어야겠다.」는 양해를 구한 뒤에 그대로 거기 남아 있기로 하고, 나머지 우리 세 사람은 동시에 사직서를 던져 버리기도 했었다.

그 이후 서동익 씨는 독서실 운영으로 호구지책을 삼으며 소설을 쓰기로 했고, 나는 방송작가로 뛰기 시작했는가 하면, 엄정수 씨는 1984년 4월부터 10년간 한일은행 전산실에 근무하게 되었다.

1985년에 내 작품 『구름가고 푸른 하늘』의 제작자가 되기도 했던 엄정수 씨였기에 나와 그의 사이는 보다 돈독해졌다.

1987년. 내가 KBS 제1라디오 채널로 방송 되는 일일연속극을 집필하게 되었는데, 매회 20분 방송 30일 분량의 그 드라마 주인공으로 엄정수 씨를 선정하기로 했다. 드라마의 제명은 『12년만의 포옹』이었고, 그 내용은 12년만에 인민군으로 복무하다 귀순용사가 된 엄정수 씨와 신중철 대위가 자유대한에서 극적으로 해후하게 된다는 내용이었다.

신중철 대위는 북한 인민군 제 13사단 민경대대 참모장으로 근무하다가 1983년에 귀순 했는데, 그 보다 12년 전에 귀순한 엄정수 또한 그 부대의 전사로 복무했던 것이다.

엄정수의 귀순 이후 신중철 씨는 강경종합군관학교를 졸업하고 김일성 군사대학까지 수료한 인민군 장교가 되기도 했다.

신중철 대위 보다 3개월 전에는 이웅평 공군 대위가 미그기를 몰고 귀순하기도 했었다.

머리가 너무 명석한 것도 탈이라면 탈이 아닐 수 없었다. 엄정수 씨가 「진득하게 은행 전산업무에 몰두해서 한 우물만 팠으면 좋았으련만」 그는 '칠보산 개발' 이란 주식회사를 만들어 단국대학교 이전 사업 등에 관여하기도 했다.

그는 너무 똑똑한 나머지 남의 충고를 잘 받아들일 줄도 몰랐다. 북한에서 사는 동안 생활총화니 뭐니 하는 상호비판 내지 자아비판 등의 생활 습속이 몸에 익어 그러 했는지 웬만한 일에서는 어느 누구도 그를 승복시킬 수가 없을 만큼, 그는 언변에 뛰어난 귀재 같기도 했다. 어떤 입씨름에서나 그는 절대로 지지 않기 위해 악착같은 논리를 대입시키곤 했다.

그럴 경우 나는 단지 「시끄러!」 하는 말로 그의 말막음을 하곤 했었다.

그 무렵에 서초동에서 무슨 사장이란 사람과 동행을 한 그를 만나 소주를 마신 적도 있었는데, 몇 달 뒤에 보니 엄정수 씨가 업무상 배임죄 어쩌고 하는 경제 사범이 되어 구치소에 감금이 되기도 했다, 서초동에서 내가 만났던 그 사장이 엄정수 씨를 고소한 모양이었다.

나는 엄정수 씨의 부인을 만나 함께 면회를 가기도 했었다.

다른 한편 17년 동안 대한민국에서 부인 및 두 딸과 함께 생활했던 예비군 대령 신중철 씨가 2003년에 30대 여인과 함께 중국으로 출국한 뒤 행방을 감춰 버렸다.

나는 엄정수씨를 통해 신중철 씨의 그러한 행각의 심리적 근저를 전해 듣고서 충분히 이해할 수도 있다는 생각에 사로 잡혔다.

2010년 경이었다.

구파발 어디쯤에서 식당을 개업했다던 엄정수 씨가 나에게 소설 습작 원고를 이메일로 전송하며 한 번 읽어 봐 달라고 했다.

그 원고를 읽어 본 다음 내가 그에게 만나자는 연락을 취했고, 진실로 작가 생활을 해 보겠다면 우선 장편 소설 300권을 읽은 다음 원고를 다시 써보란 말을 해주었다.

나의 그런 충고에 기가 질려 버렸는지, 그 이후에는 그의 연락이 끊어지고 말았다.

2015년 4월 26일 일요일. 2년 만에 내가 대학로에서 엄정수 씨를 만났다. 그는 2006년 6월에 한국물리학회 정회원이 되어 있었고, 머잖아 미국의 권위 있는 무슨 과학 잡지에 그의 논문이 실릴 것 같다고도 했다. 아울러 그 논문이 제시하는 이론에 의해 획기적인 에너지 관련 시스템이 개발될 것이란 말도 했다.

이용원 씨와 대구교대

경북 칠곡군 북삼면 어로동이 나의 본적이었다. 칠곡군의 위치를 가장 알기 쉽게 해설하려면 아마 「6.25 전쟁 통의 그 낙동강 다부동 전투지구」라는 말이 되리라.

가산 산성과 같은 험한 산세를 가로 질러 유유히 낙동강이 굽이치며 휘돌아가는 곳이 바로 칠곡군이었다.

부연하자면 칠곡군청이 있는 곳이 바로 낙동강가에 있는 왜관읍(倭館邑)인데, 왜관이란 그 지명 또한 결코 예사로울 수 없었다.

「조선조 태종 7년이 되는 1407년에 부산포(釜山浦 : 동래), 내이포(乃而浦 : 웅천)에 객관으로 설치되어, 일본의 사신이나 일본인 상인들의 숙박 및 접대와 교역을 담당하던 곳에서 비롯되었다」는 식의 역사적 해설에 나오는 그 왜관은 아닐지라도, 일본인들의 집단촌이 있었던 곳임에는 틀림이 없었다. 우리 또래 중에 일본인과의 혼혈아가 있기도 했으니.

그 왜관지구가 현재는 또 미8군 보급창의 주둔지가 되어 있으니, 그곳이 전략상 요충지란 사실만은 충분히 증명되고도 남을 듯 했다.

따라서 칠곡군의 이미지는 결코 「아늑하고 평화로운 내 고향」일 수가 없었다.

그런데 어쭙잖은 향토랄 수 있는 그 칠곡군에서 대한민국의 국무총리가 무려 3명이나 배출되었다니 이 또한 놀라운 사실이 아니겠는가.

이를테면 8. 15 광복직후에 수도경찰청장을 역임했고, 1948년에 제1대 외무장관이 되었다가 1952년에 제3대 국무총리가 되었던 장택상 씨가 바로 칠곡군 북삼면 오태동 출신이었다.

그리고 일제 강점기 시절에 고등문과시험에 합격한 바가 있었고, 1959년에 39세의 나이로 부흥부 장관이 되었다가 박정희 대통령 시해 사건 직후 최규하 정부 시절에 국무총리를 역임했던 신현확 씨도 칠곡군 약목면 출신이었다. 그는 소위 「TK인맥의 대부」로 통하기도 했는데, 나는 1984년에 계간잡지 「부산문화」에 기고할 인터뷰 기사를 쓰기 위해 딱 한 번 만나 본 적이 있어, 그가 큰 사람임을 절감하기도 했었다.

그리고 1995년에 제20대 서울대학교 총장이 되었다가 김영삼 대통령에 의해 전격적으로 국무총리로 발탁 되었던 이수성 씨도 칠곡군 인물로 치곤 했다. 인적 자료에 의하자면 그의 출생지는 함경남도 함흥군이 되어 있는데, 어째서 그를 칠곡군 인물로 치는지 그 까닭을 나로서는 잘 모를 일이었으나, 추측컨대 왜관읍에 모여 사는 이 씨들의 일가가 되는 모양이었다.

그렇다면 내륙의 산간지방에 불과했던 칠곡군에서 그렇게 걸출한 인물들이 배출된 까닭은 무엇이었을까?

내가 분석해 보니 선진 문화를 실어 나르는 물길, 즉 낙동강의 영향이 가장 큰 것 같았다. 예로부터 낙동강이 부산에서 내륙 깊숙이 진입하는 통로 역할을 했기 때문이었다. 수로(水路)가 육로(陸路)에 앞서는 문물 이동의 경로이었음을 감안한다면, 나머지 사실들은 짐작으로 충분히 이해할 수도 있을 것이다.

내가 죽마고우(竹馬故友)에 해당되는 이용원 씨를 기억하려다 서두가 너무 길어진 것 같은데, 나보다 일 년 먼저 태어난 이용원 씨 또한 행정고시에 합격한 고위관료로 교육부 차관까지 역임했으니, 그 역시 출세한 인물의 반열에 올려야 할 것 같아 그만 그렇게 되고 말았다.

우리가 어릴 때는 「머리 좋은 놈들은 하나같이 선생질만 하더라.」는 말이 있었는데, 그 말을 뒷받침 해 주듯 이용원 씨 또한 대구교육 대학 1기 졸업생이었고, 내가 3기생이었다. 그러고 보니 덩달아 나도 머리 좋은 놈 축에 들고 만 것 같은데, 그게 사실이라 하더라도 무슨 대수이겠는가.

내가 교육대학에 입학하는 날, 이용원 씨가 날 찾아와 축하의 악수를 건네주기도 했었다.

그는 일찍이 경북중학교에 입학까지 했으니 고향지구에서는 일찍부터 그를 신동(神童)으로 인정 했던 아이였다.

이래저래 나랑 이용원이란 그 친구의 인연은 얽히고 설켰다.

1965년에 군대생활을 하던 내가 정기 휴가를 나와 그를 찾아가 보니, 그는 금호강 기슭에 있는 대구 동촌의 어느 술집에서 홀로 기타를 치며 술을 마시고 있었다. 이른바 천재성 우울증 증세에 잠긴 꼴이었다.

그때 그는 과수원 지구였던 대구시 동촌국민학교 교사로 근무하면서 자기 학반의 아동 언니와 곧 결혼을 하게 되었다며, 결혼을 하게 되면 행정고시 준비에 전념 하게 될 것이라 했고, 처가에서 그렇게 하길 원한다고도 했다.

그 친구의 인생은 실제로 그렇게 진행 되었다. 첫 번째 도전에서는 실패했으나, 두 번째의 행정고시 도전에서 당당히 합격, 그는 문교부 국장급으로 발령 받았다.

그나저나 인생행로가 너무나 달랐기에 우리는 함께 서울에 살면서도 자주 만나 볼 수는 없었다. 십중팔구 아쉬운 소리나 부탁만 하러 오기 때문에 고위 공직자들은 일가친척 내지 고향 사람들을 두려워한다는 사실을 내가 알기에 나로서도 공연히 그를 찾을 까닭이 없었다.

그랬는데 이용원 씨가 대구 경북대학의 사무총장으로 근무할 때, 내가 막 출간 된 아동극집 『보물찾기』를 우송 했더니, 귀한 책 잘 받았다며 진심으로 축하한다는 엽서를 보내 주기도 했다. 어쩌면 고향 사람들 중에서 「김영무가 작가가 되었다는 사실을 대견하게 여긴 유일한 친구」가 그였는지도 모를 일이었다.

이용원 씨는 오랜 동안 교육부 기획실장을 역임했는데, 어쩌다 그가 내 생각이 나면 전화로 세검정 어디에서 만나자 했고, 만나게 되면 단둘이서 그저 소주를 마시곤 했다.

또 언젠가는 그가 사적인 원고를 좀 써달라는 부탁을 해서 내가 써준 적도 있었다.

『자네도 장관 한 번 해야지?』

언젠가 내가 이렇게 물어 본 적이 있었는데, 이용원 씨는 「아마 차관까진 올라갈 거야」하는 대답을 했다. 어릴 때 너무 굶주린 탓에 키가 잘 자라질 못해 자기는 장관풍모가 되질 못한다는 부연설명을 하기도 했다.

교육부 차관에서 정년퇴직을 한 이용원 씨는 영남대학교 총장이 되어 내려갔다. 내가 축하 전화를 걸었지만 연결이 잘 되지 않았고, 비서에게 부탁을 해 뒀으나 종무소식이었다. 대구에 내려갈 일이 있어 얼굴이나 한 번 볼까 했다가 괘씸한 마음이 들기까지 했었다.

최근의 어느 날.

서울에서 지하전철 노인 석에 몸을 던진 내가 두 눈을 내려 감고 있었는데, 어떤 이가 나를 찝쩍거리면서 「니 영무 아이가?」해서 건너보니 내 옆에 그 친구 이용원 씨가 앉아 있었다.

죽마고우 우리 두 사람이 어느새 백발노인이 되어 지공대사(지하철 공짜 손님) 로 만난 꼴이었다.

그날 알게 되었는데 지난 몇 년간 그 친구는 대인 기피증에 걸리다시피 했고, 두문불출 하다시피 했었단다.

미국에 유학 가 있던 아들이 불의의 사고사로 유명을 달리했기 때문이었다.

『그래서 요즘은 무슨 일로 소일하지?』

하고 내가 묻자 그는 색소폰을 배우는 중이라 했다. 그러면서 경북 성주군에다 집 한 채를 마련했고, 거기서 가끔 달구경도 한다는 말도 덧붙여 주었다.

이재운 씨의 미술사랑

가령 어느 누가 「요즘 세상에서 만날 수 있는 전형적인 양반 한 분을 추천해 달라」고 한다면 나는 냉큼 이재운 씨를 거명하리라.

그가 퇴계 이황 선생의 후손임을 알고 있다는 뜻이 아니라, 내가 수십 년간 상대해 보니 사람의 됨됨이가 그렇더란 뜻이다.

20대 후반이었던 1970년대 초기에 우리는 약수동에 있는 합기도 도장 「유심관(唯心館)」에서 만났다. 그 「유심관」의 관장은 시인이며 무도인인 이민영 선생이었다.

그때 이재운 형은 검은 띠를 두른 유단자였고, 나이도 나보다 한두 살이 위였다.

우리는 금방 친해지진 않았고 의기(意氣)가 투합 될 무슨 계기 또한 만들어 지지도 않았으며, 피차간에 자존심 때문이었는지 함부로 접근을 시도하려 들지도 않았다.

그 이후 한 두 차례 나는 이민영 선생을 뒤따라 이재운 씨의 사무실을 방문했던 것 같다. 그런 과정 속에서 이민영 선생을 통해 나는 그가 누구인지 충분히 알게 되었다.

이재운 씨는 안동 사범학교를 졸업했고 일선 교사로 근무하다가 미술에 관심을 기울이게 되었는데, 급기야 교사직에서 물러나 '미술 연감사' 를 운영하게 되었다. 일 년에 한 차례씩 국내 미술가들의 작품을 한데 묶어 두툼한 책으로 발간하는 작업이 미술연감사의 사업이었다.

만약 이해타산만으로 따지려 든다면「미술 연감」을 발행하는 일이야말로 미련스럽기 짝이 없는 문화사업이었다. 엄청난 제작비는 에누리 없이 들어가야 하는데, 상품이 되는 연감의 판매는 지지부진일 수밖에 없었고, 화가나 서예가들의 몰이해 또한 기가 막힐 지경이었다. 이를테면 연감에 작품 수록을 의뢰한 작가들 중에서는 한 두 부의 책을 구매해 줄 생각은 아예 하지도 못하고, 작품의 게재료를 요구하는 사람들만 수두룩한 실정이었단다.

결국 이재운 씨는 유산으로 물려받은 안동 벌의 옥답들을 처분해 가며 '미술연감사' 를 운영하기에 이르렀다.

그래서 내가 종로구 유림회관 내의 성균관에서 거행된 그의 만혼(晩婚) 식장의 축하객이 되기도 했었다.

2,000년의 늦은 봄날. 모처럼 함께 점심식사나 하자는 이재운 씨의 전화를 받고 내가 종로 허리우드 극장 옆에 있는 그의 사무실을 방문했다.

한 동안의 한담(閑談)을 나누다 말고 이재운 씨 입에서 내년이 이황 선생의 탄신 500주년이 되고 현재 몇 가지 사업을 준비 중이라는 말이 나왔다.

그 순간에 내 머릿속에는「그렇다면 이 기회에?」하는 생각이 섬광처럼 스쳤다.

이윽고 나는 이재운 씨에게 사실은 수년전부터 유학(儒學) 공부를 해왔다는 사실을 실토하기에 이르렀다.

흔히 젊은 시절에는 유학을 공부하고 늘그막에 노 · 장자나 불학(佛學)에 심취한다는데, 나는 그와 반대로 50세 무렵부터 유학공부에 몰두하기 시작했다. 유학을 공부하다 말고 공자의 일대기를 연극화 해보았으면 하는 생각까지 품게 되었다.

따라서 공자 일대기의 작품화에 앞서 「퇴계 선생의 생애」를 연극으로 한 번 다루어 보면 어떻겠느냐고 말했다.

내 말을 들은 이재운 대표는 무릎을 치면서 좋아 했다. 뜻밖의 좋은 아이디어를 얻어 고맙다는 말까지 더해주었다.

이윽고 이재운 씨가 「제작비를 어느 정도 책정해야 되느냐?」하고 묻기에 2억원 정도를 상정해 보자고 했다. 그랬더니 그는 그 정도의 제작비는 자기 혼자 힘으로도 가능할 것 같다며 서둘러 작품집필에 착수하는 게 좋겠다는 말도 했다.

그렇게 되어 나는 당장 그로부터 퇴계 선생 관련 자료들을 다량 입수할 수 있었고, 몇 달간 비지땀을 흘린 끝에 희곡 『퇴계선생 상소문』을 탈고하기에 이르렀다.

원고를 다 읽어 본 이재운 씨가 친구지간 임에도 불구하고 깍듯한 예를 차려서 나에게 그 동안의 노고를 치하해 주었다.

다른 한 편 극단 '성좌' 의 권오일 선생에게 그 작품의 연출을 의뢰 했고, 원고를 넘겨주기도 했다.

그랬는데 결국은 제작비의 염출이 어려운 문제로 부각되고 말았다.

물론 이재운 씨가 나에게 빈말을 하지도 않았고 그럴 리도 없었다. 나는 그가 그 동안에 수집해 놓은 미술 관련 자료들이 창고 가득 쌓여 있음을 직접 보기도 했을 뿐만 아니라, 심의 신청을 해 둔 보물 몇 점이 곧 국보로 지정이 될 것이란 사실까지 알고 있었다.

그런데 미술 관련 자료는 몇몇 대학에서 탐을 내긴 하면서도 미적거리기만 할 뿐 정작 인수는 하려 들지도 않았고, 다행히 국보급 보물 지정 인가가 떨어져서 돈이 5억인가 6억이 나오기는 했지만, 이재운 씨는 벙어리 냉가슴만 앓는 형국이 되고 말았다. 직접 돈을 움켜쥔 조카가 「나 몰라라」하고 안면을 몰수하다시피 한 모양 같았다.

그 뿐만도 아니었다.

건설업을 하는 친구가 콘도를 지으면서 규정에 의해 그 콘도에 반드시 걸어야 할 그림들을 부탁하자, 이재운 씨는 자기 맘만 믿고 200여 점의 그림을 내주면서 은근히 기대를 좀 걸기도 했는데, 그 친구는 그림 값이라면서 이발관 그림 값에 해당되는 푼돈만 건네주었더란다.

이재운 씨는 벙어리 냉가슴만 앓을 수밖에 없는 처지가 되고 말았던 것이다.

그렇다면 별 수 없이 「내가 뛰어야지」하고, 나는 친구 이종성 화백과 이리저리 뛰어 다니기 시작했다. 내가 그대로 주저앉아 버리면 실없는 사람이 될 것 같아서였다.

어쨌거나 일을 만들어 보려고 경상북도 도청으로, 또는 안동으로 꽤나 여러 차례 오르내리기도 했고, 생전에는 만나고 싶지도 않은 사람들을 만나 혀 굳은 소리도 해 보았지만 여의치가 않았다.

그때 안동시에 유교문화 축제인가 무슨 행사비 명목으로 10억인가 얼마가 내려갔다는 소문을 듣고 손을 써 봤는데, 가부간의 결정이 또 열 번도 더 번복되기만 했다.

결국 '세계 유교문화 축제' 집행위에서 3천 만 원을 줄 테니, 「연극을 만들어 오든가 말든가」하라는 식으로 나왔다.

권오일 선생은 자존심이 상해 깨끗이 포기하자는 쪽이었다.

그도 그럴 수 밖에 없는 것이 내가 애초에 그린 작품에는 등장인물만 해도 무려 40여 명이 나오게 되어 있었다.

나로서도 며칠간 고민 하지 않을 수 없었다. 고민을 하다 말고 오기를 발동시켰다.

그래서 권오일 선생에게 전화를 걸어 「3천만 원짜리 연극을 만들기로 하자」는 말을 하기에 이르렀다.

그리하여 열 두명의 등장인물로 작품을 만들기로 했다. 연출은 권오일 교수의 따님으로 미국유학을 마치고 막 귀국한 권은아 씨가 맡았다.

그러니 작가인 내 심정이 오죽했으랴. 그런 식으로 연극을 만들어야 한다니, 계속 서글픈 마음이 들기만 했다.

2001년 10월 9일과 10일 이틀간 안동 시민종합회관에서 2회 공연이란 스케줄이 잡혔다.

공연 예정 하루 전날 내려가 보니 극장인지 공회당인지 모를 공연장에 현수막 한 점이 걸려 있지 않았고, 시청의 담당 직원들조차 코앞에서 무슨 연극의 공연이 있을 지도 모르고 있었다.

우리가 문화과 직원을 만나 「이토록 무성의할 수가 있느냐」며 야단을 치니까, 꼼지락 꼼지락 움직이는 척 했지만, 누가 무엇을 어떻게 알고 관객이 몰려 올 것인가.

첫 공연은 비상을 걸어 안동 시장을 비롯해 시청 직원들로 대충 때웠다. 한심하기 짝이 없는데 비까지 내렸다.

개막 공연이 끝나자 그나마 작품에 대한 호평들이 나돌았다.

진성 이씨 후손이라는 모씨는 눈물을 글썽이며 고맙다고 봉투 하나를 건네주기도 하면서 「세계 유교 문화 축제에서 사실은 이런 연극이 메인 이벤트가 되어야 하는데...」 하는 아쉬움을 표하기도 했다.

하기야 안동 양반들의 눈에는 연극이 광대놀음 이상도 이하도 아닐는지 모를 일이었다.

결국 이재운 씨란 이름의 벗이 있어, 나는 희곡 『퇴계 선생 상소문』을 쓰게 되었고 성리학에 관한 공부도 하게 되었다는 사실로 위안을 삼을 수밖에 없었다.

이종성 씨의 삶의 방식

한국인의 잠재의식에 관심을 갖고 우리의 고유미학을 추구하다 보니, 내 작품에는 자연 불교적인 색채가 강한 특징을 갖게 되었다.

자타가 성공작으로 공인하는 1985년도의 희곡 『구름 가고 푸른 하늘』이 선사상(禪思想)을 다뤘고, 흥행작이었던 1992년도의 『하늘 천 따지』가 불교의 인욕바라밀을 다뤘으며, 1993년도에 공연된 『탈속』 또한 선승(禪僧)의 초상화 그리기였다.

내가 불교사상에 의탁해서 쓴 작품이 주로 성공했다는 뜻도 될 수 있을 것 같다.

작품 또한 인연에 의해 집필되기 마련이었다.

『탈속』이란 작품의 탄생 배경 또한 이종성 씨와의 인연에 의해서였다.

1991년. 나는 동국대학교의 김흥우 교수 안내로 '불교 문화예술인 법회'에 가끔 참석하곤 했는데, 이종성 씨가 그 법회 사무총장이었다. 임의단체인 그 법회의 회장은 한진 영화사 대표 한갑진 씨였다.

이종성 씨는 알고 보니 홍익대학 건축학과 출신의 화가로 샌프란시스코에서 개최된 국제 판화전에서 최우수상을 수상했던 경력의 소유자이기도 했다.

천성적으로 사심이 없어 보이는 이종성 씨는 일을 잘 저지르기도 해서, 나는 친구 따라 강남 간다는 격으로 그가 주선한 법회의 사찰 순례에 동참, 청도 운문사의 사리암(邪利庵)에서 철야기도까지 올려 본적도 있었다. 밤새도록 나반존자를 암송하는 곳이었다. 그리고 50여 명의 비구니들과 함께 아침 공양도 해 보았다.

1992년. 그 해에는 내 작품이 무려 세 편이나 공연 중이어서 이종성 씨는 내가 쓴 작품 세 편을 두루 관람 하게 되었다. 『스타열전』과 『선녀는 땅위에 산다』와 『하늘 천 따지』가 곧 그때의 작품들이었다.

이윽고 이종성 씨는 불교연극 한편을 제작하고 싶어 하며, 제작비가 얼마정도 드느냐고 했다. 나는 연출가 강영걸 씨를 그에게 소개 시켜 주면서 함께 상의 해 보라고 했다. 강영걸 씨는 5,000만원은 있어야 막을 올릴 수 있다는 말을 했다.

그리하여 이종성 씨의 소개로 나는 '한국 불자 총연합회' 의 하태유 회장을 알게 되었다. 알고 보니 이종성 화백과 하태유 총장은 불교연극 한편을 만들기로 이미 약속이 되어 있었다.

물론 작품은 내가 쓸 수밖에 없는 일이었다.

나는 『구름가고 푸른 하늘』에서 침묵을 지키는 선승(禪僧)을 등장시킨 일이 있었는데, 그때 그 공연을 지켜보면서, 언젠가 기회가 오면 아예 본격적으로 선승의 구도모습을 한 번 그려 보겠다는 생각을 간직하게 되었다.

그리하여 「어느 구도자의 초상화」란 부제를 단 『탈속』이란 작품이 집필

되었고, 하태유 씨가 투자해준 5천만 원으로 초연의 막을 올릴 수가 있었다.

그때 하태유 회장은 나의 은행 구좌에 5천만 원을 입금 시켜 주어서 내가 그 돈을 찾아 고스란히 이종성 씨에게 전해 주었고, 이종성 씨는 또 그 돈을 그대로 극단 측에 넘겼다.

『탈속』이 공연되고 난 뒤 하태유 회장은 안타깝게도 불시에 타계를 하고 말았다.

법인체가 아닌 임의 단체였고, 기금이나 뚜렷한 사업목표도 없는 '불교문화예술인 법회' 는 결속력이 약해 그만 흐지부지 되고 말았다.

그래도 이종성 씨와 나의 결속력은 변함없이 유지 되었다.

가령 이종성 씨와 나와의 인연을 불교에서 말하는 인연론(因緣論)에 비춰 보자면 분명 어떤 필연성이 있을 것만 같았다.

왜냐하면 나와 아우가 중뿔난 그놈의 고령토 광산을 개발하기까지 이종성 씨의 개입 내지 협조가 절대적이었기 때문이었다.

1993년. 동생이 백토(白土) 꾸러미를 들고 우리 집을 방문해서 「이 흙이 돈이 될지 모른다는데 형이 좀 알아 봐 달라」고 했을 때, 내가 이종성 씨에게 그 흙을 보여 주지 않았고 이천에 살고 있는 오남 선생을 소개 받지 않았더라면 광업권을 획득하고 채광권을 확보하여 고령토 광산을 개발할 수가 없었을 테니 할 수 있는 말이다.

불교의 인연설 또는 윤회론에 의하자면, 내가 전생 어느 때 이 종성 씨의 삶에 그만큼 지대한 영향을 끼친 무슨 일을 했으리란 유추도 할 수 있는 일이 아니겠는가.

고집이 누구 못잖게 세고 죽어도 더러운 꼴은 못 보는 생리를 가진 이종성 씨이기에 관점에 따라서는 그가 별난 인간으로 분류되기도 했는데, 이종성 씨한테는 내가 또 별난 인간으로 분류되기도 했다.

그때가 언제였는지 확실히 기억할 수는 없는데, 퇴계로에 있는 구 보안사 건물 사무실에서 이종성 씨가 유화로 풍경화 20여 점을 그린 적이 있었다.

나더러 미완성인 그 작품들 중에서 한 점 골라 보라고 해서 산을 그린 그림 한 점을 선택한 일이 있었다.

한 열흘이 지나자 이종성 씨가 「그림이 완성 되었다며 가져가라」는 연락을 해서 내가 달려가 보니 그림이 완성되긴 했는데 도무지 내 마음엔 차질 않았다. 처음 내가 점찍을 때는 그렇지 않았는데 하늘이 너무 크게 확대되어 있었다. 내가 싫다며 그 그림을 마다하자 이종성 씨는 자기 그림이 퇴짜 받기는 생전 처음이라면서 참말로 희한한 친구도 보겠다는 말을 했다.

이종성 씨와 나의 인연도 어언 25년이나 되었다. 그는 위암 수술을 받은 바 있고, 나는 간암을 앓는 환자가 되어 버렸다.

그런데 내 느낌에 의하자면 이종성 씨의 삶의 방식은 아직도 미스터리에 불과했다. 부인이 미국에 건너가 살고 외딸이 시집을 간 다음, 그는 미혼인 여동생과 함께 살고 있다는데, 수입원이 없음에도 불구하고 항상 천하태평일 뿐만 아니라, 하등의 욕심도 부릴 줄 모르는 사람이었다. 그림을 그리면 팔 수도 있을 것 같은데 그는 한 마디로 귀찮다는 식이었다.

본인에겐 실례가 될 지도 모르겠으나, 나는 이종성 씨의 모습에서 불전(佛典)에 나오는 건달바의 이미지를 발견하곤 했다.

정현재 씨와 순심중학교

요즘에는 초등학교를 졸업하고 중학교로 진학하는 과정이 모든 아동들에게 마치 계절이 바뀌는 과정처럼 인식되어 있지만, 내가 어릴 적에는 그렇지 못했다.

학교에 납입해야 할 입학금 내지 공납금 등과 같은 경제적 부담으로 인해 농어촌과 같은 지역사회 속에서는 극히 소수의 아이들만 선택을 받아 새까만 중학생 교복을 입을 수가 있었다. 나도 제때 공납금을 내지 못해 학교에서 몇 번 쫓겨나기도 했었다.

그러니까 진학을 못한 아이들에게 새까만 중 · 고등학생들의 교복과 교모는 선망의 대상물이 되어 있었다.

나는 1954년에 국민학교를 졸업했지만, 곧바로 중학교로 진학 하질 못했고, 일 년 동안 꼴머슴처럼 우리 집안일을 돕다가 1956년에야 가까스로 진학을 했다. 내가 「중학교에 가고 싶다」는 애원을 거듭 하자, 아버지는 천자 책을 덮어 놓고 한자(漢字)를 써보라는 시험을 치루기도 했다. 내가 500

자 이상을 써내자, 아버지가 그제서야 승낙을 했다. 아버지에게 한글은 어디까지나 언문(諺文)이고, 한자만이 진서(眞書)로 인식되어 있었다.

아버지는 「이왕이면 일류」 하고 나를 대구에 있는 경북중학교에 입학 시키려 했는데, 국민학교에서 써준 지원서가 잘못되어 시험조차 치를 수가 없었다. 그리하여 하는 수 없이 왜관 읍내에 있는 순심 중학교로 진학 하게 되었다.

왜관읍은 낙동강변에 있고, 순심 중 · 고등학교는 천주교 재단이 운영하는 학교로서 유서가 깊은 성 베네딕토 수도원 소속 성당 앞에 자리 잡고 있었다. 따라서 학교 선생님들 중에는 신부와 있고 수녀도 섞여 있었다.

내가 입학했던 그때는 남학생이 두 반이고 여학생이 한 반이었으며, 내 옆자리에 앉은 학생이 다름 아닌 정현재 씨였다. 나와 그는 3년 동안 옆자리에 붙어 앉아 공부를 했었다.

시쳇말로 정현재 씨와 나의 출신 성분은 생판 달랐다. 나는 가난한 농부의 아들이었는데, 그의 아버지는 순심 중 · 고등학교의 서무 과장이었고 독실하게 천주교를 신봉하는 집안의 둘째 아들이었다. 훗날 알게 된 일이지만 정현재의 누나들 3인이 모두 수녀이기도 했다.

따라서 어떤 선생은 수업시간에 정현재 씨에게만 각별히 신경을 쓰는 모습들이 내 눈에 띄기도 했다. 이를테면 정현재 씨가 노래를 잘한다면서 박이하 선생은 노골적으로 그를 추겨 세우기도 했으니. 그때 나는 혼자 생각에 훗날 정현재 씨는 세계적인 성악가가 되겠거니 했다.

그렇다고 기가 죽을 나도 아니었다. 수학담당이며 1학년 담임이었던 이재봉 선생의 명에 의해, 내가 중학교 생활 3년 동안 교내 방송부장 노릇을 하게 되었으니, 나 또한 선택받은 학생 중의 한 명이었다.

이를 테면 내가 교내의 각종 공지 사항 등을 알려 주는 학생 아나운서 역할도 다했는가 하면 등 · 하교 시나 점심시간 중에는 음악을 제공하는 방송 편성자가 되기도 했었다. 특히 운동회 연습이 진행될 때도 나의 역할은 절대적이어서, 내가 제공하는 음악에 의해 마스게임 등이 진행 되었다.

내가 기차 통학을 했기에 일찍이 등교할 수가 있었고, 늦게까지 학교에 남아 있을 수 있는 입장이어서 방송부장이란 임무수행에는 안성맞춤이 되기도 했다.

중학교 졸업장을 손에 쥐면서 정현재 씨와 내가 헤어지고 말았다. 나는 대구 대륜고등학교로 진학을 했고, 정현재 씨는 순심고등학교로 진학 했다.

우리가 헤어져 있어도 이런 저런 경로를 통해 서로 안부 정도는 전해 들을 수가 있었다. 나는 육군에 입대 했는데 정현재는 공군에 입대했고, 나는 교육대학에 입학 했는데, 그는 영남대학 토목과에 입학했다. 또는 정현재 씨가 무슨 일로 타락했다는 말을 전해들을 수도 있었다.

이어서 정현재 씨는 영남대학을 졸업한 이후에 다시 신부가 되겠다며, 어느 신학대학에 입학했다는 소식도 들을 수가 있었다.

다른 한편 언제 무슨 계기로 만났는지는 모를 일이나 모처럼 만난 우리가 왜관읍내에 있는 니나노 술집 등에서 엄청 많은 술을 마시면서 유행가를 불렀던 기억도 남아 있다. 정신적 방황을 추스르지 못한 젊은 날 어느 한때의 우울한 낭만이었으리라.

내가 '한겨레 출판사' 대표가 되어 있던 1977년경.

서적 도매상을 운영하는 김갑선 씨와 내가 밤을 새워가며 술을 마시고 응암동의 새벽 거리를 비틀 걸음으로 걷다가 「너 영무 아이가?」하는 소리를 듣게 되었다. 내가 고개를 돌려 보다가 천만뜻밖에도 거기에서 정현재 씨의 얼굴을 발견했다. 그는 신부복도 입지 않았고 목덜미에 로만칼라도 두르지 않은 평상복 차림이었다.

실로 모처럼 만난 우리가 회포를 풀게 되었는데, 그는 신부가 되기 위한 서품식 일보 직전에 스스로 물러남을 택했다는 고백을 했다.

나는 조용히 듣기만 했다. 그의 선택에 대한 호 · 불호나 가부 또는 시비를 판가름할 능력이 나한테는 없기 때문이었다. 내가 입산하고 삭발까지 했었으나 중이 못 된 경우와 비슷한 꼴이 아니겠는가.

이후에 그는 돈암동에 있는 아일랜드 카톨릭 계통의 무슨 기관에서 일을 하기도 했다.

신부가 못 된 정현재 씨는 늦은 결혼을 하게 되었는데, 신부는 중학교 국어 교사였다. 그때가 엊그제 같았는데 그들 사이에서 태어난 아들의 결혼식에도 내가 축하객으로 참석을 하게 되었으니, 감회가 새롭기만 했다. 2014년의 일이었다.

다른 한 편 내 작품이 공연될 때마다 잊지 않고 찾아와 주는 중학 동기생 중에 유일한 친구가 바로 정현재 씨였다.

2002년에 연극 『강변 블루스』 연습장에 찾아 와서는 그가 한 턱 쏘기까지 했었고, 연극 『토스카 인 서울』이 공연될 때는 관람을 끝낸 다음 대폿값을 내 손에 꼭 쥐어 주기도 했었다.

내가 간암 판정을 받은 이후 어느 날 만났더니, 그는 나에게 「종교에 귀의할 생각이 없느냐」고 물었다.

나는 히죽 웃고 말았지만 나를 지켜보는 그의 안타까운 마음만은 충분히 짐작하고도 남음이 있었다. 함께 좀 더 진지한 차원에서 죽음을 생각해 보잔 의미가 아니었겠는가.

그 친구가 볼 때는 아마 나라는 친구 놈의 모습이 무척이나 외롭고 쓸쓸해 보였으리라.

서울에 올라 와 사는 중학교 동기생이 십 수 명이 되지만, 저마다 돈을 벌어 먹고 살기에만 바빴지, 나처럼 예술작업에 미친놈은 없기 때문이었다.

2013년 10월 12일부터 13일까지 1박 2일간 나는 백발이 되어버린 순심중학 동기생들 야유회에 참가하여 경북 예천읍내에 있는 오징어 불고기 백반집에서 점심도 먹어 보고 삼강주막을 거쳐 충주댐에서 유람선을 타보기도 했다.

물론 「죽기 전에 우리가 한번」하는 정현재 씨의 연락에 의해 참가하게 되었는데, 총 12명의 동기생 중에 내가 이름을 기억할 수 있는 친구는 고작 한석창 씨, 김병락 씨, 도점만 씨, 권준택 씨, 천수길 씨 등 4- 5명에 불과했다.

아, 몇 년 전부터 정현재는 장구를 배우고 시작법을 배운다는 고백을 하면서 수필 원고 몇 편을 보여준 적도 있었다.

그의 원고를 읽어 보면서 나는 가슴이 먹먹함만 느꼈다. 그의 글에서 옛날의 저 푸르렀던 낙동강 물줄기의 흐름소리만이 들리는 듯해서.

허병기 씨의 당적(黨籍)

도시생활의 특징을 타인사회로 규정한 논리를 접한 적이 있었다. 조선일보 논설위원 이규태 선생의 글이었다. 도시가 타인사회이기에 비정할 수밖에 없고, 범죄의 온상이 될 수도 있고, 개인주의 혹은 이기주의의 극대화가 가능할 수도 있다는 내용이었다.

나는 그런 논리에 십분 공감을 했다.

이를테면 여기 강북구 송중동에서 17여 년 동안 살았지만, 나는 아직 단 한 사람의 친구도 사귈 수가 없었다. 몇 사람과 안면을 트게 되어 인사를 나누기야 하지만, 아직도 서로 속내를 주고받을 수 있는 인간 관계는 되질 못했다.

곰곰이 생각해 보니 상경 45년 동안 내가 몸 담은 서울 마을에서 사귄 사람은 가까스로 딱 한 사람뿐이었다. 내가 용산구 도원동에서 살 때, '화타 약국' 을 운영하던 허병기 씨였다. 여전히 전라도 억양을 그대로 사용하는 그는 서울대 약대 출신으로 나랑 비슷한 또래였다.

그때 나는 육군본부 심리전처에 출퇴근 했었는데, 사흘이 멀다 하고 술병을 치유하는 약을 찾아 그 약국을 출입해야만 했었고, 심심찮게 감기, 몸살 약을 지으러 그 약국을 찾아 가곤 했었다. 4년 동안 고군분투했지만 끝내는 문을 닫게 된 출판사 일로 내 마음이 너무나 허했던 탓이었다.

그렇다고 동네약방 대표였던 그를 향해 '내가 이런 사람이오.' 하고 광고할 사람도 아녔는데, 그는 나에게 남다른 관심과 배려를 하는 것만 같았다.

짐작이지만 내 아내가 그 약방 주인 내외에게 나라는 사람을 좀 소개해 준 모양이었다. 희곡도 쓰고 방송원고도 쓰는 사람이란 정도로 소개 했으리라.

1980년대 초반.

어느 날 퇴근길에 그 약국에 들러 속 쓰림을 달래느라 무슨 드링크제 한 병을 사먹는데, 허병기 씨가 나더러 「소주 한 잔 하시겠소?」하는 제의를 했다.

「그럽시다」 하고 내가 그의 제의를 받아 들였다.

우리는 가까운 곳에 있는 대포 집에 가서 소주를 마시기 시작했다. 그날 우리가 나눈 대화 중에서 내가 지금도 기억할 수 있는 한마디는 전두환 정권에 의한 제5공화국이 내건 정치적 슬로건이 「정의사회 구현」이란 사실에 대한 신랄한 비판이었다. 내가 대적 심리전 일선에 서있어 그러했는지는 몰라도 이왕이면 우리 민족 전체의 운명을 아우르는 「한민족 통일의 성취」같은 슬로건이 좋지 않겠느냐 말도 했던 것 같다.

허병기 씨는 상대방의 말에 귀 기울일 줄 아는 사람이었다. 그도 날카로운 비판의식의 소유자 같았지만, 상대방의 비위를 거스르는 언행에 대한 자제력도 충분히 발휘하곤 했다.

그렇게 우리가 가까워졌지만 한계는 지워져 있었다. 내 눈에 비친 그의 모습에서 때로는 「동네 약방 주인노릇에 신물이 난다」는 식의 분위기 정도만 느끼기는 했었다.

내가 1988년에 강북구로 이사를 했는데, 도원동을 막 떠나기 직전이었으리라.

어느 날에는 그가 약방 앞을 지나가는 나를 불러 논문집 한 권을 증정하겠다고 했다. 받아 보니 제명이 『한국정당의 기관지에 관한 연구 - 민정, 민한, 신민 삼당의 당보 분석을 중심으로-』였고, 연세대학교 행정대학원 언론홍보 전공 허병기의 석사학위 논문으로 제출된 글이었다.

나는 속으로 「야심이 만만찮은 친구로군」하면서도 달리 할 말이 없어 극히 예사로운 어조로 「고생 많았네요」하는 인사치레로 그 순간을 넘겨 버렸다.

그리고 몇 년 후가 되었는지 확실히 기억할 수도 없는데, 내가 인사동에 나갔다가 거리에서 허병기 씨와 우연히 맞닥뜨렸다. 그는 무척 반갑게 나를 대했다.

알고 보니 그는 민정당의 조직국장이었고, 우리가 만난 그 거리가 바로 민정당 당사 앞이었다.

그날 차 한 잔을 함께 마신 것 같은데, 기억에 남을 만한 일은 따로 없었다. 내가 아마 「이 양반이 국회의원이 되려나 부지?」하는 정도의 짐작만 했던 것 같다.

그 뒤에도 나는 여의도에 있는 한나라 당 사무실 앞거리에서 우연히 그를 만나기도 했었다. 내가 방송일로 여의도를 헤집고 다닐 때였다.

세월이 흐르고 흘러 이명박 정권이 들어 선지 2년째가 되던 어느 날.

나는 조선일보 지면에서 '한국 폴리텍 대학' 이사장으로 허병기 씨가 취임했다는 기사와 함께, 그의 사진까지 실린 인터뷰 박스 기사를 읽어보게 되었다.

반가운 마음에서 내가 전화를 걸어 안부와 아울러 축하의 뜻을 전했다. 그랬더니 허병기 씨 역시 반가워하며 얼굴 한번 보고 싶다는 말을 했다.

내가 날짜를 정한 다음 약속한 날에 '한국 폴리텍 대학' 이사장 실을 방문하게 되었고, 허병기 씨가 접대하는 점심을 함께 먹었다.

그날 나는 우리가 모처럼 만나는 기념으로 나의 저서 『군자 만나기』와 『정주영 회장의 스케줄을 잡아라』를 증정하기도 했다.

그리고 그날 우리는 마치 선문답하듯 정치적인 사안이며 문화 예술계 현황 등에 대해 몇 마디씩 주고받기도 했는데, 굳이 토를 달지 않아도 대충은 피차간에 어림짐작할 수 있는 내용들이었다.

오랜 세월들이 일러 준 지혜에 의해.

제 9 장

동지

어줍잖은 나의 재능이 매개가 되어 함께 무슨 일을 도모하게 된 사람들을 편의상 동지(同志)라고 규정했다. 따라서 각종 글을 쓰는 재주와 도서, 잡지 등의 편집 능력이 나의 전문영역이었고, 그 밖의 일들은 아마추어 수준에 불과했으리라.

박단비 양의 단편영화

내가 28분 길이의 단편 극영화에 주연 배우로 출연하기도 했었다.

2012년 11월 15일. 동국대 전산원의 3학년생 김다솜 양이 전화로 나에게 「단편영화에 출연해 줄 수 없겠느냐」고 물었다. 서울 연극협회에서 내 프로필을 발견, 섭외에 나섰다는 말을 덧붙였지만 뒷말을 흐렸다.

나는 「어느 교수가 추천했으리라」는 짐작에서 「일단 시나리오나 한번 읽어 보겠노라」고 했다. 얼마간의 도움말은 해줄 수 있으리란 생각에서였다.

이메일로 『아버지와 사진기(가제)』란 시나리오가 전송 되어 왔고, 나는 단숨에 그 작품을 읽어 보았다.

그랬는데 내가 「이것 봐라?」 하는 첫 인상을 받았다. 작품의 소재와 내용이 너무나 평범하면서도 진솔하기 때문이었다. 어느 공원의 직업적 필름 사진사가 디지털 카메라들의 범람에 밀리고, 노년이란 나이에 쫓겨 어쩔 수 없이 사라져가는 뒷모습을 담담하게 그린 소품으로 애잔한 서정적 터치가 나를 감동 시켰다.

2012년 11월 19일. 대학로에 있는 흥사단 2층 커피숍 '가비아노' 에서 내가 기획자 김다솜 양과 그 작품의 연출 및 시나리오 작가 박단비 양을 처음으로 만났다.

내 눈에 비친 박단비 양의 첫 인상은 숙맥형임과 동시에 수재형이었다.

나는 그들에게 작품에서 좋은 인상을 받았다면서, 내가 극작가란 사실을 밝혔다. 그 학생들도 나의 블로그를 통해 그런 저런 사실들을 알게 되었다며 작품의 주인공과 내 이미지가 일치할 것 같다면서「꼭 좀 출연에 응해 주었으면 좋겠다」고 했다. 출연료가 적어서 하고 머뭇거리기도 했다. 하루에 고작 6만원으로 책정 되어 있고, 촬영기간은 5일이라 했다.

그 순간 내 마음이 또 착잡하면서도 허물어져갔다. 가령 내가 출연을 거부하면,「이 학생들이 또 누구에게 매달리는 고충에 시달릴 것인가」하는 생각이 떠올라 연민의 정이 일었던 것이다.

잠재되었던 모험심이 발동, 내가 또 출연을 승낙해 버렸다. 그랬더니 학생들이 작품 속의 단역을 맡아 줄 배우 한 사람도 추천해 달라고 했다. 사진관의 주인 역이었다. 그때 떠오른 인물이 극작가이며 마임니스트인 최 청씨였다.

2012년 11월 23일 오후 3시. 나는 동국대학 혜화관 6층 연습실에서 시나리오를 읽어 보며 김다솜, 박단비 양과 함께 작품 속의 딸 역을 맡을 학생을 만나 보았다. 그러면서 시나리오에 약간의 수정을 가하는 게 좋겠다며 몇 부분의 지적을 해 주었더니 박단비 양이 흔쾌히 수용하려 들었다.

2012년 11월 30일과 12월 1일 이틀 동안 나는 20여 행에 이르는『아버지의 사진기』 대사를 암기하면서 소위 연기 플랜을 세워 보았다.

첫 촬영이 12월 2일 용산 국립중앙 박물관 안의 석탑 공원에서 진행 되었다.

한 평생 배우로 살아온 사람들도 무대 위에 오르거나 카메라 앞에 설 때는 응당 긴장감에 휩싸여 몸을 떨기 마련인데, 처음으로 영화촬영에 임하는 내 태도나 심정 또한 예외일 수 없었다.

쌀쌀함을 넘어 본격적인 추위가 엄습했던 그날, 나는 오전 아홉시 경에 이촌 역에 내려 오돌 오돌 떨면서 안내역을 한참 동안이나 기다려야 했다.

이윽고 달려온 어린 학생의 안내를 받아 내가 촬영장에 도착하고 보니 몸을 녹일 캠프도 마련되어 있지 않았는데, 분장과 의상을 담당한 학생이 댓바람에 나를 허허벌판에 놓인 의자 위에 앉힌 다음 분장을 하려 들었다. 어처구니가 없는 일이었으나, 나는 말없이 내 얼굴을 그 예쁜 여학생에게 내맡겨 주었다.

공원의 직업 사진사의 일상을 거기서 스케치 하고자 했다. 주로 걸어 다니거나 앉아서 손님을 기다리거나, 고객을 맞이하여 사진을 찍거나 하는 등의 액션이 그날 촬영할 내용의 대부분이었다. 나는 생전 처음 핫 팩이란 물건으로 추위를 달래면서 피사체가 되어 주었다. 박단비 양이 같은 장면을 몇 번이나 반복 촬영하려 들었지만, 나는 불평 없이 응해 주었다.

그날 오후 5시경에 촬영이 끝났고, 나는 서둘러 귀가를 했다.

다음 날 오전에는 아차산역 부근에 있는 어느 아파트 지하 주차장의 뒷구석에서 어린 고양이에게 멸치를 주는 장면을 찍었고, 오후에는 실제 사진관에서 최청 씨와 대사를 주고받는 장면을 촬영했다. 그날은 좁은 자동차 속에서 분장을 했다.

학생들은 어린 고양이로부터 작품 속의 역할을 뽑아 내기 위해 사, 나흘간이나 굶기면서 훈련을 시켰다고도 했다

오후의 사진관 장면 촬영시에는 임대를 허락해 주었던 실제의 사진관 주인이 뜻밖의 작품이란 듯 난색을 표하려 들었다. 작품 속에 「사진관을 임대한다」는 내용이 들어 있어, 그의 기분이 영 좋지 않은 모양이었다.

12월 4일에는 주인공이 자기 집안에서 보여 주는 일상을 촬영해야 하는데, 박단비 양의 할아버지 댁에서 촬영하기로 했다.

그날 간암 치유 2년차에 해당되는 나는 오전 9시 경에 서울 대학병원 암 센터에서 담당의사와 면담이 약속 되어 있었다. 면담 결과 담당의사가 경과가 좋다면서 6개월 후에 다시 검진해 보자고 했다.

날씨가 굉장히 추웠다.

내가 녹사평역에 내려 다솜양이 일러 준 대로 2번 출구에서 벌벌 떨고 기다리는데, 도대체 나를 픽업할 학생이 오질 않아 점차 짜증이 치밀기 시작했다. 연이어 사흘간이나 내가 약속 시간, 약속 장소에서 추위에 떨면서 기다리는 꼴이 되었으니, 돌부처도 화가 치밀 지경이 되어 버렸다.

한참 만에 박단비 양의 전화가 왔는데, 4번 출구로 나와 달라고 했다. 내가 버럭 소릴 질렀다. 어째서 매일 같이 내가 기다려야 하고 출구 하나 제대로 안내 못하느냔 책망과 아울러 영화작업인데 연기자 대우를 이렇게 해서 되겠느냐는 질책까지 퍼붓기도 했다. 사적 감정과 아울러 불현듯 교육적 차원에서라도 따끔하게 일침을 가해야겠다는 판단이 섰기 때문이었다.

박단비 양의 할아버지는 함경도 출신의 실향민으로 후암동 해방촌에 자리 잡은 낡은 한옥에 살고 있었다.

그날 박단비 양의 어머니를 통해서 나는 따님에 관한 사적 이력들을 귀동냥했다.

박단비 양은 수재형으로 처음에는 경영학을 전공했으며, 독일 유학 3년

차에 느닷없이 귀국, 영화계에 투신할 뜻을 밝혔단다. 부모 입장에서는 자식들을 믿기 때문에 그 꿈을 가로막을 생각이 전혀 없었다는 말도 덧붙여 주었다.

그러니까 내가 출연한 그 작품은 우선 12월 20일 경에 전산원 대학 내에서 시사회를 겸한 학내 경연대회에 출품을 해보고, 거기서 우수한 평가를 받았을 경우에는 어느 단편 영화제에 내 보낼 계획도 가진 모양이었다. 알고 보니 국내 · 외에는 단편영화제들도 많았고, 영화인으로 출발하기 위해서는 그 코스가 제격이라고도 했다.

그날의 촬영 내용은 실내 장면들이어서 추위에 떨지 않아 다행이었지만, 장소가 너무 비좁고 참여 학생들의 숫자가 2, 30여 명이나 되어서 운신의 폭이 여의치 못해 몹시 불편했다.

그랬는데 그날 내가 또 다시 분통을 터트리고 말았다. 주인공인 아버지가 공원에서 찍은 사진이 잘못 나와 고객에게 전화로 사죄를 하는 장면인데, 그 대사들이 내 입에 붙질 않아 식은땀을 흘리다시피 하면서 가까스로 클로즈업 촬영에 임했고, 겨우 O. K 사인이 났는데, 박단비양이 다시 한 번 클로즈업으로 잡겠다고 말해서 내가 힘이 드니 필요한 커트만 다시 찍자고 했으나 그녀가 막무가내였다.

훗날 곰곰이 생각해 보니 「내가 평소에 남에게 아쉬운 소리를 잘 못하는 생리를 가진 탓에 그런 대사가 입에 잘 붙지 않은 것 같다」는 판단이 서기도 했다.

어쨌거나 내가 다시 식은땀을 흘리면서 약 3분가량의 그 클로즈업 장면의 재 촬영에 임할 수밖에 없었다.

필름 카메라로 촬영 한다면 필름 값이 아까워서라도 웬만하면 O.K 사인이 날 텐데, 디지털 카메라로 촬영을 하니 그런 걱정이 없어 그런지 무리한 요구가 너무 많은 것 같았다.

다음 날도 전날에 이어 같은 장소에서 촬영을 했다.

생전 처음으로 내가 현장에서 필름 카메라를 분해하고 조립하고 청소하는 방법 등을 익혀 촬영에 임했고, 세탁기에서 빨래를 끄집어내고 그 빨래들을 너는 법도 배운 다음 카메라 앞에서 실연을 해야 했었다.

날마다 소주를 마시며 살아온 탓에 소주를 마시는 장면은 단번에 O.K 사인을 받아냈다. 그날에도 밤 11시까지 촬영이 진행 되었다.

촬영을 하는 동안 나는 점차 연기의 맛을 실감할 수도 있었다.

이를 테면 주인공이 쓸모가 없어진 카메라를 잘 닦아 BOX에 담고, 스카치테이프로 봉하는 장면에서 감정에 몰입하여 연기를 하다 말고, 나는 내 눈시울에 어리는 눈물을 훔치기도 했었다.

귀가길에 집안으로 들어서면서 내가 '팔자에 없는 영화배우 노릇하느라 뭐가 빠질 뻔 했다' 고 투덜거리자, 아내가 '그렇게 별난 남자랑 사는 나는요?' 하는 반문을 했다.

마지막 촬영은 12월 17일 오전 아차산역 부근에 있는 이전의 그 사진관 앞에서 진행 되었다. 사진관 안에서 찍어야 할 장면이었는데, 사진관 주인과의 타협이 이뤄지지 않은 탓이었다.

그날 오후에는 주인공이 딸의 집을 방문하는 장면인데, 방배동에 있는 촬영기사네 아파트가 주 무대로 세팅 되었다.

나는 기분 좋게 촬영에 임하기로 했다. 연극배우가 무대에 오르면 일거수 일투족이 연기여야 하듯이, 영화연기는 카메라 앞에 서는 순간 연기에 몰입하지 않을 수가 없는 일이었다.

이번 작품은 일종의 생활드라마여서 짙은 분장도 필요하지 않았는데, 일단 도랑을 얼굴에 칠하는 순간 내가 작품 속의 인물로 변해 감을 스스로 느낄 수도 있었다.

모든 촬영이 끝나고 기념사진을 촬영 하는데, 가슴 속에 묘한 감흥이 일기도 했다.

훗날 들은 소문에 의하자니 내가 출연했던 그 작품이 동국대 전산원 학생들의 작품 9편 중에서 최우수작으로 선정 된 모양이었다.

손정아 씨와 『황진이』

2001년이 저물고 있을 때.

연출가 강영걸 씨가 나더러 한 편의 무용극 대본을 집필해야겠다며, 한국 무용가 손정아 씨를 소개해 주었다. 그녀는 지난 20여 년 간 미국에서 한국무용 전도사 노릇을 해온 무용수였다.

강영걸 씨는 내가 1999년 연말경에 대전 시립 무용단의 정기공연 레퍼토리로 『한밭에 살고 지고』의 대본을 집필했다는 사실을 익히 알고 있었다.

하여간에 안무까지 담당할 손정아 씨를 내가 만나게 되었는데, 그녀는 웬일로 처음부터 작품의 소재로 「황진이 일대기」만 염두에 두고 있었다.

「...황진이 일대기라?」

나는 자연인이 아닌 작가의 입장에서도 황진이라는 인물에 관해 별다른 관심과 흥미를 가져 본 적이 없었다.

설화(說話) 등에서는 그녀가 요녀(妖女)에 가까운 여인으로 묘사되어 있었고, 영화 등에서도 단지 그녀의 색끼(色氣)만을 상품화 하려 들곤 했었다.

결과적으로 나는 하나의 크나 큰 숙제를 짊어진 꼴이 되고 말았다.

이를 테면 내가 「지금까지 인구(人口)에 회자(膾炙) 된 황진이의 모습을 곧이곧대로 그려본들 무슨 의미가 있겠느냐」하는 생각을 떨쳐 버릴 수가 없기 때문이었다.

결과적으로 손정아 씨는 내가 황진이를 찾아가는 다리 역할을 한 셈이 되고 말았다.

작품을 구상할 때는 언제나 그러했듯이, 나는 굼실굼실 황진이와 관련된 자료들을 수집하고, 꼼꼼히 그것들을 섭렵해가며 '새로운 사실' 을 발견해 보고자 노력하기 시작했다. 친구 김창목 씨가 월북 작가 이태준 선생이 집필한 소설 『황진이』를 소장하고 있어 손쉽게 그 책까지 빌려 볼 수도 있었다.

모든 작품들에 해당되는 사실이지만, 그 작품을 구축할 수 있는 이른바 하나의 키워드(Key word)를 찾기까지 나는 비몽사몽(非夢似夢)간을 헤매기 마련이었다. 실제로 꿈속이거나 취중(醉中)에서 작품의 실마리를 찾은 적도 있었고, 꿈속이거나 취중에서 결정적인 대사(臺詞)들을 낚아챈 경우도 있었다.

대개의 작가들이 그럴 테지만, 나의 경우에도 「세상 사람들 중의 어느 누가 뭐래도 이것만은 나의 독창적이라」는 번쩍임이 번개처럼 뇌리에 스쳐야만 비로소 작품 집필에 임할 수가 있었다. 그런 것이 영감(靈感)이라 했던가.

모름지기 무용극이란 이미지 형상화 위주의 작업이므로, 디테일한 스토리의 전개는 처음부터 필요하지도 않았다.

황진이와 관련 되어 어느 날 문득 내가 찾아 낸 키워드는 다름 아닌 백아절현(伯牙絕絃)이란 중국 고사였다. 백아는 뛰어난 거문고 연주자였는데,

자신의 심정을 거문고로 연주하면 오직 한 친구 종자기만 그의 연주를 듣고서 백아의 마음을 헤아려 주곤 했었다. 그러다가 종자기가 세상을 하직하자, 백아는 더 이상 자신의 음악을 알아 줄 사람이 없음을 한탄하며 거문고의 줄들을 모두 끊어 버리고 말았다.

말하자면 그들 두 사람은 지음지간(知音之間)이었다.

금강산에서 안개처럼 사라져 버렸다는 황진이의 최후 모습이 그와 같은 이미지로 나에게 크로즈업 되었던 것이다.

절대적인 남성위주 사회였던 조선조 중엽, 양반인 아버지와 기첩(妓妾)인 어머니 사이에서 태어난 황진이는 어릴 적부터 두뇌가 명석하여 학문을 두루 익혔을 뿐만 아니라 가무(歌舞)도 전수 받을 수가 있었다.

그러나 그녀는 당시의 사회적 관습과 완고한 유교적 가치관의 벽을 뛰어 넘을 수가 없었다. 혼처(婚處)라며 나타나는 상대는 대개 양반의 후처(後妻) 자리였고, 제대로 된 사대부 가문에서는 그녀를 며느리로 맞으려 하지도 않았다.

물론 그녀를 짝사랑하다 못해 죽어갔다는 이웃집 총각 이야기는 그녀가 기녀가 되기로 결심하게 되는 직접적인 동기가 되기는 할망정, 엄격한 의미에서 분석을 해 보자면, 황진이의 기녀로의 변신이란 '여성의 해방 선언'과도 같은 것이었다.

기녀가 된 그녀는 다시 이사종이란 소리꾼을 선택, 세속적인 행복을 추구해 보기도 한다. 한양에서 3년, 개성에서 3년이란 꿈같은 세월을 보내기도 하는 것이다. 그러나 보다 고매한 세계를 꿈꾸던 황진이는 언약대로 이사종과 6년 만에 이별을 하고 새로운 방황을 하기에 이른다.

이를 테면 황진이는 구도자 마냥 절대적인 경지를 추구하려 들었다.

그리하여 서경덕과 황진이의 만남이 이루어진다. 그 당시의 서경덕은 독자적인 성리학(性理學)의 논리로 선비 세계에서는 독보적인 존재로 군림하고 있었다.

설화 속에서는 비에 젖은 황진이가 요염(妖艷)한 자태로 서경덕을 유혹했다며 그녀를 단지 요부(妖婦)로만 묘사했고, 서경덕은 그러한 황진이를 거들떠보지도 않았다며, 자기 절제에 철저한 선비로 미화(美化) 시켜 놓았는데, 실제의 관계는 그럴 리 없었다.

뭉뚱그려 보자면 서경덕과 황진이는 학문적인 교유(交遊)를 즐기던 문우(文友)의 관계였다. 학문의 세계에서는 상대방의 품격(品格)을 절대시 해서, 격에 맞지 않는 사람과는 아예 상대조차 하려 들지 않기 때문이었다.

상대방의 인품이나 인격은 상대방이 표현하고 있는 서품(書品)이나 시품(詩品)이나 화품(畵品)으로 가늠하려 들었고, 자고로 동양에서는 인품과 그의 작품이 보여주는 품격을 동일시하는 전통이 살아 있었다.

다시 말하면 상대방이 쓴 시(詩)나 글(書)을 보아 품격이 함양미달이면 상대하려 들지도 않았던 것이다.

따라서 서경덕은 황진이가 쓴 시(詩)와 그녀의 서체(書體) 등을 보고, 감탄 했다는 해석을 내릴 수도 있었다. 황진이의 한시(漢詩) 몇 편이 아직도 남아있어 그러한 사실을 입증해 주지 않았겠는가.

그때 우리 조선사회에는 유(儒), 불(佛) 선(仙)이란 세 종류의 고유사상이 중심축을 이루고 있었다.

황진이가 서경덕과 교유했다는 사실은 그녀가 유학(儒學)에 정통했다는 결론이 되기도 했다. 물론 그 당시의 실세(實勢)들은 성리학자들이었다. 그러나 황진이는 여자이었기에 그녀가 찾을 수 있는 벼슬길은 아무데도 없었다.

따라서 그녀는 그 학문의 세계에서도 한계를 느낄 수밖에 없었다.

이윽고 황진이와 지족선사와의 만남이 이루어진다.

전해지는 설화에 따르자면 9년간이나 면벽 수행을 한 지족선사를 황진이가 요염하기 이를 데 없는 몸매로 유혹, 그를 파계(破戒) 시켰다고 했는데, 그 에피소드 역시 황당하기 짝이 없는 억지논리가 아닐 수 없었다.

이를테면 9년간이나 철저한 수행을 한 선사(禪師)가 황진이란 기녀의 유혹에 그리 가볍게 넘어 갈 리도 없을 뿐만 아니라, 황진이의 입장에서는 그녀의 치맛자락을 못 붙잡아 환장한 남정네들이 천지볏가리인데, 하필이면 수행정진에 몰두한 스님을 찾아가 자신의 색끼를 발휘할 까닭이 어디에 있었겠는가.

좀 더 노골적으로 풀이해 보자면 남녀 간의 성적유희가 강렬하기 이를 데 없는 쾌락에 해당되긴 하지만, 수도승들에게는 그보다 근원적인 쾌락이랄 수 있는 법열(法悅)이 있는 것이다.

결국 조선은 선비들의 사회였고, 숭유억불(崇儒抑佛) 정책이 국가의 통치이념이었기에 그 당시의 고약한 선비들이 황진이를 지족선사와 한 통속으로 묶어 추악한 인물로 폄하시킨 내용에 불과한 꼴이 되어 있었다.

말하자면 황진이와 지족선사와의 만남은 황진이가 유학에 이어 불학(佛學)에도 정통했다는 사실을 일러 주는 셈이 되었다.

혹은 유학에서도 안주할 수 있는 길을 찾지 못한 황진이가 불교에 귀의(歸依) 하고픈 마음을 내 비친 것이라 볼 수도 있는 일화였다.

사실 황진이의 생애 중에서 여느 사람들에게 가장 미스터리로 부딪치는 내용은 그녀가 금강산에 들어가 몇 개월간 유람 했다는 내용이 되리라.

자료에 의하자면 황진이는 처음 선비 한 사람과 함께 금강산에 들어갔는데, 선비는 머잖아 하산(下山)을 해 버리고, 그녀 혼자 몸을 팔다시피 하면서 금강산을 돌아 다녔다고 했다.

나는 그녀의 금강산 행을 유(儒), 불(佛)에 이은 그녀의 선(仙) 사상 체현(體現)으로 파악하고자 했다.

예를 들면 은둔 선비들이 정자(亭子)에 올라 자연합일(自然合一)의 사상을 몸소 체득하려 들었듯이, 황진이는 금강산에 들어가 신선(神仙)인 양 살고자 했던 것으로 해석할 수도 있는 일이 되었다. 「그녀가 몸을 팔며」라는 사실도 불교에서 말하는 방하착(放下着)의 개념으로 해석할 수 있는 일이었고.

다소 현학적(衒學的)인 표현을 하자면, 그녀는 금강산에 들어가 자신의 온몸으로 시(詩)를 썼던 것이다. 왜냐하면 시인 황진이가 금강산을 유람하면서 글로서는 단 한 편의 작품도 남기지 않았기 때문이었다.

다른 한편 황진이가 금강산에서 행방불명이 된 까닭은 백아절현이란 고사 중의 백아처럼 자기의 노래를 들어 줄 상대를 찾을 수가 없었기 때문으로 볼 수 있을 것만 같았다.

결국 나는 황진이야말로 한 여인으로서 그 당시의 고유 사상 체계인 유, 불, 선을 두루 꿰뚫어 본 인물로 정의하려 들었다.

내가 집필해서 넘긴 무용극본 『황진이』는 사물놀이의 리더 김덕수 씨의 작곡 및 음악에 실려 손정아 안무, 주연으로 70여 명의 무희들과 함께 2002년 4월에 국립극장 대극장에서 공연 되었다.

그 공연이 끝남과 동시에 손정아 씨의 행방 또한 오리무중 속에 묻혀 버렸는지 다시 만날 길이 없었다고.

이정욱 씨와 미스 코리아

1987년. 나랑 함께 잠시 동인극 활동을 했던 배우 상일환 씨를 15년 만에 다시 만나 이정욱 씨를 소개 받았는데, 젊은 30대인 그는 영화감독으로 데뷔하려는 인물이었다.

몇 편의 극영화 조감독 노릇을 해보았다는 이정욱 씨는 마지막으로 정인엽 감독의 영화 『애마부인』 연출부에서도 일했었다며, 「좋은 시나리오 한 편을 구하고 있다」는 뜻을 내비쳤다.

나는 「당장은 새로운 소재를 찾기가 쉽지 않을 것 같은데... 멜로드라마 한편이 어떻겠느냐」고 되물었다.

이정욱 씨의 첫 인상이 지나친 자신감으로 인해 상대방에게 일백 프로 신뢰감을 느끼게 해주는 타입은 아니었고, 그가 하는 말 중에는 믿기 어려운 내용들도 더러 섞이곤 해서, 내가 가볍게 그런 말을 던지게 된 것 같았다.

내 말을 받은 그는 당장 「좋다」고 했다.

내친 김에 나는 『바람 속의 둥지』라는 작품을 소개했다. 1986년에 KBS

제2라디오의 '여인극장'으로 방송된 일일 연속극인데, 물론 내가 집필한 극본이었다.

그때 그 연속극은 빅 히트를 쳤다. 마지막 30회가 녹음 되는 날 담당 PD 조원석 씨 전화를 받고 녹음실을 방문 했더니, 타이틀 롤을 맡았던 성우 김수희 씨가 나를 포옹하며 「실로 몇 년 만에 드라마다운 작품에 출연한 것 같다」며 마구 울먹였고, 그날 밤이 새도록 그 드라마에 출연했던 성우들과 내가 술을 마시기도 했었다.

내가 『바람 속의 둥지』라는 그 작품의 녹음테이프와 녹음대본 등을 찾아 이정욱 씨에게 전해 주면서 모니터 해 본 다음에 다시 만나자는 약속을 했다.

그로부터 이틀인가 사흘 후의 이른 새벽. 이정욱 씨가 내게 전화를 걸어 사뭇 울먹이는 어조로 「우리 어머니들에게 헌정하는 마음으로 이 작품을 기필코 영화로 만들어 보겠다.」는 다짐을 하려 들었다.

작품의 내용이 대략 다음과 같았다.

> 6.25 전쟁 통에 4세 된 아들을 고아원에 맡긴 채 신병 치료차 미국으로 가야 했던 오진희 여사가 30 여 년 만에 귀국을 한다.
> 오여사는 황신부의 도움을 받아 자기가 어머니라는 사실을 숨긴 채 아들 한정호의 집에 기거하게 되면서 친손자와 정을 통하게 된다.
> 그러나 췌장암 말기라는 시한부 인생이 되어있는 오여사는 병원에 입원을 했다가 결국은 미국으로 다시 돌아가야만 했다.
> 김포공항에서 처음이자 마지막으로 아들 한정호가 "어머니" 하고 울부짖지만 오여사는 그 자리에서 세상을 하직해 버린다.

시나리오로 각색하는 작업도 내가 했는데, 이정욱 씨는 윤색 누구라는 이름을 올린 다음 마구 수정된 대본을 들고 내 앞에 나타나기도 했었다. 읽어 보니 전혀 호흡이 맞지 않아 내가 「무슨 말이냐」며 단호하게 수용 거부의 뜻을 밝혔다.

일단 대본 정리가 끝나자 이정욱 씨는 또 「주인공인 오진희 여사를 캐스팅할 배우가 없다」며 울상을 지웠다.

그때 내가 「만약 백성희 여사가 그 역을 맡아 주시기만 한다면... 최고의 배역이 될 텐데」하고 말했다.

그러자 이정욱 씨가 나서기 시작했는데 그의 집요함에는 내가 혀를 내두를 지경이었다.

그는 백성희 여사가 출연하는 연극들을 꼬박꼬박 찾아가 관람하는 등 무려 일 년 동안이나 매달려 기어코 출연 승낙을 받아내기도 했다. 그리고 「TOP 필름」이란 영화사 등록을 한 다음 충무로에 사무실을 차리기도 했다.

그 무렵에 나는 이정욱 씨를 통해 그의 매형이란 분을 만나 보게 되었는데, 매형이란 그 사람은 나에게 「영화가 개봉될 때까지 이정욱 씨를 잘 지켜 주겠다.」는 약속을 해 줄 수 있겠느냐고 물었다. 내가 확약을 해야만 10억 원의 제작비를 내놓겠다는 식이었다. 나는 그렇게 하겠다는 약속을 그에게 할 수밖에 없었다.

나는 또 다시 이정욱 씨 부탁을 받아 몇 사람의 연극배우들을 그에게 추천해 주기도 했다. 동시에 내가 엄격한 조건을 달긴 했었다. 계약과 동시에 출연료 전액을 지불하란 것이었다.

따라서 백성희 여사의 출연료는 1천만 원이었는데 입금이 되었다는 사실까지 확인을 했고, 연극배우 김길호 선생, 오영수 씨, 최종원 씨, 이승철 씨 등도 캐스팅이 되면서 출연료를 영수한 모양이었다.

그런 와중에 그가 또 결혼을 해서 백성희 여사와 내가 하객이 되기도 했었다.

이은고 영화 『바람 속의 둥지』는 1988년에 크랭크 인 되었고, 약 30% 가량 촬영이 진행 되다가 끝내는 중단이 되고 말았다. 진행비가 막혀 버린 꼴이었다.

촬영이 처음 시작될 때는 나에게 무조건적 참여를 독려 하더니, 얼마 후부터 이정욱 감독이 연락을 뚝 끊어 버렸는데, 소문에 의하자니 그가 여자 주인공으로 캐스팅이 된 미스코리아 출신한테 넋을 잃은 탓이라고도 했다.

파장 무렵이 돼서야 사태의 심각성을 깨달은 이정욱 씨가 다급히 나를 찾아와 다시 한번 자기 매형의 마음을 돌리는데 앞장 서 달란 말을 했다.

내킬 리가 만무했지만 마지막 한 번이란 생각이 들어서 내가 그의 매형이란 사람한테 전화를 걸고 은근슬쩍 그의 마음을 떠보려 들었다. 아니나 달랐을까. 매형이란 그 사람의 마음이 180도로 돌아서 있어 손톱이 들어갈 틈도 찾을 수가 없었다. 때늦은 후회는 하나마나였다.

그로부터 정확히 10년 후가 되는 1997년 어느 날.

그간 단 한 차례의 전화도 없었던 이정욱 씨의 연락에 의해 대학로에서 우리가 다시 만났다. 그는 10년 전의 자기 실수를 용서해 달라고 했다. 그땐 너무 어려서 세상을 잘 몰랐던 탓에 기회를 잃고 말았다는 고백을 하며.

신통하게도 그는 구차한 자기변명이나 자기 합리화를 하려 들진 않았다.

전재곤 소장의 신뢰

내 마음 속에는 존경하는 몇 사람이 설정되어 있는데, 전재곤 소장도 그들 중의 한 분이었다. 일반인은 그 이름을 알 수가 없기에 나는 설문조사서 등에 있는 '존경하는 인물' 이란 항목에 그 존함을 기입할 수는 없었다.

30대 중반 나이가 되었을 때, 나는 각종 잡지의 편집장 노릇으로 호구지책을 삼았다. 대중잡지의 기자노릇도 몇 달 해보았고, 시(詩) 전문 월간지 『풀과 별』의 편집장 노릇에 『大警』이란 월간잡지 편집장에 취업관련 전문지였던 『入社』 편집장도 맡아보았는가 하면, 심지어 월간 『야구』내지 『유모아』의 편집주간을 역임하기도 했었다.

전재곤 소장은 「대한 경찰문제 연구소」란 간판을 내걸고 법령관련 출판사를 경영하는 한편 『대경』, 즉 「대한경찰」이란 월간 잡지를 발행하는 분이었다.

오랜 기간 치안본부 공보실장을 역임하다 정년퇴직을 했기에, 전 소장은 경찰에 대한 남다른 애정이 있어, 퇴임 이후에도 고집스레 그 분야의 도서만 전문적으로 출판하는 중이었다.

한 마디로 전 소장은 전설 속의 주인공이나 다를 바 없는 인물이었다. 그분 밑에서 경찰관 생활을 하다가 제복을 벗었다는 서기석 씨가 「경찰문제연구소」 직원이어서, 나는 그를 통해 그분의 이력을 꽤나 자세히 전해들을 수도 있었다.

놀랍게도 전 소장의 학력은 전무였다. 이북 출신으로 월남을 한데다 국방경비대 사절에 순경이 되면서 경찰에 투신한 모양이었다.

그럼에도 불구하고 그분은 계속 이어진 경찰 승진 시험에서 늘 수석으로 뛰어 올라 총경까지 진급했다. 그분이 경찰의 꽃이라는 총경 계급장을 달고 일선 경찰서장으로 근무하고 있을 때, 부하들이 명절 등의 선물로 과일 상자 따위를 사택에 배달시켜 놓으면, 그 이튿날 그분은 반드시 직접 그 상자들을 되돌려 주곤 했단다.

그분한텐 커피 한 잔의 뇌물도 통하지 않았고, 그 어떤 결탁도 먹히지가 않았으며, 적당한 쓱싹 또한 씨알이 먹히질 않았단다.

전 소장이 경무관으로 승진이 가능해졌을 때, 치안본부 고위직에 있던 선배 한 사람이 일삼아 그분에게 승진할 수 있는 비법을 일러 주었다. 경찰의 경무관을 군대 계급에 비교하면 장군에 해당되었다. 따라서 경무관이 되려면 불가불 로비를 좀 하지 않을 수가 없었는데, 그때는 관계 요로에 인사만 다니는 데도 기천만 원의 돈이 필요한 모양이었다. 물론 경무관이 되고 보면 일 년 내에 그 투자금은 거뜬히 뽑을 수도 있었고.

그러자 전재곤 소장은 「그런 처신까지 하면서 경무관 노릇 하고 싶지 않다」면서 퇴임을 결심하고 스스로 제복을 벗어 버렸단다.

무슨 잡지 편집장으로 근무하는 친구로부터 추천을 받아 내가 청계천 2가 수표동에 있는 청소년 회관 옥상에 위치한 『대경』이란 그 잡지 편집실을 찾아 가게 되었다. 그 잡지가 급히 편집장을 구하고 있었다. 가서 보니 그 잡지가 통권 5호까지 발행되었는데, 그 동안에 편집장이 무려 다섯 번이나 바뀐 꼴이었다.

전재곤 소장은 묘한 미소를 지우면서 「당신이 이런 잡지를 만들어 보겠소? 어디 한번 만들어 보시오!」하는 투로 나를 맞이하려 들었다.

그때가 1975년 연말경이었고, 내가 1976년 신년호부터 편집을 담당하게 되어 있었다.

이윽고 신년호 편집계획을 수립할 무렵, 전 소장이 나에게 「지하 다방으로 좀 내려가자」고 했다. 그분은 한 평생 홍차만 마셨다.

차를 마시기 시작하는데 「이게 신년호 편집계획이요」하면서 전 소장이 메모지를 다탁 위에 올려놓았다.

내가 가만히 훑어보니 편집계획에 문제가 많았다.

지금 생각해도 나의 첫 마디는 실로 가관이었다.

『소장님은 잡지가 뭔지도 모르시네요.』

그러자 당황한 듯 전 소장은 『무슨 말이 그렇소?』하고 되물었다.

드디어 내 입이 터져 버렸는데, 돌아설 각오를 함과 동시에 잡지에 관한 나름대로의 소신이 있어 거침 또한 있을 리 없었다.

이를 테면 「소장님의 편집계획은 치안본부 홍보실에서 펴내는 기관지 성격에는 알맞겠지만 일반잡지에는 전혀 맞지 않는다」하는 말로부터 시작해서 「잡지라면 독자, 즉 일선 경찰관들이 원하는 내용을 실어야 한다」는 것과 잡지의 기능 중에서 특히 「비판 기능이 대단히 중요하다」는 말까지 덧붙였다. 따라서 「치안본부의 잘 잘못은 가려서 비판도 하고 일선 경찰관들의 불만사항도 반영해야 잡지가 팔릴 겁니다」하는 뜻까지 개진했다.

내친 김에 「특집 계획부터 다시 세워야겠다.」는 말로 마무리 지웠다. 「내용을 보다 심화 시켜야 한다.」는 점과 아울러 「어차피 전문잡지이니 필자 선정에 있어서도 국내 최고의 필진을 동원해야 독자들에게 먹히지 독자들이 시시하게 생각하는 필자의 글을 어느 누가 읽겠느냐」고도 했다.

당시에는 조선일보의 이규태 논설위원이 한참 인기를 끌 때여서, 당장 그분의 이름부터 거론 했다.

잠자코 내 말을 다 듣고 나더니 전 소장이 딱 한 마디로 응수를 했다.

『알았소! 김부장이 한 번 만들어 보시오! 이규태 논설위원한테도 원고를 청탁해 보시오.』

이윽고 놀라운 일이 현실로 나타났다. 그날 이후 전재곤 소장은 그 잡지의 편집에 관한한 전권을 나에게 위임하다시피 했다. 나는 특집 「현대 범죄의 정체」란에다 이규태 논설위원을 비롯해서 사계의 권위자 4인의 원고를 실을 수도 있었다.

전 소장과 나와의 관계는 매월 한 차례씩 지하다방에 내려가서 내가 세운 편집계획을 보고만 하면 그것으로 끝나다시피 했었다.

나에게 잡지 편집권을 이양하다시피 했으니, 나 또한 책임의식에서 열심히 공부하고 매사에 신중을 기하지 않을 수도 없었다.

그때서야 나는 비로소 경찰의 업무가 그 얼마나 광범위하고 복잡한 건지 두루 파악할 수도 있었다.

이후 일 년 동안 별다른 차질 없이 그 잡지는 발행 되었고, 전 소장은 고위 경찰관들로부터 「잡지 내용이 참 좋다」는 말을 수차레나 들은 모양이었다.

어느 때는 치안본부를 향해 너무 날카로운 비판의 화살을 쏘았다며 수위조절을 요구하더라는 말도 은밀히 나에게 전해 주었다.

그랬는데 「경찰문제 연구소」란 명함을 들고 기업체 등을 찾아다니며 갑(甲)의 행세로 공갈, 협박조로 금품을 갈취하던 우리 회사 직원 2명의 탈선 행위가 발각되고 말았다. 그들은 명색이 광고부 직원이었으나 잡지사에는 하등의 도움도 주지 못했는데, 그들로 인해 잡지가 그만 폐간될 운명에 처해지고 말았다. 이른바 경찰의 사찰(査察) 능력이 얼마나 치밀한지, 나는 그 때 처음 피부로 느낄 수도 있었다.

『김부장! 앞으로도 우리가 만들던 이 잡지 보다 좋은... 경찰 잡지는 아마 아무도 못 만들겠지?』

자진 폐간 형식으로 잡지를 없애면서 전소장이 나에게 했던 말이었다.

비록 잡지는 없어졌지만 법령집은 계속 만들었기에 그 출판사에서 그냥 근무할 수도 있었지만, 나는 또 다른 잡지사의 부름을 받아 그곳을 떠나려 했다.

『그래, 김부장 생리엔 잡지가 맞을 거요. 그렇지만 생각이 나면 언제라도 다시 찾아 와 줘요.』

퇴직하는 내 손을 꼭 잡으며 전 소장이 했던 말이 이와 같았다.

채향순 씨와 무용극

2015년 1월 7일. 연극 연출가 김효경 씨가 작고했다는 부음을 휴대전화의 문자 메시지로 받았다.

컨디션이 좋질 않아 나는 문상(問喪)도 가질 못하고, 진심으로 고인의 명복을 빌며 두 눈을 내려감았다.

그 순간 나의 뇌리 속에는 채향순 씨의 얼굴이 떠오름과 동시에 파노라마처럼 무수한 춤장면들이 마구 스쳐 지나가기 시작했다.

대전 시립무용단의 예술감독이었던 채향순 씨는 나로 하여금 생전 처음으로 무용극본을 쓰게 만든 안무가였는데, 그녀를 만나기까지에는 몇 개의 다리를 거쳐야만 했었다.

1999년 8월 20일. 내가 생면부지의 어떤 이로부터 전화를 받았다. 그분 또한 나를 모르는데 이수화 시인의 추천을 받아 전화를 걸게 되었다는 말을 전하면서, 당신도 시인이며 이름이 송상욱이라 했다.

성함을 들어 봐도 나는 도통 그분을 기억할 수 없었다.

수인사가 끝나자 송시인은 대뜸 나에게 「무용극 한 편 쓸 수 있겠느냐」 하고 물었다.

「글쎄요. 뭐... 맘만 먹으면 쓸 수도 있을 것 같은데요?」

그때까지 20여 편의 내 작품이 무대에 오른 꼴은 지켜보았지만, 무용극을 써본 적이 없었다. 그럼에도 불구하고 내가 긍정적인 답변을 해 버린 까닭은 나를 추천해 준 사람의 체면도 살리는 한편, 불현듯 무용극에 대한 흥미가 일었기 때문이었다.

송시인은 「대전 시립무용단의 올가을 정기 레퍼토리가 될 것이라」며 나랑 만날 약속부터 하려 들었다.

이튿날 내가 종로 경찰서 옆에 있는 송상욱 시인의 사무실로 찾아 가기로 했다.

막상 전화를 끊고 나니, 내 가슴이 쿵쾅거리기 시작했다.

괜히 승낙한 건 아닌지 하고 후회하는 마음도 생겨났다. 시나 소설처럼 개인 작업으로 마무리 되는 일과 달리, 연극이나 무용 등 공연예술은 일단 집단작업에 의한 형식이므로, 내가 자칫 실수라도 하고보면, 나 혼자만 망하는 게 아니라 단체적인 낭패를 당하기 때문이었다.

그러나 이왕 엎질러진 물이었다.

나는 연거푸 자기최면을 걸기 시작했다.

『그래, 까짓 거.., 나라고 그 까짓 무용극 한 편 못 쓸까 보냐?』

그리하여 무용극을 집필하기 위해 나는 윤조병 선배로부터 무용극 대본 몇 편을 빌려 보기도 했다.

그런 식으로 내가 안무가 채향순 씨를 알게 되었고, 우리가 처음으로 점심 식사를 하는 자리에는 송상욱 시인은 물론 서예가 송정희 씨도 합석을 했다.

나로서는 구체적인 사정을 알 길이 없었으나, 채향순 씨는 무엇에 쫓기는 심정을 안은 것 같았다. 짐작컨대 그해의 정기공연을 하지 않으면 안 될 입장이긴 한데, 아직 레퍼토리가 준비 되지 않아 그런 것 같았다. 그녀는 이번에 「새로운 대본작가를 물색한 까닭은 좀 새로운 기풍을 불러일으키고 싶은 마음이 들어서」라고 했다.

그날 장소를 옮기고 나와 단 둘이 마주 앉게 되자, 채향순 씨는 대전과 관련된 소재를 열심히 들려주기 시작했는데, 줄잡아 대 여섯 가지의 설화 내지 역사관련 자료들이었다.

그런데 그녀가 들려주는 소재들이 내 가슴을 치지 못한다는데 문제가 있었다. 작가조차 감동하지 못할 소재가 어떻게 작품화 될 수 있으랴.

나는 묵묵히 앉아 듣고만 있었으니, 그날 채향순 씨의 가슴은 또 오죽이나 답답했으랴.

다른 한 편 대전을 염두에 둔 내 머리 속에 맴돌기 시작한 이미지는 단지 「열차의 기차소리」뿐이었다.

1997년에 SBS 라디오의 '가요풍물 기행' 이란 프로그램 구성을 위해 대전지역의 정서를 녹음 취재한 적이 있는데, 그 당시에 각인된 대전의 문화란 게 한 마디로 '정거장 문화' 였기 때문이었다.

일주일이 지나 갔을 때, 채향순 씨가 전화를 걸어 「어떤 이야기가 정해졌느냐」고 물었다. 나는 전화상으로 간단히 대전의 '정거장 문화' 라는 이미지에서 만들어진 스토리를 간단히 들려주었다.

일종의 우화(寓話)로 설정된 대전의 한 일가는 딸 다섯을 거느리고 아버지가 살아가면서 늘 미륵불의 왕림을 기원한다.
그랬는데 사방에서 외래인이 몰려오기 시작하고, 그들은 저 마다 자신들의 향토문화를 내세우는가 하면, 자리다툼을 일삼는 등 심각한 반목과 갈등을 야기시키기도 한다.
아버지는 점차 할 말을 잃고 절망감에 사로 잡혀간다.
다른 한편 딸들은 어느 새 외래 인들과 각기 정을 통하고 있다.
별 수 없이 아버지가 딸들의 뜻을 어렵게 수용하고 보니, 미륵불이 지상에 내려와 있었다.

아울러 이 작품에서는 장면전환의 브릿지 역할을 기적 소리가 대신 하는데, 거듭 되는 기적소리에서 시대적 흐름을 느낄 수 있는 변화를 주었으면 좋겠다는 말도 덧붙여 두기로 했다.

이를테면 칙칙 푹푹 하고 달리던 증기 기관차의 기적 소리에서부터 특급 새마을의 기적 소리 등으로.

채향순 씨는 가부간의 결정을 짓지 못하고 전화를 끊었다. 당혹스러움 내지 반신반의로 느껴진다는 반응이 전해져 왔다.

다시 며칠 뒤. 그녀로부터 전화가 또 걸려 왔고 마지못한 듯 내가 일러준 그 내용을 시놉시스로 만들어 달라고 했다.

시놉시스가 내려가고 난 뒤 며칠 후에 채향순 씨가 좀 만나자고 해서, 강남의 어느 호텔 로비에서 만났더니, 대본의 어느 부문만 좀 수정해 달라고 했다.

며칠 후에는 그 무용극의 연출가인 김효경 씨를 퇴계로 2가에 있는 호텔 로비에서 만났다. 우리는 이전부터 서로 잘 알고 있었다. 지금 기억에 남아 있는 이야기가 별로 없는 것으로 보아, 그날 우리는 그저 사소한 의견만 주고받은 것 같았다.

1999년 12월 9일 오후 7시 30분에 대덕 과학문화센터에서 '대전 시립무용단 제32회 정기공연' 작품으로 총 5장의 『한밭에 살고 지고』가 공연 되었다. 안무 채향순, 연출 김효경, 음악 이용탁 제씨였다.

관객들과 충분히 소통이 될 수 있는 스토리였기에 70분이란 공연시간 내내 박수가 끊어지지 않았다. 채향순 씨는 실로 스피디하고 다이나믹한 안무로 한국무용은 정적(靜的)이란 나의 관념을 뒤집어 버리듯 했다.

그날의 그 무용극은 「참 좋았다」는 평을 나는 여기저기서 들을 수가 있었다.

연출가 김효경 씨 또한 한껏 욕심을 부려서 미륵불을 허공에 매달아 두었다가 모시고 내려오는 장면을 연출하기도 했었다.

이후 채향순 씨는 중앙대학교 교수가 되었다는 소문만 들을 수 있었다.

최석환 씨와 작품료

1980년대 중반에 석성우 스님 소개로 최석환 씨를 알게 되었는데, 나보다 10여 세 어려 보였고, 그의 사무실에는 「불교 영상회보」라는 간판이 매달려 있었다. 불교관련 비디오를 만들어 판매도 하고 납품도 하는 일을 주된 업무로 삼은 모양이었다.

그때 최석환 씨는 서둘러 30분짜리 다큐멘터리 영상 작품을 만들어야 한다며 나에게 시나리오 집필을 의뢰하려 들었다. 테마는 「원불교의 이해」 정도였다.

다시 말하면 원불교를 해설하는 내용을 영상물로 만든다는 프로젝트였고, 종단 측과 이미 납품계약이 성립되어 있었다.

솔직히 말해 그때까지 나는 원불교(圓佛敎)에 대해 까막눈 상태였다.

따라서 원(圓)자 밑에 불교가 붙어있어 「불교와 모종의 관련이 있나 보다」 하는 추측과 아울러 석성우 스님이 소개한 일이니 설마 「사이비 종교는 아니겠지」하고 안심하려 들었다. 사이비 종교의 폐해가 심각함을 알고 있기에, 나는 사이비 종교에 대한 경계심도 늦추지 않고 있었다.

어쨌거나 그런 저런 속내를 내비치지 않은 채, 나는 작업을 해보겠다는 승낙을 해 버렸으니, 일종의 호기심 내지 탐구열이 나의 모험심을 일깨운 꼴이었다.

그리하여 일주일가량 출장 스케줄이 잡혔는데, 목적지는 전라남도 영암과 이리에 있는 원광대학 등이었고, 최석환 씨와 동행이었다.

원불교의 창시자는 호가 소태산(少太山)인 박중빈(朴重彬) 씨였고, 그의 탄생지 및 대각처(大覺處)가 영암에 있었으며, 이리시에 있는 원광대학은 원불교 재단이 운영하는 교육기관이었다.

그나저나 출장을 떠나기에 앞서 나는 내 발등에 떨어진 불부터 꺼야만 했다.

원불교 창시자에 대한 탐구 내지 원불교의 교리 또는 운영체계 등을 연구하는 일이 급선무가 아닐 수 없었다.

그야말로 절박한 심정으로 나는 그 당시의 시대상 내지 우후죽순처럼 발흥하는 각종 신흥 종교들에 관한 자료들까지 두루 섭렵하기에 이르렀다.

소태산은 26세가 되던 1916년 4월 28일 새벽에 깨달음을 얻었는데, 깨달음의 그 자리에서 다시 석가모니를 만나게 된다. 그리하여 석가모니를 연원불(淵源佛)로 여기며, 그의 교리를 전적으로 수용하기에 이른다.

이윽고 최석환 씨와 동행으로 출장을 다녀왔고, 내가 『원불교의 어제와 오늘 그리고 내일』이란 제목 하에서 30분짜리 다큐멘터리 영상 시나리오를 완성했다.

그리고 그 시나리오를 들고 종로 교당의 김대거 종사를 만났다. 원고를 읽어 본 그 종사는 별다른 지적을 하지 않아서 내가 맡은 일은 드디어 끝맺음이 되었다.

다른 한편 인상은 순박하고 남의 얘기를 잘도 들어 주기는 하는데, 최석환 씨의 단점은 계산을 깨끗이 할 줄 모른다는데 있었다. 약속했던 집필료를 2차례에 걸쳐 지불 하면서도 3분의 1은 미지불로 남겨 두었다.

뿐만 아니라 나에게 최석환 씨는 미스터리 사나이란 인상 또한 지울 수가 없었다. 그의 사생활에 대해서는 감감절벽이었던 것이다. 심지어 그의 결혼 여부조차 모를 지경이었다.

나는 더 이상 그에게 미련을 두지 않기로 했다. 「살다 보면 이런 사람 저런 사람도 만날 수 있겠지, 뭐」 했다.

그랬는데 한국 불교의 상징인물로 통했던 성철스님이 1993년 11월 4일에 입적(入寂)을 했다. 바로 그 무렵.

최석환 씨가 느닷없이 전화로 「급히 좀 만나고 싶다」는 말을 했다. 나는 종로의 조계사 옆에 있는 그의 사무실을 찾아 갔다.

그는 급히 성철스님의 일대기를 비디오 테이프로 만들어 판매해 보고 싶단 말을 했다. 따라서 나에게 60분짜리 다큐멘터리 시나리오 집필을 의뢰하고 싶은데, 집필료는 어느 정도 드리면 되겠느냐고 물었다.

한동안의 심적 갈등은 겪은 나는 「공정가격이랄 수는 없지만 최소 얼마 정도는 줘야하지 않겠느냐」는 말을 했다.

그러자 그는 「알겠다.」는 말을 하며 일주일 이내에 시나리오를 완성해 주면 좋겠다며 청탁을 했다.

이전의 그 원불교 건이 있어 마음이 찜찜하긴 했지만, 스스로 심기일전하기로 하면서 「이번에는 설마」하는 마음을 갖고 나는 작업에 돌입 했다.

불교와 관련된 일이어서 「인연(因緣)이겠지」하는 키워드에 의해 냉정한 마음들이 자꾸만 무너진 탓이었다.

그리하여 일주일간 나는 성철스님의 생애와 사상 등을 그리느라 또 밤잠을 설쳤다.

1993, 그 해에 세 차례나 공연된 나의 희곡 『탈속』이 선승(禪僧)의 초상화를 그린 작품이어서 성철스님을 묘사함에 그다지 큰 벽을 느낄 수는 없었다.

드디어 약속한 날짜까지 나는 『성철 큰스님 일대기』란 영상물을 위한 시나리오를 최석환 씨에게 넘겨주었다.

하, 나는 또 한 번 최석환 씨의 처신에 놀랐다. 일을 맡길 때 나랑 했던 약속 등은 깡그리 잊어버린 듯 작품료의 지불이 형편없이 적은 액수에 불과했다.

나는 두 손을 들어 버렸다.

한동안 『원불교의 어제 오늘 그리고 내일』이란 영상물이 원불교에 입교하는 초심자들에게 원불교를 안내하는 역할을 해온 모양이었다.

그리고 『성철 큰스님 일대기』의 비디오 테이프가 만들어졌다며, 나에게도 1편 증정되긴 했는데, 나로서는 그 밖의 사정을 전혀 모를 일이었다.

결과적으로 최석환 씨를 알게 되어, 나는 참 많은 불교공부를 할 수 있었다고나 할까.

나무관세음보살 나무아미타불.

홍쌍리 씨와 매화

방송 원고로서는 소위 인간승리의 주인공들을 꽤나 여러 차례 다뤄 보았지만, 내가 희곡의 작중 인물로 생존한 사람을 채택해 보기는 홍쌍리 씨가 처음이었다.

> 홍쌍리 씨는 경남 밀양에서 태어나 부산에서 살다가 1964년에 결혼했다. 시가(媤家)가 전남 광양군 다압면 도사리 414번지였는데, 밤나무 1만주, 매실나무 2천주가 심어져 있는 척박한 산비탈의 농가였다. 일찍이 남편을 잃은 그녀는 45만평의 산지가 5만평으로 줄어드는 고난을 겪으면서도 불굴의 의지로 국내 최대 규모의 청매실 농원을 조성하는 한편 매실식품의 명인으로 인정받기에 이르렀다.
>
> 그리하여 그녀는 1996년에 가공식품 부문의 국무 총리상을 수상했고, 1997년에는 식품부문 제1호로 전통식품 명인으로 지정되기도 했고, 1998년에는 가공식품부문의 대통령상을 수상하며 석탑산업훈장을 받기도 했고, 1999년에는 신지식 농업인으로 선정되기도 했다.
>
> 2008년에 '무역의 날' 기념식에서는 백만 불 수출의 탑을 수상하기도 했다.

저서로서는『홍쌍리의 매실 해독건강법 (2003. 디자인 하우스 발간)』,『밥상이 약상이라 했제 (2008. 청년사 발간)』등이 있다.

『매화마을 스토리』가 곧 위와 같은 경력의 홍쌍리 여사를 주인공으로 채택하여 집필한 희곡인데, 그 작품은 전라남도 광양 시에서 활동하는 극단 '백운 무대(대표: 김종화)' 의 청탁에 의해 구상과 집필이 비롯되었다. 그때 '백운 무대' 는 전국연극제에 참가할 레퍼토리를 찾고 있었다.

집필계약은 2007년 10월에 이루어졌고, 그때 나는 '전남 청소년 연극제' 심사위원 자격으로 광양 시에 가 있었다.

한편「홍 여사의 생애를 한 편의 연극으로 만들어 보면 좋겠다.」는 제의를 한 사람도 실은 나였다.

내가 그런 제의를 하게 된 까닭은 다음과 같은 이유에서였다.

첫째, 10여 년 전에 연출가 임영웅 선생 및 배우 김금지 여사와 함께 '전남연극제' 심사위원으로 내려갔다가 홍쌍리 여사의 매화 농원을 방문한 적이 있었다. 그때 홍여사와 함께 차를 마시며 많은 얘기를 나누었던 기억이 나의 뇌리 속에 생생하게 남아 있었는데, TV를 통해 그녀가 '농업부문 신지식인' 으로 선정되었다는 등의 공식적인 '인간승리' 의 뉴스를 접했다.

둘째, 그 동안 연극제 등을 통해 각 지방극단들이 채택했던 공연 레퍼토리들을 지켜보면서「왜 향토색 짙은 소재를 발굴하지 못하고, 서울에서 공연된 작품들로 재탕, 삼탕만 거듭하고 있느냐」하는 불만이 내 가슴 속에 쌓여 있었다.

셋째, 무엇 보다 매화가 전해 주는 이미지가 너무나 강렬하게 나의 미학적 상상력을 자극하려 들었다.

내가 추천했던 소재임에도 불구하고 막상 작품의 구상에 임하고 보니, 뜻밖에도 어려운 점이 많음을 발견하고 한동안 당황하기도 했다.

생존인물을 작품의 주인공으로 삼고 보니 스토리의 범위가 한정될 수밖에 없었고, 「자칫 잘못 묘사하다가는 주인공은 물론 주변 인물들의 사생활을 침해한다거나 명예를 훼손할 수 있다는 점」 때문에 금기시 하지 않으면 안 될 사항들이 많기 때문이었다.

이를테면 드라마의 갈등 구조나 입체감 등을 살리기 위해서는 명과 암, 선과 악 등과 같은 이른바 이분법적 플로트(plot)가 기본구도인데, 작가의 그러한 상상력 또한 결코 자유로울 수 없었다.

뿐만 아니라 '인간 승리' 라는 면에만 초점을 맞추고 구상을 하거나 사건을 그리게 되면 다큐멘터리 터치가 되거나, 그도 아니면 소위 '새마을 작품' 이란 목적극이 되어 버릴 수도 있는 일이었고, 혹은 어떤 의도 하에서 주인공을 억지로 미화 하려 든다는 식의 결과만 빚게 될 우려 또한 불식(拂拭) 시킬 수 없는 일이었다.

그래서 작품을 쓰기 위해 일삼아 홍쌍리 여사와 다시 인터뷰할 때는 미리 양해를 구하기도 했지만, 불가피하게 얼마간의 픽션을 가미하며 구상 하지 않을 수가 없었다.

어쨌거나 그 작품의 극적 모티브가 '그리움' 으로 설정되기에 이르렀다. 물론 숱한 밤잠을 설치면서 수십 갈래의 스토리를 구상해 본 결과로 얻어낸 하나의 극적 이미지였다. 여기서 말한 극적이미지는 전체적인 작품의 분위기 내지 톤(tone)이랄 수도 있을 것이다.

그리움이란 결과적으로 사랑의 또 다른 형식이 되기도 하고, 불행한 현실에서 버틸 수 있는 삶에 대한 긍정이자 아련한 희망이 되기도 하는 하나의 포괄적 개념이기도 했다.

2007년 11월에 청매실 농원에서 인터뷰할 때, 홍쌍리 여사가 눈물을 글썽이며 「나도 여자이고 싶었다.」는 고백을 하기도 했는데, 일단 그 고백이 작가인 나에게는 너무나 진한 감동으로 전해진 모양이었다.

비록 세파에 시달리느라 까맣게 잊고 살지만, 인간이면 누구나 애틋한 한 자락의 그리움을 지녔다는 사실이야 말로 개연성과 보편성이 충분하기에 망설임 없이 이 작품에서는 극적 주제로 다룰 만하다는 판단까지 내릴 수가 있었다.

뿐만 아니라 이 작품의 테마를 '그리움의 미학' 으로 규정하는데 주저치 않았던 까닭은, 지나치게 즉물적이고 스피디하고 감각적인 오늘날 우리들의 삶의 모습을 한번쯤 뒤돌아보게 할 수도 있겠다는 사회성 또한 충분하다는 계산이 가능했기 때문이었다.

공연 프로그램의 '작가의 말' 에서 나는 다음과 같이 이 작품의 테마를 요약해 보았다.

> 헤아려 보니 이 작품은 공연작으로 발표되는 나의 28번 째 희곡이 된다. 그러니까 대부분의 작품은 서울에서 초연이 이루어졌는데, 이 작품의 경우에는 지방에서 초연이 될 뿐만 아니라, 나의 공연연보 중에서는 처음으로 현존하는 인물의 초상화를 그려보는 형식이 되어 있다.
> 사실 생존한 인물을 주인공으로 놓고 작품을 쓰는 일은 결코 쉬운 일이 아니다. 당장 극적인 갈등 구조를 맘 놓고 설정할 수도 없을 뿐만 아니라, 자유로운 픽션의 세계를 넘나들 수도 없기 때문이다.

그럼에도 불구하고 내가 소위 극적인 구상을 할 수 있고 결국은 앤드 마크를 찍을 수 있었던 까닭은 매화라는 꽃의 이미지가 너무나 아름답고 강렬했기 때문이었다. 뿐만 아니라 홍쌍리 여사가 나에게 전해준 이미지 역시 매화라는 꽃의 이미지와 너무나 흡사했었다.

어차피 연극은 어떤 인물의 생활을 곧이 곧 데로 그릴 수만은 없는 일이고, 그 인물이 지닌 시적 이미지를 무대 위에 펼치는 작업이라 볼 수 있겠다. 물론 그러한 시적 이미지는 보편성이 있어야 마땅하리라.

따라서 나는 한 송이 설중매에서 애타는 그리움을 발견했던 것이다. 설중매는 봄에 대한 그리움 때문에 혹독한 겨울을 참고 견디고 끝내는 시린 눈을 헤집으며 배시시 얼굴을 내밀기 마련이었다.

모든 인간들 또한 저마다 각기 어떤 그리움에 이끌려 살아가는 것은 아닐는지? 가령 막연할 지라도 아무런 그리움이 없다면 과연 무슨 힘으로 이 험한 세상을 견뎌내며 살아갈 수 있을까.

물론 이 작품의 주인공은 그리움을 잊기 위해 악착같이 매화를 심고 가꾸었지만, 그러한 삶은 일종의 역설적인 삶의 형식에 불과 했다고 본다. 주인공이 그러한 자신의 역설적인 삶을 발견하는 과정을 이 드라마의 골격으로 삼고자 했다. (2008. 4. 2)

희곡 『매화가 피는 뜻(전9장)』은 2008년 4월 23일 전남 광양시의 문화예술회관에서 초연되었다. 출연진은 최초우, 김종화, 박상준, 이근배, 류병남, 김호인 제씨들이었다.

홍지원 단장의 오페라

2004년 3월 13일 토요일 오전. 수년 동안 적조했던 이균식 씨의 전화를 받았다. 그는 정진우 감독이 만든 영화 『무궁화 꽃이 피었습니다.』에서 박정희 역으로 출연했던 영화배우였다.

나는 TV 드라마 『제3공화국』에서 박정희 역을 맡아 한때 큰 인기를 누렸던 이진수 형으로부터 그를 소개 받은 바 있었다. 이진수 형이 내가 집필한 희곡 『박정희, 박정희』를 제작하겠다며, 두루 여러 사람들을 만나며 돌아다닐 때였으니 1997년 무렵이었다.

이진수 형이 급작스레 유명을 달리한 이후에도 이균식 씨와 나는 여러 차례 만나 담소를 나누곤 했었다.

이균식 씨가 나에게 「오페라 대본도 쓸 수 있겠느냐?」고 물어보면서 소재가 '광개토 대왕' 이라 했다. 그 동안 호감을 가졌던 소재여서, 나는 오페라 형식이란 생소함 등을 아랑곳 하지도 않은 채 냉큼 「한 번 써 보겠다.」는 대답을 해 버렸다. 그랬더니 이균식 씨는 「그럼 오늘 중으로 오페라 단장한테서 전화가 갈 것이라」 했다.

그날 11시에는 한국 문인협회 신. 구임원들의 이. 취임식이 있었다. 문협 희곡분과 회장이었던 나는 예총 회의실에서 노경식, 류보상, 김흥우, 성준기 등 신임 희곡분과 이사들과 공식적인 인사를 교환했다. 신세훈 시인이 문협 이사장이 되었고, 희곡작가 고성주 씨가 문협의 신임감사로 선임되던 날이었다.

회의가 끝나고 「솔밭 가든」이란 곳에서 문협 임원들과 함께 점심을 먹다가 셀 폰을 열어 보니, 전화가 걸려온 흔적이 남아 있었다.

내가 전화를 걸어 '뉴 서울 오페라단' 의 홍지원 단장과 생전 처음으로 통화 하게 되었는데, 그날 오후 3시경에 청담동에 있는 리베라 호텔 커피숍에서 만나자는 약속도 이뤄졌다.

약속된 시각에 그 장소로 나가 보니 홍지원 단장과 함께 이균식 씨가 거기 앉아 있었다.

홍단장에 대한 나의 첫 인상은 세속과는 동 떨어진 40대 중반 나이의 활달한 여성 형이었다. 아마 오페라와 나와의 거리감 때문이었으리라.

훗날 알게 되었지만 일찍부터 성악가의 길을 택했던 홍지원 단장은 1988년에 세종대학 성악과를 졸업했다. 그 이듬해부터 '서울 예술단' 단원으로 활동하기도 했고, 1996년에는 오페라의 본고장인 이탈리아로 유학을 떠나, 아이디엠 아카데미아 디플로마 및 비포 발렌지아 국립음악원을 졸업했다.

2001년에 사단법인 '뉴서울 오페라단' 을 창단, 단장이 되었다.

홍단장은 다짜고짜 「작품료는 얼마나 받아야 되겠느냐?」고 해서, 당황하게 되었지만, 나는 「다다익선이겠죠, 뭐.」하고 숨을 좀 돌린 후에 말을 이었다. 「하지만 오페라 대본의 집필은 처음이고 해서 욕심을 낼 입장은 아니겠지만... 최소한 1000만 원 이상은 돼야 하지 않겠느냐?」고 했다.

홍단장은 사설 오페라단의 형편이란 게 어렵기 짝이 없으니, 「우선 700만원만 받기로 약속해 달라면서 3월 20일경에 계약금으로 2- 300만원을 입금 시키고, 원고가 탈고되면 나머지 돈을 지불하겠다.」고 했다.

1991년에 나는 MBC- TV에서 방송 된 바 있는 「인생의 오솔길」이란 대담 프로그램을 1년 이상 구성한 적이 있었는데, 그때 김자경 오페라단장을 인터뷰 한 적이 있어 국 · 공립이 아닌 사설 오페라단의 여러 가지 어려운 사정들을 두루 알고 있었다.

그나저나 문제는 또 집필기간이었다. 홍단장이 「적어도 금년 4월 말까지는 탈고를 시켜줘야 스케줄에 차질이 없겠다」고 하지 않았겠는가. 사실은 어불성설(語不成說) 같았지만 그런 경우를 하도 여러 번 겪어 봤기에 나도 무조건 「알았다」고만 대답해 버렸다. 원고를 청탁하는 사람들은 작가들이 신통방통한 재주를 지녀서 스위치만 누르면 주르르 원고가 쏟아지는 무슨 기계로 착각하는 모양들이었다.

그날 나는 홍 단장으로부터 오페라 대본 『라보엠』, 『투란도트』, 『춘희』, 『눈물 많은 초인 (박정희)』등을 건네받았다.

이윽고 오페라와 나와의 전쟁이 시작 되었다. 나로서는 당장 오페라에 대한 공부부터 시작하지 않을 수 없었다. 아울러 「광개토 대왕은 누구인가?」하는 인물연구 및 역사적 상황 등의 탐구에도 매달려야만 했다.

나에게 주어진 시한이 넉넉하지 못해서 마치 수험생이 벼락치기 공부하듯 무작정 읽고, 보고, 구상에 몰두해야만 했었다.

시작이 반이라는 말이 있고, 명색이 전업 작가인데 집필계약이 되었다면 일단 탈고를 하지 않을 수도 없는 법이었다.

내가 생전 처음으로 오페라 대본 『아, 고구려- 광개토 호태왕』을 탈고시켰고, 그 대본을 오페라단에 넘겼다.

그 작품은 별의별 우여곡절을 다 겪은 이후 2005년 3월 30일부터 4월2일까지 세종문화회관 대극장에서 초연되었다. 작품이 잘 만들어지지 못해 내 마음에도 차지 않았다.

어찌어찌 하여 그 작품은 같은 해 9월에 북한에 있는 평양 모란봉 극장에서도 공연되었다. 대한민국 오페라의 북한 공연은 사상 처음이었는데, 나와 작곡자인 나인용 선생은 동참하질 못했다.

어차피 극작가들 또한 공연단체에게 픽업을 당함으로 인해서 작업을 할 수 있는 기회가 주어지기 마련이었다. 그러나 공연단체가 무슨 일로 어느 작가를 선택하게 될 때, 해당 작가가 처한 입장에 대해서는 전혀 모를 경우도 많았다.

이를테면 뉴서울 오페라단의 작품 『시집가는 날』의 대본을 쓰게 되었을 무렵의 내 입장은 한 마디로 기가 막힐 지경이었다. 그 당시의 전후 사정을 일자별로 정리해보니 다음과 같았다.

> 2011년 9월 20일. 서울대학 병원 암센터에서 유수종 교수가 나에게 간암환자라는 판정을 내렸다. 나의 간에 기생하는 암 덩어리가 5.7cm나 되어서, 굳이 표현하자면 1기 증상에서 2기 증상으로 넘어가는 중이라 했다.
> 「허나 어찌하랴, 죽을 때가 되었다면 죽어야지!」
> 잽싸게 나는 세상만사를 체념하기로 했다. 한 점의 구름과 같은 존재가 우리의 삶이라 하지 않았던가.
> 2011년 10월 6일. 서울대학 병원 영상 조영 시술소에서 내 허벅지의 간 동

맥을 통한 제1차 항암제 투여 시술을 받았는데, 그게 소위 색전술(塞栓術)이라 했다.

간암을 다스리는 방법은 크게 간이식 수술이 있고, 부분 절제술이 있고, 간동맥을 통한 항암제 투여 방식이랄 수 있는 색전시술 등이 있다고 했다.

색전 시술 이후 약 20 여 일 동안 나는 그야말로 죽을 것만 같은 통증에 시달렸는데, 횡경막이 결리면서 숨도 제대로 쉴 수 없는데다가 때로는 칼로 어딘가를 도려내는 것처럼 아프기만 했다.

비로소 담당의사 및 가족들의 지탄을 당해 낼 재간이 없어, 50여 년 동안이나 줄기차게 즐겼던 그놈의 술과 담배를 일단은 멀리하기로 했다.

2011년 10월 20일부터 23일까지. 대학로에 있는 아르코 대극장에서 내가 집필한 작품 『토스카 인 서울 (연출: 문고헌. 출연: 박인환, 박철호. 이태원 등)』이 공연되었다. 푸치니의 명작 오페라를 연극으로 만든 작품인데, 오페라에서 연주되었던 명품 아리아 「노래에 살고 사랑에 살고」, 「별은 빛나건만」등을 살리기 위해 뮤지컬 『명성왕후』등에서 주연으로 출연한 바 있는 이태원 씨와 뮤지컬 배우 박철호 씨를 어렵게 캐스팅한 작품이었다.

힘겹게나마 공연장에는 매일 나가 볼 수가 있었다. 누구 못잖게 소주를 즐겼던 내가 술잔 앞에서 완강하게 두 손을 내젓자, 영문을 모르는 연극동지들이 몹시 서운해 했다. 그렇다고 내가 일일이 간암환자임을 까밝혀서 상대방들에게 부담감을 줄 수도 없는 일이었다.

2011년 11월 10일. 경남 '거창 국제연극제' 의 집행위원장인 연출가 이종일 씨로부터 가야금을 창안한 우륵 일대기의 연극화를 위한 희곡집필을 청탁받았다. 2012년 2월 말일까지 원고를 넘겨달라고 했다.

2011년 12월 27일. 경북 '포항시립 연극단' 의 예술 감독 김삼일 씨의 전화를 받았다. 그는 2012년 6월 호국의 달에 30일간 공연될 연극 『창의장군 김현룡』의 희곡화 작업을 위한 예산안이 드디어 포항 시의회에서 통과 되었다는 내용을 전해 주었다.

2012년 1월 3일. 천만다행으로 서울대학 병원 측의 유수종 박사는 나에게 항암제투여를 하지 않아도 되겠다는 검진 결과를 일러 주었다.

그래서 포항시측과 내가 작품 집필계약을 하게 되었다. 원고마감은 2012년 3월 25일까지였고, 만약 그때까지 원고를 넘겨주지 못할 때는 작가가 집필료로 책정된 일천만원의 갑절을 물어내야 한다는 내용도 계약서에 명기되어 있었다.

2012년 2월 말일까지 거창 국제연극제에 넘겨주기로 한 작품 『우륵 일대기』와 함께 『창의장군 김현룡』이란 작품 또한 웅대한 스케일을 요하는 대작이었다.

어쩔 수 없이 나는 주야를 불문하고 집필에만 매달려야 했다.

강박관념 내지 과로의 탓이었으리라. 기어코 격심한 몸살감기까지 겪어야 했고, 치아가 말썽을 부려 발치를 하는 등의 일로 지겹게 치과병원에도 들락거려야 했다.

2012년 1월 25일. 『우륵의 가야금』이란 희곡의 초고가 어느 정도 완성되었고, 희곡 『창의장군 김현룡』의 초고도 3분지 1정도 만들어졌다.

또 뜻밖의 전화 한 통을 받게 되었는데, 뉴 서울 오페라단의 홍지원 단장이었고, 무려 7년 만의 통화였다.

홍 단장은 아예 결정적으로 오영진 선생의 희곡 『시집가는 날』을 화급히 오페라 대본으로 각색해 줘야겠다는 말을 했다. 금년 7월에 중국의 베이징시에서 공연될 예정이라면서, 이메일로 관련 자료들을 몽땅 전송해 주겠다고 했다. 홍단장의 작업 스타일이 원래 그렇게 마구 밀어붙이는 스타일이었다.

내 입장에서는 당연히 그 집필의뢰를 거절해야 할 판이었다. 그런데 막상 거절을 하려다 보니 또 마음 한편이 아렸다. 나의 느낌에 불과하겠지만 홍단장의 뇌리에 떠오른 작가들 중에서 최종적으로 점 찍힌 작가가 바로 내가 된 모양 같았다.

가부간에 전화로 나눌 얘기는 못 될 것 같다면서 나는 일단 만나보자고 했고, 1월 27일 교대역 부근에 있는 식당 「서석대」에서 만나기로 약속이 정해졌다.

약속된 그날 그 식당에서 임준희 작곡가도 처음 만났다.

홍단장은 내 얼굴을 대하기 바쁘게 '한. 중 수교 20주년 기념 공연' 이 되어, 중국에서 초청하는 형식인데, 작품을 제작할 시간이 부족해서 난리가 났다면 그저 방방 뛰기만 했다.

따지고 들면 내 마음이 약한 탓이었으리라. 왜냐하면 작품료 책정도 형편없이 적은 상태임에도 불구하고, 나는 2월 말까지 원고를 만들어 보겠다는 약속을 하고 말았다. 홍지원 단장은 당장 내일 모레쯤 원고를 입수할 수 없겠느냐는 식이었다.

한편 2월 21일에 또 채혈 및 CT 촬영이 있고, 2월 28일 오전에 담당의사와 면담이 예정되어 있었다.

유수종 박사는 이번에도 항암제 투여를 하지 않아도 될 것 같다면서 건강관리를 잘했다는 말을 해 주었다.

아, 내가 초인적인 능력을 발휘했다고 한다면 과장된 표현이 될까?

2012년 2월 말일까지 탈고된 오페라 대본 『시집가는 날』과 희곡 『우륵의 가야금』을 약속대로 전송해 줄 수가 있었다.

그리고 『창의 장군 김현룡』의 작품도 무난히 탈고를 했고, 3월 6일까지 오페라 대본의 1차 수정작업도 끝마쳐 주었다.

오페라 『시집가는 날』의 대본을 쓰게 된 나는 덤으로 중국 여행을 자주 할 수 있는 특전을 부여 받았다. 홍단장이 중국 공연이 있을 때 마다 나의 동행을 원했기 때문이었다.

오페라 『시집가는 날』의 제1차 중국 공연은 베이징에 있는 '21세기 가극원' 에서 2012년 7월 7일부터 8일까지 2회 공연이었다. 정운찬 전 국무총리와 이규형 주중대사 및 주중 한국 문화원의 김진곤 원장 등이 관람한 다음 호평을 해 주었다. 공연 기간 중에 나는 베이징에 체류 중인 연극 연출가 주요철 씨의 안내로 만리장성과 자금성도 관람했고, 베스트셀러 『아버지』를 쓴 바 있는 소설가 김정현 씨를 만나 평양식당에서 냉면을 먹는 등 후한 대접을 받기도 했다.

2013년 3월 19일 밤에 '뉴서울 오페라단' 의 홍지원 단장이 나에게 전화로 중국본토의 동남부에 있는 동관시에서 오페라 『시집가는 날』이 공연될 예정인데, 동행을 하자면서 일정은 4월 27일부터 3박 4일 간이고 공연은 2회로 예정되어 있다고 했다.

이어 홍단장은 「불교를 주제로 하는 그랜드 오페라 한편을 준비 해야겠는데, 주인공으로 과연 누구를 선택하면 좋겠느냐?」하고 물었다. 국내 공연 보담은 중국, 일본, 태국 등과 같은 외국공연 위주의 레퍼토리로 만들고 싶단 말도 더했다.

대단히 거창한 프로젝트이고 나에게는 전혀 뜻밖의 신작 집필을 의뢰하는 꼴인데도, 홍 단장은 그렇게 전화를 통한 거두절미(去頭截尾) 형의 방식을 택했다.

나는 중국공연의 동행을 약속한 다음, 「불교 작품의 주인공은 과연 누가 좋을지... 그건 생각을 좀 해 봐야겠다.」는 대답을 하며 전화를 끊었다.

이튿날 나는 BTN 의 석성우 회장스님에게 전화를 걸었다. 불교와 관련된 일이라면 일단 그 스님에게 자문을 구해야 안심이 되었다. 그리고 「요즘 세상에 불교적인 오페라를 만든다면 주인공으로 누가 좋겠소?」하고 어물쩍 운을 뗐다. 그러자 성우스님은 단 일초간의 뜸도 들이지 않고, 극히 명쾌한 어조로 「원효 스님이 좋겠다.」는 말을 해주었다.

나는 홍단장에게 전화를 걸어 「원효 스님의 일대기」를 오페라로 만들면 좋을 것 같다고 했다. 홍단장도 「그럼 그렇게 준비해 보자」며 동의 했다.

약 한 달이 흘러갔을 때. 홍지원 단장이 전화를 걸어 이번에도 거두절미형으로 「원효스님 보다는 석가모니 일대기를 오페라로 만듦이 더 좋을 것 같다」는 말을 아예 단정적으로 하려 들었다.

나는 「알았다」는 말로 대답을 대신하긴 했으나, 당장은 아득한 태산을 마주한 듯한 느낌에 빠져 들었다. 혹은 사나운 짐승을 피해 다녔는데, 막다른 골목에서 문제의 그 짐승과 마주친 것처럼 당혹감에 빠져들 수밖에 없었다.

붓다, 혹은 석가모니를 몰라서가 아니라 너무나 잘 알기에 오히려 어려움이 느껴졌고, 그에 관한 자료가 빈약해서 옹색함이 전해진 것이 아니라, 자료가 너무 많은 탓에 기가 막힐 지경이었다.

이를테면 석가모니의 생애는 80 여년이나 되었는데, 작품상에서는 과연 어디서부터 어디까지 재단을 하면 좋을지 선뜻 판단이 서지도 않을 일이었고, 8만 4천이란 그의 법문(法問) 중에서 어떤 교리를 중심 테마로 삼아야 좋을지 막연하기 이를 데가 없었다. 또 선적(禪的) 교지(敎旨)는 과연 어떻게 접목 시켜야 좋을지 그 또한 난제가 아닐 수 없었다.

당장은 망망대해 속에서 바늘 찾기만큼이나 어려운 일로 느껴졌다. 작품을 구상할 때는 늘 모든 가능성부터 열어 놓아야 하기에 더욱 그러했다.

오페라 『시집가는 날』의 제2차 중국공연은 광주 동관시에 있는 「옥란 대극원」에서 2013년 4월 27일부터 28일 까지 2회 공연 되었다. 나는 이정석 국장과 함께 시화(詩畵)를 좋아한 장(張) 씨가 가꾼 정원 「가원」을 탐방해 보기도 했다.

아, 2013년 6월 20일에 드디어 나는 오페라 대본 『고타마 싯다르타』을 홍지원 단장에게 이메일로 전송해 주었다. 작곡을 제주에 살고 있는 이문석 선생에게 의뢰하겠다고 했다.

『고타마 싯다르타』를 탈고 하던 날, 나는 이 세상에서 내가 할 일은 끝마치기라도 한 듯한 감회에 젖어 들었다. 「내가 아니면 누가 감히 이런 작품을 집필할 수 있으랴」하는 오만(傲慢)에 취해 보기도 했다.

오페라 『시집가는 날』의 제3차 중국공연은 「상하이 대극원」에서 2014년 9월 13일부터 4일까지 2회 공연되었다.

오페라 『시집가는 날』의 제4차 중국공연은 「항저우 대극원」에서 2014년 10월 15일에 1회 공연되었다. 이정석 국장과 함께 나는 소동파가 만들었다는 서호도 탐방했다.

오페라 『시집가는 날』의 제5차 중국 공연은 2015년 3월 28일 29일 이틀간 산시성(陝西城) 안의 시안(西安)에 있는 「산시대회당」에서 4회 공연 되었다. 그 도시에서는 사상 최초의 오페라 공연이었고, 공연장이 바로 인민대회당이었다. 나는 세종문화회관의 무대감독 이낙용 씨와 줄곧 동행하게 되었는데, 저 유명한 『사기(史記)』의 저자 사마천(司馬遷)의 무덤이 있는 한성시(韓城市)의 탐방이 덤으로 주어진 기회로 여겨졌다.

홍지원 단장을 알고 오페라 대본들을 집필하면서 나는 「20년만 젊은 나이가 되었더라면 작곡공부도 시작했을 텐데」하는 생각을 몇 번이나 거듭해 보기도 했다.

황사장과 이동통신

많은 사람들이 자기의 미래 운명에 대한 궁금증으로 몸살을 앓다 못해 점을 치는 모양인데, 나는 아직 그런 절실함을 느껴 보진 못했다.

따지고 보면 우리는 자신들의 운명을 잘 모르기에 고통스런 오늘의 삶을 지탱하고 있는 지도 모를 일이다. 자기 미래를 알고 있음은 결말을 환히 알고 있는 미스터리 소설이나 영화를 보는 것처럼 싱거운 일이 되지 않겠는가. 미구에 접하게 될 참혹한 자기운명을 알고 있다면 과연 무슨 힘으로 고통스런 오늘을 견딜 수 있으랴.

아주 거창한 화두를 들고 나온 꼴이 되어 버렸는데, 내가 무식해서 용감했고 그 용감성으로 말미암아 죽을 고생을 한 적이 있다는 사실을 서술하려다 보니 그리 되고 말았다.

대한민국에서는 1984년에 현재의 SK 텔레콤인 한국이동통신이 드디어 휴대 전화 서비스를 개시 했다니, 그때가 분명 1980년대 초반기였다.

어느 날 아침에 내가 동극작가 곽영석 씨 전화를 받았다.

『선배님. 요즘 바쁘세요?』 하고 그가 운을 뗐다.

『뭐 특별히 바쁜 일은 없는데?』

『그럼 간단한 비디오용 시나리오 한편 써 보세요. 아마 30분짜리가 될 거예요.』

『그러지, 뭐!』

그런 다음 전화가 끊겼다. 간단한 30분짜리 비디오용이라기에, 나는 그야말로 가벼운 마음으로 승낙을 해버렸다.

잠시 후에 세운 상가 내에 사무실이 있다는 모 프로덕션의 황사장이란 분이 나에게 전화를 걸었다. 그는 곽영석 선생으로부터 연락을 받았다며 좀 만나보자는 말을 했다.

그제서야 나는 황사장에게 「무슨 내용이 담길 비디오냐」하고 물어 보았다. 저쪽에서는 간단한 한 마디로 「이동통신에 관한 내용이라」고만 했다.

이동통신이란 말을 듣고서도 나는 별다른 반응을 나타내지 못했다. 왜냐하면 이동통신이란 개념 자체를 몰랐기 때문이었다.

황사장과 우감독이란 사람을 만나 얘기를 나누다 말고 비로소 나는 「아! 골치 아픈 일거리가 될 것 같다」는 느낌에 젖어 들었다. 그러나 이미 늦은 때였다.

우 감독은 남의 속도 모르고 취재할 곳은 자기가 동행 하겠다는 친절까지 베푸는 척 했다.

나는 당장 그들로부터 한 보따리의 자료를 얻어 귀가를 했다.

지금 내 기억에 의하자면 국가기관인 체신부에서 이동통신 사업자를 선정하기 위한 브리핑을 할 예정인데, 그때 그 자리에서 참석자들에게 보여 줄 비디오의 시나리오를 내가 써야 할 판이었다. 이를 테면 「이동통신의 오늘과 내일」에 대한 해설판이었다.

그때는 셀 폰은 물론 삐삐도 일상화되기 이전이었다.

따라서 나는 당장 무선 호출기인 삐삐의 원리는 물론 셀 폰의 원리도 완벽하게 파악하고 이해해야할 판이었다. 수학시간이면 졸기에 바쁜 학생이어서 2차 방정식의 논리도 모르는데, 별안간 미분 적분을 해설해야할 입장이 되고만 꼴이었다.

기가 막히다 못해 나로서는 능력 밖의 일이라며 두 손을 들어 버리고 싶은 생각이 용솟음을 쳤지만 자존심이 또 용납을 하려 들지 않았다.

속된 말로 나는 눈알이 빠지도록 그놈의 통신 과학서적을 읽고 또 읽어가면서 마치 허공에다 집을 짓는 심정으로 삐삐며 셀 폰의 원리를 구축하려 들었다. 이를 테면 날아가는 비행기 속의 승객과 지상의 상대가 전화할 수 있는 원리를 규명하는 작업이었다.

어쨌거나 그 당시에는 그런 저런 사실들을 빠삭히 파악했기에 시나리오를 쓸 수가 있었을 텐데, 지금은 다시 그런 논리에 관해서는 백지 상태로 되돌아 가 버렸다.

다음 내용은 최근의 자료에서 인용해 본 것이다.

> 세계 최초의 휴대 전화는 1973년 모토로라에서 근무하던 마틴 쿠퍼 박사와 그의 연구팀이 개발하였으며, 당시 무게는 약 850.5그램이었다. 원천 기술은 벨연구소의 조엘 엥겔이 가지고 있었으며, 벨연구소는 1946년 개발한 셀룰러 텔레커뮤니케이션 서비스를 경찰에 제공하였다. 현재의 카폰과 비슷하다.
>
> 1973년에 마틴 쿠퍼 박사가 개발한 기술은 이를 셀룰러 방식의 텔레커뮤니

케이션 서비스를 차 밖으로 끌어낸 것이며, 10여 년 동안의 각고의 노력 끝에 모토로라는 1983년 최초의 상용 휴대 전화 다이나택(DynaTAC))을 발매하기에 이른다.

최초로 셀룰러 텔레커뮤니케이션 시스템이 설치된 것은 1979년 일본 도쿄였으며, 미국에서는 1981년에 처음으로 워싱턴 D.C.와 볼티모어 사이에서의 테스트가 이루어졌다.

1982년 미국 연방통신위원회(FCC)가 마침내 상용 셀룰러 커뮤니케이션 서비스를 인증하였으며, 한 해가 지난 1983년에는 Ameritech사가 시카고에서 미국 최초의 아날로그 셀룰러 서비스(AMPS : Advanced Mobile Phone Service)를 개통하였다.

우감독이 전화를 했다.

함께 현장 방문과 아울러 취재를 해보자고 했다. 이를 테면 구로동에 있는 무선 통신전화국의 자동 시스템 등이었다.

나는 이리 저리 우감독을 따라 다니기는 했지만 내 정신이 아니었다. 관계 되는 엔지니어들로부터 자세한 설명을 듣기도 했으나, 제대로 이해할 수 조차 없는 일들이었다.

그래도 한 열흘 만에 나는 억지로 원고를 만들어 넘길 수는 없었다.

다행히 원고를 읽어 본 우감독이 「이만하면 카메라를 메고 나갈 만큼의 원고는 만들어 졌다」는 말을 해주었다.

그 말을 듣는 순간에 나는 온 몸의 힘이 쭉 빠지는 느낌을 받았다. 내가 풀이한 수학 문제가 정답이란 판정을 받았을 때처럼, 나는 어리둥절하기만 했다.

그런데 황사장이 웬일로 작품료 정산에 관해서는 가타부타 아무런 말도 하려 들지 않았다.

내 입으로 돈 얘기를 끄집어내기가 내키는 일이 아니어서, 일단은 며칠 간만 기다려 보기로 맘을 먹었다.

일주일이 지나도 황사장 쪽에서 아무런 연락을 취해주지 않았다.

드디어 내 부아가 끓어올랐다. 그놈의 원고를 쓰느라 머리털이 다 빠지는 듯한 고통을 겪었기에 인내의 한계가 무너지고 말았던 것이다.

내가 황사장에게 전화를 걸어 간단한 한 마디로 따지려 들었다.

『왜 원고료 얘기가 없소?』

그러자 황사장은 느긋한 어조로「저축해 둔 셈치고 기다려 봐요」하는 대꾸를 했다. 황사장의 그 말이 나에게는「치사하게 돈 몇 푼 때문에 전화까지 걸고 지랄이야」하는 식의 뉘앙스로 느껴졌다.

그 순간에 내 온 몸의 피가 거꾸로 솟아올랐다.

『난 저축할 여유가 전혀 없소. 오늘 당장 결제 하시오. 오후 5시까지 내가 사무실로 찾아갈 거요.』

하고 내가 전화를 끊어 버렸다.

그리고 오후 5시 경에 사무실로 찾아 갔다.

황사장은 소주나 한 잔 하자면서 술집으로 나를 안내 했다. 그리고 약정된 액수가 적힌 가계수표를 내밀며「김 작가님 성격이 그렇게 불같은 줄은 몰랐다」는 말을 했다. 그때 나는 속으로 중얼거렸다.

「양처럼 순한 놈을 향해 불을 던진 사람이 바로 당신이잖소?」

제 10 장

악연

논리적으로 풀이 못할 악연(惡緣)을 이해하기 위해서는 이른바 윤회사상을 도입할 수밖에 없다고 했다. 「전생(前生)의 업(業)이려니 해야지, 뭐!」하는 그 한 마디 속에 용서와 자비심이 응축되기 때문이다. 물론 나의 인생행로에도 수많은 악연들이 교차되곤 했는데, 따지고 보면 좀은 모난 인연에 불과 했던 것이리라.

강 목사의 계산

뭉뚱그려 말하자면 나는 기독교 사상을 널리 전파할 목적으로 설립 된 CBS에서 실로 많은 분량의 원고를 썼다.

처음에는 PD들도 나의 입장이나 생활 태도 등을 익히 알고 있었기에, 직접적인 선교 목적과는 거리가 먼 포맷의 프로그램 집필을 의뢰하려 들었다. 그러나 오랜 동안 함께 일하다 보면 서로의 딱한 처지들도 이해할 수 있는 법이었다.

어차피 드라마 작가이니 이런 저런 사정에 의해 나도 결국 「CBS 연속극」을 집필하지 않을 수 없게 되었던 것이다. 드라마적 감동을 통해 청취자들에게 기독교적 신앙심을 심어 준다는 목적 하에서 기획된 그 프로그램 「CBS 연속극」은 일일 20분씩 1개월 방송이 한 편의 작품 분량이었다.

그때 나는 시중에 나와 있는 기독교적 소설을 채택, 각색(脚色)을 하기도 했고, 실존 인물을 주인공으로 삼아 그의 간증을 드라마 소재로 삼기도 했었다.

손꼽아 보니 내가 집필한 「CBS 연속극」은 모두 4편이었다. 정연희 여사의 소설 『내 잔이 넘치나이다.』와 노아홍수 사건을 다룬 작품 『사람은 그 문을 열지 못한다.』를 각색했었고, 수많은 교회를 세운 정 모 장로를 드라마 주인공으로 삼은 작품을 쓰기도 했고, 봉천동에 있는 어느 개척교회의 강목사 생애를 소재로 채택하기도 했었다.

그 과정 속에서 별다른 탈은 없었는데, 봉천동 개척교회의 강 목사 하곤 크게 한번 부닥치기도 했었다.

어느 성우의 추천에 의해 그 목사의 인생행로가 소개 되자, 담당 PD는 나에게 그 이야기로 드라마적 구성이 가능하겠느냐고 물었다. 나는 가능성이 보인다는 판단하에서 해당 목사를 만나 녹음 취재를 했다.

따지고 보면 새삼스런 내용도 아니었다. 이를 테면 그 목사 또한 반 기독교적 방탕아였는데, 절망의 구렁텅이에서 하나님을 영접하게 되어, 결국 목사(牧師)가 되었다는 식의 일화의 주인공이었다.

하여간 그 강 목사와 인터뷰한 다음 드라마의 구성과 집필이 시작되었고, 예정대로 방송도 시작되었다.

그러던 어느 날 담당 PD로부터 드라마의 실제 주인공인 그 강 목사의 불만이 간접적으로 전해 졌다. 나는 일단 무시해 버리자고 했다.

그랬는데 강목사는 집요하게 방송사로 전화를 걸다 못해, 나에게도 전화를 걸어 기어이 좀 만나야겠다는 말을 했다.

강목사의 불만을 곧이 곧대로 옮겨 보자면, 「왜 절망의 나락에 빠진 나에게 하나님이 나타나 계시(啓示) 해 주는 장면을 묘사해 주지 않느냐? 선생이 그리는 드라마에 따르자면 내가 너무나 평범한 인물이 되고 말지 않느냐?」는 식이었다.

좀 더 노골적으로 말하자면, 그 목사는 「자신을 좀 더 우상화(偶像化) 시켜야 마땅하지 않느냐」는 식의 불만을 토로했던 것이다.

나는 전화로는 설명이 곤란하니, 교회로 직접 가서 설명 드리겠다는 말을 한 다음 그 목사를 만났다.

물론 나는 감정을 억제한 다음 그에게 현재 내가 그리고 있는 드라마의 방향이 백 번 옳다는 사실을 논리 정연하게 해명해 주었다.

그러나 그 목사는 끝까지 못 마땅하다는 표정을 풀지 않았다. 그의 눈에는 내가 형편없는 삼류작가로 비친 것 같았다.

그 목사의 원대로 하자면 「이 분이야말로 재림 예수」라는 식의 묘사를 구사해야 할 판이었다.

이윽고 인내의 한계를 느낀 내가 불쾌한 감정을 앞세워 톤을 높이지 않을 수 없었다.

『... 목사님이 그런 상황에서 하나님을 직접 영접했고, 무슨 계시를 받은 게 사실이라 하더라도 그 사실을 누가 믿어 준단 말이오? 객관성이 없지를 않소? 중요한 건 그런 사실을 부각시키는 게 아니라, 앞으로 목사님이 얼마나 훌륭한 성직자가 되느냐 하는 게 아니겠소? 그리고 막말로 목사님이 방탕을 일삼던 시절의 친구들한테서 '저 친구 웃기고 자빠졌네. 처먹고 살 길이 막막하니 목사가 된 주제에' 하는 식의 비웃음거리가 되어서는 안 될 일이 아니오? 또 한 가지, 작가가 의도적으로 목사님을 대단한 인물인양 그리고 보면 설득력도 없을 뿐만 아니라, 작가가 목사님에게 무슨 국물이라도 얻어먹은 줄 알 거 아니오?』

그래도 독선적인 그 목사의 태도는 여전 했다.

내친김에 내가 다시 말을 이었다. 아마 연속극을 집필하는 동안에는 신경이 극도로 날카로운 상태여서 그러했으리라.

『적어도 드라마에 관한 한 내가 목사님보다는 더 많이 알고 더 잘 알고 있을 거요. 전문가가 하는 일은 틀림이 없단 말이오.』

그날 그 목사와 나 사이에는 도저히 뛰어 넘지 못할 벽이 존재함을 절감하면서 나는 혼자 소주잔을 집어 들었다.

그래도 그 연속극은 작가가 애초에 세운 플롯(PLOT)에 따라 무사히 대단원의 막을 내렸다.

김창래 씨의 연출

MBC- TV 드라마 『제3공화국』에서 박정희 역으로 인기몰이를 했던 이진수 형이 신촌에 있는 세브란스 병원에서 1998년 9월 21일에 유명(幽明)을 달리했다.

그 형의 죽음은 나에게 여러 가지 의미의 상실감을 안겨 주었다. 왜냐하면 내가 집필한 희곡 『박정희. 박정희』를 공연해 보겠다며 동분서주 하다가 급작스레 숨을 거뒀기 때문이었다.

이진수 형이 가고 난 뒤, 나로서는 워낙 힘겹게 공을 들인 작품이기에 『박정희. 박정희』란 작품을 사장(死藏)시키기가 너무 아깝다는 말을 어느 사석에서 하게 되었다. 처음부터 흥행을 노리고 쓴 대작도 아닐 뿐만 아니라, 주인공 역시 박정희가 되고 보니 제작자를 구하기가 결코 쉽지 않음을 알기 때문이었다. 소위 극성스런 안티 박이 많기도 했고, 관점에 따라서는 민감한 정치적 계산도 뒤따를 수 있는 소재가 아니겠는가.

그때 어느 연출가의 소개로 내가 '다운기획사' 대표 김병호 씨를 만나게 되었고, 희곡 『박정희. 박정희』의 원고를 넘겨주면서 한번 읽어 보란 말

을 하게 되었다,

젊은 김병호 씨는 악의가 거의 없는 선량한 표정의 사나이로 성실함이 온몸에 베어있는 느낌을 전해 주었다.

며칠 후에 그에게서 연락이 왔다. 그는 「박정희 대통령 서거 20주년 기념작」으로 『박정희. 박정희』의 제작을 한번 해 보겠노라고 했다.

「다행이다」 싶어 나는 그에게 만약 그 작품이 공연되면 얼마간의 도움을 받을 수도 있을 만한 개인과 단체 등을 두루 소개해 주었다.

그리고 계간 「자유 문학」 잡지사의 신세훈 대표를 만나 저간의 경과를 일러 주면서 희곡 『박정희. 박정희』를 그 잡지에 한 번 게재해 보고 싶다는 뜻을 내비쳤다. 신세훈 씨는 반가워하며 그해 가을 호 잡지에 작품을 실어 주었다. 나는 그 작품의 공연계획도 같은 지면에 소상히 밝혀 두었다.

처음 얼마 동안에는 무척 순조롭게 공연 기획이 진행 되는 듯 했다.

그러던 어느 날이었다. 김병호 씨가 작품 『박정희. 박정희』의 연출가로 「김창래 씨가 어떻겠냐?」 하고 물었다. 나도 그를 알기는 하지만, 그의 연출 솜씨를 잘 알지 못해 한 두 사람에게 자문을 받아 보기로 했다. 그가 국립극장에서 무대감독으로 일한 적이 있기에 국립극단 배우들에게 물어 보았다. 그랬더니 「안심해도 될 것이라」는 반응들이 나왔다.

나는 김병호 씨에게 김창래 씨를 연출자로 정해도 좋겠다는 대답을 해 주었다.

후에 알게 된 일이었지만, 김병호 씨는 제작비가 태부족이어서 김창래 씨가 6천만 원 정도의 자금을 지원하면서 연출을 맡기로 약속이 된 모양이었다.

그랬는데 연극 연습에 들어가기 직전이었다.

김병호 씨가 나더러 「작품을 좀 손질 해야겠다」는 말을 했다.

나는 그 작품의 경우라면 반드시 「나와 함께 수정 작업을 해야 한다」는 말을 했다. 그리고 「우이동에 있는 그린 파크에서 공동 작업을 하는 게 좋겠다.」고 하자, 김병호 씨도 그렇게 하겠다고 했다. 「박정희의 죽음」을 핵개발 문제와 관련 시켰기에 배짱이 약한 사람들은 그 테마를 비켜갈 생각을 하리라 보았기 때문이었다.

이윽고 약속의 그 날에 연출가 김창래 씨는 오질 않았고 김병호 씨만 나타났다. 그리고 그가 한다는 말이 「작품 수정 작업은 우리가 할 테니, 선생님은 감수만 하시는 게 어떻겠느냐?」고 물었다. 당장 좋지 않은 예감에 사로잡힌 나는 「그건 안 될 일이라」고 잘라 말했다. 남의 작품을 손질하는 게 창작 보다 더 어려운 일이 될 수도 있다는 사실을 알고 있기 때문이었다.

며칠 후였다.

김병호 씨가 나를 조용히 좀 만나자고 해서, 미아 삼거리에 있는 빅토리아 호텔 커피숍에서 만났다. 만났더니 거기서 그는 한마디로 어불성설(語不成說)을 늘어놓기 시작했다.

그는 「선생님 작품은 이쯤에서 그만 접어 버리고 우리가 다시 박정희를 주인공으로 삼은 작품을 새로 써서 공연해 보겠다.」는 말이었다. 보나 마나 연출가 김창래 씨의 얍삽한 아이디어 같았다.

바로 그 순간에 나는 망치로 뒤통수를 얻어맞은 듯한 아찔한 현기증을 느꼈다.

이어서 김병호 씨는 「박정희는 역사적인 인물이니... 누구나 그분을 주인공으로 삼은 작품을 쓸 수 있는 일 아니냐?」는 식의 논리를 전개하려 들었다.

한 마디로 막무가내였고 나로서는 어처구니를 찾을 수도 없었다.

분노할 수밖에 없었던 나는「이런 개새끼들 보다 못한 놈들 같으니라구! 난장판의 장사치들 의리도 너희 보담 나을 거다, 이놈들아!」하는 식의 감정을 앞세워 단호하게 그를 꾸짖어 돌려보냈다.

다시 며칠 후. 김병호 씨와 연출가 김창래 씨가 대학로에 있는 중국 요리집에 소위 화해의 자리를 마련해 놓고, 나에게 정식으로 사과를 하려 들었다.

그래서 나는 불쾌한 일들이 그날로 깨끗이 마무리 된 줄 알았다.

하지만 다음 번 약속 또한 그들이 일방적으로 어겼다.

기어코 내 입에서 막말이 터져 나와 버렸다.

『더 이상 나는 너희 같은 놈들을 상대 하지 않을 거다.』

몇 개월 조용히 흘러갔다. 나는『박정희. 박정희』란 작품의 공연은 무산된 것으로 치부하고 말았다.

그때 누가 나에게 어느 극단에서『인간 박정희』란 작품을 연습하고 있다는 귀띔을 해 주었다. 알고 보니 놈들이었다.

그들은 무명작가 한 녀석을 여관방에 붙잡아 놓고『인간 박정희』란 작품을 급조한 모양이었다.

기가 막혀 말문까지 잃은 나는「문화예술 진흥원」의 원장실을 찾아 갔다. 때마침 극작가 차범석 선생이 원장으로 재직 중이었다.

조용히 내가 하는 말을 다 들은 차범석 선생은 우리 연극계에도 그런 무뢰배가 있음을 익히 알고 있단 말을 한 다음「그런 얘기가 밖으로 새어 나가면 범 연극계가 망신일 것 같으니, 연극협회에 들러 상의해 보라」고 했다.

그 당시의 연극협회 이사장이 배우 박웅 씨였다.

내 애기를 다 들은 박웅 씨는 법적 근거가 될 수 있게 정식으로「서면 진정서」를 올려 달라고 했다.

그리하여 내가 정말 별 거지같은 진정서까지 만들어야 했다. 수십 년간 일기를 써왔기에 나는 그들을 처음 만나 나눈 이야기부터 그날 그때까지의 경과를 사실 그대로 서술하는 진정서를 만들어 연극협회로 우송했다.

이윽고 연극협회에서 소위「연극 '박정희' 관련 분쟁에 대한 대책회의」란 게 열렸다.

박웅 연극협회 이사장과 심재찬 상임이사 및 이강백 희곡분과 위원장과 함께 김병호 씨와 내가 그 자리에 모였다.

결론은 뻔했다. 김병호 씨 측에서는 입이 열 개라도 할 말이 없었다.

그러나 사태의 해결 방안 또한「조용히 해결하는 게 상책이 아니겠느냐」는 것으로 결말 지워졌다. 그때 나는「공연금지 가처분 신청」인가 뭔가 하는 법적조치도 생각하고 있었다. 김병호 씨는「제발 살려만 달라」는 식이었다.

그날 우리가 최종적으로 내린 결론은「기획사 측에서는 일단 원작자에게 정신적인 피해를 주었으니 500만원의 위자료를 물어 주어야 한다.」는 것이었다.

그 자리에서 나는 그 작품에서 작가로서의 내 이름은 아예 빼버리라고 했다.

이후 그들은 나에게 공연 관람 티켓도 보내주었지만, 나는 구역질이 나서 아예 쳐다보려 들지도 않았다.

물론 그들의 공연작은 작품성에 있어서나 흥행 면에 있어서나 참패를 면치 못했다는 후문을 들었다. 호랑이와 고양이도 분간 못할 안목의 소유자들이 만든 연극이었으니 그 품격이란 게 오죽했을까.

나는 아직도 그들이 약속했던 이른바 정신적 피해 보상금을 제대로 받지 못했다.

심 씨와
벌금 100만원

법적 기록에 의하자면 나는 1961년 6월 20일에 법률 제 625호로 제정된 「폭력행위 등 처벌에 관한 법률」 위반으로 100만원의 벌금형을 선고 받은 바 있는 전과자가 되어있다.

하지만 내가 지금 다시 그 당시의 상황에 처한다 해도. 나는 그때의 행위를 반복할 수밖에 없을 것이다. 그날 나의 행위는 결코 부당하지 않았기 때문이었다.

1997년. 그날 밤에 나는 모처럼 성우 겸 TV 탤런트로 일하는 배창식 씨를 여의도에서 만났고, 가볍게 소주 2병을 마신다음 작별을 고했다. 소주를 각기 한 병씩 마신 셈이어서 피차간에 그 정도는 적당한 량에 해당되었다.

배창식 씨와 헤어진 나는 귀가를 서둘러 혼자 여의도 전철역에 도착했고, 티켓을 끊은 다음 개찰구를 향했다.

웬일인지 개찰구가 활짝 열려 있었다. 나는 직감적으로 「개찰구가 고장이 나서 일삼아 그렇게 해 두었나 보다」하고 거리낌 없이 통과를 하고 막 지하로 내려가려 했다.

바로 그 순간. 문제의 역무원인 심 씨가 내 앞길을 가로 막았다.

『여보세요, 개찰을 하고 오세요!』

근무복도 입지 않은 그가 어디서 불쑥 나타났는지, 당장 범법자 취급을 하듯 나를 대했다. 그의 어투는 분명 명령조였다. 보아하니 40대 중반 나이 같은데 인상부터 비호감 형이었다.

몹시 불쾌하고 기분이 상했지만 나는 웃음기를 띄우고 그에게 티켓을 보여주면서 「티켓을 끊었으니 된 거 아니요?』하고 말했다.

『안돼요! 개찰을 하고 오세요!』

그가 손짓으로 개찰구를 가리키며 마치 사냥개 훈련이라도 시키는 듯한 표정을 지어 보였다.

그의 어투나 태도에 의해 내 비위가 확 상했다.

『이봐요! 나는 어차피 하차하는 데서 검표하게 될 거 아니요? 그리고 당신... 근무를 하려면 좀 똑 바로 해야 하잖겠소? 나는 개찰구가 열려 있어 고장이 난 줄 알았고... 그래서 그냥 들어 왔단 말이오.』

그러자 그가 버럭 화를 내며 나를 떠밀었다.

『왜 그렇게 말이 많아요?』

그 바람에 내가 뒤로 벌렁 나자빠졌다. 공공장소에서 졸지에 당한 꼴이 된 나는 분노의 감정에 의해 발딱 일어섰다. 동시에 내 주먹과 발길질이 튀어 나갔다. 거의 조건 반사적으로 내 합기도 실력이 발휘 되었고, 그 역무원이 푹 꼬꾸라졌다.

이윽고 그는 내 다리를 붙들고 늘어지면서 주변의 사람들이 다 들어 보란 듯이 「공무 방해니 뭐니 하며 당장 경찰서로 가자」는 말부터 했다. 그 당시의 주변인들은 그가 나를 밀친 행위는 보질 못했고, 내가 그를 치는 행위만 똑똑히 보게 되었으리라.

내가 어처구니를 잃고 가소로움을 느껴 미처 할 말을 찾을 수가 없었다. 그는 주변 사람들에게 「증인이 되어 달라」는 말을 연발 하면서 「이 사람이 나를 치는 거 보지 않았느냐」며 되묻기도 했다.

『경찰? 그래요, 경찰서로 가봅시다.』

역무원 누가 연락을 했는지 그 무렵에 경찰관 두 명이 뛰어 왔고, 그들에 의해 우리는 여의도 파출소로 실려 갔다.

파출소에서는 역무원 심 씨의 일방적인 말만 들으며, 조서인지 뭔지를 만든 다음 나더러 읽어 본 후에 날인이나 하라고 했다.

여의도 지하전철이 저희들의 관할구역이어서 그러했을 테지만, 경찰관들은 내 말은 처음부터 끝까지 듣는 둥 마는 둥 했고, 그들은 처음부터 나를 술에 취해서 행패나 부리는 주정뱅이 취급을 하려 들었다.

내가 「무슨 소리냐」며 날인을 거부했다. 그러자 그들은 나를 영등포 경찰서 형사과로 연행했다. 나는 분명한 가해자가 되어 버렸고, 역무원은 피해자가 되어 있었다.

하다못해 내가 억지로 감정을 다스리며 심 씨에게 손을 내밀면서 타협하기를 원했다.

『여보시오, 일단 내가 사과 하겠소. 그만 이쯤에서 끝냅시다. 당신도 근무복 차림으로 정 위치에 서있질 않았고, 개찰구도 열려 있지 않았소?』

피해자 역무원은 내 논리 앞에서 아무 말도 못했다. 그러나 당한 게 너무 억울하다는 표정으로 내 손을 끝내 잡아 주려 들지 않았다.

영등포 경찰서에서 피해자의 진술을 근거로 삼아 조서를 꾸민 다음, 나에게 날인을 하라고 했다. 그 내용은 읽어 보나 마나였다.

나는 날인을 거부했다. 그랬더니 유치장에 들어가 있으라는 말을 했다. 내가 버럭 「무슨 그 따위 조치냐?」며 화를 냈더니 더 이상은 아무 말도 하지 않았다.

잠시 후에 형사 한 명이 다가오며 나에게 경례를 붙이더니 「안녕하세요, 선배님!」하고 다정스레 인사를 했다. 그는 자신을 대륜 고등학교 출신이라 소개 하면서 뵙기는 처음이지만 소문을 들어 익히 잘 안다며, 나의 방송작가 경력 등을 열거해 보이기도 했다.

그가 은근슬쩍 나에게 들려주는 말의 골자는 「이쯤에서 날인을 해주고 귀가 하는 게 좋을 것 같다」는 것이었다.

정말 재수에 옴이 붙은 날과 같았다. 어느 틈에 아내와 딸 수오까지 거기에 나타나질 않았겠는가.

별 수 없이 나는 진술 조서에 날인을 해주고 귀가를 해버렸다.

그리고 그날 밤 전철역에서 넘어질 때 삐끗했는지, 허리가 고장이 나서 나는 사,나흘 동안 침을 맞으러 한의원에 다니기도 했다.

몇 개월이 지나 갔을 때 남부 지방 검찰청에서 소환장이 날아 왔다. 똥무더기에 미끄러진 기분을 느끼며 거기로 갔더니, 검찰 서기라는 자가 극히 사무적인 어조로 약식 절차로 벌금이나 좀 물어야겠다는 말을 했다.

곰곰이 되짚어 보니 내가 당할 수밖에 없었다. 영등포 경찰서에서 후배라며 나를 안심 시킨 형사도 실은 인터넷으로 내 신원을 얼른 조회 해 본 다음 일종을 수작을 부린 것에 불과했고, 진술 조서 역시 처음부터 나를 가해자로 몰았기에 내가 불리할 수밖에 없었다.

『벌금은 얼마나 물어야 한단 말이오?』

내가 그렇게 묻자 검찰 서기가 「돈 백 만원은 물어야죠, 뭐」했다.

내가 「무슨 소리냐」고 했더니, 집에 가서 기다려 보란 말을 했다.

하긴 칼자루를 쥔 쪽은 내가 아니었다.

또 몇 개월이 흘러갔을 무렵. '약식 명령' 에 의한 벌금 100만원을 물어야 할 이유를 다음과 같이 서술한 고지서가 나에게 날아들었다.

피의자는 작가로 평소 주벽이 있는 자인바,
1997. 8. 21. 22:10경 서울 영등포구 여의도동 35번지 소재 지하철 여의역 내에서 승객 출입문을 통과할려면 전철 표를 게이트에 넣어 개표를 하고 통과하여야 함에도 불구하고 이를 이행치 않고 옆 직원 출입문으로 통과하는 것을 목격한 역무원인 피해자 000이 2회에 걸쳐 개표할 것을 요구하자 이에 욕설을 하며 주먹으로 입술부위 1회, 왼쪽 뺨 2회, 오른쪽 뺨 1회 왼쪽 정강이와 허벅지를 수 회 걷어차는 등 폭행하여 약 3주간의 치료를 요하는 하순부 찰과상을 가한 것이다.

위와 같은 내용을 읽은 나는 다시 똥바가지를 뒤집어 쓴 듯한 느낌을 받았다. 그래서 아예 「정식재판 청구원」을 자필로 작성, 1997년 12월 5일에 우편으로 제출했다. 물론 정식재판 청구원에는 평소 나에게 주벽이 있다는 증거가 어디에 있으며, 그날 밤의 상황 설명이 전혀 잘못 되었다는 내용 등의 논리를 적시하면서 다음과 같은 결론으로 마감을 했다.

결론적으로 그날 밤의 그런 상황에서는 흔히 있을 수 있는 실수요, 시비임에도 역무원 측에는 원인 제공이란 책임도 묻지 않고, 본인에게만 폭력범이란 죄명을 부과하고 벌금을 물린다는 게 너무 억울하다는 생각입니다.

아닌 게 아니라 재판은 잊을 만하면 열리는 모양이었다. 나에게 재판정에 출석하라란 연락이 남부지원에서 날아 왔다. 나중에 알았지만 그 또한 정식재판이 아니라 약식재판이었다.

정해진 날짜에 생전 처음으로 내가 법정에 나아갔다. 그곳 역시 만원이었다. 나는 경범죄를 범한 인물로 분류 되어 재판을 받게 되었는데, 그날 재판을 받아야 할 경범죄인들이 무려 40여 명이나 됨직 했다.

차례를 기다리며 뒷자리에 앉아 재판 광경을 지켜보니 가관이 따로 없었다. 그런 곳에 와서 앉아 있는 나의 꼴 또한 잡스럽게만 보였다.

이윽고 차례가 되어 내가 단독 판사 앞으로 나아갔다.

큰 키에 선량한 인상을 지닌 판사는 나를 향하면서 내가 보낸 정식재판 청구 이유서를 꼼꼼히 다 읽어 보았다는 말을 했다.

『그럼 내가 억울하다는 사실도 잘 아시겠네요?』

내가 이렇게 반문하자 재판장은 「그래서 많이 봐 준 셈이라」는 말을 했다.

『피해자가 3주 진단서를 제출했단 말씀입니다.』

『나도 진단서를 끊을 수 있었는데 참았습니다. 내가 진단서를 끊어 사건을 확대시키면 그 역무원이 무사하지 못할 거 같아서요. 나는 자유업자지만 그는 준 공무원 신분 아니오? 』

하고 내가 설을 좀 풀려고 하자, 판사가 오른 손으로 수북이 쌓여 있는 서류더미를 가리키면서 통사정을 하듯 「우리 사정을 봐서라도 이쯤에서 적당히 끝내 주는 게 좋겠다.」는 말을 했다. 이런 사건까지 정식재판으로 끌고 가면 할 일이 너무 많아진다는 뜻이었다.

그래서 내가 불쑥 투박하면서도 높은 톤인 경상도 어투로 「그럼 벌금이

나 좀 깎아 주시오!」하고 말했다.

그러자 법정 안에 「와!」하는 폭소가 터져 버렸다.

그와 동시에 판사가 재판 봉을 탕 탕 탕 내리치며 벌금 백만 원을 확정지워 버렸다.

안치운 씨의 발톱

2000년의 봄이 물러 가고 있을 무렵. 어느 분이 나에게 한국 연극협회에서 발행하는 5월호 「한국 연극」지를 보았느냐고 물었다. 원래 잡지 글은 잘 읽지 않는 사람이어서 내가 「못 보았다」고 대답했더니 한번 읽어 보라고 했다.

그래서 그 잡지를 찾아 명색이 연극평이란 난을 읽어 보게 되었는데, 당장 분노가 치솟고 머리털이 곤두서며 살까지 부들부들 떨리기 시작했다.

나는 듣도 보도 못한 이름을 가진 안치운이란 자가 자칭 연극 평이랍시고 글을 써 갈겨 놓았는데, 그건 도저히 연극평이랄 수도 없는 잡문으로 『별에서 들리는 소리』란 내 연극작품을 악의를 품고 헐뜯어 놓기만 한 것 같았다. 만약 그때 그 친구가 내 곁에 있었더라면 무슨 말에 앞서 두들겨 패주기만 했으리라. 그처럼 무식한 자에게는 논리가 통할 수 없는 일이니 그 수밖엔 딴 도리가 없을 것만 같았다.

왜냐하면 어떤 논리 전개로 악평을 했다면, 이편에서도 논리로 맞서겠지만, 그 친구의 글에서는 하등의 논리가 없을 뿐만 아니라, 연극이 뭔지도 모르는 무식한이 몇 마디 외래어로 자기 잘난 척만 잔뜩하려 들었기 때문이었다.

나는 연극협회로 전화를 걸어 그 친구의 집 전화번호를 알아내고, 그 친구에게 전화를 걸었으나, 그는 계속 전화를 받지 않았다.

그의 글을 읽어 본 '로얄 씨어터' 단원들도 이를 박박 갈기 시작했다.

한마디로 안치운이란 그 작자는 연극에 대한 애정이 전혀 없을 뿐만 아니라, 자기가 대단한 존재인 양 자처하고선 하등의 설득력도 없는 글을 마구 휘갈겨 놓았다는 거였다.

알고 보니 안치운이란 그 친구는 프랑스에 유학을 다녀온 사람이었다.

그때 가까운 몇몇 연극인들이 나더러 「참는 게 좋을 것 같다」는 말을 했다. 연극이 뭔지 쥐뿔도 모르는 것들이 유학이랍시고 다녀와서는 대학의 강사자리를 노려서 자칭 평론가 행세를 하며, 「달밤에 개처럼 짖어대는 소리」 같은데, 우리가 그들을 상대해 줄 까닭이 어느 있겠느냐는 뜻이었다. 「달밤에 개짖는 소리」는 연극인들이 모두 알고 있는 용어로 TV에서 박정희 역을 맡아 인기를 끌었던 고 이진수형이 펴낸 산문집의 제명이기도 했다.

이윽고 그해 6월호 「한국 연극」지에 『별에서 들리는 소리』의 연출가 임수택 씨가 안치운 씨의 글에 대한 반론을 실었다. 임수택 씨 역시 얼마나 흥분을 해서 원고를 썼는지, 그의 글을 그대로 싣고 보면 안치운이란 그 친구가 대학로에 얼씬도 못할 것 같다는 판단을 한 잡지 편집자가 수위조절을 위한 사정을 했더란다. 따라서 본의 아니게 원고가 좀 밋밋하게 각색이 되고 말았다고도 했다.

안치운 씨의 글이 연극평론이 아니라고 말할 수 있는 까닭은 우선 연극프로그램에 실린 문구로부터 트집을 잡더라는 점이었다. 그런 다음 자기가 기호학의 대가라도 되는 양「랑그」와「빠롤」이란 개념을 들먹이면서, 『별에서 들리는 소리』가「소리의 연극이 아니라 소음의 연극이라」는 단정을 내리려 들었다.

그런데 독일에서 문학박사 학위를 수여 받은 임수택 씨의 반론에 의하자면 그 친구가 사용한「랑그」와「빠롤」이란 개념의 해석부터가 틀려먹었다는 것이다.

> A씨가 평론에서 자주 이용하는 것이 외국말로 된 전문용어들이다. 그래서 이번에도 랑그와 빠롤을 끌어 들이면서, 마음의 말을 랑그라고 하고 입말을 빠롤이라고 정의 하고 있다. 모르는 사람이 보면 멋진 외국말에 현혹되어 그렇겠거니 하고 넘어가기 십상이다. 미안한 말이지만 랑그가 도대체 어떻게 마음의 말이 된다는 말인가. 랑그는 인간 사이에 상호 의사소통을 가능케 하는 언어를 말하는 것이다. 그리고 이것은 작품하고 전혀 상관없는 내용이다. 공연에 관계없이 자기가 안다고 생각하는 지식으로 채우는 것도 문제인데, 그것도 틀린 지식이었으니 이렇게 무책임하고 품격 없는 태도가 어디 있는가?

사실 남의 작품을 평하기란 결코 쉬운 일이 아니다. 특히 연극 평은 어렵다. 왜냐하면「연극이란 당대 문화의 총체적인 표현」이기 때문이다.

그렇다 하더라고 무슨 사정에 의해서 연극에 대한 평을 하게 된다면, 일단 자기의 논리, 다시 말하면 자신의 연극 관부터 미리 밝혀야 하리라.

이를테면 내가 지닌 잣대는 이러이러 해서 내가 보기에『별에서 들리는 소리』라는 그 작품의 경우에는 이러이러한 결함이 눈에 띄더라는 정도의 기본은 갖춰야 하지 않았겠는가.

그리고 평론을 하는 기본 태도가 해당 예술에 대한 애정에서 우러난 것이어야 하지 상대를 헐뜯어 자기의 이름이나 돋보이게 하겠다는 식의 속물 근성에서 비롯될 수는 없는 일이 아니겠는가.

그해 여름 어느 날에 내가 모차르트 다방으로 들어섰더니 권성덕 형과 어떤 사람이 마주 앉아 있었다. 내가 권성덕 형 곁에 앉자, 처음 보는 그 친구가 나에게 익히 잘 아는 모양으로 인사를 할 뿐만 아니라, 나와 권성덕 형의 대화 속에 은근슬쩍 끼어들기도 했다. 나는 연극인 후배 누구겠거니 하고 적당히 그를 상대해 주었다. 그가 자리를 뜬 다음 내가 권성덕 형에게 「저 친구가 누구냐」고 물었더니, 그가 바로 안치운 씨라고 했다. 권성덕 형과 같은 중앙대학 동문이기도 했다.

그때까지도 괘씸죄가 살아 있어 내가 진작 그를 알아 봤더라면 「어떻게든 속 풀이를 좀 했을 텐데」 하는 아쉬움만 되씹을 수밖에 없었다.

2001년 1월에 나는 5편의 장막극을 묶은 두 번째 희곡집 『퇴계선생 상소문』을 묶어 내면서, 책 뒤편에 『별에서 들리는 소리』에 관련하여 인터넷에 떠올랐던 일반 관객들의 관극소감들과 안치운 씨의 글과 임수택 씨의 반론을 고스란히 그대로 실어 버렸다. 그 참에 내가 육필로 안치운 씨를 향한 비판 글을 실을 생각까지도 했으나, 주위에서 또 만류하려 들었다. 그런 친구들과 맞상대를 하려 들면 똑 같은 저질이 되니 분하더라도 참아야 한다는 것이었다.

감정적 차원에서 말을 하자면 한밤중에 어디서 나타난 안치운 씨는 30여 년 간이나 외골수로 극작에만 전념해 온 내 뒤통수를 후려갈긴 셈이었다.

우리 연극계에는 안치운이란 그 사람처럼 「제발 좀 없어졌으면 좋겠다.」

싶은 친구들이 기십 명은 남아 있다고 본다.

그들은 우리 연극계의 발전에 아무런 도움도 주지 못하고, 해악만 일삼으면서 다른 한편으로는 연극교수네 뭐네 하면서 밥만 빌어먹는 한심한 존재들에 불과하기 때문이다.

이병주 선생의 오해

1978년. 내가 『관부연락선』, 『마술사』 등의 소설로 이름을 날린 이병주 선생을 서울 태평로의 조선일보사 옆에 있는 「아리스」 다방에서 만났다.

아마 나의 생애에서 그날 그 순간처럼 기가 막히는 경우를 다시 만날 수가 없으리라.

이병주 선생과 나 사이에는 문단 선·후배 간이란 관계도 성립되지 않았고, 얼음장보다 냉랭한 기운만이 감돌았다. 극단적인 분노에 몸을 맡긴 선생은 나를 향해 철딱서니 없는 도서 편집장 정도로 몰아 부치다 못해, 격멸하듯 연신 세상 물정 모르는 출판인 정도로 쏘아붙였다.

그날 나는 일방적으로 당하기만 했다.

선생은 내 말을 단 한 마디도 귀담아 듣고자 하지 않았고, 들을 필요도 없다는 듯한 태도로 일관했다. 적어도 나라는 사람에 관해서는 돌처럼 단단한 편견 내지 선입견으로 무장되어 있었다.

그와 동시에 선생은 나를 향해 당신의 실체를 극히 위압적인 존재로 주입하려 들었다. 실로 유치하기 짝이 없는 실례까지 들추기도 했다.

이를테면 검찰청에 누구누구가 있고, 중앙정보부에 누구누구가 있고 경찰청에 누구누구가 있어 내가 전화 한 통화만 하면 김군은 하루아침에 흔적도 없이 사라질 수도 있다는 식의 원색적인 말까지 쏟아 냈다.

문제의 발단은 그 무렵에 내가 발행한 소설 비평집 『쟁이들의 환상과 세계』에서 비롯되었다.

문학평론가 최광렬 선생으로부터 그 책의 원고가 입수되어 교열(校閱)을 볼 때였다.

최광열 선생은 「한 때 남로당에 가입한 경력을 가진 이병주는…」하며 이병주론의 도입부를 전개하려 들었다.

내가 「남로당」을 「N당」으로 수정해 놓고, 최광열 선생이 우리 사무실로 왔을 때 상의를 하려 들었다.

그랬는데 최광열 선생은 펄쩍 뛰었다.

『무슨 소리야, 나한테 실제적 자료가 다 있는데?』

『그래도 세상이 험악하지 않아요?』

나도 내 고집을 꺾을 수가 없었다. 사실 여하 간에 이병주 선생에게 누를 끼칠 수도 있다는 염려 때문이었다.

최광열 선생은 마지못해 묵인하겠다는 태도를 취해 주었다.

그 책이 발간되고 장사 속으로 쓰인 저질의 평론집이란 비난에 맞서 바람직한 방향의 비판이란 식의 논쟁이 중앙일보 지면에서 벌어지기도 했고, 최광렬 선생과 이병주 선생이 함께 KBS 라디오에 출연하기도 했었다.

차마 이름을 밝히고 싶진 않지만, 논쟁이 한창일 때 비평을 당한 소설가 중의 두어 명이 나에게 전화를 걸어 많은 격려를 해준 적도 있었다. 70년대 인기 소설에 대한 성찰의 기회를 제공했다는 의미였다.

그러던 어느 날 우리 출판사 사무실로 성이 사 씨라는 시인이 찾아와 「난리가 났다」는 말을 했다. 이병주 선생의 분노가 하늘을 찌르고 있다는 뜻이었다.

단박에 나는 무슨 뜻인지 알아들을 수가 있었지만, 냉정함을 잃지 않았다.

『글쎄요. N당이란 표현은 익명이잖아요?』

『하지만 앞뒤 문맥으로 보아 독자들은 N당이 남로당이라는 사실을 알게 되어있고... 그렇데 되면 우리 이병주 선생이 빨갱이 작가라는 말이 되는데... 어떻게 그냥 넘어 갈 수가 있겠소?』

『그렇다면 현 시점에서 이병주 선생이 하고픈 말씀은 뭐랍디까?』

『이게 이 선생님이 제시하는 요구조건입니다.』

사모 시인이 메모쪽지를 끄집어내며 또박 또박 일러 주기 시작했는데, 한 마디로 우리 출판사에서 중앙의 3대 일간지의 5단통 광고란에 정식으로 허위 사실을 활자화했음을 시인하고 사죄의 뜻을 밝히라는 것이었다.

나는 불가(不可)의 뜻을 밝혔다. 그만한 광고비가 없을 뿐만 아니라 있다손 치더라도 사죄할 일은 없다며 버텼다.

보아하니 사모 시인은 이병주 선생으로부터 명령과도 같은 부탁을 받았고, 반드시 그 요구조건을 관철 시켜야 한다는 사명감이라도 띤 모양 같았다.

그가 틈틈이 보름 동안이나 우리 사무실로 들락거리면서 같은 얘기만 되풀이 했다.

나의 대답 또한 변할 리 없었다. 최광렬 선생이나 내가 이병주 선생에게 무슨 억하심정이 있을 수도 없었을 뿐만 아니라, 악의나 고의로 사실을 왜곡했거나 사실을 날조한 적도 없으니 사죄나 사과할 필요도 없기 때문이었다.

그러자 막판에는 사모 시인이 나에게 「그럼 이병주 선생을 한 번 만나나 봐 달라」는 말을 했다. 자기 입장이 엉망이 되고 말았다는 뜻과 같았다.

그리하여 내가 조선일보사 옆의 그 다방으로 찾아가 이병주 선생으로부터 날벼락과도 같은 수모를 당했다.

그날에도 이병주 선생은 결론으로 일방적인 시한을 정해 주면서 그때까지 사죄의 광고를 게재하란 말을 함과 동시에 만약 그런 결과가 나타나지 않을 때는 나를 가만 두지 않겠다는 엄포까지 놓았다.

나는 그날 허허하고 웃은 다음 집에 와선 귀를 씻었다. 그런 저런 사연을 다 알게 되었지만 최광열 선생 또한 삼 라운드로 빠져 침묵만 지킬 뿐이었다.

나는 입을 꼭 다물기로 했다.

몇 개월이 지난 후, 「한국문학」이란 월간 잡지에 이병주 선생이 단편 소설 한 편을 발표 했다. 하, 그 내용이 어느 도서 편집장을 벌레처럼 치사한 놈으로 묘사한 것이었고, 평론가 모씨 또한 일고의 가치도 없는 글을 팔아먹고 사는 사이비 인물로 결론 지운 내용이었다.

이지연 씨와 『원효 스님』

2013년 3월 19일. '뉴 서울 오페라단' 의 홍지원 단장으로부터 불교를 테마로 하는 오페라 대본 한 편의 집필을 의뢰 받았다. 나는 BTN의 석성우 회장스님에게 전화로 자문을 구했는데, 스님은 단박에 「원효 스님의 일대기가 좋을 것 같다」면서 민병도 선생의 시집 『원효』를 우송해 주었다.

나는 홍단장에게 전화로 원효 스님의 일대기를 그려 보자는 말을 했고, 동의를 얻기에 이르렀다. 그리하여 서점에서 원효 스님과 관련된 자료들을 구매한 다음 꼼꼼히 섭렵하기 시작했다.

그랬는데 2013년 4월 4일에 홍지원 단장이 불교 소재 오페라의 주제를 '석가모니 일대기' 로 하자고 했다. 주변에서 누군가가 그렇게 부추긴 모양 같았다.

나는 일단 「알겠다.」는 대답을 해 주며 「드디어 올 것이 왔구나」하는 느낌에 빠져 들었다.

2013년 5월 6일. 대학로에 있는 카페 「가비아노」에서 고향 친구랄 수 있는 김창목 씨를 통해 CE EDWIN 대표 이지연 씨를 처음으로 만나게 되었는데, 그녀는 나에게 뮤지컬 『원효 스님』의 대본 집필을 의뢰하려 들었다.

그녀는 번갯불에 콩 구워 먹듯이 원고는 5월 말일까지 탈고해 달라고 했다. 작품료는 2천 만 원으로 정해졌고, 작품은 금년에 부산에서 초연을 한 후에 미국에서 본격적인 공연을 펼칠 계획이라고도 했다.

솔직히 내 마음 속에 '김창목은 실없는 친구' 로 각인 되어 있어 신뢰가 가질 않았다. 그래서 TV탤런트로 일한 적이 있다는 이지연 씨에게 좀 꼬치꼬치 물어 보았더니, 그간 뮤지컬 몇 편을 제작해 본 경력도 지녔을 뿐만 아니라, 어느 큰 스님이 스폰서라는 둥 그녀의 태도가 자신만만이어서 내 마음이 움직이게 되었다. 특히 근년에 명작 오페라인 『투란도트』를 뮤지컬로 만든 적이 있다고도 했는데, 직접 관람한 적은 없지만, 나도 그런 뮤지컬이 만들어졌다는 소문만은 들어서 익히 알고 있었다.

게다가 소재가 엉뚱하다면 또 모를 일이나, 오페라 대본으로 써 보겠다며 알뜰살뜰 섭렵해 왔던 원효 스님의 일대기임에랴.

「이것도 인연이려니」하는 생각과 아울러, 간암 환자라는 진단을 받고서부터 「유명(幽明)을 달리하기 전에 내가 베풀 수 있는 일이라면 아낌없이 베풀리라」하는 마음이 생겨나 있었기에 가능한 한 거절 보다는 수용의 미덕을 견지하려 들었기에 그날의 계약도 성립 되었다.

내가 한 사람의 극작가로서 지금까지 건재할 수 있었던 요인 중에는 「원고마감이란 시한 지키기를 칼 같이 할 줄 안다」는 강점도 포함 되어 있었으리라.

시간과의 전쟁이랄 수 있는 방송 원고를 20여 년간 집필했지만, 원고를 제때 마감하지 못해 PD 들의 애를 태운 적은 거의 없었다.

한 마디로 원고 집필이 밀리고 보면, 아예 잠자리에 들 수조차 없었다. 아무리 애를 써도 잠을 잘 수가 없기 때문이었다.

물론 내가 쓰고픈 혹은 쓸 수 있는 원고가 아니거나 정해진 시한 내에 원고 집필이 어렵겠다는 판단이 서면, 처음부터 칼 같이 집필 청탁을 거절한 적도 많았다.

예를 들면 내가 쓴 작품으로 이원승 씨가 만든 연극 『하늘 천 따지』가 장안의 화제거리로 떠올랐을 때, 나에게 모노드라마 집필을 의뢰하는 사람들이 3명이 있었으나, 나는 한 마디로 죄 거절을 해 버렸다. 어떤 배우는 미리 50만원을 입금시켜 주기까지 했지만 내 대답은 변할 줄을 몰랐다. 극작가로서 모노드라마 한 편 정도는 써봄직 하다는 게 그 당시의 내 지론이었다.

그러한 내 습관 때문에 「일주일 안에 시놉시스를 만들어 달라」는 요청을 무리라고 한 다음, 이지연 대표에게 5월 11일에 뮤지컬 『원효 스님』의 시놉시스를 전송해 줄 수가 있었다. 나는 작품의 윤곽만 잡고 시놉시스를 작성하는 스타일이 아니라 작품에 대한 플롯(plot) 작성이 끝나야 비로소 작품의 개요를 만들 수가 있었다.

따라서 뮤지컬 『원효 스님』의 초고는 5월 18일 경에 탈고 되었다. 아마 내가 쓴 작품 중에 가장 단시일에 탈고된 작품이 되리라. 그러고 보니 오영진 선생의 희곡 『시집가는 날』의 오페라 대본 작업 또한 대략 보름 정도 걸린 셈이었다.

원고를 넘기기 전에 나는 이지연 씨 사무실을 한 번 방문하려 들었고, 5

월 16일에 방문하기도 했었다.

5월 말경에 내가 이지연 씨에게 「원고가 탈고 되었으니 작품료를 입금시킨 다음 원고를 입수하라」는 연락을 취했다.

그랬더니 이지현 씨 측이 우물쭈물 하기 시작했다. 그러다 끝내는 「스폰서로 자처했던 큰 스님이 날아버려서 기획이 무산 되었다」는 식의 변명을 하려 들었다.

참다못한 내가 이지연 씨에게 내용 증명서를 우송하고 소송을 하려 들었다. 딸 같은 사람한테 우롱을 당한 듯한 기분에다가 자존심의 상처를 달랠 길이 없기 때문이었다.

하지만 아내가 적극 만류하려 들었다. 어른이 아이랑 같이 다투면 도매금으로 넘어가지 않겠느냔 논리였다.

술이라도 한 잔 마시고 싶은데 건강이 허락하지 않는다니 한동안 나는 또 어쩔 줄 몰라 했다....

호 대령과 별

1981년. 내가 육군본부 대적 심리전처에 출근하게 되었을 때, 처장으로 재직했던 분이 원 스타 김성환 장군이었다.

그분은 방송 프로그램을 단파 전파에 싣기 전에 모니터 하는 일을 주요 업무로 삼았다. 워낙 과묵하고 조용하게 일을 처리하는 분이라 우리는 그의 존재감을 거의 의식하지도 못할 정도였다.

하지만 그 특수 방송국의 건물 앞에 별판이 붙은 지프차가 정차해 있고 보면, 그 별의 아우라로 인해 사무실의 분위기가 한 결 엄숙해 질 수밖에 없었다.

돌이켜 보면, 그때 그 김 장군은 내가 집필을 담당했던 프로그램 『자유만평』을 무척 좋아한 것 같았다.

그때까지만 해도 나에게 심리전(心理戰)이란 개념은 생소했기에 열심히 공부하는 자세를 취하며 원고를 집필하지 않을 수 없었다.

민족애를 정서적 기조로 하여 DMZ 부근에서 근무하는 인민군들을 설득, 반김 사상을 고취함과 아울러 그들의 귀순을 유도하는 것이 이른바 우리가 수행하는 대적심리전의 목적이었다. 이를테면 우리의 심리전은「사면초가(四面楚歌)」라는 고사에서 초가(楚歌)를 부르는 행위에 해당되었다.

어느 날 김 장군이 일선 DMZ 순찰을 가는 길에 하필이면 나와 동행하길 원했다. 그러자 전체 심리전 요원들의 시선이 나에게 집중되기도 했다.

내가 부관처럼 별판이 붙은 지프차의 앞좌석에 앉게 되었다. 그리고 오가는 길에 내가 승차한 별판을 향한 군인들의 경례에 답례를 해 주느라 내 오른팔이 아플 지경이 되기도 했었다.

그날 나는 장군의 위세를 비로소 피부로 절감하기에 이르렀다.

새해를 맞이하자 편제가 바뀌어 심리전처가 심리전단이 되고 처장이 단장으로 되면서 대령으로 격하되었다. 그 심리전단은 후에 국방부 소속이 되기도 하는 등 변화가 무쌍하기만 했다.

어쨌거나 무척 온화한 미소를 머금은 얼굴에 인간적인 분위기를 물씬 풍겨주는 호 대령이 심리전단 단장으로 부임해 왔는데, 그는 시간이 나는 대로 우리 민간 전문위원들과 많은 대화를 나누려 들었다.

그래도 우리 심리전 위원들의 임무나 업무에는 하등의 변함도 없었다. 155마일 전선에 설치된 스피커를 통해 끊임없는 방송을 해야 함과 동시에 북녘 하늘로 전단도 날려 보내야만 했었다.

남북은 휴전상태이었지만, 심리전은 여전히 열전(熱戰) 상태였다.

1983년 10월 9일에 북한 지령에 의한 미얀마 아웅산 묘역 폭탄테러 사건이 발생했다.

그 이후의 일로 기억된다. 전두환 대통령에 의해 우리가 수행하고 있는

'대적 심리전 강화 방침' 이 하달되었고, 그에 따라 예산도 증액 되었다.

그랬는데 정작 우리가 근무했던 최일선 심리전단에서는 실로 해괴한 일이 벌어지기만 했다. 심리전을 강화하라는 상부의 명령을 접수한 심리전단에서는 방송 시간을 늘리는 등의 조치를 취하는 것까지는 이해가 가능하고, 그에 따라 전문위원들이 집필해야 할 원고매수가 불어남 또한 납득할 수가 있겠는데, 그에 상응하는 보상은 제로라는 식이었다.

이를테면 심리전 작전부서에서는 집필위원 한 사람이 이전에는 하루에 2- 30매 씩의 원고를 써야 했다면 심리전 강화 방침이 하달된 이후에는 7- 80매 씩의 원고를 써야 한다는 논리를 제시하려 들었다.

한 사람이 하루에 7- 80매의 원고는 충분히 쓸 수가 있다는 논리로 제시된 데이터가 또 기발하다 못해 기가 막힐 지경이었다.

이를테면 하루의 일과 시간을 8시간으로 쳤을 때, 한 시간에 10장의 원고를 쓰는 일은 결코 무리가 될 수 없다는 계산을 제시하지 않았겠는가. 원고 쓰는 일을 벽돌공이 벽돌 찍어 내는 일과 대비하려 들었으니, 그런 어불성설에 상응하는 답변을 어디에서 찾을 수가 있을까.

게다가 증액이 되어 내려온 예산은「국가 예산의 낭비를 막는다.」는 충성심의 발로에 의해 반납이 되기도 했단다.

도저히 참을 수가 없어 내가 심리전단 단장인 호 대령을 찾아 갔다. 어느 누구를 위해서도 아니고 바로 나 자신을 위해서였다.

그리하여 하루에 원고 7- 80매를 긁는다는 일은 언어도단이란 사실을 역설했다.

우리가 집필하는 원고는 일반원고가 아니라 대적 심리전 원고이므로 보다 정성을 곁들이고 보다 충분한 자료들을 섭렵해야 하지 않겠느냔 반론을 제시하면서, 최근에 하달된 작업량에 대한 재고를 바란다는 말을 공식적으로 제기했다.

호 대령은 여전히 미소만 머금고 앉아, 기존의 당신 방침을 철회할 뜻이 전혀 없음을 밝히려 들었다. 일단 그렇게 한 번 해 보자는 식이었다.

그때 들리는 소문에 의하자니 호대령의 진급 시기가 바로 그 무렵이었다.

결국 소설가 송재홍 선생과 서동익 씨 그리고 귀순자 엄정수 씨와 함께 우리 4인방이 소주잔 앞에서 행동을 함께 하기로 결의하기에 이르렀다. 나이로 보아 우리 네 사람이 심리전단 전문위원들의 중심축과 다를 바 없었다.

우리가 행동에 나서기 전에 한 두 차례 더 호 대령의 의중을 떠보기도 했으나, 그의 뜻은 확고부동하기만 했다.

이윽고 심리전 확대방안 실현을 위한다는 전체 회의가 열리는 날. 현역 군인들로 편성된 심리전 요원들과 민간인들로 조직된 심리전 요원들이 한자리에 모이고 보니, 그 연인원이 50여 명이나 되었다.

공식적인 브리핑들이 끝나자 엄정수 씨가 일어나 업무량 배당 등의 부당함을 지적하면서 「그 방침이 철회되지 않으면 사직하겠다.」는 뜻을 밝혔다.

일순 회의장은 찬물을 끼얹은 듯 조용하기만 했다.

그때 만약 내가 나서지 않았더면 엄정수 씨만 돈키호테 꼴이 되거나 희생양이 되고 말 것 같았다.

내가 나서서 「지금 시행하려는 방법들은 심리전 강화방침에 역행하는 일이라며 그런 사고방식은 대통령의 명령에 거역이라」는 식으로 논리를 전개하면서 모처럼 하고픈 말을 속 시원히 다해 버렸다. 그리고 나도 엄정수 씨와 뜻을 같이 하겠다는 말을 했다.

소설가 서동익 씨도 나를 뒤따라 일어나 동조의 뜻을 내비쳤다.

그러자 그날의 회의는 중단 되어 버렸고, 심리전단의 분위기는 금방 엉망이 되어 버렸다.

이윽고 호 대령은 사람들을 보내어 우리들을 설득하려 들기도 했으나, 우리는 고집을 꺾지 않았다.

결국 우리 세 사람은 같은 날에 심리전단을 물러나고 말았다.

훗날에도 우리는 호 대령의 어깨 위에서 별이 빛났다는 소문은 들을 수가 없었다.

인연타령91

지은이 / 김영무

2015.12.15. 초판발행

펴낸이/ 이 승 한
펴낸곳/ 도서출판 엠-애드
서울시 중구 충무로4가 36-7
전화 / 02)2278-8063/4
팩스/ 02)2275-8064
e-mail/madd1@hanmail.net
등록번호/ 제2-2554

책임편집/ 이승한
디자이너/ 이수미
전산팀/ 임선실

정가: 20,000원

ISBN 978-89-6575-079-6 03800